中宣部 2020 年主题出版重点出版物

中国脱贫攻坚报告

重庆卷

重庆市扶贫开发办公室　编著

民生智库具体承担

重庆出版集团　重庆出版社

图书在版编目(CIP)数据

中国脱贫攻坚报告.重庆卷/重庆市扶贫开发办公室编著.—重庆:重庆出版社,2022.1
ISBN 978-7-229-16511-6

Ⅰ.①中… Ⅱ.①重 Ⅲ.①扶贫—研究报告—重庆 Ⅳ.①F126

中国版本图书馆CIP数据核字(2022)第000760号

中国脱贫攻坚报告·重庆卷
ZHONGGUO TUOPIN GONGJIAN BAOGAO · CHONGQING JUAN
重庆市扶贫开发办公室 编著

封面摄影:鞠芝勤
责任编辑:彭 景 卢玫诗
责任校对:杨 媚
装帧设计:陈 爽 李 昉

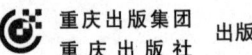
出版

重庆市南岸区南滨路162号1幢 邮政编码:400061 http://www.cqph.com
重庆出版社艺术设计有限公司制版
重庆市国丰印务有限责任公司印刷
重庆出版集团图书发行有限公司发行
E-MAIL:fxchu@cqph.com 邮购电话:023-61520646
全国新华书店经销

开本:710mm×1000mm 1/16 印张:25.5 字数:400千
2022年1月第1版 2022年1月第1次印刷
ISBN 978-7-229-16511-6
定价:69.00元

如有印装质量问题,请向本集团图书发行有限公司调换:023-61520678

版权所有 侵权必究

《中国脱贫攻坚报告·重庆卷》编委会

编委会主任：刘贵忠

编委会顾问：刘戈新　黄承伟

编委会副主任：魏大学　黄长武　莫　杰　王光荣　罗代福
　　　　　　　李　清　田茂慧　吴大春　马宗南

编委会成员：孙元忠　周　松　兰江东　刘建元　李永波
　　　　　　卢贤炜　胡剑波　颜　彦　熊　亮　孙小丽
　　　　　　徐威渝　唐　宁　蒲云政　李耀邦　王金旗
　　　　　　葛洛雅柯　汪　洋　李青松　李　婷　牛文伟

编　辑：赵紫东　谭其华　杨　勇　皮永生　胡力方　孙天容
　　　　郑岘锋　刘天兰　李　明　郭　黎　陈　勇

编写组

主　编：魏大学

执行主编：孙小丽　牛文伟

副主编：赵紫东　谭其华　杨　勇　陈　勇　皮永生

前 言

党的十八大以来,以习近平同志为核心的党中央高度重视扶贫开发工作,把脱贫攻坚摆在治国理政突出位置,作为全面建成小康社会的底线任务纳入"五位一体"总体布局和"四个全面"战略布局,全面实施精准扶贫精准脱贫方略。经历砥砺奋进的八年,全国上下广泛动员,精准扶贫政策体系落实见效,脱贫攻坚取得全面胜利,困扰中华民族几千年的绝对贫困问题得到历史性解决。

重庆作为集大城市、大农村、大山区、大库区、集中连片贫困地区于一体的特殊直辖市,是全国脱贫攻坚的重要战场。同时,重庆也是我国中西部地区唯一的直辖市,在区域发展版图中占据重要位置,在新时代西部大开发、共建"一带一路"、长江经济带绿色发展中发挥着支撑、带动、示范作用。重庆市的脱贫攻坚工作具有特别重要的意义。

截至2014年底,在重庆38个区县中,33个有扶贫开发任务,其中国家扶贫开发工作重点县14个,市级扶贫开发工作重点县4个;全市有贫困村的乡镇达657个,占全市乡镇总数的63.78%;有贫困村1919个,占全市行政村总数的17.20%;有建档立卡贫困人口165.9万人,贫困发生率为7.10%。大部分贫困地区山高沟深,地处偏远,交通、信息、物流、营销网络相对薄弱,受城市辐射带动有限。特别是位于秦巴山和武陵山两个集中连片特殊困难地区的12个区县,人口多、资源少、生态环境脆弱,基础设施投入欠账多,经济发展条件差,区域性贫困与"插花"式贫困并存,脱贫攻坚任务较重。此外，两大连片特困地区分别属于渝东北生态涵养发展区和渝东南生态保护发展区，资源环境承载力有限，生态环境脆弱敏感，自我修复能力不强，生态涵养、生态保护任务重，脱贫攻坚面临较紧的生态约束。

　　重庆市全面贯彻党中央、国务院脱贫攻坚大政方针和决策部署，全面贯彻习近平总书记关于扶贫工作重要论述和指示批示，以国家脱贫攻坚顶层设计为指引，强化政治担当，突出高位推动，坚持开拓创新，结合本地区实际制定落实高水准脱贫攻坚规划和强有力的具体实施举措。全市上下紧紧围绕"六个精准""五个一批"，聚焦解决"扶持谁""谁来扶""怎么扶""如何退"等"四个问题"，以让总书记心里"托底"的脱贫攻坚干劲和成绩，实现了全市高质量脱贫，为我国全面建成小康社会作出重要贡献，为全面推进乡村振兴、全面建设社会主义现代化国家奠定了坚实基础。

　　为全方位记录重庆市脱贫攻坚波澜壮阔的历史进程和伟大成效，在中国扶贫发展中心的指导下，重庆市扶贫开发办公室2020年底立项启动《中国脱贫攻坚报告·重庆卷》编撰工作，由民生智库牵头，华中师范大学和华大智库等机构专家团队组成课题组，共同完成我国第一部省级脱贫攻坚历史档案成果。《中国脱贫攻坚报告·重庆卷》分为总论、区县篇、部门篇、专题篇、数据篇等篇章，客观、全面、系统地记录了重庆市，以及市级相关行业部门、各区县脱贫攻坚基本情况、决策部署、资金投入、具体举措、实践成效，集中呈现了重庆市"两不愁三保障"实现情况、乡村面貌巨大变化和经济社会发展伟大成就，呈现了全市尽锐出战、打赢脱贫攻坚战的光辉历程。

本书编写组

目 录

前　言 　001

总　论

第一章　重庆市脱贫攻坚的时代背景　003
第二章　重庆市脱贫攻坚的决策部署　009
第三章　重庆市脱贫攻坚的资金投入　025
第四章　重庆市贫困人口"两不愁三保障"实现情况　033
第五章　重庆市贫困区县发展面貌的巨大变化　045
第六章　重庆市经济社会发展与治理能力现代化取得进展　056
第七章　重庆市巩固拓展脱贫攻坚成果的探索实践　069
第八章　重庆市脱贫攻坚为实施乡村振兴战略奠定基础　077

区县篇

国家级扶贫开发重点县巫溪篇　089
国家级扶贫开发重点县城口篇　096
国家级扶贫开发重点县巫山篇　103
国家级扶贫开发重点县奉节篇　109
国家级扶贫开发重点县云阳篇　117

国家级扶贫开发重点县开州篇	125
国家级扶贫开发重点县万州篇	134
国家级扶贫开发重点县丰都篇	141
国家级扶贫开发重点县酉阳篇	148
国家级扶贫开发重点县彭水篇	154
国家级扶贫开发重点县武隆篇	161
国家级扶贫开发重点县石柱篇	169
国家级扶贫开发重点县秀山篇	176
国家级扶贫开发重点县黔江篇	184
市级扶贫开发重点县篇	192
其他有扶贫开发任务的区县篇	201

部门篇

中共重庆市委组织部脱贫攻坚工作情况	215
重庆市委宣传部脱贫攻坚工作情况	219
重庆市委统战部脱贫攻坚工作情况	224
重庆市委政法委脱贫攻坚工作情况	227
重庆市教工委脱贫攻坚工作情况	230
重庆市科学技术局脱贫攻坚工作情况	234
重庆市经济和信息化委员会脱贫攻坚工作情况	237
重庆市民族宗教委员会脱贫攻坚工作情况	240
重庆市民政局脱贫攻坚工作情况	244
重庆市人力社保局脱贫攻坚工作情况	248
重庆市规划和自然资源局脱贫攻坚工作情况	253
重庆市住房和城乡建设委员会脱贫攻坚工作情况	257
重庆市交通局脱贫攻坚工作情况	260
重庆市水利局脱贫攻坚工作情况	263

重庆市农业农村委员会脱贫攻坚工作情况	267
重庆市卫生健康委员会脱贫攻坚工作情况	272
重庆市审计局脱贫攻坚工作情况	277
重庆市国资委脱贫攻坚工作情况	281
重庆市统计局脱贫攻坚工作情况	284
重庆市供销合作总社脱贫攻坚工作情况	287
共青团重庆市委脱贫攻坚工作情况	292
重庆市妇女联合会脱贫攻坚工作情况	296
重庆市残疾人联合会脱贫攻坚工作情况	301
国家统计局重庆调查总队扶贫情况	304
中国人民银行重庆营业管理部扶贫工作情况	307
农发行重庆市分行脱贫攻坚工作情况	310
农行重庆市分行脱贫攻坚工作情况	313
重庆市林业局脱贫攻坚工作情况	316

专题篇

市级扶贫集团帮扶	321
鲁渝扶贫协作	331
中央单位定点帮扶	338
"万企帮万村"精准扶贫行动	344
社会组织帮扶	347
区县对口帮扶	356
驻村帮扶	364
深度贫困乡镇帮扶	369

数据篇

一、贫困规模和贫困发生率及其变化　　377

二、农村居民收入、消费状况及其变化　　386

三、经济发展及产业结构变化　　388

四、城镇化　　390

五、教育　　391

六、医疗卫生　　392

七、社会保障　　394

八、重庆市财政及公共预算　　395

九、生产生活条件　　397

后　记　　399

总论

中国脱贫攻坚报告·重庆卷

ZHONGGUO TUOPIN GONGJIAN BAOGAO · CHONGQING JUAN

ZONGLUN

第一章　重庆市脱贫攻坚的时代背景

中国共产党历来高度重视扶贫开发工作。新中国成立，社会主义制度建立，为消除贫困奠定了制度基础。党的十八大以来，以习近平同志为核心的党中央站在全面建成小康社会、实现中华民族伟大复兴中国梦的战略高度，把脱贫攻坚纳入"五位一体"总体布局和"四个全面"战略布局，摆到治国理政突出位置，作出一系列重大部署和安排，组织实施了人类历史上规模最大、力度最强的脱贫攻坚战，这是社会主义的本质要求，是党的重要使命。重庆市委、市政府贯彻落实党中央决策部署，坚持以习近平新时代中国特色社会主义思想为指导，深学笃用习近平总书记关于扶贫工作重要论述和视察重庆重要讲话精神，把脱贫攻坚作为重大政治任务，集中力量强力攻坚。

一、党和国家确立的重大战略

（一）党和国家承担的重要使命

贫困，是世界各国经济社会发展面临的共同挑战，是全球性的重大问题。脱贫，是中国人民全面建成小康社会的攻坚战。1921年，中国共产党成立，把为人民谋幸福、为中华民族谋复兴作为党的使命，中国人民有了改变贫穷落后面貌的领导核心。1949年，新中国成立，掀开了中国扶贫济困的新篇章。1956年，中国建立起社会主义制度，奠定了消除贫困的政治基础和制度基础。

发展为了人民，这是马克思主义政治经济学的根本立场。马克思、恩格斯指出："无产阶级的运动是绝大多数人的、为绝大多数人谋利益的独立的运动"，在未来社会"生产将以所有的人富裕为目的"。邓小平同志指出，社会主义的本质，是解放生产力，发展生产力，消灭剥削，消除两极分化，最终达到共同富裕。①

习近平总书记指出,"贫穷不是社会主义。如果贫困地区长期贫困,面貌长期得不到改变,群众生活长期得不到明显提高,那就没有体现我国社会主义制度的优越性,那也不是社会主义"②。"让广大人民群众共享改革发展成果,是社会主义的本质要求,是社会主义制度优越性的集中体现,是我们党坚持全心全意为人民服务根本宗旨的重要体现。"③"消除贫困、改善民生、逐步实现共同富裕,是社会主义的本质要求,是我们党的重要使命。""新中国成立前,我们党领导广大农民'打土豪、分田地',就是要让广大农民翻身得解放。""现在,我们党领导广大农民'脱贫困、奔小康',就是要让广大农民过上好日子。"④党的十八大开始,以习近平同志为核心的党中央把扶贫开发纳入"五位一体"总体布局和"四个全面"战略布局进行部署,把贫困人口脱贫作为全面建成小康社会的底线任务和标志性指标,在全国范围全面打响了脱贫攻坚战,这是社会主义的本质要求,是党的重要使命。

(二)党和国家提出的伟大目标

新中国成立特别是改革开放后,中国共产党始终把解决贫困人口的温饱问题作为一项重要任务,致力于在推动经济社会整体发展进程中解决贫困问题,并开启了有组织、有计划、大规模的农村扶贫开发进程,逐步走出了一条具有中国特色的扶贫开发道路。党的十八大以来,以习近平同志为核心的党中央把扶贫开发摆到治国理政重要位置,提出实施精准扶贫精准脱贫方略,吹响了打赢脱贫攻坚战的号角。

2015年10月26日至29日,党的十八届五中全会提出全面建成小康社会新的目标要求,明确2020年我国现行标准下农村贫困人口实现脱贫,贫

---

① 《不断开拓当代中国马克思主义政治经济学新境界》(2015年11月23日),《十八大以来重要文献选编》(下),中央文献出版社2018年版,第4页。
② 《在党的十八届二中全会第二次全体会议上的讲话》(2013年2月28日),《习近平扶贫论述摘编》,中央文献出版社2018年版,第5页。
③ 《以新的发展理念引领发展,夺取全面建成小康社会决胜阶段的伟大胜利》(2015年10月29日),《十八大以来重要文献选编》(中),中央文献出版社2016年版,第827页。
④ 《在中央扶贫开发工作会议上的讲话》(2015年11月27日),《十八大以来重要文献选编》(下),中央文献出版社2018年版,第31页。

困县全部摘帽，解决区域性整体贫困目标任务，作出打脱贫攻坚战的战略决策。2015年11月27日至28日，习近平总书记在中央扶贫开发工作会议上发表重要讲话，分析了全面建成小康社会进入决胜阶段脱贫攻坚面临的形势和任务，对脱贫攻坚任务作出全面系统部署，动员全党全国全社会力量，齐心协力打赢脱贫攻坚战。2017年10月18日至24日，党的十九大明确把精准脱贫作为决胜全面建成小康社会必须打好的三大攻坚战之一，强调要坚决打好防范化解重大风险、精准脱贫、污染防治的攻坚战，使全面建成小康社会得到人民认可、经得起历史检验，要求做到脱真贫、真脱贫。2018年6月，中共中央、国务院出台《关于打赢脱贫攻坚战三年行动的指导意见》，进一步完善顶层设计、强化政策措施、加强统筹协调，推动脱贫攻坚工作更加有效开展。2019年10月28日至31日，党的十九届四中全会明确提出，坚决打赢脱贫攻坚战，巩固脱贫攻坚成果，建立解决相对贫困的长效机制。党和国家召开的多次重要会议，为脱贫攻坚指明了前进方向、确立了伟大目标。

二、中国经济社会发展的必然要求

（一）破解不平衡不充分主要矛盾的基本要求

随着改革开放的深入推进和现代化建设步伐的加快，我国的改革发展取得了举世瞩目的成就。一方面，我国社会生产力水平总体上显著提高，已成为全球第二大经济体，对世界经济增长的贡献率超过30%，社会生产能力在许多方面进入世界前列，综合国力不断增强；另一方面，人民生活水平明显提升。2011年，中国人均国民生产总值已经达到5618美元，具备了全面建成小康社会的基础。人民不仅对物质文化生活提出了更高要求，而且在民主、法治、公平、正义、安全、环境等多方面、多样化、多层次的需求日益增长。发展不平衡不充分问题更加突出，成为满足人民日益增长的美好生活需要的主要制约因素。其中，城乡之间的发展不平衡，农村地区特别是农村贫困地区发展不充分的问题，是制约全面建成小康社会，进而建成社会主义现代化强国的突出短板。

在新时期下消除城乡区域差距和收入差距、更加有效地推动不同领域的协调发展，是中国社会经济发展的必然要求。打赢脱贫攻坚战，不仅是补齐全面建成小康社会突出短板的重大战略，也将为全面实施乡村振兴战略，实现城乡统筹，破解发展不平衡不充分问题打下坚实的基础。

（二）实现生活方式与生产方式双重变革的必由之路

党的十八大以来，党中央实施精准扶贫、精准脱贫，加大扶贫投入，创新扶贫方式。一方面，通过改造贫困地区基础设施和改善贫困家庭基本生产生活条件，改变了贫困地区群众的生存状态和生活方式；另一方面，依托现代农业、现代服务业的发展，通过加大产业扶贫、电商扶贫、光伏扶贫、旅游扶贫和生态扶贫等力度，在很大程度上改变了贫困地区群众的劳动形式和生产方式。特别是通过易地扶贫搬迁，直接使贫困人口实现了由农村到城镇、由村民到居民、由开山种地到工作上班的转变。脱贫摘帽不是终点，而是新生活、新奋斗的起点。

处在不同历史阶段、不同发展程度的人们有着各自不同的生活方式和生产方式。包括衣、食、住、行在内的生活方式和谋得社会生活必需物质资料的生产方式，对人们的生活水平、生活质量具有决定性意义。改变生活方式、变革生产方式，是解决贫困问题的着力点。脱贫攻坚就是通过不断发展的社会生产力、日益进步的科技实力和坚实雄厚的综合国力，推动贫困地区和贫困群众实现生活方式由传统向现代的转型、生产方式由落后向先进的变革。

三、重庆市新时代改革的现实需求

（一）党和国家的多次关注为重庆脱贫攻坚指出明确方向

2016年1月4日至6日，习近平总书记在重庆调研时指出，重庆集大城市、大农村、大山区、大库区于一体，协调发展任务繁重，最担心、最揪心、最不托底的事情就是扶贫。同时他也指出，这个任务不轻。要真抓实干，成熟一个摘一个，既要防止不思进取、等靠要，又要防止揠苗助长、图虚名；扶贫开发，成败系于精准，要找准"穷根"、明确靶向，量身定做、对症下药，真正扶到点上、扶到根上。2019年4月15日至17日，习近平总书记在重庆考察，主持召开解决"两不愁三保障"突出问题座谈会，对解决"两不愁三保障"突出问题作出部署。习近平总书记强调，脱贫攻坚战进入决胜的关键阶段，打法要同初期的全面部署、中期的全面推进有所区别，最要紧的是防止松懈、防止滑坡，明确摘帽不摘责任、不摘政策、不摘帮扶、不摘监管，不获全胜决不收兵。就做好今明两年脱贫攻坚工作，提出强化责任落实、攻克坚中之坚、认真整改问题、提高脱贫质量、稳定脱贫攻坚政策、切实改进作风等六条要求。这两次重要讲话为重庆市脱贫攻坚指出了明确具体的工作方向。

（二）重要的战略地位要求重庆脱贫攻坚发挥支撑带动示范作用

重庆是中国中西部地区唯一的直辖市，也是我国最年轻、面积最大、人口最多的直辖市，在我国区域发展版图中占据着重要的位置。新中国成立初期，重庆为中央直辖市，是中共中央西南局、西南军政委员会驻地和西南地区政治、经济、文化中心。1954年，西南大区撤销后改为四川省辖市。1983年，成为全国第一个经济体制综合改革试点城市，实行计划单列。1997年，为带动西部地区及长江上游地区经济社会发展、统一规划实施百万三峡移民，第八届全国人民代表大会第五次会议批准设立重庆直辖市。重庆自直辖开始，紧紧围绕国家重要中心城市、长江上游地区经济中心、国家重要先进制造业中心、西部金融中心、西部国际综合交通枢纽和国际门户枢纽等国家赋予的定位，发挥区位优势、生态优势、产业优势、体制优势，谋划和推动经济社会发展，努力建设国际化、绿色化、智能化、人文化现代城市。习近平总书记多次指出，重庆是西部大开发的重要战略支点，处在"一带一路"和长江经济带的联结点上，要求重庆建设内陆开放高地，成为山清水秀美丽之地。要"加快建设内陆开放高地、山清水秀美丽之地，努力推动高质量发展、创造高品质生活，让重庆各项工作迈上新台阶"。还要"更加注重从全局谋划一域、以一域服务全局，努力在推进新时代西部大开发中发挥支撑作用、在推进共建'一带一路'中发挥带动作用、在推进长江经济带绿色发展中发挥示范作用"。

作为在建设中国特色社会主义中具有重要特点的直辖市、国家城乡统筹发展型城市，在新时代西部大开发、共建"一带一路"、长江经济带绿色发展中发挥支撑、带动、示范作用，重庆市完成脱贫攻坚工作具有重要作用和特殊意义。

（三）自然与经济社会的多重特征对重庆脱贫攻坚提出更高要求

重庆市是一个集大城市、大农村、大山区、大库区、集中连片贫困地区于一体的特殊直辖市，属于欠发达地区。全市面积8.24万平方公里，辖38个区县（自治县），户籍人口3371万人，其中农业人口1980万人。截至2014年底，在重庆38个区县中，33个有扶贫开发任务，其中国家扶贫开发工作重点县14个（万州区、黔江区、开州区、武隆区、城口县、丰都县、云阳县、奉节县、巫山县、巫溪县、石柱县、秀山县、酉阳县、彭水县），市级扶贫开发工作重点县4个（涪陵区、南川区、潼南区、忠县），全市有贫困村的乡镇达657个，占全市乡镇总数的63.78%。全市贫困人口主要分布在1919个贫困村中，占全市行政村总数的17.20%，建档立卡贫困人口165.9万人，贫困发生率7.10%。①

总体而言，重庆市扶贫工作点多面广。大部分贫困地区山高沟深，地域偏远，交通网络、信息网络、物流网络、营销网络相对薄弱，受城市辐射带动有限。特别是重庆秦巴山区和武陵山区12个区县是秦巴山区和武陵山区集中连片特殊困难地区重要板块，这两个片区喀斯特地貌分布较广，自然地貌多为山地，人口多、资源少、生态环境脆弱，自然生态环境恶劣，经济发展基础较差，基础设施欠账较多，区域性贫困与"插花"式贫困并存。同时，两大连片特困地区也是渝东北生态涵养发展区和渝东南生态保护发展区，资源环境承载力有限，生态环境脆弱敏感，自我修复能力不强，生态涵养、生态保护任务重，这也对重庆脱贫攻坚提出了更高要求。

---

① 重庆市扶贫开发办公室提供数据。

第二章 重庆市脱贫攻坚的决策部署

中共中央、国务院《关于打赢脱贫攻坚战的决定》提出实行"中央统筹、省负总责、市县抓落实"推进脱贫攻坚,厘清了各层级政府间的责任关系,构建起责任清晰、各负其责、合力攻坚的脱贫攻坚责任体系。在中央层面,已经形成了"四梁八柱"性质的脱贫攻坚顶层设计,即通过"六个精准"和"五个一批",解决"扶持谁""谁来扶""怎么扶""如何退"四个问题。省级层面,在全面贯彻中央关于脱贫攻坚的大政方针和决策部署的前提下,结合本地区实际制定政策措施、脱贫攻坚规划和年度计划并组织实施。重庆作为西部唯一的直辖市,在区域发展定位上有一定的特殊性,在国家层面脱贫攻坚顶层设计框架范围内,重庆注重发挥积极性,用活国家政策,紧紧围绕"六个精准""五个一批"和"四个问题"的中央部署,对脱贫攻坚的进程进行了基于自身实际的决策部署。

一、重庆市脱贫攻坚的战略方向

(一)高位推动:强化政治担当

重庆市市委、市政府对标对表中央关于脱贫攻坚决策部署,紧扣脱贫攻坚新形势、新任务、新要求,切实强化政治担当、强化精准方略,推进脱贫攻坚。重庆市深入贯彻党中央强化落实"市负总责、部门联动、区县主抓"责任机制,坚持以脱贫攻坚作为统揽经济社会发展全局,坚持以上率下,压紧压实市级总体责任、区县主体责任、乡村两级直接责任,构建纵向贯通、横向联动的责任链体系。

1. 深入学习,强化认识

坚定不移把习近平总书记关于扶贫工作重要论述和视察重庆重要讲话精神作为根本遵循,把总书记殷殷嘱托全面落实在重庆大地上,把习近平总书记关于扶贫工作重要论述和视察重庆重要讲话精神作为做好脱贫攻坚工作的"源头活水",在学深悟透、贯彻落实上下功夫。重庆市市委、市政府带头第一时间学、原原本本学、上下联动学,开展"学重要论述、强思想武装、促整改落实"等活动,举办学习贯彻习近平总书记关于扶贫工作重要论述专题研讨班、"不忘初心、牢记使命"主题教育学习研讨读书班等,分级分类组织扶贫干部培训40.4万余人次,切实用习近平总书记关于扶贫工作重要论述武装头脑、指导实践、推动工作,切实增强高质量打赢脱贫攻坚战的思想自觉和行动自觉。市委及时召开理论学习中心组专题学习会,认真学习贯彻党中央、国务院和市委、市政府有关脱贫攻坚会议精神、领导讲话、文件内容,促进干部职工领会打好精准脱贫攻坚战的精神实质,准确把握党中央对脱贫攻坚的新部署、新要求。

2.强化政治责任,抓实工作

落实"市负总责、部门联动、区县主抓"责任机制。坚持以上率下,压紧压实市级总体责任、区县主体责任、乡村两级直接责任,形成纵向贯通、横向联动的责任链体系。一是市委书记、市长亲力亲为。陈敏尔书记和唐良智市长担任"双组长",率先垂范、以上率下,既挂帅,又出征,真抓、实做、严督,常态抓、盯着抓、一抓到底,带领带动全市上下尽锐出战、攻城拔寨。党的十九大到2020年底,累计召开市委常委会会议52次、市政府常务会议51次、市扶贫开发领导小组会议及市委落实中央脱贫攻坚专项巡视反馈意见整改领导小组会议30余次,其中2020年召开市委常委会会议17次、市政府常务会议19次、市扶贫开发领导小组及整改领导小组会议8次。二是四大班子领战督战。市委、市政府分管负责同志每周调度推进工作;市人大、市政协开展视察调研、民主监督,全力支持推动脱贫攻坚;22位市领导深入蹲点"促改督战",在脱贫攻坚一线发现问题、破解难题、推动工作。三是部门区县真抓实做。市级部门主动作为、履职尽责,深入开展行业扶贫,有力参与深度贫困乡镇帮扶行动,全力推进脱贫攻坚。贫困区县建立落实"双组长制",坚持以脱贫攻坚统揽经济社会发展全局,逐级签订脱贫攻坚责任书,区县党政主要负责同志每月至少调研一次脱贫攻坚工作,区县党委常委会会议每月至少研究一次脱贫攻坚工作,区县党委政府每年向市委、市政府专项述职。开展书记遍访贫困对象行动，带领各级党员干部进村入户，有力推动各项工作落地落实。

3.完善规划，明确任务

围绕脱贫攻坚总目标，扎实编制"规划图"、落实"任务表"、控制"时间点"。重庆市市委、市政府陆续制定《关于打赢打好脱贫攻坚战三年行动的实施意见》（渝委发〔2018〕51号）、《关于深化脱贫攻坚工作的意见》（渝委发〔2017〕27号）、《调整我市国家扶贫开发工作重点区县脱贫摘帽计划的方案》《深度贫困乡（镇）定点包干脱贫攻坚行动方案》《全市脱贫攻坚问题整改工作方案》（渝委发〔2017〕91号），并且先后编制《"十三五"攻坚规划》《秦巴山片区区域发展与脱贫攻坚"十三五"规划》《武陵山片区区域发展与脱贫攻坚"十三五"规划》《深度贫困地区脱贫攻坚规划》《扶贫产业发展规划》《旅游扶贫发展规划等总体规划》，为精准扶贫精准脱贫提供强有力支撑和引领。同时，按照部门职责，分项分年度将规划任务逐一分解到四十余个部门和区县，逐级逐项建立规划落实台账，定期掌握进度、通报情况，推动各级各部门锁定目标、正排工序、倒排工期，把握时间节点有力有效抓好落实。对工作滞后、效果较差的，派专门工作组"点对点"督导，推动各项工作任务跟上进度、达到标准。

（二）突出重点：聚焦脱贫攻坚的重点领域

1.聚焦"两不愁三保障"

把解决"两不愁三保障"突出问题作为重要紧迫的任务，完成脱贫攻坚底线性标志性指标。以习近平总书记在重庆主持召开解决"两不愁三保障"突出问题座谈会为重大契机和强大动力，强化精准施策，确保"两不愁三保障"突出问题逐项逐户对账销号。

一是推行"四访"工作法，做到常态化排查。组织开展干部走访、教师家访、医生巡访、农技随访，建立网格化管理体系，精准动态摸清"两不愁三保障"薄弱环节，分门别类建立问题台账。"四访"工作法作为地方标准在全市推行。

二是建立"两不愁三保障"信息监测平台，做到智能化监测。依托全市精准扶贫大数据平台，分级分行业建立贫困学生资助信息平台、健康扶贫"一站式"结算平台、农村危房系统,通过"电子识别员"巡查排查情况,对监测户、边缘户按红色、黄色、蓝色三类风险进行预警。

三是建立区县主体、部门联动、定期通报机制,做到动态化清零。每月由区县核实对账销号、市级部门比对研判督导、市扶贫开发领导小组通报,确保"两不愁三保障"问题第一时间发现、第一时间解决。

2.聚焦深度贫困

坚持向未摘帽贫困区县和深度贫困乡镇、深度贫困村以及重病患者、老年人、残疾人等特定贫困群众聚焦发力,以解决突出制约问题为重点,深度改善生产生活生态条件、深度调整农业产业结构、深度推进农村集体产权制度改革、深度落实扶贫惠民政策,以重大扶贫工程和到村到户帮扶为抓手,加大政策倾斜和扶贫资金整合力度,全力破解深度贫困问题。

一是紧盯两大集中连片特困地区强力攻坚。武陵山、秦巴山集中连片特困地区覆盖重庆市12个区县,区域性贫困与"插花"式贫困并存。重庆直辖之初,扶贫开发是中央交办的"四件大事"之一。实施秦巴山片区、武陵山片区区域发展与扶贫攻坚"十三五"规划,统筹加大片区交通、水利、能源、通信等基础设施建设,促进区域协调发展。秦巴山、武陵山两个片区涉及12个贫困区县全部脱贫摘帽、1290个贫困村全部脱贫出列、116.7万贫困人口全部脱贫,分别占全市的66.7%、67.2%、61.2%。

二是紧盯18个深度贫困乡镇定点包干。参照国家深度贫困县识别标准,精准识别18个市级深度贫困乡镇,实行"定点包干"机制。在攻坚任务上,做到"四个深度"发力。即深度改善生产生活生态条件、深度调整农业产业结构、深度推进农村集体产权制度改革、深度落实各项扶贫惠民政策。通过扶贫攻坚,深度贫困乡镇发生了"四个深刻变化"。即基础设施改善、人居环境整治、扶贫产业发展、干部群众精神面貌提升等方面发生翻天覆地的变化,贫困发生率从2015年的18.24%下降到零。

三是紧盯100个贫困村定点攻坚。对贫困人口相对较多,在"两不愁三保障"、基础设施、产业发展、人居环境、公共服务等方面存在明显短板弱项的100个行政村实施定点攻坚。由区县集中优势兵力,统筹整合资源,组织对定点村进行督导,对特殊困难群众实行重点综合帮扶,切实帮助定点村补齐短板弱项。100个村共整合资金5.8亿元，安排扶贫项目6617个，有效地提高了脱贫攻坚质量。

3.聚焦区域协调发展

针对贫困地区发展不平衡不充分的主要矛盾，把脱贫攻坚融入到重庆市"十项行动计划"中，把贫困地区作为实施乡村振兴战略行动计划的重点，通过促进经济社会发展从根本上摆脱贫困。在贫困区县推出脱贫攻坚重点项目库，补齐基础设施、产业发展和基本公共服务短板，实现发展与扶贫良性互动。实施秦巴山片区、武陵山片区区域发展与扶贫攻坚"十三五"规划，统筹加大片区交通、水利、能源、通信等基础设施建设，建成投运巫山机场、仙女山机场，开通兰渝、渝怀、渝利、黔张常铁路，加快推进郑万、渝湘高铁，奉节至湖北建始、巫溪至开州、渝湘高速扩能等高速公路项目建设，促进重庆主城都市区、渝东北三峡库区城镇群、渝东南武陵山区城镇群协调发展。

二、重庆市脱贫攻坚的基本方略

（一）"五定法"推进精准扶贫政策落实

2019年4月15日至17日，习近平总书记在重庆主持召开解决"两不愁三保障"突出问题座谈会并发表重要讲话。重庆市坚持把学习贯彻总书记重要讲话精神作为首要政治任务，把解决"两不愁三保障"突出问题、打赢脱贫攻坚战作为"不忘初心、牢记使命"主题教育的重要实践载体，把总书记重要讲话精神转化为工作思路、具体抓手和发展成果。精准扶贫精准脱贫基本方略是扶贫理念的重大创新，是目标导向与问题导向相统一、战略性与可操作性相结合的重要方法论。重庆在实际工作中，坚持将"精准"二字贯穿到脱贫攻坚各个环节、各个领域、各项工作，认真落实"六个精准"，坚持定"标"施策、定"向"发力、定"点"消除、定"网"监测、定"责"问效，以精准精细的政策措施，确保"两不愁三保障"落地落细，推动脱贫攻坚走深走实。

1.定"标"施策，精准确定政策标准

把解决"两不愁三保障"突出问题作为基础性战役、底线性任务、标志性指标，对标对表中央要求，确保到2020年稳定实现农村贫困人口吃穿不愁，义务教育、基本医疗、住房安全有保障。

2. 定"向"发力，精准聚焦薄弱环节

准确领会把握总书记提出的"总的看'两不愁'基本解决了，'三保障'还存在不少薄弱环节"，将审视和解决"三保障"问题贯穿到学习教育、调查研究、检视问题、整改落实全过程，建立及时发现问题、精准解决问题的工作机制。在深入调研的基础上，对照国家指导意见，制定出台实施方案，优化政策供给。

3. 定"网"监测，精准实施动态管理

加强动态监测和信息共享，真正做到底数清、情况明。线下，建立常态化核查机制，组织各级帮扶干部对贫困户"两不愁三保障"情况进行摸排。线上，依托全市精准扶贫大数据平台，开发"两不愁三保障"子系统，分级、分行业建立"两不愁三保障"监测平台，构建市级信息共享机制，对接健康扶贫医疗救助"一站式"结算平台、贫困学生资助信息平台、农村危房系统等，实现"两不愁三保障"基本信息动态化、数字化管理。

4. 定"点"消除，精准落细攻击点位

动态组织开展脱贫措施"户户清"行动，对没有完全实现"两不愁三保障"的贫困人口，定出时间表，建立问题台账，定人、定责、定目标、定标准。建立市级部门、区县、乡镇、村"四级联动"工作机制。

5. 定"责"问效，精准压实工作责任

准确领会把握总书记"解决'两不愁三保障'突出问题，要坚持中央统筹、省负总责、市县抓落实的体制机制"的要求，理顺"两不愁三保障"工作机制，以责任倒逼推进工作落实。

（二）以"五个一批"拓展精准扶贫实现途径

1. "四个到户"实现产业精准扶贫

2018年2月，习近平总书记在打好精准脱贫攻坚战座谈会上指出："产业扶贫是稳定脱贫的根本之策，但现在大部分地区产业扶贫措施比较重视短平快，考虑长期效益、稳定增收不够，很难做到长期有效。如何巩固脱贫成效，实现脱贫效果的可持续性，是打好脱贫攻坚战必须正视和解决好的重要问题。"

重庆市坚持把产业扶贫作为稳定脱贫的根本之策,推动产业覆盖、项目带动、政策落实、服务指导"四个到户",培育扶贫主导产业,建立完善利益联结机制,通过发展生产增加贫困户收入。一是产业覆盖到户。发展特色产业。主导产业规划布局与贫困村贫困户需求对接,贫困村贫困户产业选择与主导产业规划对接,推动全市重点特色产业向贫困地区延伸,在贫困区县重点培育2个至3个扶贫主导产业,贫困村打造1个增收产业,贫困户发展1个增收项目,采取"公司+农民合作社+基地+贫困户""农民合作社+基地+贫困户"等有效做法,探索多种产业到户方式,动员组织贫困户直接参与发展增收产业。二是政策落实到户。完善区县产业到户补助政策,调整优化产业政策兑现方式,到户产业扶持资金以贫困户参与和有产业项目为前提,引导贫困户参与产业发展。探索财政扶贫资金改补为借、改补为贷、改补为股、改补为酬、改补为奖等方式,发挥财政资金的"撬动"作用。三是利益联结到户。构建完善产业发展与贫困户利益联结机制,探索资产收益、土地流转、资金入股、房屋联营、务工就业、产品代销、生产托管、租赁经营等8种利益联结方式,引导贫困户多种形式参与扶贫产业发展。四是服务指导到户。建立产业精准到户台账,对每个贫困户建立扶贫产业发展、利益联结档案,实行动态监测、季度更新和预警机制,精准掌握每个贫困户扶贫产业状况,为精准指导贫困户产业发展提供科学依据。

2.深入推进易地扶贫搬迁

按照"市负总责、区县主体"原则,深入推进易地扶贫搬迁工程。制定易地扶贫搬迁安置点规划建设目标,对集中安置点规划选址、用地手续办理、地质灾害评估等工作进行要求。探索优化搬迁住房建设模式,制定深化易地扶贫搬迁统规统建工作指南,为易地扶贫搬迁建设提供参考。加强基础设施建设和后续扶持措施,为易地搬迁构建系统的长效政策体系,尤其是重视安置点的社区建设、能力培训,寻找搬出地资源的开发与搬迁户的生计和发展之间的连接机制,完善搬迁安置区配套基础设施,落实融资资金用于解决安置区水、电、路等基础设施和教育、卫生、文化等公共服务设施建设。

3. 生态保护助推脱贫攻坚实现"双赢"

深学笃用习近平生态文明思想，全面贯彻总书记关于扶贫工作的重要论述，科学把握生态保护与保障民生的关系，坚持生态优先，坚守生态红线，保持加强生态环境保护建设的战略定力，防止破坏生态的行为发生，在保护好生态的同时做好脱贫攻坚工作。一是强化顶层设计，以生态环境保护助力脱贫攻坚。制定《统筹解决生态保护和脱贫双赢的指导意见》（渝环〔2019〕169号），用好用足国家政策，加快完善和推进相关扶贫项目落地。二是因地制宜，推动贫困地区绿色发展。制定《生态保护与脱贫攻坚双赢工作方案》，开展实地核查，建立工作台账，明确工作重点，按照"一案一策"原则，科学推进扶贫项目建设，逐一提出处置意见。加强重庆市农业农村委员会、重庆市文化旅游发展委员会、重庆市扶贫开发办公室等部门沟通衔接，对扶贫产业项目开通绿色审批通道。三是探索贫困地区生态综合补偿试点。建立地区间横向生态补偿制度，开发生态公益岗位。

4. 开展教育文化扶贫扶智行动

坚持扶贫与扶志扶智相结合，加快补齐贫困群众"精神短板"。深化教育扶贫工程，完善因学致贫返贫长效机制，阻断贫困代际传递。建立"一人一案"控辍保学机制，开发学生资助管理平台，实现控辍保学金额和教育资质动态管理。健全从学前教育到大学全覆盖资助体系，重点加强普通高中、中等职业教育到高等教育阶段资助政策，实现应助尽助、精准资助，不让农村贫困家庭子女因经济困难而失学。改善贫困地区办学条件，强化控辍保学，精准落实资助政策，实现已脱贫和未脱贫家庭子女全覆盖持续享受教育保障政策。提高贫困地区教育质量，加快学前教育普及普惠发展和义务教育均衡发展。推动职业教育到村到人，帮助贫困户"两后生"接受中、高职业教育。

5. 完善制度兜牢底线切实保障贫困人口基本生活

按照习近平总书记关于扶贫工作重要论述及在解决"两不愁三保障"突出问题座谈会上重要讲话精神，重庆市民政部门紧紧围绕打赢脱贫攻坚战这一战略目标，采取措施，筑牢底线，切实保障贫困人口基本生活。一是完善兜底"渐退制度"。加强农村低保制度与扶贫开发政策在对象、标准、管理方面的有效衔接,对符合低保条件的农村贫困人口实行政策性保障兜底。同时,建立低保渐退制度,对纳入农村低保的建档立卡贫困人口,因家庭收入发生变化,家庭月人均收入超过低保标准但低于2倍低保标准的,给予6个月的渐退期。二是完善兜底"分户制度"。重庆市针对未脱贫建档立卡贫困户中靠家庭供养的重度残疾人、重病患者等完全丧失劳动能力和部分丧失劳动能力的贫困人口,在脱贫攻坚期内,专门实行单人户纳入低保保障政策,加大重病、重残等符合条件原贫困人口兜底保障,切实解决了重病、重残等符合条件的贫困人口基本生活。三是完善兜底"调标制度"。为保障困难群众生活水平与全市经济社会发展水平同步提升,重庆市建立了社会救助标准自然增长机制和与物价上涨挂钩联动机制,切实保障了贫困人口基本生活困难问题。四是完善兜底"专项制度"。通过统筹协调相关职能部门各类专项救助政策,切实缓解困难群众医疗、住房、教育等问题,对遭遇突发事件、意外伤害、重大疾病等导致基本生活陷入困境,其他社会救助制度暂时无法覆盖,或者救助之后基本生活暂时仍有严重困难的返贫对象,给予临时救助,及时保障好贫困人口基本生活,切实发挥临时救助在脱贫攻坚兜底保障中的作用。

(三)凝聚攻坚合力构建"大扶贫"格局

中国精准扶贫的一个典型特征,就是充分发挥中国特色社会主义制度的优势,动员全社会参与,推进共建共治。2015年6月18日,习近平总书记在部分省区市党委主要负责同志座谈会上强调,"坚持政府投入在扶贫开发中的主体和主导作用,增加金融资金对扶贫开发的投放,吸引社会资金参与扶贫开发","坚持专项扶贫、行业扶贫、社会扶贫等多方力量、多种举措有机结合和互为支撑的'三位一体'大扶贫格局,健全东西部协作、党政机关定点扶贫机制,广泛调动社会各界参与扶贫开发积极性"。重庆市发挥直辖市优势,建立和完善社会力量共同参与的扶贫投入价值,形成多元主体、协同推进脱贫攻坚的大扶贫根据。

1.深化东西部扶贫协作和中央单位定点扶贫

落实山东省、重庆市"1+8"扶贫协作框架协议议定事项,探索建立部门扶贫协作长效机制,对接东部经济发达县"携手奔小康"行动,重点推进产业合作、劳务协作、人才支援等项目。深化中央单位定点帮扶,对接落实贫困革命老区百县万村帮扶,帮扶资金和项目进一步瞄准贫困村、贫困户。

2.深化中央单位定点扶贫

把定点扶贫工作纳入市级脱贫攻坚成效考核内容,市政府每年听取一次中央单位定点扶贫工作汇报。每年召开中央单位定点扶贫重庆工作座谈会、中组部赴渝挂职干部座谈会、中央单位定点扶贫挂职干部座谈会。9家中央单位投入帮扶资金23.47亿元,引进帮扶资金45.14亿元,精准实施各类项目1277个;帮助培训基层干部17174名、技术人员44104名;采购贫困地区农产品6965.1万元,帮助销售贫困地区农产品3.1亿元;选派扶贫干部52名。其中,2020年投入帮扶资金2.53亿元、引进帮扶资金1.91亿元;帮助培训基层干部10412名、技术人员13598名;采购贫困地区农产品3746.2万元,帮助销售贫困地区农产品7954.8万元。水利部倾情帮扶巫溪县34年,累计支持资金达42亿元,帮助建成各类水利工程2386处、受益人口42万余人,彻底改变了该县"看天吃水绿泛黄"的辛酸,实现了"有水吃"向"吃安全水"转变。

3.建立"扶贫集团+国企定点+区县结对"帮扶机制

结合直辖市体制特点,在脱贫攻坚中探索以城带乡、以工补农机制。健全市级扶贫集团结对帮扶,推进市属国有企业对口帮扶深度贫困县,优化区县对口帮扶机制,重点推进产业基地、招商引资协同互动。市领导牵头,组织437家市级单位组建18个市级扶贫集团,结对帮扶18个深度贫困乡镇及所在贫困区县。组织38家市属国有企业帮扶4个未摘帽县。主城区都市圈18个区县结对帮扶14个国家贫困区县,落实对口帮扶实物量4.2亿元。

4.广泛动员社会力量

将8个民主党派市级机关纳入市级扶贫集团,分别对口帮扶1个贫困县和1个深度贫困乡镇,支持民主党派围绕脱贫攻坚开展重点民主监督。组织2299家民营企业参与"万企帮万村"精准扶贫行动,投入资金30.97亿元帮扶1975个村。深化"我们一起奔小康"扶贫志愿服务行动，发布扶贫志愿服务项目1.5万余个，发动1.4万多个志愿服务组织和爱心企业参与，开展志愿服务活动9.15万场次，受益贫困群众570万人次。引导社会组织捐赠资金26.77亿元，其中2020年捐赠超9亿元，开展各类公益扶贫项目及活动4700多个，惠及困难群众274万人次。截至2020年11月底，重庆市在中国社会扶贫网注册爱心人士285.8万人，其中贫困人口49.3万人、管理员1.44万人，贫困群众发布需求38728个、需求资金2568.6万元，落实爱心捐赠860.2万元。

三、重庆市脱贫攻坚的政策创新

（一）"三条路径"构建社会力量参与就业扶贫工作新格局

创新实施"四步"工作法，促进贫困人员就业状况底数清、情况明，通过"三条路径"构建社会力量参与就业扶贫工作新格局。一是铁路部门助力增途径。按照扶贫工作"一盘棋"思路，政府部门（市人力社保局、市教委）、国铁企业、重庆公共运输职业学院三方紧密合作，结合重庆境内铁路建设发展和劳动用工实际，在渝东南的武隆、彭水、黔江、酉阳、秀山等5个贫困区县开展"铁路就业脱贫"。二是民营企业发力拓空间。鼓励开发针对性岗位，结合自身发展需求和重庆市贫困劳动实际情况，加强贫困地区人口就业和劳动力人口转移。开展针对性技能培训。三是中介机构添力促对接。实施精准对接行动，依托农村贫困劳动力就业信息平台和精准脱贫大数据管理平台，摸清贫困劳动力职业技能、就业意愿等情况，形成"就业需求清单"，为贫困劳动力提供精准对接服务。实施专场招聘行动，集中开展"春风行动""就业援助月""百企进村送万岗"等招聘活动，为贫困人员提供就业服务。实施技能扶贫行动，增强贫困人员劳动技能水平。

（二）"旅游+"深度推动乡村旅游产业扶贫嵌入式发展

重庆发挥集大山大水和多元文化于一体的优势，运用嵌入式思维发展乡村旅游扶贫，通过资源带动、市场带动、股权带动，促进山区变景区，推动乡村旅游。利用优势资源，发展特色产业。制定《重庆市乡村旅游扶贫规划》（渝扶办发〔2013〕85号），沿长江带重点围绕生态优势发展休闲度假游，渝西片区重点围绕农耕文化发展体验观光游，武陵山区重点围绕乡土文化发展民族风情游，秦巴山区重点围绕革命文化发展红色游，因地制宜打造一批望山观水的自然乡村、独具魅力的乡情农庄和各具特色的文化民宿。立足区县资源禀赋，出台《重庆市乡村旅游扶贫产业项目实施意见》，将武隆、酉阳、石柱、奉节、巫溪、城口等国家重点贫困县确定为乡村旅游扶贫示范区县，集中打造仙女山、大黄水、红池坝、摩围山、三角坝等市级示范片和若干个县级示范片，形成"两带三山五十五片区"乡村旅游扶贫发展布局。

聚焦"旅游+"，推进融合发展，让"产品"变为"产业"，深化旅游业供给侧结构性改革，发展"旅游+"融合产业，丰富产业业态、延伸产业链条，加快从"门票经济"向产业经济转型升级，提高旅游业对群众脱贫增收的辐射效应。一是实施"旅游+文化"。坚持"以文为魂"，深入挖掘和保护传承优秀传统文化、地域文化、民俗文化、民族文化等，在为旅游业注入文化内涵的同时，又有效促进了助推脱贫攻坚的作用发挥。二是实施"旅游+体育"。依托自然山水风光和奇异多样的喀斯特地貌这些独有的户外运动资源，加快发展低空飞行、徒步露营、山地赛事等项目，推进体育与生态旅游融合发展。三是实施"旅游+工业"。一方面，着力生态环境特别是世界自然遗产地保护；另一方面，注重发展水电、风电、页岩气等清洁能源和鸭江老咸菜、羊角豆干、羊角醋、土坎苕粉等农副产品深加工产业，切实将工业发展与生态旅游有机结合起来。四是实施"旅游+农业"。紧紧围绕绿色化、特色化、集约化、品牌化，培育打造高山蔬菜、高山茶叶和生态畜牧、特色水果、生态渔业、特色粮油、特色经济林、中药材等山地特色高效农业。

（三）"四项举措"创新实施强力推进消费扶贫

坚持政府引导、社会参与、市场运作、创新机制，推动消费扶贫行动。一是构建消费扶贫"三个体系"，完善工作机制。构建全要素指挥调度体系，压实责任，部署工作；构建全方位消费扶贫政策体系，为全市消费扶贫工作提供制度保障和政策支撑；构建全过程督察考核体系完善任务落实。

二是推动消费扶贫"三个一批"创新扶贫模式。构建"三专一平台"即以消费扶贫专柜、专馆、专区和社会扶贫网作为消费扶贫行动的主要载体。三是畅通消费扶贫的渠道，凝聚攻坚合力，及时梳理滞销扶贫产品信息，用好用活各类帮扶力量，推动重庆扶贫产品出山出渝。四是以扎实举措筑牢消费扶贫的"五大基础"，通过夯实产业、产品、品牌、物流和人才的基础，提升消费扶贫质效。

（四）"三带促三变"创新扶贫机制实现产业联动利益

重庆市立足直辖市情和脱贫攻坚实际，用改革的思路和创新的举措，以特色扶贫产业为载体，以资产收益扶贫为抓手，以农村"三变"改革为动力，通过"产业联动"强化"利益联结"。坚持把资源变资产、资金变股金、农民变股东"三变"改革作为深化农村改革的总抓手，出台《关于开展农村"三变"改革促进农民增收产业增效生态增值的指导意见》（渝农发〔2017〕294号），以打造"股份农民为核心，按照清产核资、确权确股、市场对接、合股联营、按股分红"的模式，采取村民联动、村社共建、股份合作等形式，扎实推动资源变资产、资金变股金、农民变股东，促进农民增收、产业增收、生态增值。在贫困地区推行"三社"融合发展，以补助方式鼓励贫困户加入农民专业合作社。加快推进农村集体产权制度改革，深化承包地"三权"分置改革，稳妥推进宅基地"三权"分置改革试点。深入推进农业项目财政补助资金股权化改革，进一步优化持股方式、持股比例、分红管理、退出机制，促进企业发展、产业兴旺、农民受益，在收益分配上向贫困户倾斜。推广土地经营权入股发展农业产业化经营，探索"国有企业+民营企业+农业合作社""国有企业+民营企业+龙头企业"等多元化发展模式。

四、重庆市脱贫攻坚的战略支撑

（一）落实资源保障

1.健全财政支持政策，加大财政支持力度

保持社会保障、收入分配、农村基础设施建设等政策向贫困区县倾斜，做到不减存量、倾斜增量。支持贫困县开展财政涉农资金统筹整合使用。

建立财政转移支付同农业转移人口市民化挂钩机制和城镇建设用地增加规模同吸纳农业转移人口落户数量挂钩机制。

2.创新财政扶贫资金"五改",完善精准到户机制

坚持发挥财政资金撬动用,建立以脱贫效果为导向的资金分配方式,加大农业项目财政补助资金股权化改革力度,探索财政扶贫资金"改补为奖、改补为贷、改补为借、改补为股、改补为酬"机制,做到资金安排与贫困人口参与程度、脱贫效果挂钩。建立借款启动、奖补巩固、信贷提升的"财政+金融"扶持产业发展新机制,实施改补为借带动贫困户。丰富扶贫资金精准到户方式,放大财政资金杠杆作用,激发贫困群众内生动力。建立"参股入社、配股到户、按股分红、脱贫转股"改补为投新机制,切实提高资金使用效益。

3.加大金融扶贫的力度,构建多层次金融扶贫服务格局

加快政策性、开发性、商业性、合作性金融机构协调配合,深入实施扶贫小额信贷,实现有意愿、有条件的扶贫对象全覆盖。实施易地扶贫搬迁贷款、农产品收益保险、扶贫小额信贷保证保险。加大对贫困地区扶贫再贷款、再贴现支持力度,完善贫困村互助资金管理制度。支持贫困地区的企业在银行间市场等债券市场发债融资。

(二)完善政策保障

按照党的十九大"实施七大战略、打好三大攻坚战"的部署要求,重庆市市委、市政府研究出台《关于打赢打好脱贫攻坚战三年行动的实施意见》(渝委发〔2018〕51号),紧扣脱贫攻坚新形势、新任务、新要求,先后出台《关于深化脱贫攻坚工作的意见》(渝委发〔2017〕27号),《调整我市国家扶贫开发工作重点区县脱贫摘帽计划的方案》《深度贫困乡(镇)定点包干脱贫攻坚行动方案》《全市脱贫攻坚问题整改工作方案》(渝委发〔2017〕91号),《关于印发重庆市精准脱贫攻坚战实施方案的通知》(渝委发〔2018〕9号),为精准扶贫提供了强有力的政策支持。重庆市扶贫开发领导小组为有效开展精准扶贫精准脱贫"回头看",完善产业扶贫、教育扶贫、健康扶贫、金融扶贫、资产收益扶贫、易地扶贫搬迁等政策举措10余项,特别是针对贫困家庭大学生资助、易地扶贫搬迁、医疗救助等政策进行了细化。重庆市各区县坚持"双向对接、量身定做",逐步细化实化政策措施和具体操作方案,构建起"1+1+3+N"脱贫攻坚政策体系。

(三)强化组织保障

1.加强基层党组织建设

配强乡镇党政主要领导干部,发挥乡镇党委一线战斗作用。实施村党组织书记培养工程,加快解决基层党组织软弱涣散等问题,逐步提高村干部待遇,切实发挥村党组织战斗堡垒作用。创新用好群工系统。回引农村高素质人才,打造一支"不走的扶贫工作队"。建立完善脱贫一线干部关怀激励机制,让基层干部心无旁骛地投身脱贫工作。实施本土人才回引工程,回引贫困村本土人才挂职、创业,破解农村治理人才匮乏问题。培养党员创业致富带头人,组织有帮带能力的党员结对帮扶贫困户。

2.层层压实责任

坚持中央统筹、市负总责、区县抓落实工作机制,层层签订年度脱贫攻坚和成果巩固责任书。市委、市政府对脱贫攻坚工作负总责,加强市扶贫开发领导小组领导力量,调整充实市扶贫开发领导小组成员单位。市级相关部门坚持把脱贫攻坚作为重要任务,制定行业部门脱贫攻坚工作方案,每年向市扶贫开发领导小组报告任务落实情况。区县党委是本区县脱贫攻坚的总指挥部,区县委书记和区县长是第一责任人,有扶贫开发工作任务的区县实行区县委书记和区县长双组长制。脱贫攻坚期内贫困区县党政正职保持稳定,对表现优秀的,完成脱贫攻坚任务后提拔重用。

3.明确考核评估和督查巡查工作体系

完善定性与定量、第三方评估与部门对账、集中考核与平时工作相结合的考评机制,提高脱贫攻坚在经济社会发展实绩考核中的权重,以严格的考核实现高质量脱贫。邀请党代表、人大代表、政协委员、群众代表、民主党派和专家、记者全程监督,做到考核评估较真逗硬、公平公正。发挥市扶贫开发领导小组与市委巡视组、市委督查办、市政府督查办联动作用,健全专项巡视、集中督查、专项督查、专项巡查、暗访随访等多方式的督查督导体系。在全国率先开展脱贫攻坚巡视(察),市委分两轮对46个单位脱贫攻坚工作进行专项巡视,及时开展专项巡视"回头看"。组建16

个由正厅局级干部任组长的督查巡查组，对33个有扶贫开发任务的区县和成员单位开展常态化督导。对所有有扶贫开发工作任务的区县开展全覆盖扶贫专项审计。针对工作滞后、问题较多的区县，由市扶贫开发领导小组成员单位主要负责同志带队开展专项巡查。

第三章 重庆市脱贫攻坚的资金投入

为深入落实精准扶贫精准脱贫基本方略、限时打赢脱贫攻坚战，重庆市重视财政资金的统筹、整合、管理、使用等工作，抓住贫困区县统筹整合使用财政涉农资金试点的重大机遇，从创新体制机制入手，一手抓统筹整合，一手抓监督管理，切实发挥政府投入主体和主导作用。

一、资金来源

2015年至2020年，重庆市累计投入各类扶贫资金1004亿元，其中：各级财政专项扶贫资金317.6亿元，年均增长11.8%；贫困区县统筹整合财政涉农资金400.6亿元；市内对口帮扶资金93.58亿元；社会帮扶资金57.82亿元；发放扶贫小额信贷资金89亿元。在各级财政专项扶贫资金中，中央资金128.3亿元、市本级资金101亿元、区县本级投入83.3亿元。2020年重庆市落实"四个不摘"的要求，继续保持投入力度不减，2020年落实各级财政专项扶贫资金67.4亿元，比上年增长7.2亿元，增长11.9%，其中市级资金22.89亿元，比上年增长19.2%。

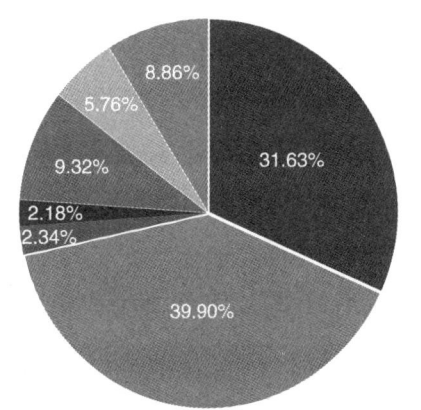

图3-1 重庆市2015年至2020年累计投入扶贫资金来源

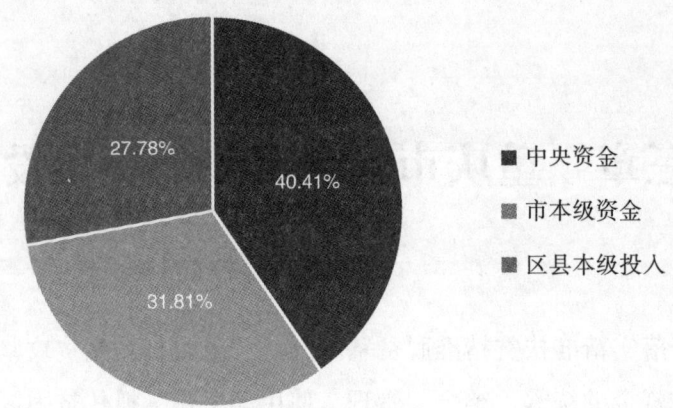

图3-2 重庆市2015年至2020年各级财政投入专项扶贫资金占比

从区县来看，重庆市贫困区县统筹整合投入大量资金用于脱贫攻坚。作为国家扶贫开发工作重点区县，黔江区累计投入财政专项资金79664万元，其中中央资金54348万元，占68.22%；巫溪县累计投入各类扶贫资金216614万元，其中中央资金110044万元，占比50.80%；丰都县累计投入财政专项资金149132.6万元，其中中央资金47988.66万元，占比32.18%。作为重庆市扶贫开发工作重点区县，忠县累计投入各类扶贫资金67630.36万元，其中中央资金28502万元，占比42.14%，市级资金20604.16万元，占比30.447%；涪陵区累计投入各类扶贫资金37850.88万元，其中中央资金9496.5万元，占比25.09%，市级资金12729.4万元，占比33.63%。其他有扶贫开发任务的区县，万盛区投入财政专项资金8455.75万元，其中市级资金5313万元，占比62.83%，区县本级投入2576.25万元，占比30.47%；垫江县累计投入财政专项资金14205.01万元，其中市级资金3215万元，占比22.63%，区县本级投入6511.51万元，占比45.84%。

二、资金投向

（一）产业扶贫

重庆市每年从农业发展资金中切块安排1.6亿元，支持14个国家扶贫开发重点县产业扶贫。2016年至2020年，贫困区县涉农整合资金用于扶贫产业发展160多亿元。重庆市委支持特色效益农业发展，落实资金1.14亿元支持黔江、开州、奉节等区县建设大宗油料基地，落实补助资金2.34亿元和2.8亿元融资资金支持区县打造高标准农田；促进循环经济发展，落实资金1.65亿元支持贫困区县建设了冶炼废渣制造水泥、煤矸石节能砖、农林废弃物生产环保型餐具餐盒、植物纤维模塑、中药材标准化建设等10个项目，落实资金9460万元支持贫困区县工业项目技改。

丰都县为国家扶贫开发工作重点区县，五年累计投入财政资金超过10亿元，发展扶贫产业；万州区统筹产业发展资金3.15亿元；南川区为市级扶贫开发重点区，整合财政涉农资金4.56亿元，实施2026个扶贫项目；涪陵区累计下达2.85亿元，构建以榨菜、中药材为主导的"2+X"特色扶贫产业体系。其他有扶贫开发任务的区县，长寿区累计投入财政资金2087万元，新建特色产业基地，设立小产业发展专项基金，五年累计发放补助2152.8万元；大足区按照全市要求开展产业扶贫，加大区级扶持力度，五年累计下达产业项目扶贫资金4910万元；北碚区投入产业扶贫财政资金4051万元发展特色产业，累计发放奖补资金1100余万元，用以奖励产业发展达一定规模的贫困户。

（二）就业扶贫

重庆市年均向建档立卡户发放创业担保贷款超过1亿元，发放一次性求职创业补贴、跨区域就业交通补贴、高校毕业生求职创业补贴等到户到人资金5000余万元，向吸纳贫困劳动力就业的用人单位落实社保补贴、一次性吸纳就业补贴、岗位补贴等奖补资金超过1亿余元。开州区为国家扶贫开发重点区县，拨付1092.4万元为2.3万人次提供务工交通补贴。长寿区为重庆市有扶贫开发任务的区县，累计发放职业培训补贴850.7万元、交通食宿补贴632.5万元。渝北区运用社保补贴、培训补贴、求职创业补贴、吸纳就业补贴等政策，累计发放就业补助资金2.7亿元，落实3700万元就业补助资金支持劳动者提高技能、就业创业。梁平区制定了贫困劳动力就业补助政策，对在梁平工业园区企业务工的贫困户给予每月每人200元生活及差旅补助。针对疫情防控带来的风险与困难，梁平区财政安排专项扶贫资金100万元为贫困户开发疫情防控临时性公益岗位322个，并安排区级财政资金400万元，对在疫情防控期间生病住院、务工就业受影响、生产经营受影响等导致家庭生活困难的贫困户、农村低保对象、残疾人等进行个性化帮扶和临时救助。

（三）教育保障

2015年至2020年，重庆市共安排区县教育资金814.59亿元，其中安排贫困区县471.24亿元，占比57.85%。2014年至2018年投入134.73亿元用于扩建校舍、运动场，完成购置设备设施支付30.82亿元；2019年起，中央和市级投入财政资金23.1亿元，加强"两类学校"建设。云阳县累计投入资金24.8亿元，对全县各级各类学校进行了达标改造，累计投入6000多万元，实施教育装备标准化和教育信息化建设；秀山县投入资金3.9亿元新建教学楼、改扩建学生运动场地，并投入资金1亿元改善教学设备。重庆市2016年至2020年每年安排专项资金解决农村地区教师留不住的问题，年补助资金4.26亿元。五年累计投入3.46亿元，用于分层分类培训乡村教师。资助学生方面，重庆市2015年至2020年累计投入资金353.8亿元，用以资助各级各类学生。国家级扶贫开发重点区县中，城口县累计资助各类贫困学生1.44亿元，巫山县累计资助24万人次3.1亿元，办理大学生生源地助学贷款2.2亿元，奉节县累计落实各类贫困学生资助资金5.6亿元，发放大学生助学贷款3.7亿元。市级扶贫开发重点区县中，潼南区2016年至2020年，投入4.99亿元资助贫困学生，南川区投入2.14亿元资助贫困学生，发放生源地助学贷款1.9万笔、1.42亿元，涪陵区累计资助贫困家庭学生2.51亿元。有扶贫开发任务的区县也投入了大量资金用于教育。大足区教委学生资助中心发放贫困学生资助资金累计1.9532亿元，年均资助贫困学生约3.5万人次，发放生源地助学贷款1.59亿元，惠及学生21925人次；綦江区五年累计对贫困户子女56273人次落实教育帮扶政策，资助资金6078万元；垫江区五年来累计资助贫困家庭学生245553人次、20348万元，办理家庭经济困难大学生入学资助、学费资助、泛海助学等共计3585人次、1395.8万元。

（四）医疗保障

重庆市累计投入38.46亿元，用以改善贫困区县基础设施设备；投入资金1200万元，重点支持区县医院薄弱紧缺专科建设项目。2017年至2020年，山东全省卫生健康系统投入资金1.8亿多元，实施鲁渝协作项目96个，解决贫困区县基本医疗有保障问题。城口县累计投入5.3亿元新建县人民医院，改造乡镇卫生院、建设村卫生室等。奉节县投资1.5亿元实施基层医疗卫生机构标准化建设，落实医疗救助274899人次、12450万元。秀山县投入资金2.8亿元，优化医疗机构建设与布局。丰都县为67236人次减免费用4457.54万元；筹资4270万元，为乡镇卫生院配备医疗设备94台件，为村卫生室配备健康一体机300台及7大件基本医疗设备；用山东枣庄扶贫援助资金100万元，为95个贫困村配备办公用品及基本医疗设施设备1016件，配备乡村医生581人。巫山县累计实施医疗救助3.6亿元，开州区医疗报销3.58亿元，石柱县累计投入1.6亿元救助贫困病人。

（五）危房改造与人居环境改造

2016年至2020年，重庆市累计争取中央财政补助资金20.21亿元，落实市级财政补助资金10.70亿元，带动区县投入约43亿元，其中，累计下达18个贫困区县补助资金22.72亿元，占全市总量的73.5%。完成建档立卡贫困户农村危房改造9.86万户，含建档立卡户在内的重点对象农村危房改造20.3万户。潼南区脱贫攻坚期间落实补助资金2.1亿元，实施危房改造10468户；南川区筹集资金1.3亿元，改造危旧房4154户、拆除危旧房6964户；铜梁区落实补助资金1.8亿余元，实施危房改造。丰都县累计整合投入5.8亿元，实施"四类人群"危旧房改造。渝北区累计投入资金11.3亿元、长寿区累计投入1.39亿元、北碚区累计投入资金8000余万元，实施危房改造。除危房改造外，重庆市累计争取中央资金4000万元，落实市级资金10.81亿元，实施旧房整治提升工程、美丽宜居工程、人居环境示范工程、传统村落保护发展工程。丰都县投入资金2.27亿元，以"农村人居环境整治三年行动计划"为抓手，深入推进新一轮退耕还林、环境连片整治、水环境治理，村容村貌实现美丽蜕变。

（六）饮水安全

2016年至2020年，重庆市整合中央资金、市级和区县财政资金、其他涉农资金、地方债券、银行融资、三峡后续工作资金、大中型水库移民扶持资金、社会资金等共计94.4亿元，专项用于农村供水基础设施建设，其中，14个国家扶贫开发重点县投入整合资金56.5亿元。2018年，重庆市启动实施水源工程建设三年行动,规划投资1270亿元,实施232个重点水源项目,着力解决水源问题,成效显著,如石柱县累计投入8.56亿元,实施农村饮水安全巩固提升等水利扶贫项目;秀山县、巫溪县和万州区分别累计投入6.9亿元、4.1亿元和3.6亿元,实施农村饮水安全巩固提升、山坪塘建设等工程项目。潼南区累计投入资金6700余万元,建设供水工程、整治山坪塘等工程;南川区投资7000余万元,开展农村饮水安全排查整改与供水工程管护等。其他有扶贫任务的区县中,铜梁区累计投入3.1亿余元,完成城乡供水一体化场镇主管网安装、实施饮水提升工程延伸改造管网等工程。

(七)易地扶贫搬迁

"十三五"期间落实重庆市中央预算内投资21.2亿元,市级财政专项扶贫资金按每人2000元落实市级差异化补助资金5.3亿元,易地扶贫搬迁融资资金132.5亿元。市基建统筹资金1.15亿元,支持易地扶贫搬迁示范工程建设。国家级贫困县中,丰都县投入13043万元,建设易地搬迁集中安置点、完成安置点设施建设项目等;黔江区投资1.5亿元建成重庆最大的易地扶贫搬迁集中安置点;巫溪县两年投入2895万元,规划实施搬迁后续产业项目;武隆区落实后续产业扶持资金901万元,支持易地扶贫搬迁后续帮扶措施。市级贫困县中,南川县投入1475万元项目资金,落实易地扶贫搬迁后扶措施,用于农户稳定增收、改善生产生活条件。

(八)金融扶贫

2016年至2020年,重庆市金融机构累计发放金融精准扶贫贷款2140亿元,其中产业扶贫贷款620亿元,基础设施建设等项目贷款1151亿元。重庆市累计放贷89亿元,为建卡贫困户提供5万元以下、3年以内、免担保免抵押、基准利率放贷、扶贫资金贴息的扶贫小额贷款,惠及贫困户24.82万户次,获贷率52.96%。作为国家级扶贫开发重点县的彭水县与城口县分别累计发放贷款86400万元、25948.8万元;丰都县累计发放贫困户贷款12859笔58690.89万元;石柱县累计注入小额信贷风险补偿金3000余万元,累计发放7001户(次)、3.24亿元。作为市级扶贫开发重点区县的潼南、南川分别累计发放贷款26840万元、3044.28万元。有扶贫开发任务的渝北区设立扶贫小额信贷风险补偿金500万元，2018年至2020年累计为472户发放小额信贷618.95万元。

（九）基础设施建设

重庆市争取交通运输部补助，脱贫攻坚期间累计落实交通部农村公路补助资金260亿元；市政府通过发行债券等方式累计投入超过165亿元。奉节县累计投入资金2.9亿元，实施通达工程3630公里；投入资金16.6亿元，实施通畅工程2436公里；投入资金2.2亿元，安装安全护栏1078公里。铜梁区累计投入5706.57万元，实施路、水、电、讯、房和环保等基础设施建设。南川区累计投入资金18亿元，完成农村"四好公路"2600多公里，建成农村饮水工程5586处，新建及改造高低压输电线路255.71公里，新铺设天然气管道92.38公里。石柱累计投入输配电网建设改造资金51484.39万元，完成了电网改造升级，解决高山移民区的电力供应问题。

（十）信息基础设施建设

脱贫攻坚期间，重庆市累计投入约71亿元用于信息通信网络建设。2019年、2020年分别获得中央财政补助资金4368万元、5388万元，用于电信普遍服务4G基站建设。石柱县年均投资1.3亿元以上，加大通信网络建设力度新建，改扩建各网基站4000余个，光缆线路超过2.7万公里；酉阳县累计投资基站建设5亿元，提升农村信息基础设施建设物理站、4G基站等；潼南区投资4.6亿元，改善农村网络能力建设。

（十一）兜底保障

重庆市近五年累计支出低保金超过42.8亿元，累计发放基本生活供养金近5亿元，累计支出临时救助金超过2亿元。2019年4月至2020年，启动社会救助和保障标准与物价上涨挂钩联动机制，对农村困难群众累计发放临时价格补贴4.16亿元。2016年至2020年，重庆市共发放残疾人"两项补贴"16.22亿元。丰都县2015年至2020年，累计发放临时救助金860.39万元、发放供养金1.46亿元、为困难残疾人发放生活补贴1162.83万元、为重度残疾人发放护理补贴2181.81万元。奉节县资助农村低保、特困人员等民政对象参加居民基本合作医疗保险331920人次、5668万元；发放残疾人两项补贴5.9万人次、3202万元。北碚区2016年至2020年，纳入低保兜底保障2196人次，保障金额647.9万元；纳入特困113人次，保障金额81.06万元。

（十二）林业生态

"十三五"期间，重庆市安排市级以上补助资金约190亿元支持33个有扶贫任务的区县。其中，安排市级以上资金约106亿元，支持33个有扶贫任务区县实施重点林业工程等。在33个有扶贫任务区县安排森林生态效益补偿和天然商品林停伐管护补助等补偿资金24.16亿元；投入赎买资金4816.8万元，推进有扶贫任务的8个区县探索非国有林生态赎买；累计补助4.72亿元，支持深度贫困乡镇扶贫，落实林业项目。奉节县累计投入4.85亿元，完成30.3万亩退耕还林任务，落实生态效益补偿1559万亩，补助资金1.86亿元。武隆区投入乡村绿化资金730万元，兑付农户森林生态效益补偿金2198万元，兑付村集体经济组织和林农天然林停伐管护补助资金505万元；在建档立卡贫困户中精准选聘生态护林员1083名。北碚区累计投入资金6600余万元，开展国土绿化提升行动面积24万亩；2015年至2020年，每年实现集体公益林管护面积25万余亩，每年发放生态效益补助资金约290万元；巩固提升退耕还林成果，2015年至2020年累计发放退耕还林补助约2700万元，涉及贫困户补助资金约40万元。

第四章 重庆市贫困人口"两不愁三保障"实现情况

重庆市脱贫攻坚任务胜利完成，14个国家扶贫开发工作重点区县和4个市级扶贫开发工作重点区县全部实现脱贫摘帽，18个深度贫困乡镇、1919个贫困村全部脱贫出列，182.6万建档立卡贫困人口2020年底前全部清零，5155个突出问题全部"销号"。

一、贫困人口实现不愁吃不愁穿，收入水平提高

（一）收入水平明显提高

贫困人口人均纯收入明显增加，与全国农村居民收入差距缩小。重庆市贫困群众收入水平有明显提高。建档立卡贫困人口人均纯收入由2014年的4697元增加到2020年的12303元，年均增幅17.4%，与全国农村居民人均可支配收入的差值从2014年的5792元减少到2020年的4828元，从相当于全国农村居民可支配收入的44.78%提高到71.82%，提升了27.04个百分点。

14个国家扶贫开发工作重点区县农村常住居民人均可支配收入由2014年的8044元增加到2020年的15019元，增长了86.71%。

石柱县贫困群众人均可支配收入由2014年的2648元增加到2019年的10326元，年均增长31.3%。云阳县贫困群众年均可支配收入由2014年的2771元增长到11883元。武隆区2014年至2020年，全区农村常住居民人均可支配收入由8489元增加到15558元，年均增长10.62%，高于同期全国农民人均可支配收入平均增幅3个百分点；全区建档立卡贫困户人均可支配收入由2215元增加到11230元，年均增幅31.07%，高于同期全国建档立卡贫困户人均可支配收入平均增幅1个百分点。忠县农村居民人均可支配收入由2014年的9803元增加到2019年16207元，年均增幅约10.0%。全县建

档立卡贫困户人均纯收入由2014年的3258元增加到2019年的11292元，2020年受疫情影响，增速有所放缓，为13037元，六年年均增幅达到26%。南川区2020年贫困户人均纯收入11549元，较2014年底增长90.03%，农村居民人均可支配收入从2015年的11237元增长至16079元。合川区贫困人口人均纯收入由2014年的5867元增长到2020年的13800元。铜梁区建档立卡贫困人口人均可支配收入从2014年底的2780元到2019年底达到12547元，保持17%以上年增速；全区农村人均可支配收入从2014年的12452元提升至2019年的19690元，增长58.1%。

（二）兜底保障贫困人口基本生活，保障标准提升

重庆市通过最低生活保障、特困人员救助供养、临时救助、残疾人"两项补贴"、农村养老服务等综合保障措施，保障了贫困人口的基本生活。2020年，重庆市有24.87万名扶贫对象纳入低保保障，占全市农村低保总人数的40.3%，农村低保平均标准由2015年的230元/(人·月)提高到2020年的496元/(人·月)，全年支出的农村低保资金也由2015年的9.78亿元增加到2020年的31.95亿元。1.26万名扶贫对象纳入特困救助供养，较2018年的1.12万人有所增加，全年支出兜底保障资金也由2018年的0.95亿元提高到2020年的1.22亿元。2016年至2020年累计临时救助建档立卡贫困人口超过8万人次。2016年至2020年，残疾人"两项补贴"惠及50.2万人（次），残疾人城乡居民基本养老保险参保率达84.28%、城乡居民基本医疗保险参保率达98.09%。2018年至2020年建设47个片区失能特困人员集中照护机构，对300个农村敬老院进行热水供应常态化、房间寝具标准化、卫浴空间适老化升级改造，安置445名生活不能自理并有集中供养需求的特困人员，开发养老领域公益性岗位474个。

石柱县将3078户6068名建档立卡贫困户纳入低保兜底，月发放低保金234.48万元，脱贫攻坚期间累计实施临时困难救助11750人次、2876万元，实现所有人员不愁吃不愁穿。丰都县农村低保保障困难群众11000户18269人，其中建卡贫困户8633人，占农村低保总人数的47.25%，脱贫攻坚期间，累计为8203人次建卡贫困人口发放临时救助金860.39万元；累计为1.92万人次特困人员发放供养金1.46亿元；共为1.74万人次困难残疾人发

放生活补贴1162.83万元；为3.15万人次重度残疾人发放护理补贴2181.81万元；为305635名贫困户补助基本医疗保险5123.4591万元。

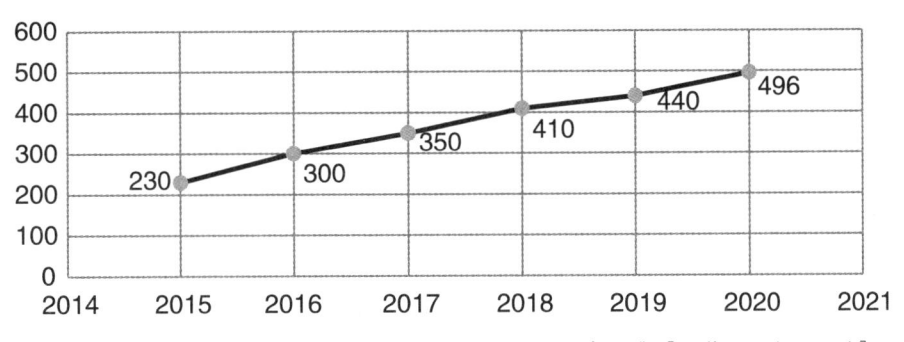

图4-1 重庆市2015年至2020年农村低保平均保障标准〔单位：元/(人·月)〕

涪陵区建卡贫困户纳入低保兜底3690户6968人，实施特困供养219人，开展临时救助1831人，发放贫困残疾人"两项"补贴4885.4万元。潼南区聚焦建卡贫困户中完全和部分丧失劳动力且无法通过产业就业帮扶脱贫的人口，及时纳入兜底保障范围，全区累计实施低保兜底扶贫2614户5077人，临时救助困难群众2.13万人次，救助金额2839.3万元。2020年疫情期间，潼南区临时救助建档立卡贫困户331人次，发放资金39.6万元。

合川区将4994名扶贫对象纳入低保兜底，低保兜底人口较2016年末增加865人，实现了应兜尽兜。铜梁区5年新建成养老院11个，2020年有养老机构47家，建成社区养老服务站333个，基本实现全区村（社区）养老服务设施全覆盖。全区社会福利中心、养老机构等收养性单位床位数从2016年2613张提升至2020年的3584张，社会救助保障能力进一步提升。渝北区在脱贫攻坚期间，城市低保由每人每月460元增长至每人每月620元，农村低保由每人每月300元增长至每人每月496元，特困供养对象基本生活标准逐年递增至每人每月806元，累计发放城乡低保金26008.34万元、特困供养金14300.6万元、临时救助金4646.06万元。2017年实施残疾人"两项补贴"，到2020年，累计发放贫困残疾人生活补贴129561人次、787.235万元；发放重度残疾人护理补贴223820人次、1981.557万元；发放经济困难的高龄失能老年人养老服务补贴55521人次、1108.68万元。区慈善会累计救助支出2385.84万元，共惠及356119人次。加强对困难残疾人的重点帮扶，累计资助学前到高中教育阶段残疾学生2565人次、185.44万元，资助残疾大学生586人次、161.55万元；累计发放贫困残疾人护理补贴13149人次、1014.515万元。2020年加大对因疫情、灾情导致困难群众的救助力度，加强对全区城市低保1941户2635人、农村低保4743户7571人、特困救助供养对象4461人的监测，及时将符合低保条件的489名贫困人口纳入低保兜底，将73名符合条件的贫困低保对象纳入特困供养范围，实现"应保尽保"。

二、义务教育有保障

（一）学生就学保障

2020年，重庆市义务教育巩固率达到95%，较2015年提高1.6个百分点，实现所有贫困家庭子女义务教育阶段无因贫失学辍学。进入全国中小学学籍系统控辍保学台账13858人全部销账。

建立从学前到研究生各教育阶段全覆盖、公民办学校全覆盖、家庭经济困难学生全覆盖的资助政策体系，实施资助项目30多项，2015年至2020年，累计资助各级各类学生2721.65万人次，资助资金达353.8亿元。奉节县脱贫攻坚期间，累计落实各类贫困学生资助资金5.6亿元，惠及贫困学生53.7万人次；累计发放大学生生源地信用助学贷款3.7亿元，惠及家庭困难学生4.9万人次。丰都县2016年至2020年，累计发放教育资助8.6万人次1.28亿元，落实生源地助学贷款6737人、5238.34万元。

脱贫攻坚期间，忠县共资助贫困户学生56286人次；潼南区累计投入4.99亿元、资助贫困学生83.88万人次；涪陵区累计投入2.51亿元、资助贫困学生14.76万人次；南川区累计投入2.14亿元、资助贫困学生26万人次，南川区还调整部署常态化疫情防控下学生资助、控辍保学等工作，疫情期间通过网络授课、送教上门等方式保障贫困学生课业不受影响。

铜梁区累计投入3564.13万元资助建卡贫困家庭学生14942人次，累计落实学前教育幼儿资助1049人次，义务教育阶段家庭经济困难学生生活费补助10165人次，普通高中免学杂费1394人次，中等职业学校免学费1051人次，贫困大学生生源地助学贷款4735人次。合川区累计发放资助资金

1213万元，累计资助义务教育阶段建档立卡贫困户学生19042人次，累计劝返及安置义务教育阶段学生464名。长寿区2016年至2020年，发放各学段贫困学生资助资金21353.26万元，惠及188600人次；办理生源地助学贷款11735人，助学贷款8949.42万元；资助家庭经济困难大学新生入学1110人、503.14万元；共投入"营养午餐"资金3644万元，惠及近73000人次。

（二）教学条件进一步提升

2014年至2018年，重庆市5211所中小学实施"全面改善义务教育薄弱学校基本办学条件"项目。累计投入资金134.73亿元，新改扩建校舍面积440万平方米、运动场地471.7万平方米，完成购置设备设施30.82亿元。全市40个区县全部通过国家义务教育发展基本均衡县评估验收。云阳县累计投入资金24.9亿元，对全县各级各类学校进行了达标改造，累计投入6000多万元，实施教育装备标准化和教育信息化建设，实现了全县中小学互联网接入全覆盖、教育多媒体设备全配备。丰都县改善义务教育薄弱学校办学条件53所、黔江区改善义务教育薄弱学校办学条件117所、涪陵区改善义务教育薄弱学校办学条件112所。秀山县投资3.9亿元，新建教学楼31833平方米，改扩建学生运动场地100289平方米，投入资金1亿元改善教学设备。

加强乡镇寄宿制学校和乡村小规模学校建设。重庆市18个贫困区县44个学生寄宿制建设项目新增寄宿制学位9667个，完成248所学校旱厕改造，改造面积17606.7平方米。渝北区投入资金近100亿元，新建中小学17所、幼儿园55所，新增学位近8万个。

区县上联宽带10G，全市学校"宽带网络校校通"开通率达100%。实施教学点数字资源全覆盖项目，累计覆盖1948个农村教学点。推广"一校带多校、一校带多点"模式，支持城区优质学校与山区薄弱学校结对帮扶，建成"同步课堂"400余个。

（三）建设师资队伍，提高农村教师待遇

实施"农村义务教育阶段学校教师特设岗位计划""农村小学全科教师定向培养计划"，2015年至2020年，累计招收"特岗教师"6463名，培养"全科教师"8615名；分层分类培训乡村教师10.6万余人次，实现全市贫困

地区乡村教师培训全覆盖；为33个区县3456所学校（含村小及教学点）的90002名乡村教师，提供乡村教师岗位生活补助，年补助资金4.25亿元。涪陵区培训乡村教师2.2万人次，丰都县培训3.53万人次，黔江区培训1.6万人次。北碚区落实乡村教师岗位生活补助和教师乡镇工作补贴，培训乡村教师1.72万人次，命名16个乡村教育特色岗位工作室，招收学员113人，提升了乡村学校师资水平；渝北区招聘农村学校教师225人，发放乡村教师岗位生活补助3504人次、791万元；大足区共招聘教师1285人，安置到农村学校866人，占招聘总人数的67.4%，实现了农村学校音、体、美教师全覆盖；江津区实行乡村教师支持计划，实施农村教师核编调配、师资交流、福利待遇等"六个倾斜"政策，交流233名教师到薄弱学校任教，同时努力提高乡村教师岗位补贴，最高达1300元/(人·月)；万盛区统一标准配备城乡师资，落实乡村教师岗位生活补助和教师乡镇工作补贴，城乡教师轮岗交流695人次，培训乡村教师6544人次，实施城乡学校结对帮扶，成立6所学校为示范学校的"城乡发展共同体"。

三、基本医疗有保障

（一）多重医疗保障

重庆落实资助参保政策，形成了"三保险"（基本医保、大病保险、商业补充保险）"两救助"（民政医疗救助、疾病应急救助）"两基金"（扶贫济困医疗基金、健康扶贫医疗基金）的多重医疗保障体系。截至2020年12月底，贫困人口住院自付比例9.58%，慢病、重特大疾病门诊费用自付比例12.24%，累计享受报销优惠政策190余万人次。扶贫部门牵头，联合卫生健康、财政、民政、人力社保等部门，设立4亿元区县健康扶贫医疗基金，对贫困人口经普惠性医疗保障政策报销后承担的大额医疗费用，分1000元至1万元、1万元至5万元、5万元以上三个段次，分别按70%、85%、95%的比例进行救助。在此基础上，由区县对实际医疗负担仍然较重的贫困人口实行"一对一"特殊救助。

大病、重病与慢性病方面，重庆市将大病专项救治病种从前期9种扩大到33种，比国家要求多3种，累计大病专项救治7.16万人，重病兜底保障37.53万人，做到"应治尽治"。落实家庭医生签约服务，148.5万在家且有签约意愿的建档立卡贫困人口实现签约服务全覆盖，4类重点慢病患者签约服务管理累计16.33万人，做到"应签尽签"。大病集中救治进度、慢病签约服务、重病兜底保障率均达100%。

依托基本医保系统，统一开发贫困人口医疗救助"一站式"结算平台，实现基本医保、大病保险、民政救助、扶贫基金、商业保险互联互通，贫困人口身份自动识别，医疗费用报销金额自动核定，市内就诊医疗费用自动结算，市外就医只需申报一次。贫困区县所有医保定点公立医院"一站式"结算平台有效运行，设立贫困患者综合服务窗口1791个，实现贫困人口身份信息自动识别、医疗费用报销金额自动核定、贫困人口自付费用即时结算，累计156万人次享受"先诊疗后付费"。明确66个基层首诊病种，建立10类重点疾病双向转诊制度，细化15个单病种双向转诊指征，县域内就诊率97.62%。

云阳县落实城乡合作医疗保险、大病保险、医疗救助政策，执行贫困患者"先诊疗后付费"一站式结算，3.8万因病致贫贫困人口实现稳定脱贫。建卡贫困患者县内住院个人自付费用负担由2015年的45.3%下降到10%以内；大病集中救治累计92791人次、慢病签约服务累计75956人次、重病兜底保障累计7595人次，"三个一批"均达100%。对家庭特别困难、丧失劳动能力或生活自理能力、不方便住院或不需长期住院的17种重大慢性病患者落实帮扶医生，实施"居家康复救助"，每月为其提供100~500元的药品救助，已累计救助1.6万人次、9731万元。建立贫困患者综合服务窗口，开通贫困患者就医绿色通道，确定大病集中救治定点医院，拟定贫困患者个性化诊疗方案。县外就医报销由所在乡镇（街道）落实专人负责代办，让贫困群众医疗报销"只跑一次"。奉节县2836名巡访医生建立家庭医生签约队伍339支，签约23万余人、巡访服务98万余次。执行"先诊疗后付费""一站式"结算，累计救助12.74万人次，救助金额1.32亿元，贫困患者平均自付比例8.07%。

涪陵区贫困人口医疗保险、大病保险实现全覆盖，资助参保率、大病救治率达100%，家庭医生签约服务41555人，贫困户住院和特病门诊自付比例分别降至8.19%、15.89%。南川区实现建档立卡贫困户家庭医生签约服务全覆盖，贫困患者住院自付比例9.93%，慢病、重特大疾病门诊自付比例17.78%。忠县所有建卡贫困人口实现"应保尽保""应助尽助"；提高基本医疗和大病保险报销比例，降低基本医疗住院和大病保险起付标准，取消建档立卡贫困人口大病保险年度报销封顶线。

北碚区每年按照一档标准全额资助贫困人口购买合作医疗保险，参保率达100%。落实"七重"医疗保障和"先诊疗后付费"制度，大病专项救治范围扩至33种，累计救助建档立卡贫困人口8400余人次，救助金额440余万元，个人住院自付比例9.87%，重特大疾病及慢性病门诊自付费用比例11.45%。江津区贫困群众区内住院医疗费用自付比例9.84%，慢病和重特大疾病门诊医疗费用自付比例13.83%。

（二）医疗卫生公共服务水平提升

重庆市县县都有1所二级甲等以上公立医院、乡乡都有标准化卫生院，全市乡镇卫生院标准化建设达标率100%，村村都有标准化卫生室。贫困区县改扩建县级医院24所、妇幼保健院14所、疾控中心9所、乡镇卫生院180所、村卫生室1048所，18个深度贫困乡镇全部配备监护型救护车。18个贫困区县卫生技术人员高级职称人数从2019年的3256人增加到2020年

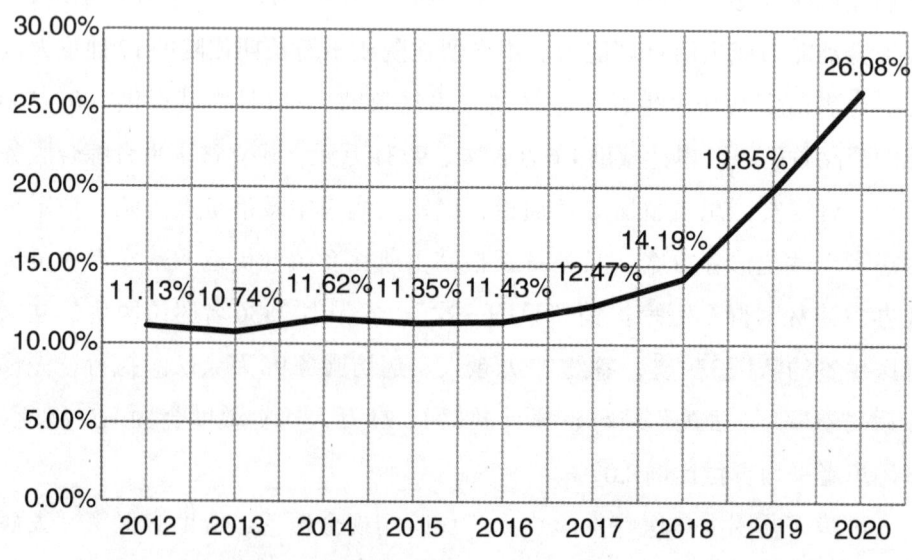

图4-2　2012年至2020年重庆市执业（助理）医师占村卫生人员比例

的4200人，增幅29%；全科医生注册人数增加到4095人，每万名居民拥有全科医生3.4名，超过全市3.15名/万人的平均水平；村医中执业（助理）医师占比逐步提高，由2012年的11.13%提升至2020年的26.08%。

从重庆市14个国家扶贫开发重点县的情况来看，执业（助理）医师占村卫生人员的比例也有显著提升。其中开州区增幅最明显，由9.74%增至27.95%。

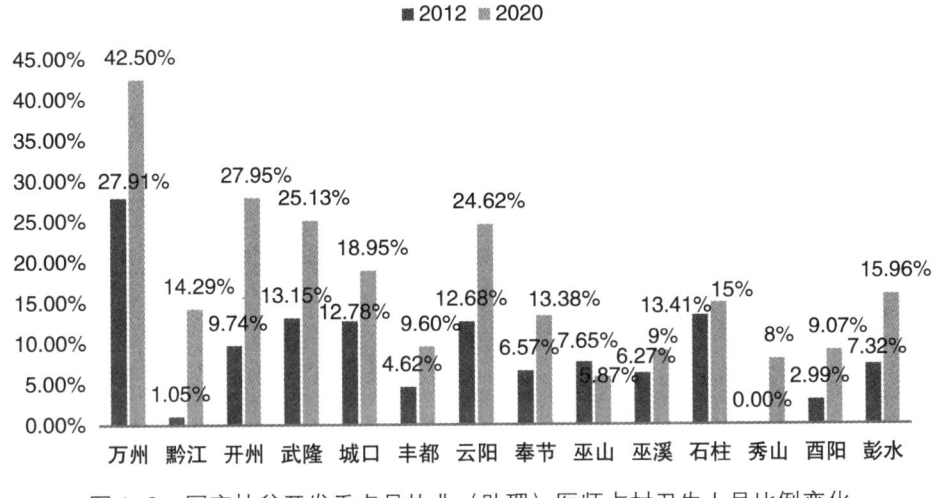

图4-3　国家扶贫开发重点县执业（助理）医师占村卫生人员比例变化

城口县脱贫攻坚期间，累计投入5.3亿元，新建县人民医院，改造11个薄弱乡镇卫生院，规范化建设125个村卫生室，县人民医院成功创建二级甲等医院，中医院和妇幼保健院成功创建二级乙等医院，县域内就诊率达到96.85%。秀山县投入资金2.8亿元，医疗机构布局进一步优化，改扩建乡镇卫生院24所，新建改建村卫生室61个，乡镇卫生院、村卫生室标准化率均达100%；推进等级医院创建，县人民医院创建"三级"综合医院开展预评，县中医医院创"三级"、县妇幼保健院创"二甲"序时推进。丰都县筹资4270万元，为乡镇卫生院配备医疗设备94台件，为村卫生室配备健康一体机300台及7大件基本医疗设备；用山东枣庄扶贫援助资金100万元，为95个贫困村配备办公用品及基本医疗设施设备1016件，配备乡村医生581人，基本实现村卫生室全覆盖，农村居民看病抓药便利快捷。黔江区对35个贫困村卫生室进行了标准化改造，标准化配置65个贫困村医疗设备，配乡村医生65名，贫困村医疗条件进一步改善。

市级贫困县与其他有扶贫开发任务的区县的医疗公共卫生服务水平也得到了显著提升。潼南实现了每个镇街有1所政府办标准化卫生院，至少有1名全科医师；每个行政村有1所标准化卫生室，至少有1名注册乡村医生或执业（助理）医师。北碚区推进区、镇、村三级卫生服务标准化建设，对15个涉农街镇卫生院进行提档升级；建成标准化村卫生室110个，实现医保刷卡全覆盖；配备合格乡村医生136名，累计培训基层医务人员1.8万余人次。

四、住房安全有保障

重庆市完成住房安全等级鉴定84.8万户，动态改造农村危房30.9万户。2016年至2020年，重庆累计争取中央财政补助资金20.21亿元，落实市级财政补助资金10.70亿元，重庆市完成农村危房改造30.9万户，其中建档立卡贫困户农村危房改造9.86万户，通过开展住房安全有保障核验、脱贫攻坚普查，全市建档立卡贫困户全部实现了住房安全有保障。忠县全覆盖鉴定挂牌建档立卡贫困户、特困户、低保户及农村疑似危房33816户，将家庭确实困难且唯一住房为C级、D级危房的一般农户中的重点户、就地农转城户、已享受危房改造政策贫困户和无房户纳入了危房改造县级财政补助范围，脱贫攻坚期间，累计解决24954户农户的住房安全问题；涪陵区完成4类重点对象危房改造11612户；南川区改造农村C、D级危房4154户，拆除危旧房6964户。

全力实施旧房整治提升工程、美丽宜居工程、人居环境示范工程、传统村落保护发展工程，项目所在地人居环境实现了干净、整洁、有序和美丽。重庆市完成农村旧房"五整治"提升21.26万余户。创建评比"功能美、风貌美、文化美"的美丽庭院1万余户。建成"田园美、村庄美、生活美"的美丽宜居村庄200余个，创建改善农村人居环境市级示范片20个。2016年至2020年，累计投入财政补助资金1.87亿元，支持贫困地区保护发展中国传统村落54个、建成传统村落市级示范点9个，有效保护了空间格局、村庄形态和传统建筑等文化载体，既留存了乡村特有的生活方式，又留下了珍贵的巴渝符号和历史记忆。

五、全面解决贫困人口饮水安全问题

（一）供水入户

重庆市累计投入71.24亿元，建成农村供水工程44.9万处，因地制宜解决水量、水质、用水方便程度、供水保证率等问题。其中集中供水工程3.9万处（规模化供水工程676处、小型集中供水工程38324处）、分散供水工程28.7万处，覆盖农村供水人口2326万人。实施农村饮水安全巩固提升工程2.1万余处，贫困人口供水入户率达到99.73%，超过全国平均水平近7个百分点，农村集中供水率达到88%，自来水普及率达到86%，分别超规划目标3个、6个百分点。忠县脱贫攻坚期间累计解决8372户27251人的饮水安全问题。城口县累计投资1.94亿元巩固提升17.99万人的饮水安全。潼南区累计投入资金6700余万元，建成供水工程1830处，整治山坪塘4333口，实施小型集中供水工程6处、分散式打井817处，有效解决912户3250人建卡贫困户饮水问题，全区建卡贫困户饮水安全得到全面保障。涪陵区实施农村饮水安全巩固提升项目304处，全区农村集中供水率、自来水普及率分别由2015年的85%、78%提升至2020年的96%、96%，农村人口饮水安全实现全覆盖。合川区投资5亿元，新建水厂5处、关停取缔老旧落后村镇水厂39处，分阶段将全区村镇水厂优化整合为14个，统一划由西北组团、钱塘组团、天顶组团和城周组团等4个供水组团实行区域连片供水，推动城乡供水一体化。

（二）供水管理

2016年，重庆市人大常委会颁布了《重庆市村镇供水条例》，为农村供水管理提供了法制保障。2019年全市选择13个区县试点探索开展农村饮水工程长效管护机制，在试点基础上，市政府出台了《关于建立健全农村供水工程运行管护长效机制的意见（试行）》。市级相关部门围绕长效管护机制建设，出台了农村供水工程运行管护责任、设施建设、水质监管、有偿用水等方面的配套文件，建立了维修养护经费财政补助制度，并在全国率先制定长效管护机制评价指标体系。33个有脱贫攻坚任务的区县全部出台农村饮水工程县级管理办法，建立了县级专管机构，落实了维修养护经费财政预算，切实加强农村饮水工程运行管护，发挥工程效益，巩固农村饮水安全脱贫攻坚成果。685处万人供水工程已全部实行企业化管理，近3万处千人以下集中供水工程落实了管护责任人，贫困区县落实公益岗位管水员800余名。推进农村有偿供水机制建设，重庆市千人以上工程水费收缴率达91%，千人以下工程水费收缴率80.7%。2020年，中央、市级、区县共安排维修养护财政资金2.3亿元，有效保障了工程正常运行。合川区依托规模化、标准化水厂为主要供水水源，将19处私营及混合所有制村镇水厂统一到1家区属国有供水企业统一专业化运行管理，通过健全用水付费制度、区级财政每年预算500万元给予特殊困难群体和村社供水管理员补贴，做到有人管、有钱管、有制度管。城口县建立完善用水管理体制机制，部分行政村、社区安排公益性岗位，用于农村供水工程设施管护，实现饮水安全可持续。

第五章　重庆市贫困区县发展面貌的巨大变化

一、贫困区县经济发展

（一）地方生产总值增长与结构

贫困区县地区发展速度明显加快。14个国家扶贫开发重点区县、4个市级扶贫开发工作重点区县GDP年均增速7.6%，比全市平均增速高0.4个百分点。同时产业结构也有一定调整，第一产业、第二产业占比下降，第三产业占比持续上升。

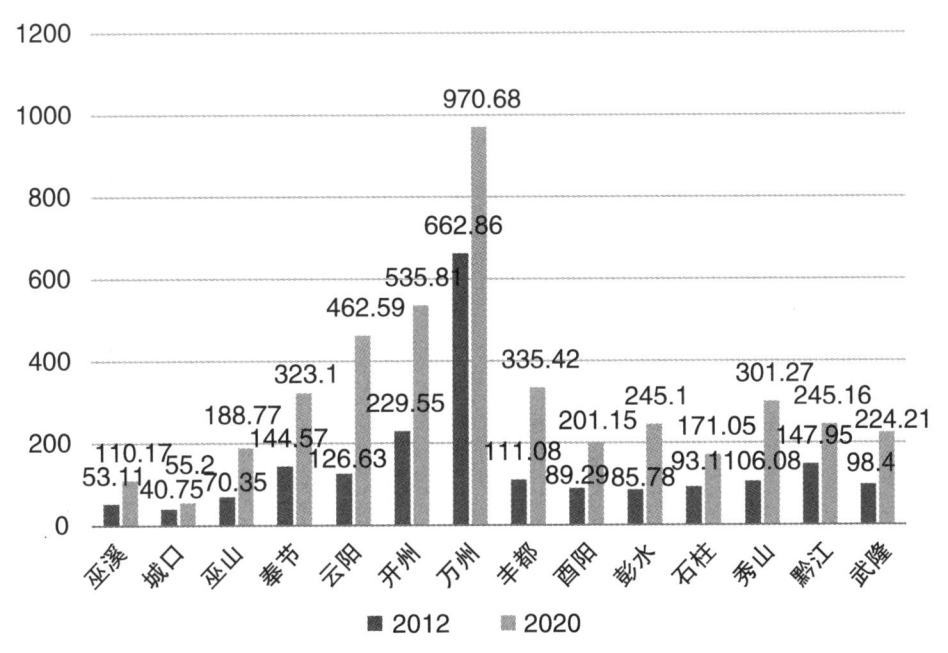

图5-1　重庆市14个重点区县2012、2020年地方生产总值（单位：亿元）

具体来看，贫困区县农业产业结构有效调整，产业聚集度明显提升。每个贫困区县培育1个以上扶贫主导产业，发展柑橘、榨菜、中药材、茶叶等扶贫产业2151万亩，其中18个贫困区县843万亩，占39.19%。18个贫困区县创建市级以上特色农产品优势区21个、现代农业产业园11个、"一村一品"示范村433个。培育乡村旅游扶贫示范乡镇75个、示范村（点）453个。认定涉贫农业龙头企业998家，创建国家和市级示范合作社733个，发展家庭农场2.3万个。巫溪县发展"1112"重点农业产业，支持贫困村发展冬桃、药材等"一村一品"产业项目，全县粮经作物比调整至56∶44；城口县发展山地特色效益农业，调整产业结构提升经济作物比重，因地制宜发展"七大扶贫产业"，粮经结构由2017年的65∶35调整为47∶53，经济作物占比提高18%；万州区可种植面积粮经比由6∶4调整到2∶8，形成了"3万亩经果林、10万头生态猪、500万只芦花鸡"的特色种养业；开州区打造绿周果业柑橘博览园、紫海云天山植物园、钟坪山花谷等市级休闲农业与乡村旅游示范村（点）21个，年均接待游客632万人次、综合收入达14.6亿元。

（二）贫困区县一般预算支出

18个重点区县地方的一般预算支出都有显著增加，总体而言教育与卫生支出的增幅相对更大。

表5-1　18个重点区县2012、2020年一般预算支出及变化

单位：万元

区县	一般预算支出		农林水支出		教育支出		卫生支出		社会保障和就业支出	
	2012	2020	2012	2020	2012	2020	2012	2020	2012	2020
涪陵	766261	1280036	79273	92723	164573	208616	62807	124613	79951	120185
潼南	344556	722391	57496	109388	84068	150897	38431	78598	38702	87753
忠县	383312	684036	57287	109299	81391	154148	41136	95929	49097	96130
南川	369859	669611	56160	83045	66762	112200	32837	77099	38699	70792
万州	1052749	1613357	123543	181073	190812	271046	79503	227694	125330	201546
黔江	418455	685330	75996	122000	96029	131701	29141	67981	36189	72006
武隆	302496	528322	66411	107261	53222	85380	17913	52056	30312	51925
丰都	353919	703937	64188	112361	77515	134040	31640	79480	42260	85748

续表

区县	一般预算支出		农林水支出		教育支出		卫生支出		社会保障和就业支出	
	2012	2020	2012	2020	2012	2020	2012	2020	2012	2020
秀山	358149	597720	65074	81164	88231	133855	28914	78386	34885	73599
开州	539008	972363	79446	119914	133537	212073	62649	161732	73029	166671
云阳	454058	90083	83556	130510	11467	197211	52012	138816	56798	132734
城口	244620	461137	74536	129493	40218	61469	12296	48246	19862	42355
石柱	313356	544719	57245	87183	81346	110566	17087	72627	21489	46342
奉节	433201	808204	69670	121677	111105	162935	40481	102570	39392	111675
巫山	304693	590197	50349	108225	68976	107599	26426	66867	34938	69321
巫溪	276560	598446	59748	167360	56048	115790	21522	59795	26361	61235
酉阳	403953	692553	82860	180760	95148	155525	33197	83429	37297	88546
彭水	323204	729850	61978	181891	84635	148560	28740	77736	30680	81791

二、居民收入消费和社会保障

（一）收入变化与结构

重庆市扶贫开发工作重点区县的农村居民人均收入有显著增加。14个国家扶贫开发重点县的农村居民人均可支配收入由2014年的8044元增长到2020年的15019元，名义增速均在10%以上。其中工资性收入由2014年的2154元增加到2020年的4564元，增加了111.88%；经营性收入由2014年的3493元增加到了2020年的5686元，增加了62.78%。从增速来看，重点区县农村居民人均可支配收入年均增速略高于重庆市农村居民人均可支配收入的年均增速。

2014年至2020年重点区县农村常住居民收入结构基本保持稳定。人均工资性收入占比稳定增加，由2014年的26.78%增加到2020年的30.39%；人均家庭经营性收入占比减少，从43.43%到37.86%。重点区县农村居民的收入结构与重庆农村居民收入结构有一定差异。重点区县农村居民工资性收入占比略低于重庆市农村人口，家庭经营性收入占比略高于重庆市农村人口。2020年重庆市农村人口人均工资性收入占比35.08%，高于家庭经营性收入的34.02%，但重点区县的农村人均家庭经营性收入占比依旧高于工资性收入。

表5-2 重庆市及重点区县农村居民可支配收入结构变化

年份	工资性		人均家庭经营性		财产性		转移性	
	重点区县	重庆市	重点区县	重庆市	重点区县	重庆市	重点区县	重庆市
2014	26.78%	33.68%	43.43%	35.85%	1.82%	2.66%	27.97%	27.81%
2015	27.33%	34.11%	41.88%	35.94%	1.80%	2.65%	28.99%	27.31%
2016	28.46%	34.34%	40.21%	35.93%	1.79%	2.56%	29.54%	27.16%
2017	29.50%	37.76%	39.47%	38.59%	1.80%	2.65%	29.23%	21.00%
2018	30.09%	35.18%	38.55%	34.92%	1.57%	2.43%	29.79%	27.47%
2019	30.57%	35.13%	38.30%	34.43%	1.58%	2.43%	29.55%	28.02%
2020	30.39%	35.08%	37.86%	34.02%	1.62%	2.48%	30.13%	28.42%

（二）消费支出与结构

重点区县全体居民生活消费支出稳步增长。重点区县农村居民人均生活消费支出从2015年的8170元增加到了2020年的13158元，略低于全市的农村居民生活消费支出水平。从消费生活支出的增速来看，重点区县的农村居民支出增速2016年至2020年略高于重庆市农村居民的平均水平。

表5-3 重庆市及重点区县2015年至2020年农村居民生活消费支出变化

年份	农村居民人均生活消费支出(元)	农村居民人均生活消费支出增长(%)	重点区县农村居民人均生活消费支出(元)	重点区县农村居民人均生活消费支出增长(%)
2015	8938	12.0	8170	11.2
2016	9954	11.4	9119	11.6
2017	10936	9.9	10098	10.7
2018	11977	9.5	11058	9.5
2019	13112	9.5	12145	9.8
2020	14140	7.8	13158	8.3

（三）社会保障

重庆市重点区县的社会保障水平明显提高，实现"应保尽保"。酉阳县运用"两项制度"衔接配套政策机制，脱贫攻坚期间，累计识别兜底建档立卡贫困人口18068人，兜底农村低保对象月人均补差402元，累计纳入农村特困人员兜底320人，兜底农村特困人员月人均生活补助806元。城口县将符合条件的8573名建档立卡贫困人口纳入低保兜底，实现"应兜尽兜"。实施贫困失能人员集中照护工程，在修齐、高观、明通三个镇试点，入住贫困人员176人，其中失能人员133人。同时落实贫困残疾人生活补贴、重度残疾人护理补贴和贫困残疾人城乡合作医疗保险等政策，生活补贴和护理补贴覆盖率100%。巫山县完善低保兜底动态管理机制，完善"一对一"关爱帮扶措施，将9532人建卡贫困户纳入低保兜底保障，将4086人残疾人纳入建档立卡贫困户，将423人纳入农村特困供养范围，防止特殊人群有返贫和新致贫现象发生。脱贫攻坚期间，奉节县全县农村低保累计保障困难群众58812户136214人，其中兜底保障建档立卡贫困户27496户73274人；救助供养特困人员27709人次，其中供养建档立卡贫困人口1857人次；供养贫困家庭失能人员655人，帮助全县贫困失能家庭年增收3000余万元；落实临时救助75798人次，救助建卡贫困人口14095人次、3094万元；落实医疗救助274899人次、12450万元。资助农村低保、特困人员等民政对象参加居民基本合作医疗保险331920人次、5668万元。发放残疾人两项补贴5.9万人次、3202万元。2016年至2020年三峡集团"同舟工程""扶贫济困"救难行动项目累计救助困难群众332名、350万元。整合资金5000余万元，建成永乐、草堂、吐祥3所失能供养中心，改建兴隆、竹园社会福利院，全县失能人员供养床位达到1000张，实现贫困家庭失能人员"应养尽养"。开州区扩大未脱贫户、脱贫不稳定户、边缘易致贫户等社会救助面，加强失能特困人员集中供养，低保兜底贫困人员2.2万人，对整户不符合条件的贫困户，将重病重残家庭成员纳入低保。对家庭月人均收入超过低保标准低于2倍标准的农村低保建卡贫困户，给予6个月的渐退期。石柱县将3078户6068名建档立卡贫困户纳入低保兜底，月发放低保金234.48万元，脱贫攻坚期间累计实施临时困难救助11750人次、2876万元，实现所有人员不愁吃不愁穿。

永川区2016年至2020年，纳入农村低保兜底1792户3261人、特困供养400户428人、困难残疾人生活补贴711人、重度残疾人护理补贴618人，同时，针对疫情影响，实施城乡低保7日办结、临时救助应急审批等便利措施，做到应保尽保、收入达标、吃穿不愁。持续完善城乡居民基本养老保险制度，对符合条件的贫困人口由区统筹财政资金代缴城乡居民养老保险费。鼓励通过互助养老、社工服务等途径，丰富养老服务方式。通过实施社会服务兜底工程，建设为老人、残疾人、精神障碍患者等特殊群体提供服务的设施。落实建卡贫困人口农村扶贫小额保险和精准脱贫保，为建卡贫困人口提供意外伤害、大病、疾病身故、农房自然灾害等保险赔付。

三、县域基础设施建设

（一）交通

着眼补齐交通短板，畅通贫困地区发展微循环。"十三五"期间，重庆市建设"四好农村路"8.4万公里，全市建制村实现100%通硬化路、100%通客车"两通"兜底性目标，具备条件的村民小组通达率达到100%、通畅率超过90%。截至2020年底，重庆市农村公路总里程达16.2万公里，农村公路路网密度达到196公里/百公里^2。荣昌区累计实施农村公路建设1900公里；涪陵区完成"四好农村路"建设4197公里，其中贫困村1873公里，全区行政村村道路畅通率、村民小组通达率、客车通车率均达到100%；酉阳县启动实施"四好农村路"4195公里，行政村畅通率、村民小组通达率、客车通车率也均达到100%；云阳县累计完成四好农村路共计3318公里，硬化村级公路1324公里、组级公路878公里，新修通达公路581公里，新修机耕道308公里、人行便道1272公里，实现行政村通畅率100%、通客运率100%，村民小组通达率99.8%、通畅率95.4%；万盛区投入20余亿元建设农村公路约730公里，成功创建全国、全市"四好农村路"示范区，累计新修人行便道250公里，开通公交线路53条，行政村通客率、行政村通公交率、镇街公交覆盖率均达到100%，实施全域公交"一元一票制"和半小时免费换乘惠民举措，全区实现"村村通公交""社社通公路""户户通便道",群众"出行难"问题得到根本解决。

普通干线公路方面。实施普通干线公路改造1.29万公里,城乡路网结构日趋完善,通行服务能力大幅提升。石柱县建成2条交通主干道和34条农村公路(便桥)。

安防设施方面。在完成国省道安全隐患整治的基础上,开展农村公路安全隐患整治,"十三五"期间,重庆市累计投入近55亿元,实施普通公路安防综合治理工程2.9万余公里,已实现了乡道及以上公路安防工程全覆盖。

电商物流方面。全市所有行政县、所有国家级贫困区县电商进农村综合示范创建全覆盖。14个贫困区县建成电商公共服务中心14个、仓储物流配送中心14个、农产品产地集配中心150余个、乡镇村电商服务站点3300余个,累计培育农村电商带头人3900余人,实现乡镇快递全覆盖。

(二)水利

重庆市贫困地区水利基础设施条件明显改善。一是重点水源工程加快推进。2018年,重庆市启动实施水源工程建设三年行动,规划投资1270亿元,实施232个重点水源项目,着力解决水源问题。到2020年已动态开展185个项目前期工作、已完成前期工作112个,新开工建设64个,渝西水资源配置工程、藻渡水库、跳蹬水库、向阳水库、福寿岩水库、大滩口水库扩建等6个大型工程列入国家150项重大水利工程建设项目清单。累计建成水库共计3089座,总库容约126.8亿立方米。其中,大型18座、中型107座、小型2964座,全市水库年供水能力约28亿立方米。"十三五"期间新增供水能力9亿立方米,有力改善农村供水的水源保障条件,惠及1409万人。

二是贫困地区防洪减灾能力得以加强。初步建成了非工程措施和工程措施相结合的山洪灾害防御体系,截至2020年,已连续4年未发生直接因山洪灾害造成的人员死亡,有效防止了群众因灾致贫和因灾返贫。

三是贫困地区水土流失治理成效明显。治理水土流失面积1537平方公里,把水土流失治理与乡村振兴、生态旅游、农村产业发展、农村人居环境整治、美丽乡村建设有机结合,在保护当地水资源、改善人居环境、助力脱贫攻坚方面成效明显。

四是贫困地区产业基础设施不断完善。通过实施大、中型灌区续建配套与节水改造项目，新增（恢复）和改善灌溉面积163.2万亩，新增供水能力8235万立方米，促进了农业增效和农民增收，增强了抗御自然灾害的能力。

五是贫困地区河长制实现了全覆盖。18个贫困区县于2017年底完成了河长制体系建设，建立了各项工作制度，实现了河长全覆盖，辖区河库状况得到极大改善。丰都县龙河、垫江县龙溪河、开州巴渠河等河流通过河长制的实施和生态修复，已成为助力脱贫攻坚，建设美好家园的典范。

（三）电力、通信设施

重庆各区县2012年开始新建与改造了大量的线路，保障农村供电。同时建成多个通信基站，包括4G与5G通信基站，在多个行政村实现光纤宽带双网络覆盖。涪陵区实施贫困村农网升级改造，所有自然村全部通动力电，农村供电能力、供电质量有效提升。建成农村移动通信基站196座，自然村实现通信信号、互联网、广播电视信号全覆盖，全区行政村4G网络覆盖率、光纤通村率均到100%。酉阳县累计投资基站建设5亿元，物理站址达1247个，4G基站达3200个，20户以上村民聚居点4G信号实现全覆盖，手机用户累计达54万户，宽带端口累计达44万个、用户15.3万户。电力扶贫改善贫困地区生活条件取得实效，累计投入输配电网建设改造资金51484.39万元，完成了车田、浪坪2个深度贫困乡、130余个重点贫困村和81个小城镇（中心村）电网改造升级，解决了重庆市划定的100个高山移民区的电力供应。城口县电网基建投资3.5亿元，改造惠及5.63万户居民用户，实现100%入户通电和村村通动力电；建成通信基站1677个，通信网络信号行政村覆盖率100%；建成光纤网络6892皮长公里，光纤宽带网络用户从2.5万户增至6.1万户，实现了光纤网络县域内全覆盖。

四、文化事业

重庆市实施文化阵地设施提档升级工程，在深度贫困乡镇开展建设标准乡（镇）综合文化服务中心和村（社区）综合文化服务中心、送设施设备等"三建六送行动",建成14个国贫县示范建设村综合文化服务中心418个,在4个民族自治县覆盖建设村综合文化服务中心669个,为全市18个深度贫困乡镇建设19个电影厅。黔江区建成20个贫困村综合文化服务中心示范点、193个农民体育健身工程、65个贫困村文化中心室,建成农村文化室219个,实现了贫困村广播、电视、通信以及文化室全覆盖,贫困村文化不断丰富。

依托文化阵地建设工程,重庆各区县开展了多种不同的文化活动。石柱县坚持扶贫同扶志扶智相结合,强化脱贫攻坚氛围宣传,深入推进移风易俗"十抵制十提倡",深化乡风文明积分激励试点,丰富群众精神文化活动,发挥典型示范带动作用,教育引导和激励群众破除陈规陋习。合川区组织"脱贫攻坚先进典型宣讲队",深入小沔镇金土村、三庙镇凤山村等10个市级贫困村和2个区级后进村,采取"脱贫文艺节目+先进典型宣讲+贫困群众提问"形式开展宣讲活动500余场次,引导贫困群众摒弃"等""靠""要"思想,提升主动脱贫积极性。渝北区在全区开展"志智双扶"文艺作品创作征集活动,加强乡村题材作品创作,创作《前行》《风景这边独好》等国画作品,《一分不能少》《在丈夫肩上行走的乡村医生》等作品获市第十四届精神文明建设"五个一工程"优秀作品奖,《田埂密语》获重庆市第八届乡村文艺汇演一等奖,组织开展"文化扶贫进乡村"系列活动20余场。

"十三五"期间,重庆扶贫开发重点县的文化产业规模扩大。长寿区坚持"快旅慢游"提品质,抓好"乡村振兴·长寿慢城"、橘香悦动村、清迈良园、邻封人家、田园乐温、渔乐仙谷六大农旅融合项目。到2020年,核心区30平方公里的慢城一期项目初步完工,10余家特色餐饮、民宿业态加快落地,全市乡村振兴十大重点工程暨试点示范现场会在慢城召开;开发乡村旅游精品线路、景点20余个,6款农业类旅游产品被认定为市级扶贫品牌。奉节县梳理平安乡红色历史文化资源,传承"为民吃尽天下苦、甘洒热血染山河"的精神,打造彭咏梧烈士纪念馆、甲长楼、箭楼、炮楼、锦山寨等红色文化景点,开发红色精品研学线路,建设川东游击队红色文化AAA级景区,打通生态资源、文化资源向经济效益的转化通道。

五、生态环境

"十三五"期间,重庆市推进林业生态工程建设,支持33个有扶贫任务的区县实施重点林业工程等营造林2055万亩(其中退耕还林还草481万亩),安排市级及以上资金支持约106亿元。奉节县落实生态效益补偿1559万亩,补助资金1.86亿元,贫困户覆盖率达100%。涪陵区累计完成国土绿化提升行动营造林17.7万亩,贫困人口累计享受公益林生态效益补偿34737人次。酉阳县纳入森林生态效益补偿的生态公益林419.8万亩,实现贫困户全覆盖。

一是开发生态护林岗位。在建档立卡贫困户中选聘生态护林员26037人、选聘天保工程护林员2646名。长寿区聘用贫困人口为生态护林员72人,奉节县开发贫困户生态护林公益性岗位2949人次,补助标准10000元/(人·年)。涪陵区开发生态护林岗位220个。酉阳县通过护林员公益性岗位解决建档立卡贫困人口就业15108人。

二是发展林业产业,支持33个有扶贫任务区县建成特色经济林1706万亩、笋竹林459万亩,建成林业产业基地6924个(其中带动10户贫困户以上的林业产业基地2947个)。大足区累计实施完成国土绿化工程57.5万亩,其中人工造林10.5万亩,封山育林4.9万亩,农田林网和特色经济林改造7.5万亩,低效林改造10万亩,森林抚育24.6万亩。依托退耕还林、长江防护林等林业工程,在全区建立林业扶贫基地119个。森林生态效益补偿覆盖全区贫困户5442户,占全区贫困户总数的59.9%,贫困户每年能获取森林生态效益补偿金20.78万元。合川区12个贫困村累计实施林业项目38278.9万亩,发展了柑橘、花椒、油橄榄、无花果等扶贫产业,惠及2355户贫困户。支持创建全国森林旅游示范县6个,建成森林康养基地31处、森林乡村(绿色示范村)1449个、森林人家3751家。石柱县开发绿色生态农副产品21种,还把中益乡其他村及周围乡镇的生态米、蜂蜜、竹笋等山货集合起来,通过两个电商平台,销售到重庆主城区及北上广等50个大中城市,2019年实现销售收入220万元。引进中国林业集团入驻重庆重组林投公司推进500万亩国家储备林建设。稳妥解决了受禁食野生动物影响的贫困农户调整转产。

　　三是环境治理。万盛区结合旅游开发，重视环境保护和生态修复，关闭国有和乡镇煤矿41家。累计修复山水田林湖草2万亩，造林育林21万亩，全区森林覆盖率达56%，2019年空气质量优良级天数达327天。黔江区深入实施"五大环保行动"，城区空气质量优良天数稳定保持在350天左右，森林覆盖率逐年上升。推行河长制，主河流阿蓬江水质达到Ⅱ类，获评"长江经济带美丽河流"。学好用好"两山论"，走实走深"两化路"，绿色工业、山地特色农业蓬勃发展，"云上水市""武陵天塘""土家十三寨"等高品质乡村旅游点、21条精品乡村旅游线路构成美丽乡村新图景，生态颜值逐步转化为经济价值。

第六章 重庆市经济社会发展与治理能力现代化取得进展

一、经济运行情况

（一）地方生产总值增长与结构

2012年至2020年，重庆市经济取得了明显进展。重庆市地区生产总值保持持续增长，从2012年的11459亿元增至2020年的25002.79亿元，2020年地区生产总值较2019年增长3.5%。人均地区生产总值由2012年的39548元增长到2020年的78173元。

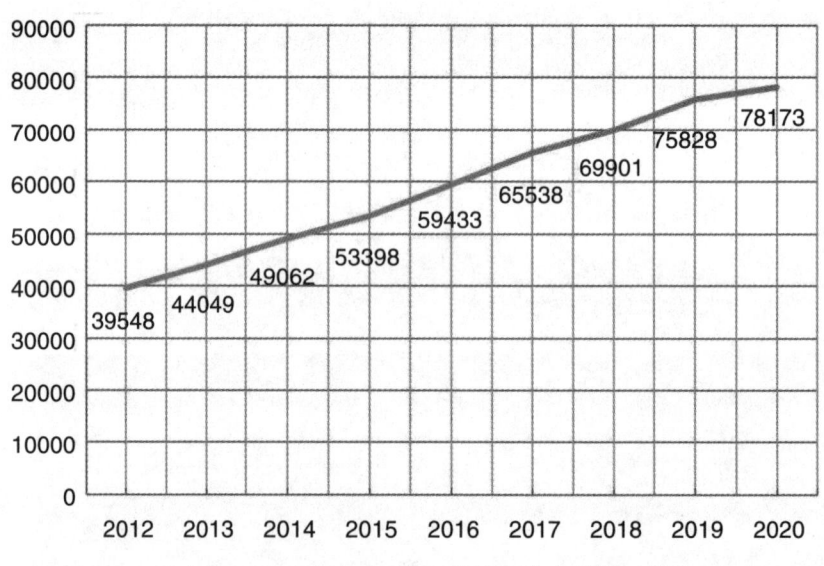

图6-1 重庆市2012年至2020年人均地区生产总值（单位：元）

2020年第一产业实现增加值1803.33亿元，比2019年增长4.7%；第二产业实现增加值9992.21亿元，增长4.9%；第三产业实现增加值13207.25亿元，增长2.9%。产业结构也有一定调整，第一、第二产业占比持续下降，其中第一产业占比由2012年的8.2%下降到2020年的7.21%；第二产业由

2012年的53.9%下降至2020年的39.96%；第三产业占比持续上升，从2012年的37.9%上升至2020年的52.82%。

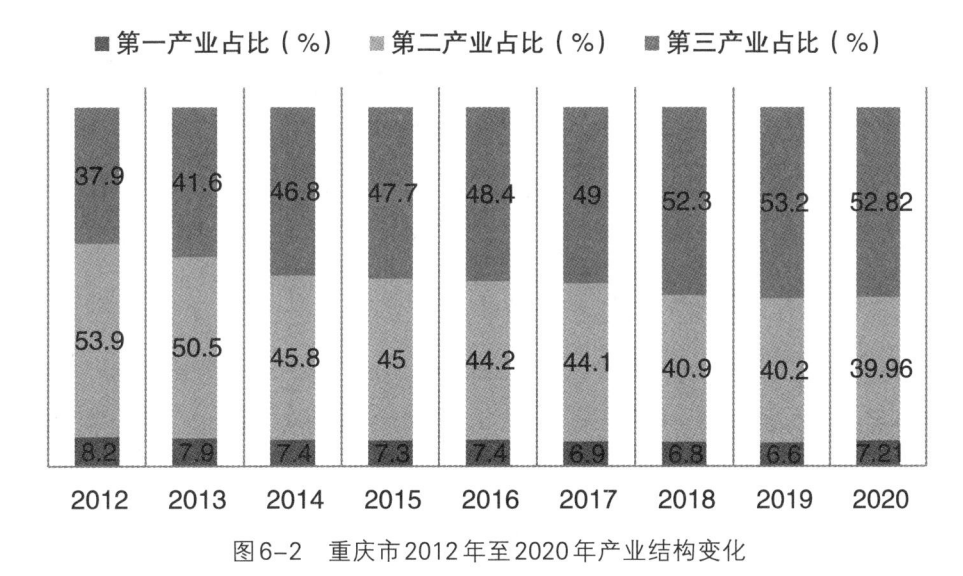

图6-2 重庆市2012年至2020年产业结构变化

具体来看，种植业占第一产业比重较为稳定，在66%~70%之间波动。2012年至2016年种植业的增长基本与第一产业增长保持一致，2017年至2019年种植业增长幅度大于第一产业的增幅。重庆市深化农业供给侧结构性改革，现代山地特色高效农业加快发展，生猪、粮食等主要农产品供应保持稳定。

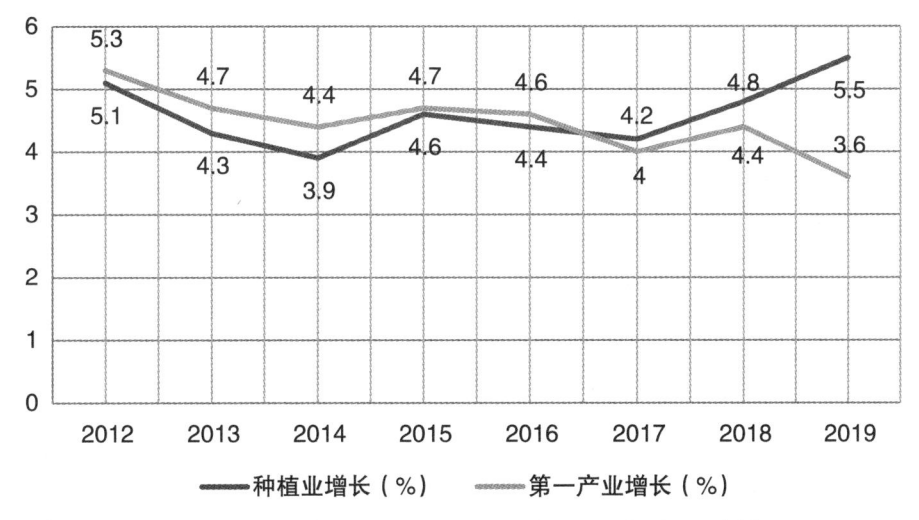

图6-3 重庆市2012年至2019年第一产业与种植业增长

截至2020年，重庆工业生产有八大支柱产业，包括汽车、电子、材料、装备、医药、消费品产业及能源工业。主要产业在2012年至2020年期间的增长有一定波动，相比较而言材料制造业增长较为稳定，电子制造业与化医产业，尤其是医药产业，尽管增长幅度出现过较大波动，但总体维持了较高的增长水平。"十三五"期间，重庆实施制造业高质量发展专项行动，包括智能制造工程、技术改造工程、工业强基工程、质量品牌工程、服务型制造工程、绿色制造工程等，推动传统支柱产业智能化改造，2020年工业技改占工业投资比重约30%，主要支柱产业增加值占GDP比重达到30%左右。

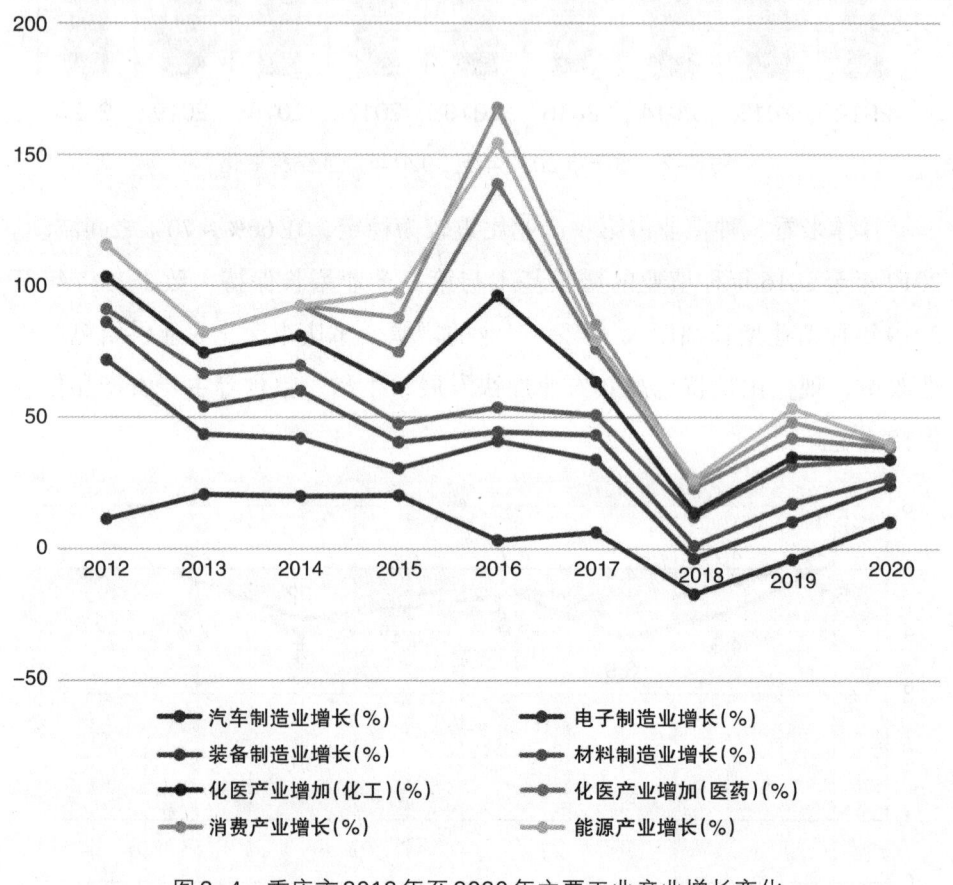

图6-4 重庆市2012年至2020年主要工业产业增长变化

重庆市现代服务业快速发展，在线医疗、在线教育、在线商务、电商直播、社交电商、微信电商等新业态、新模式蓬勃发展，"十三五"期间服务业对经济增长年均贡献超过50%。重庆内陆国际金融中心加快建设，银行、证券、保险及各类新型金融机构加速聚集，金融业GDP占GDP比重稳定在10%左右。

旅游外汇收入增加明显，由2012年的11.68亿美元增加到2019年的25.25亿美元，2016年至2020年旅游外汇收入年增长均在12%以上。"十三五"期间，重庆市进行了旅游精品景区提档升级，共有A级景区260个，其中5A级9个、4A级115个。此外，还开展了旅游度假区建设与旅游配套设施建设等工程。

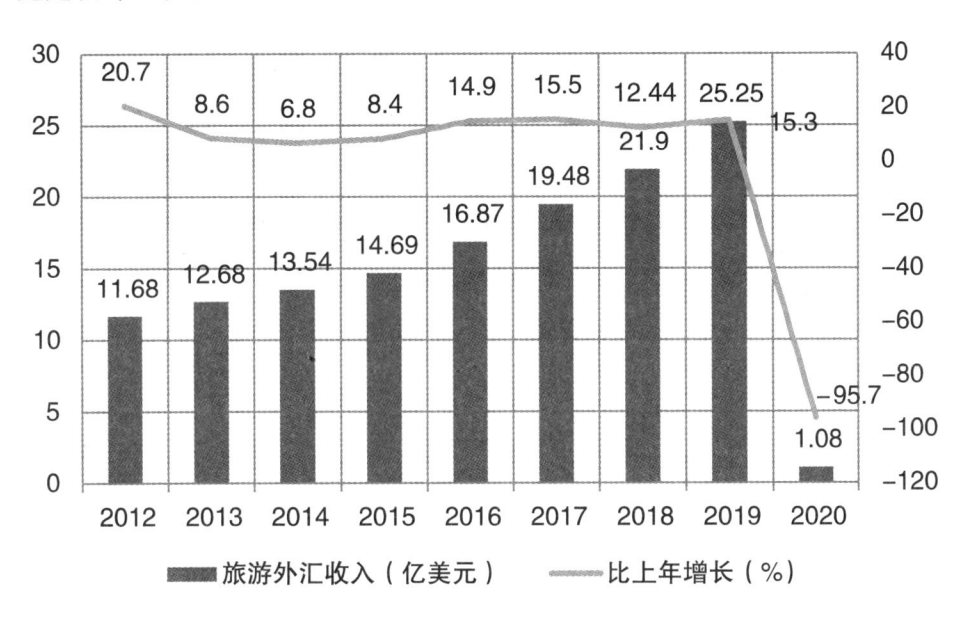

图6-5 重庆市2012年至2020年旅游外汇收入及增长速度

（二）地方公共财政与金融

地方公共财政收入与财政支出都有显著增加，公共财政支出增幅大于公共财政收入。2016年重庆实现公共财政收入3725.22亿元，2020年实现4552.69亿元，增长22.21%；2016年公共财政支出6518.57亿元，2020年实现8027.76亿元，增长23.15%。

2012年至2020年，重庆市金融机构本外币存款余额稳步增加，由2012年的19423.90亿元增长至2020年的42854.31亿元，比上年末增长8.5%。其中，人民币个人储蓄存款余额由2012年的8361.64亿元增长至2020年的

41270.20亿元，本外币贷款余额41908.91亿元，比上年末增长13.1%。2020个人贷款及透支16702.78亿元，增长18.1%。本外币贷款余额由2012年的15594.18亿元增加至2020年的41908.91亿元。

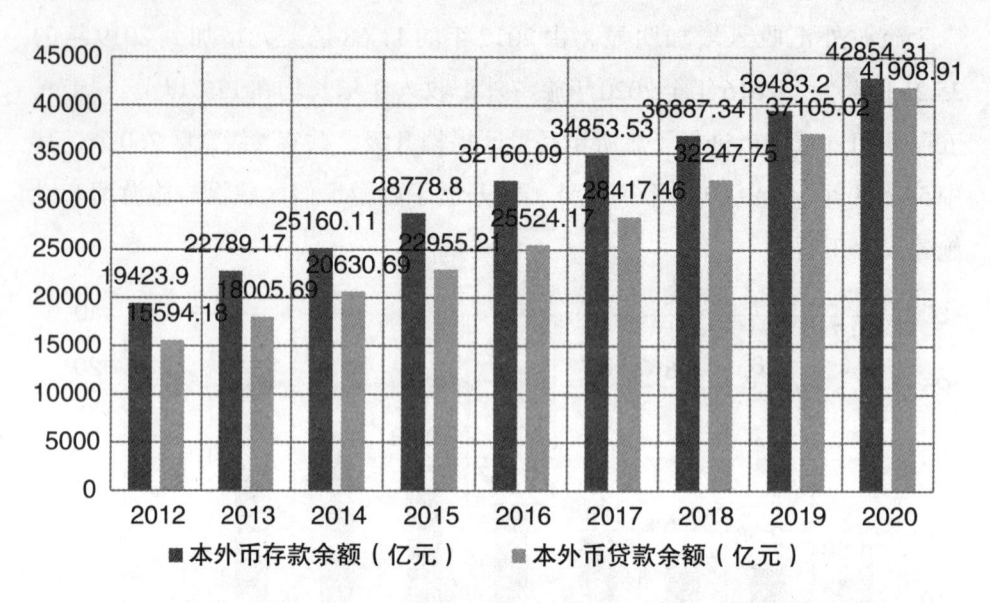

图6-6 重庆市2012年至2020年本外币存款、贷款余额

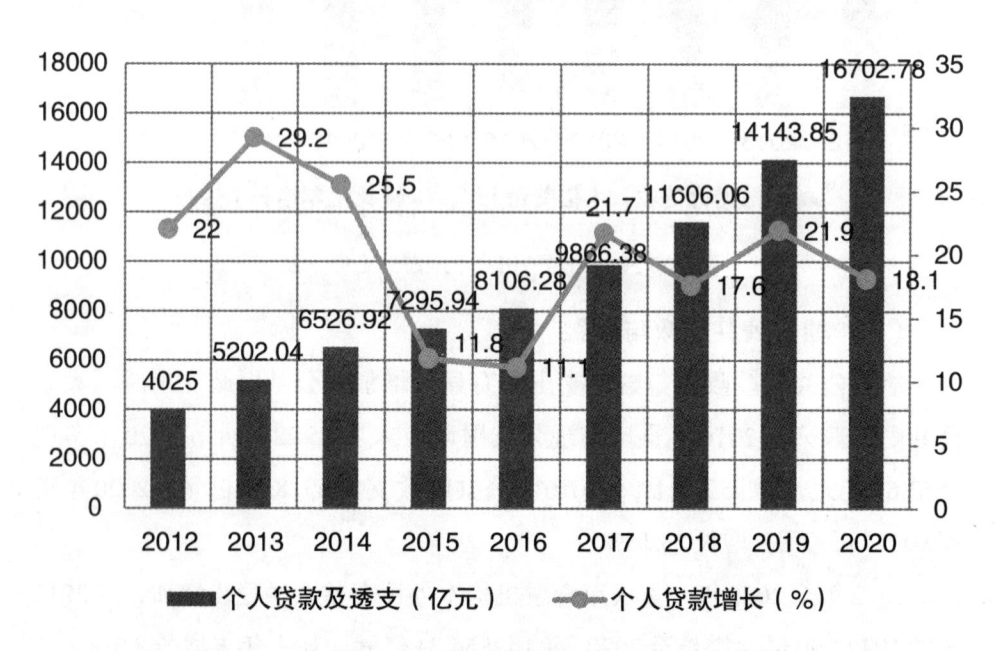

图6-7 重庆市2012年至2020年个人贷款透支及增长

二、城乡居民收入、消费和社会保障

（一）城乡居民收入增加与结构变化

城乡居民收入持续增加，农村居民收入增速高于城镇居民。2014年重庆市常住居民人均可支配收入18352元；2020年人均可支配收入为30824元。2014年重庆市城镇居民人均可支配收入为25147元，2020年为40006元；农村居民人均可支配收入从2014年的9490元增至2020年的16361元。具体来看，农村居民人均可支配收入增速仅在2015年、2016年两年略低于全市地区生产总值的增速，其余年度均高于全市增速。2017年以后城乡居民人均可支配收入增速均大于地区生产总值的增速。

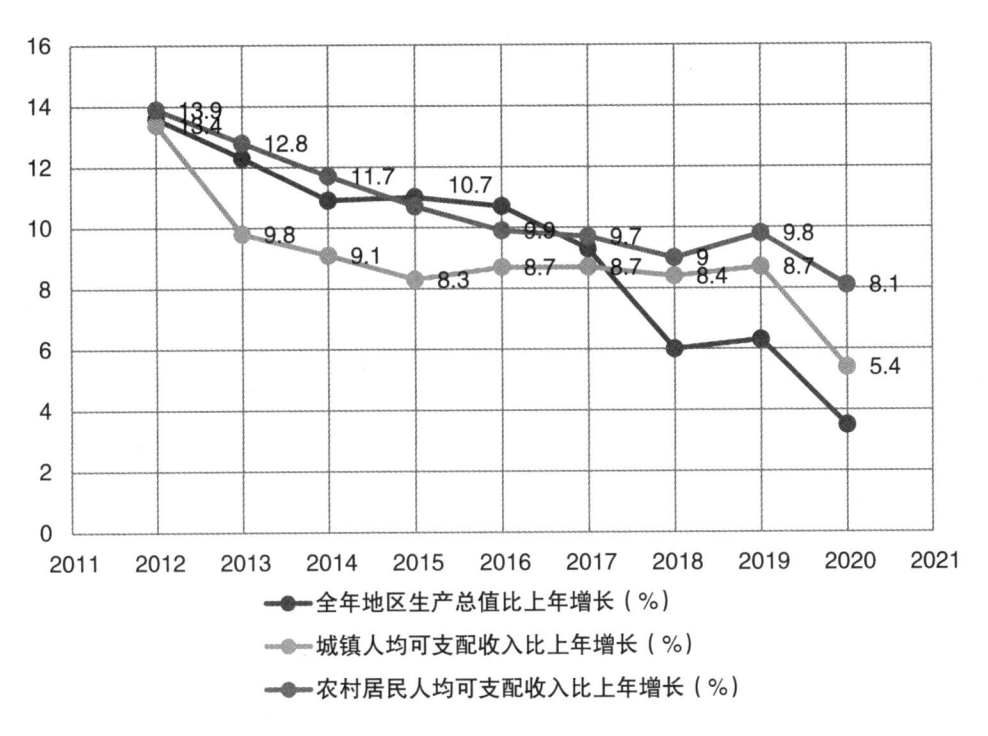

图6-8 重庆市2012年至2020年城乡居民人均可支配收入变化

2014年至2020年重庆全市居民收入结构基本保持稳定。人均工资性收入占比最高，变化幅度约在52%至54%之间；其次是转移性收入，占比约在23%至25%之间；经营性收入占比约在16%至17%之间；财产性净收入在6%至7%之间。农村居民收入结构有所差异，农村人均工资性收入占比与人均家庭经营性收入占比相近,在33%至39%之间浮动,转移性收入占比略高于全市平均水平。

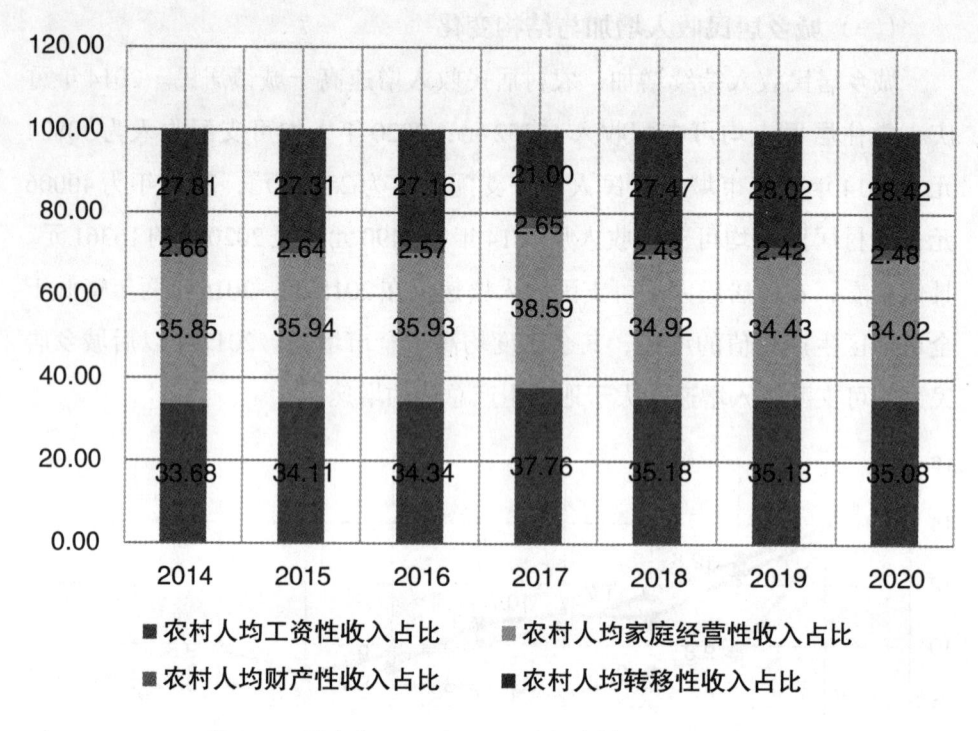

图6-9 重庆市2014年至2020年农村人口收入结构

2016年至2020年期间,重庆市农村居民不同收入群体之间收入差异基本保持稳定,并且高收入人群与低收入人群收入差异低于全国水平。2020年,重庆市农村低收入组的人均可支配收入为7508元,高于全国的4681.5元;重庆高收入组的人均可支配收入为33255元,低于全国的38520.3元。重庆农村高收入组的人均可支配收入为低收入组的4.43倍,低于全国的8.23倍。

表6-1 2016年至2020年全国及重庆农村居民收入五等分

单位:元

序号	2016		2017		2018		2019		2020	
	全国农村	重庆农村	全国农村	重庆农村	全国农村	重庆农村	全国农村	重庆农村	全国农村	重庆农村
1	3006.5	5021	3301.9	5737	3666.2	6008	4262.6	6759	4681.5	7508

续表

序号	2016		2017		2018		2019		2020	
	全国农村	重庆农村	全国农村	重庆农村	全国农村	重庆农村	全国农村	重庆农村	全国农村	重庆农村
2	7827.7	8676	8348.6	9384	8508.5	10119	9754.1	10884	10391.6	11238
3	11159.1	11294	11978	12257	12530.2	13167	13984.2	14099	14711.7	14691
4	15727.4	14521	16943.6	15908	18051.5	16480	19732.4	18528	20884.5	19135
5	28448	22105	31299.3	24144	34042.6	26724	36049.4	30384	38520.3	33255

（二）消费支出与结构

从消费来看，重庆市全体居民生活消费支出稳步增长。重庆市居民人均生活消费支出从2015年的15140元增加到2020年的21678元。从居住地来看，2014年重庆市城镇居民人均生活消费支出18279元，2020年增加至26464元，增长44.78%；2014年农村居民人均生活消费支出7983元，2020年达14140元，增长77.13%。

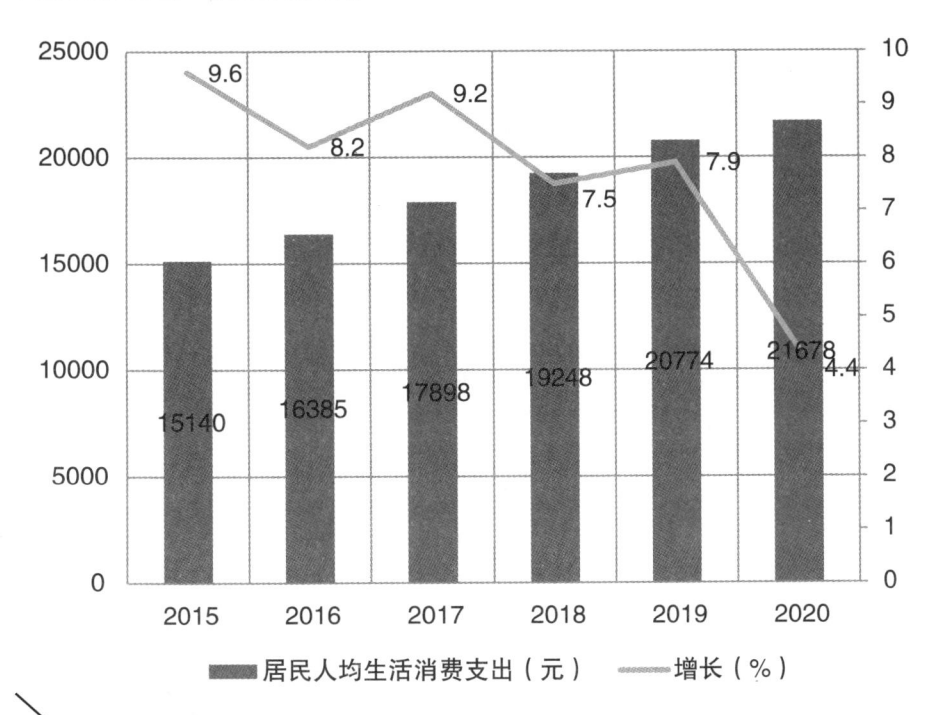

重庆市2015年至2020年居民人均生活消费支出变化

（三）社会保障

重庆市2014年城镇企业职工基本养老保险参保813.42万人，2020年城镇企业职工基本养老保险参保1088.83万人，增长33.86%。重庆市2014年城镇职工基本医疗保险参保575.77万人，2020年城镇职工基本医疗保险参保766.98万人，增长33.21%。

表6-2　重庆市2014年至2020年社会保障参保情况

单位：万人

年份	城镇企业职工基本养老保险	城乡居民社会养老保险	城镇职工基本医疗保险
2014	813.42	1112.54	575.77
2015	837.38	1111.06	588.46
2016	862.24	1115.82	604.76
2017	989.18	1109.00	640.27
2018	945.81	1119.63	678.31
2019	1127.72	1162.68	720.63
2020	1088.83	1166.85	766.98

2016年34.87万城市居民得到政府最低生活保障；58.98万农村居民得到政府最低生活保障。重庆市城乡低保标准分别从2016年460元/月、300元/月提高到2020年的620元/月、496元/月。

表6-3　重庆市2016年至2020年城乡最低生活保障情况

年份	城市居民最低生活保障标准（元/月）	享受城市居民最低生活保障人数（万人）	农村居民最低生活保障标准（元/月）	享受农村居民最低生活保障人数（万人）
2016	460	34.87	300	58.98
2017	500	33.97	350	60.22
2018	546	31.14	410	58.09
2019	580	28.10	440	57.89
2020	620	26.47	496	62.26

重庆市建立了孤儿（含艾滋病病毒感染儿童）基本生活保障标准自然增长机制。2010年12月，建立孤儿基本生活费发放制度，确定标准为：机构孤儿700元/(人·月)、散居孤儿600元/(人·月)；2018年10月将机构孤儿、散居孤儿保障标准分别调至1360元/(人·月)和1160元/(人·月)，同年建立重庆市孤儿基本生活保障标准自然增长机制，以后每年按照当年未成年特困人员救助供养标准增长的定额同步增长，同步实施。2019年9月与2020年9月，机构孤儿分别调至1404元/(人·月)和1456元/(人·月)，散居孤儿分别调至1204元/(人·月)和1256元/(人·月)。2020年较2010年，机构孤儿标准增长108%，散居孤儿标准增长110%。截至2020年12月底，共发放5284.3万元，保障3448名孤儿（含艾滋病病毒感染儿童）基本生活。

总体而言，重庆市"制度城乡统筹、基金市级统筹、经办五险统筹"社保制度体系基本建立，覆盖城乡的社保体系日益完善，人人享有社会保障目标基本实现，养老保险和医疗保险参保率维持在95%以上，企业退休人员基本养老金水平连年增长。社会救助标准与经济发展水平和物价上涨实现"双联动"，城乡低保标准逐年稳步提升。退役军人服务管理保障体系基本建立。重庆市"十三五"期间累计新增城镇就业人数350万人，城镇调查失业率保持在较低水平，持续保持就业形势总体稳定。覆盖城乡的社保体系日益完善，人人享有社会保障目标基本实现。住房保障体系更加完善，建立多主体供给、多渠道保障、租购并举的公租房住房制度，城镇常住人口住房保障覆盖率达到23%。

三、教育、医疗与文化事业

（一）教育

教育事业取得长足进步。扩大优质教育资源覆盖面，推进义务教育均衡发展，生均公用经费基准定额实现城乡统一，中小学、幼儿园布局规划全覆盖，农村义务教育学校办学条件明显改善，全市学前三年教育毛入园率达到89%，九年义务教育巩固率达到95%，高中阶段教育毛入学率达到98.5%，高等教育毛入学率达到49%。落实乡村教师生活补助政策，农村义务教育学生营养改善计划覆盖义务教育学校5115所，开展义务教育薄弱环节改善与能力提升专项工作，全市义务教育学校校舍场地达标率达到86.5%。主要劳动年龄人口平均受教育年限达11.3年。

（二）医疗服务

医疗服务体系进一步完善，健康服务水平提升，人均预期寿命提高到78岁。重庆市三甲医院增加至36所，覆盖范围扩大至21个区县，30万人口以上区县至少拥有1所二级甲等综合医院和1所二级中医院。建成国家和市级临床重点（特色）专科328个，新建中医馆116个，92.5%的社区卫生服务中心和乡镇卫生院设立中医综合服务区，医疗服务体系进一步完善。建立健全应对突发公共卫生事件体制机制，加快公共卫生领域补短板，提升应急管理能力。应对人口老龄化，实施社区养老"千百工程"，发展健康养老产业，推动医养深度融合发展，养老机构达到1426所，养老床位22万张，护理型床位占32.3%。

（三）文化事业和文化产业

"十三五"期间，重庆市文化产业规模持续扩大，文化产业增加值迈上千亿元台阶，文化软实力显著增强。全市文化产业增加值达到956.98亿元，文化产业法人单位达6.05万个，拥有资产5962.5亿元，2019年实现营业收入3137.8亿元。建成7个国家级、85个市级文化产业示范基地和21个市级文化产业示范园区、13个市级文化创意产业园、49个乡村文化乐园。

基本公共文化服务能力增强，"三馆一站"年服务群众达7200万人次以上，每万人拥有"三馆一站"面积666.9平方米，高于全国平均水平。启动社区电影放映、农村文化中心户、公共文化物联网建设，广播、电视人口综合覆盖率分别达99.2%、99.4%。

四、生态环境

重庆市生态发展保护与修复力度加大。2012年重庆市森林覆盖率达到42.1%，2020年森林蓄积量达到2.4亿立方米，森林覆盖率超过50%。长江上游重要生态屏障进一步筑牢，湿地保护率提升至60%以上，三峡水库库周植树造林1500万亩，石漠化综合治理2038平方公里，治理水土流失面积7700平方公里。绿色发展水平显著提升，推行"生态+"发展新模式，产业生态化、生态产业化提速推进，创建绿色园区5个、绿色工厂104个和一批绿色矿山。

推进环境污染治理。重庆市持续加强空气污染治理，加强交通、工业、扬尘和生活污染防治，空气质量优良天数达到316天，无重度及以上污染。实施"双总河长制"，开展河道"清四乱"和污水偷排直排乱排专项整治，推进长江入河排污口排查整治试点，2019年42个国考断面水质优良比例达到97.6%，2020年优良比例首次达到100%，优于国家考核目标4.8个百分点。扎实推进土壤污染治理，城乡生活垃圾无害化处理率分别达100%和99.9%，工业固体废物利用处置率达91.3%，全市土壤环境质量安全稳定。

五、城乡融合发展

重庆市城乡融合发展深入推进。城镇化率稳步提升，由2012年的56.98%提升到2020年的68%，增加了11.02%。户籍制度改革深入推进，每年农业转移人口落户城镇20万人左右。

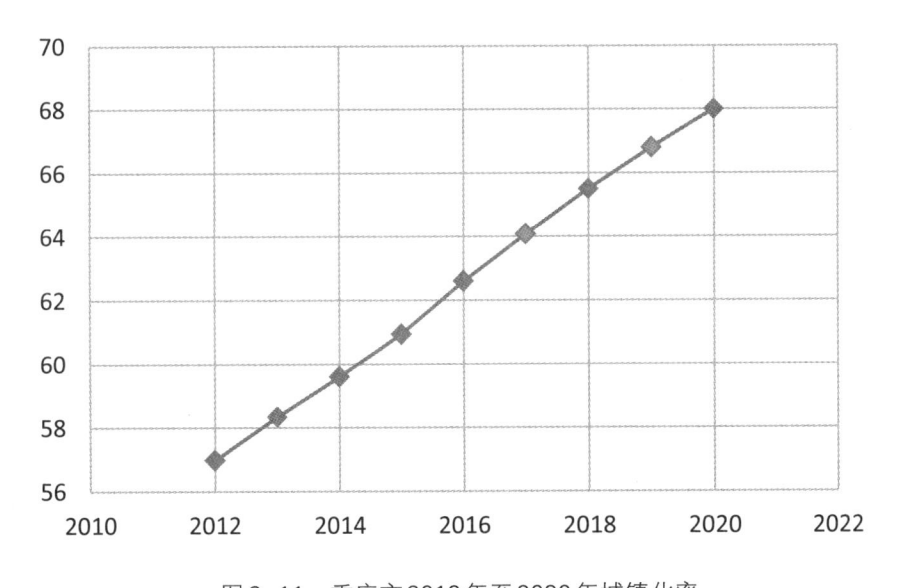

图6-11 重庆市2012年至2020年城镇化率

轨道交通运营里程329公里，城市路网密度7.7公里/公里^2。治理城市黑臭水体，实施"增绿添园"民生工程，完成新建、改建公园项目253个、面积达1088万平方米，利用城市边角地规划建成社区体育文化公园60个。

推动城市基础设施向农村延伸，建设"四好农村路"8.4万公里，行政村通客车率达100%；成片推进农村人居环境整治41个，建设中国美丽休闲乡村37个；农村卫生厕所普及率达79.7%，行政村生活垃圾有效治理率达93%，农村人居环境大为改善。城乡基本公共服务均等化加快推进，教育、医疗、社保等基本公共服务城乡差距逐步缩小。

六、社会治理水平明显提升

党委领导、政府负责、民主协商、社会协同、公众参与、法治保障、科技支撑的社会治理体系不断完善。践行总体国家安全观，守住国家政治安全"四不"底线。社会治安防控体系建设取得重大进展，搭建了"五张网"总体骨架。深化安全生产大排查大整治大执法大督查，全市安全生产事故起数、死亡人数持续减少。成功创建国家食品安全示范城市。深化"枫桥经验"重庆实践十项行动，社会治理社会化、法治化、智能化、专业化水平明显提高，社会矛盾源头治理能力、重大风险管控能力明显提升，全市重大矛盾纠纷化解率提升至95%。强化网络舆情风险管控和舆论引导，妥善应对多起突发网络舆情事件。培育和依法规范社会组织发展，自治、法治、德治相结合的城乡基层治理格局基本形成，社区管理和服务机制不断完善。

第七章　重庆市巩固拓展脱贫攻坚成果的探索实践

习近平总书记指出："脱贫摘帽不是终点，而是新生活、新奋斗的起点。"重庆市紧扣"总体稳定"这个关键词，把巩固拓展脱贫攻坚成果作为首要任务，一手抓贫困人口如期脱贫，一手抓脱贫成果巩固拓展，高质量打赢脱贫攻坚战，接续推进乡村振兴。

一、建立防止返贫监测机制

为进一步提高脱贫质量，有效防止返贫，重庆市深刻领会总书记指出的"多管齐下提高脱贫质量，巩固脱贫成果，把防止返贫摆在重要位置，减少和防止贫困人口返贫"，"探索建立稳定脱贫长效机制"的重要指示精神，紧抓责任落实、政策落实、工作落实，实现稳定脱贫和可持续发展。

（一）建立动态监测机制

重庆市围绕巩固脱贫攻坚成果，对脱贫不稳定户和边缘易致贫户，做到及时发现、快速响应、动态清零。通过完善精准扶贫大数据平台，对返贫致贫趋势进行预警和提前干预，实现扶贫、民政、教育、卫生健康、医疗保障等部门和单位相关数据互通共享。出台《关于建立防止返贫监测和帮扶机制的实施意见》，明确监测范围、监测方法、帮扶措施等。建立三级监测体系，压实监测责任，实现"一对一"监测，及时跟进落实产业、就业及综合保障等帮扶举措。精准识别脱贫监测户10095户32441人、边缘户11892户34242人。截至2020年11月底，已消除风险的脱贫监测户达7780户24892人、边缘易致贫户达10846户30903人，户数占比84.7%。

（二）构筑防贫保障线

构建"精准脱贫保+产业扶贫保+防贫保"三保联动保险扶贫体系，为所有贫困人口购买每人每年100元（2020年增加至130元）的"精准脱贫保"；为深度贫困乡镇贫困户量身定制每户每年200元的"产业扶贫保"，每户贫困户可获得1.5万元的产业风险保障；投入2500多万元，为农村边缘人口打捆购买"防贫保"，用市场手段多渠道构筑防贫线。截至2020年11月，全市精准脱贫保共承保159.43万人，保费21754.1万元，赔付17.11万件（人）、17353.7万元，赔付率79.77%；产业扶贫保共承包10865户次，保费217.3万元，赔付次数2641户次，赔付金额192.17万元，赔付率88.68%；边缘人群防贫保2020年初承保的三个区县，共赔付279件次，赔付金额228.69万元，赔付率40.12%。

（三）防范扶贫领域风险

建立扶贫小额信贷风险补偿金8.8亿元，健全"政府+银行+保险+助贷员"风险防控体系，探索"一自三合"金融扶贫试点，实现贷前贷中贷后风险防控。建立贫困户产业发展动态监测、季度更新机制，创新设立"产业精准扶贫保"，防范产业发展风险。完善涉贫舆情处置预案，健全完善三级舆情监测体系，建立分析研判和涉贫敏感舆情处置机制，畅通12317信访渠道，把涉贫舆情风险化解在萌芽状态，为决胜脱贫攻坚营造良好氛围。

二、建立持续帮扶机制

重庆市开展脱贫攻坚"回头看"，排查脱贫人口脱贫质量是否可靠、增收渠道是否稳定、帮扶政策是否精准落实等。在脱贫攻坚后期，贫困村第一书记和驻村工作队保持稳定一段时间。

（一）落实"四个不摘"要求

贫困区县党政正职和分管负责同志在脱贫攻坚期内保持稳定，市委有针对性地选派66名优秀干部充实国贫区县领导班子，选优配强乡镇党政正职1597名，保持驻村帮扶干部总体稳定。2020年6名国家扶贫开发工作重点县县委书记就地晋升一级巡视员。持续保持投入力度不减，2020年落实各级财政专项扶贫资金67.4亿元，比上年增加7.2亿元、增长11.9%，其中市级资金22.89亿元，比上年增长19.2%。持续发挥审计、纪检（监察）、督查等作用，采取集中督查、明察暗访、蹲点督导等方式，常态化加强脱贫攻坚责任、政策、工作"三落实"监督，推动各项工作落地。

（二）围绕问题整改提升脱贫质量

重庆市紧盯中央脱贫攻坚专项巡视及"回头看"反馈问题、国家和市级脱贫攻坚成效考核指出问题、"不忘初心、牢记使命"主题教育检视问题以及日常督查、审计等各类监督检查发现问题。一是建立"领导小组+专项小组+定点包干"整改工作责任制。坚持从政治上认识、从政治上认领、从政治上整改，从市级改起、从市领导做起，成立市委书记任组长的整改工作领导小组和11个专项小组，形成市领导带头、市级部门扛责、区县党委政府主抓的工作格局。二是清单化、项目化推进整改。制定问题、任务、责任"三个清单"，建立市、区县、乡镇、村"四级联动"机制，开发整改工作信息管理平台，市委整改工作办公室每周调度、分管市领导半月调度、整改完成情况每季度评估调度机制。紧盯易地扶贫搬迁、扶贫资金使用管理、扶贫产业发展及利益联结机制、生态保护与脱贫攻坚双赢等重点难点问题，挂牌督办、实地抽验，做到真改实改。三是举一反三确保整改质量。对照习近平总书记指出的"三类困难和问题"，对照国家通报的其他省份存在的问题，逐一查找，一体化推进脱贫攻坚各类问题整改。中央脱贫攻坚专项巡视指出的4个方面13项问题175项整改任务、巡视"回头看"指出的3个方面10项问题65项整改任务全部完成；国家脱贫攻坚成效考核累计指出的7个方面50余项问题全部整改；其他各类问题均已完成整改。坚持举一反三、标本兼治，聚焦薄弱环节，既整改解决具体问题，又注重建立长效机制，完成制度建设49项。

（三）开展脱贫攻坚总攻"十大"专项行动

2020年，重庆市贯彻落实习近平总书记在决战决胜脱贫攻坚座谈会上的重要讲话精神，提升决战决胜态势向脱贫攻坚发起总攻，进一步巩固提升脱贫攻坚成果，开展健康医疗扶贫、产业扶贫、乡村旅游扶贫、就业扶贫、消费扶贫、扶贫小额信贷及金融扶贫、易地扶贫搬迁后续扶持、生态扶贫、社会救助兜底、"志智双扶"等脱贫攻坚总攻"十大"专项行动。由市级行业主管部门牵头，逐一制定工作方案，清单式明确任务举措。建立每月调度、定期通报工作机制，务实推进各项举措落实落地。如巫山县围绕"规模化发展、科技化服务、品牌化打造、商品化运作、工业化加工、组织化改革"目标，发展脆李28万亩，形成县级有万亩示范园、乡镇有千亩示范片、村社有百亩精品园的规模效益，实现"小水果"变为贫困群众"致富果"。巫溪县推行政府单位承销、电子商务营销、展会宣传推销、商场超市直销、旅游带动促销等"八大模式"，全年销售扶贫产品1.2亿元，辐射带动1万余名贫困群众增收。黔江区采取帮扶有对子、居住有房子、就业有位子、生产有棚子、种菜有园子"五子登科"后扶措施，帮助全市规模最大的李家溪安置点413户搬迁贫困户一步住进新房子、逐步过上好日子。

（四）完善社会力量帮扶机制

重庆市推进市级扶贫集团和区县结对帮扶；继续实施"万企帮万村"行动，研究完善引导民营企业和各类社会组织参与扶贫的激励政策措施；引导社会组织参与扶贫减贫，支持扶贫公益组织依法依规开展募捐；继续实施扶贫接力志愿服务行动，探索发展公益众筹扶贫；发挥"10·17"扶贫日社会动员作用；用好中国社会扶贫网；完善社会帮扶激励机制，定期评选表彰一批社会扶贫先进典型。

三、完善兜底保障制度

按照习近平总书记关于扶贫工作重要论述及在解决"两不愁三保障"突出问题座谈会上重要讲话精神，重庆市民政部门紧紧围绕打赢脱贫攻坚战这一战略目标，采取措施，筑牢底线，切实保障贫困人口基本生活。

（一）完善兜底"渐退制度"

筑牢基本生活保障底线，确保兜好底。按照国务院办公厅转发《民政部等部门关于做好农村最低生活保障制度与扶贫开发政策有效衔接的指导意见》精神，重庆市加强农村低保制度与扶贫开发政策在对象、标准、管理方面的有效衔接，对符合低保条件的农村贫困人口实行政策性保障兜底。同时，进一步建立了低保渐退制度，对纳入农村低保的建档立卡贫困人口，因家庭收入发生变化，家庭月人均收入超过低保标准但低于2倍低保标准的，给予6个月的渐退期。

（二）完善兜底"分户制度"

筑牢重点群体保障防线，确保兜牢底。按照民政部、财政部、国务院扶贫办《关于在脱贫攻坚三年行动中切实做好社会救助兜底保障工作的实施意见》精神，重庆市针对未脱贫建档立卡贫困户中靠家庭供养的重度残疾人、重病患者等完全丧失劳动能力和部分丧失劳动能力的贫困人口，在脱贫攻坚期内，专门实行单人户纳入低保保障政策，加大重病、重残等符合条件贫困人口兜底保障，切实解决了重病、重残等符合条件的贫困人口基本生活。

（三）完善兜底"调标制度"

筑牢基本生活标准增长线，确保兜住底。为保障困难群众生活水平与全市经济社会发展水平同步提升，重庆市建立了社会救助标准自然增长机制。2019年重庆市农村低保标准达到每人每月440元［5280元/（人·年）］，高于扶贫标准线1530元，切实保障了贫困人口基本生活困难问题。在此基础上，重庆市还建立了社会救助和保障标准与物价上涨挂钩联动机制，2019年4—11月连续8个月启动联动机制，对城乡低保对象、特困人员发放物价临时补贴，帮助困难群众基本生活不因物价上涨而降低。

（四）完善兜底"专项制度"

筑牢各类专项救助统筹线，确保兜密底。通过统筹协调相关职能部门各类专项救助政策，切实缓解困难群众医疗、住房、教育等困难问题。将因病致贫的低保兜底对象纳入资助参保、住院救助、大病救助、扶贫济困医疗基金等医疗救助政策；因学致贫的低保兜底对象纳入学费减免、住宿费减免、免费教科书、助学贷款等教育救助政策；因住房困难返贫的低保兜底对象纳入危旧房改造等住房救助政策。对遭遇突发事件、意外伤害、重大疾病等导致基本生活陷入困境，其他社会救助制度暂时无法覆盖，或者救助之后基本生活暂时仍有严重困难的返贫对象，给予临时救助，及时保障好贫困人口基本生活，切实发挥临时救助在脱贫攻坚兜底保障中的作用。

四、完善"志智"双扶机制

培育文明乡风、优良家风、新乡贤文化，加强贫困农村移风易俗工作。

重庆市通过开展"榜样面对面"典型宣讲，实施转移就业技能及精气神提升培训43万人次。深入推进财政扶贫资金改补为奖、改补为贷、改补为保等"五改"试点，将资金补助与贫困户参与生产经营挂钩。

制定《深入开展扶志扶智工作激发贫困群众内生动力的实施意见》，深入开展"志智双扶"，通过实施精神扶贫、着力提升技能素质、引导健康文明习惯、优化政策兑现方式等举措，引导和激发贫困群众从"要我脱贫"向"我要脱贫"转变，营造自力更生、脱贫光荣、勤劳致富的良好氛围。建立脱贫荣誉制度，强化典型示范，开展"感动重庆十大人物""富民兴渝贡献奖""中国好人"等评选活动，推出扶贫脱贫典型"中国好人"22个、"重庆好人"107个。举办"身边的脱贫故事"微访谈2.45万场，开展"决战决胜、奋斗有我"脱贫攻坚故事征集宣讲活动，营造学先进、当先进的浓厚氛围。深化"爱心进农家"文明单位扶志扶智行动，综合运用产业、就业、文教、捐赠等手段，实施项目1100余个，开展活动7.7万场，受益群众72.5万人次。围绕"一户一人一技能"目标，开展实用技术及技能培训，累计惠及贫困劳动力123万余人次，有效提高贫困群众致富能力。深入推进移风易俗"十抵制十提倡"，发挥村规民约作用，所有村均建立村民议事会、红白理事会、道德评议会等群众组织。创新扶贫资金到户补助方式，将补助资金与具体生产经营活动挂钩，推行财政扶贫资金改补为奖、改补为贷、改补为股、改补为保、改补为酬"五改"，变"平均分配"为"多干多补"，变"现金补贴"为"风险补偿"，变"无偿补助"为"有借有还"，变"松散带动"为"股权激励"，变"不劳而获"为"劳有所获"，让有意愿、有能力的贫困群众得到实实在在的扶持，防止大水漫灌，防止政策养"懒汉"，以经济手段激发贫困群众内生动力。2020年通过"五改"补助到户资金30.93亿元。武隆区财政每年设立200万元奖励基金，评选20个"公序良俗建设示范村"、100户"最美家庭"、1000户"清洁卫生示范户"，引领贫困群众见贤思齐、崇德向善。

五、建立易地扶贫搬迁后续扶持机制

2020年上半年，重庆市易地扶贫搬迁11个集中安置点住房扫尾工程和

20个配套设施建设项目全部完工，252151人已全部实现入住。2020年三季度，全市上下进一步落实国家易地扶贫搬迁后续扶持工作要求，推动后续扶持各项任务持续落地落实。

（一）强化后续产业支撑

制发《关于切实抓好易地扶贫搬迁后续产业发展的通知》，加快推进扶贫产业发展，截至2020年，累计覆盖搬迁贫困户1.66万户6.27万人。流转土地2046亩发展经果林、中药材等特色产业，涉及搬迁户716户。利用迁入地的撂荒地、未承包集体土地、未利用地等资源，为6258户搬迁户解决"菜园地"2298亩。引导搬迁群众以土地、林地等入股建立利益联结机制，涉及搬迁户8398户31123人。

（二）稳步推进就业帮扶措施

实施《开展易地扶贫搬迁就业帮扶专项行动》（人社厅发〔2020〕48号），推动就业扶持措施落实，已帮助搬迁贫困劳动力就业10.16万人。开展职业技能培训，结合搬迁户意愿精准组织劳务输出，引导搬迁户跨区域就业7.25万人。发挥公益性岗位作用，开发公益性岗位过渡性安置搬迁贫困人员13554人，实现易地扶贫搬迁贫困户零就业家庭动态清零。

（三）加强社会治理能力

做好搬迁社区管理服务工作，深入区县开展调研，吸纳外省市经验，印发《关于加强和规范易地扶贫搬迁安置社区管理服务的指导意见》。推动村规民约向253个集中安置点全覆盖，2020年累计向安置区开展公共文化服务活动1397次、开展搬迁群众社区协调940次、开展结对干部走访50.6万次。

（四）完成旧房处置工作

贯彻落实"一户一宅"及"建新必须拆旧"等规定，按照《关于核定易地扶贫搬迁拆旧复垦任务的通知》（渝规资〔2019〕1205号）文件要求，督促指导区县有序推进旧房拆除复垦和农房整宗地收益权收储，应处置的3.6万户旧房已全部处置完成。

（五）落实社会保障政策

落实搬迁群众医疗保险、养老保险等有关政策，纳入养老保险17.5万人、纳入医疗保险23.3万人，实现"需保尽保"。及时将符合条件人员纳入最低生活保障或特困人员供养范围，对临时出现生活困难的人员按规定给予临时救助，累计开展救助3.8万人。

（六）完善搬迁设施水平

结合实施乡村振兴战略，落实中央预算内投资6349万元支持安置点提升工程28个，重点用于完善安置点绿化、道路提升等配套基础设施和社区管理设施、安置点幼儿园、安置点卫生室等公共服务设施。截至2020年11月，28个项目全部完工，实现搬迁群众"稳得住、能脱贫"。

六、建立脱贫攻坚与乡村振兴衔接机制

把脱贫攻坚作为优先任务，以乡村振兴巩固脱贫成果，有序开展巩固拓展脱贫攻坚成果同乡村振兴衔接试点。组建专班开展"加强脱贫攻坚与乡村振兴有效衔接"专题调研，初步形成《关于加强脱贫攻坚与乡村振兴衔接的实施意见》。制定《开展脱贫攻坚与实施乡村振兴战略有机衔接试点工作方案》，选择3个区县、18个乡镇、18个村开展"三级试点"。坚持优先完成脱贫攻坚任务，把巩固脱贫成果、防止返贫作为衔接"首要任务"，突出规划、政策、工作、保障"四个衔接"，重点在建立动态监测和帮扶机制、提升完善农村基础设施、延长扶贫产业链条、推进农村人居环境改善、不断改善农村公共服务、发展壮大村级集体经济、激发贫困户和农村群众脱贫致富内生动力、探索建立扶贫资产管理和营运机制、加强农村人才队伍和基层组织建设等10个方面进行探索。

第八章　重庆市脱贫攻坚为实施乡村振兴战略奠定基础

站在脱贫攻坚与乡村振兴交汇的重要历史节点，实现巩固拓展脱贫攻坚成果同乡村振兴有效衔接，是中央着眼于"三农"工作重心的历史性转移而作出的重要战略部署。重庆市以中央农村工作会议精神为指引，抓住"平稳有序"这个关键词，着力研究并有序抓好政策衔接、规划衔接、产业和就业帮扶衔接、基础设施建设衔接、公共服务提升衔接、重点县衔接、考核衔接等，推动乡村振兴落地见效。

一、加快发展产业，推动乡村产业振兴

产业是农村各项事业健康可持续发展的保障，只有发展好产业，才能创造更多的就业机会和岗位，激发农村的活力。重庆就产业扶贫政策举措进行细化实化，聚焦重点难点问题，巩固提升脱贫成果。

（一）培育人才队伍，提供智力支撑

重庆市不断完善帮扶政策、压实帮扶责任、加强帮扶指导，截至2020年3月，全市已组织18个市级工作指导组和市级春耕生产技术指导组分片区深入区县，督促指导各项措施落实到田到户。组织9个特色产业技术体系创新团队采取线上指导和实地示范相结合的办法，帮助区县谋划产业，解决技术难题。派遣1.5万余名产业指导员点对点指导贫困户发展产业。同时，充实完善14个国家重点贫困区县产业扶贫技术专家组，实施贫困地区农技推广特聘计划，探索推行"产业村长"制，强化科技帮扶和人才支撑。

（二）构建产业体系，合理布局产业

各区县坚持以实施"十百千"工程为抓手，以柑橘、榨菜、中药材、生态畜牧等十大山地特色高效农业为重点，结合地方资源要素禀赋打造出了2个以上扶贫主导产业，创建了系列特色农产品优势区和特色产业集群。

截至2020年3月底，重庆市已发展特色产业总面积达3075万亩，贫困群众参与率持续提升。同时加快农业"接二连三"，加大对贫困地区市级农产品加工企业奖补支持力度，支持贫困地区打造休闲旅游精品路线和精品景点，开展农村一、二、三产业融合发展示范，创建现代农业产业园。在18个贫困区县创建"一村一品"示范村300个，引导贫困户因地制宜发展"庭院经济""农家乐""林家乐"，推进产业到村到户。

（三）畅通产品销路，培育经营主体

重庆市重视引进培育龙头企业，各区县进一步加大招商引资力度，通过引导龙头企业到贫困地区投资兴业带动了大批贫困户就地就业。发展合作社，鼓励基层供销社、贫困村集体经济组织等创办农民专业合作社，加强规范化建设，加大专业合作社人才培养力度，努力实现贫困村农民专业合作社全覆盖。截至2020年3月底，全市累计培育家庭农场2.2万家、农民专业合作社3.6万个。同时，注重发挥农村致富带头人作用，加快培育壮大新型农业经营主体，提高农民整体素质。同时打通农产品进城"绿色通道"，畅通农产品供给信息，做到农产品及时入市。加强农产品产销对接，有效解决贫困地区农产品销售难的问题。加快发展农村电商，进一步推进批发市场、物流配送和销售终端互联互通，加大电商扶贫力度，提升农村电商公共服务能力，开展"重庆品牌农产品网销行动"。

（四）强化支持保障，实现利益共享

重庆市支持区县统筹整合涉农资金，重点向产业扶贫项目倾斜，着力解决新冠肺炎疫情导致的"卖难"问题，加大对产业扶贫项目生产、储存、运输、销售等环节的支持。按照相关法规制度，落实各项税费优惠政策；强化金融支持，创新开展产业扶贫贷款，进一步提高扶贫小额信贷的获贷率和覆盖面；支持贫困户参加政策性农业保险，对18个扶贫开发工作重点区县的建卡贫困户参加政策性农业保险给予一定比例补贴支持。同时，重庆市组织区县对近年实施的产业扶贫项目进行清理，督促完善与脱贫户利益联结机制。各区县按照"扩面、提速、集成"要求，以农村土地制度改革为牵引深化农村改革，通过农村承包地"三权分置"，有近50%的土地实现经营权流转，规模经营集中度达37%，22.9万农民当上股东，为贫困人

口每年带来人均500元的财产性收入。

二、实施本土人才回引，推动乡村人才振兴

实现巩固拓展脱贫攻坚成果与乡村振兴有效衔接，短板在人才。重庆市重视农村本土人才队伍建设，实施"本土人才回引"工程，回引本乡本土大学毕业生、返乡农民工、在外创业成功人士、退役军人、离退休干部等人员回村挂职任职、创办企业或专业合作社，从返乡人士中培育村"两委"干部，带领当地贫困群众脱贫致富，着力打造一支"不走的脱贫攻坚工作队"，推动乡村人才振兴。

（一）着力回引人才

通过丰富回引方式，加大宣传力度，整合政策资源，加快推进本土人才回引工作。组织发动基层党组织和党员干部，采取主动登门拜访、电话联络、座谈联谊、宣传创业政策等方式，"点对点"做好本乡本土人士的思想动员工作，鼓励其回村任职、创业发展。利用国家大学生村官、选调生政策，进一步扩大招录范围，注重面向本地户籍高校毕业生进行选聘。对有意向回村任职的本地大学毕业生，通过公开选拔、统一考察、集体研究等程序择优确定，为其提供更多的创业就业岗位。加强与异地商会对接，收集在外创业的成功人士相关情况。高起点、高水平策划包装一批扶贫创业产业项目。注重在每年传统节假日期间，利用大量外出人员返乡探亲的契机，在各地通过制作宣传标语、组织项目推介会、回乡探亲茶话会、媒体播放形象宣传片、发放创业政策宣传资料等方式，反映家乡变化，听取返乡人士意见和建议，激发其建设美好家乡的热情。

截至2020年，全市累计回引16325名本土人才回村挂职或创业，返乡人士领办、创办合作经济组织、小微企业4213个，直接带动6万多贫困户增收致富。

（二）完善保障制度

通过加大政策倾斜力度，完善制度保障，解决返乡挂职、任职和经商创业人士的后顾之忧，帮助回引的本土人才安心干事创业。对回乡回村挂职本土人才，由市委组织部落实专项资金，按照不低于当地村干部标准，

发放相应的工资待遇，参加养老保险。加大创业扶持，用好国家关于脱贫攻坚期间鼓励农民工返乡创业、发展小微企业、实施"互联网+"行动等优惠政策，从土地流转、融资担保、贷款贴息、税费减免等多方面给予创业支持，支持返乡人才创办小微企业、领办合作经济组织、发展农村电商和集体经济，推动干事创业。坚持每年拿出100个左右名额面向优秀村干部定向考录乡镇公务员，各区县拿出一定事业编制面向优秀村干部进行定向招聘。截至2020年上半年，累计培育非贫困村致富带头人2325人，回引本土人才1223人回村挂职或创业。

（三）强化培训力度

强化推动农村发展、引领基层治理特别是巩固脱贫攻坚成果方针政策、群众工作方法和产业发展、实用技术、农村电商等方面知识的培训。采取区县调训、乡镇轮训的方式，提高本土人才能力素质，从回引的本土人才中吸纳新党员，培育致富带头人。对到村挂任村党组织书记助理、村委会主任助理或其他综合服务岗位的本土人才，明确由乡镇（街道）党政班子成员联系帮带，让其参与村务管理，强化实践锻炼，提升工作能力，培育优良作风，群众对回引本土人才挂职的做法给予认可，对村干部满意度明显提高。到村挂职的本土人才由乡镇（街道）党（工）委负责日常管理考核，年度考核不合格、群众不认可的，不再安排挂职。对培养成熟、表现突出、群众公认的本土人才，及时推荐选拔进入村"两委"或选聘为专职干部。截至2020年，全市4627名回引人才被选为村"两委"干部，其中1762名担任村"两委"主要负责人，本土人才回村后，弥补村干部知识技能方面的不足，在巩固脱贫攻坚成果、促进乡村振兴、强化基层治理等工作中发挥了积极作用，成为农村干部人才队伍的重要源头。

三、加强精神文明建设，推进乡村文化振兴

重庆市坚持加强农村思想道德建设，聚焦精神扶贫，以"正确导向立起来、奋斗精神强起来、群众生活美起来、乡土文化活起来、农村风气好起来"为主要目标，推动社会主义核心价值观融入农村，为全市巩固拓展脱贫攻坚成果、有效衔接乡村振兴注入了文化内涵和强大精神动力。

（一）加强基层文化建设，激发脱贫活力

一是组织专题学习，广泛开展理论宣讲，将习近平总书记关于扶贫工作重要论述和视察重庆重要讲话精神纳入"不忘初心、牢记使命"主题教育。二是加大新闻宣传力度，宣传扶贫战线优秀干部、自力更生脱贫典型的先进事迹，同时重庆市争取加入中央电视台广告精准扶贫计划，免费播出奉节脐橙、开县春橙、石柱蜂蜜、巫山脆李、秀山土鸡等公益扶贫广告，折合广告刊例价值3亿余元，有效带动了全市农产品销售，10个贫困区县特色产品，发挥新闻媒体优势。三是加强基层文化服务。组织市、区县两级红色文艺轻骑兵赴贫困地区及深度贫困乡镇送演出，截至2020年，开展各类文化文艺活动500余场、参与群众40万余人。为贫困区县建成200个室内固定电影放映厅，放映惠民电影5.9万余场。传承乡土文化，为贫困区县建成乡情陈列馆34个，打造30个乡村文化乐园，新建非遗扶贫工坊5个，帮助532名贫困群众实现就业。将贫困区县的24个旅游项目纳入市级重点项目，向国家推荐上报64个乡村旅游扶贫示范点，带动33万贫困人口脱贫增收。

（二）提升乡风文明，增强内生动力

一是培养自强精神。重庆市指导区县开展"学扶贫思想、话脱贫思路"活动，引导贫困群众破除"等靠要"的落后思想观念，通过"榜样面对面"脱贫攻坚先进典型宣讲活动，激发汇聚脱贫攻坚精神力量。二是提升科学素质。18个市级部门在贫困乡镇社区开设创业、科普、技能培训等18类专题课程。开展志愿服务，提供农技培训、技术引进、创业指导等服务引导贫困户树立与市场经济相适应的现代观念，掌握一技之长，增强致富本领，彻底斩断"穷"根。三是增强文明素养。对照乡村移风易俗"十抵制十提倡"工作要求，进一步加大铺张浪费、炫富攀比、封建迷信、赌博败家等行为整治力度，结合新时代文明实践中心建设，建立文明积分制度，激励诚信守法行为，约束失信败德行为。

四、加强生态文明建设，推进乡村生态振兴

生态文明建设是乡村振兴的重要引领，乡村生态环境建设对于乡村可

持续发展具有极其重要的意义。

（一）建立横向生态补偿机制

重庆地处长江上游和三峡库区腹心地带，保护好生态环境，筑牢长江上游重要生态屏障是重庆义不容辞的责任和义务。为促进森林资源保护与区域间经济社会发展的良性互动，统筹地区间的公平与效率，2018年10月，重庆市政府办公厅印发《重庆市实施横向生态补偿提高森林覆盖率工作方案（试行）》，在全国首创探索建立了"提高森林覆盖率横向生态补偿机制"，即经济发达但增绿空间有限的区县，通过购买其他区县森林面积指标，完成森林覆盖率目标任务，森林资源较多的区县可以获得补偿，更好保护生态环境。

2019年3月，江北区与酉阳土家族苗族自治县签订协议，这是重庆首个以森林覆盖率为指标的横向生态补偿协议。按照协议，江北区将向酉阳县支付7.5万亩森林面积指标价款共1.875亿元，分三年支付。该森林面积指标仅专项用于江北区森林覆盖率目标值计算，不与林地、林木所有权等权利挂钩，也不与造林任务、资金补助挂钩。到2021年江北区的森林覆盖率（加上购买的7.5万亩指标）若仍未达到55%，江北区还要向酉阳县增购相应的森林面积指标。江北区支付酉阳县的横向生态补偿资金，将专项用于酉阳县森林资源保护发展工作。接着，各区县纷纷跟进。2019年11月、12月，九龙坡区政府与城口县政府，南岸区政府、重庆经开区管委会与巫溪县政府签订横向购买协议，成交森林面积指标共2.5万亩。

横向生态补偿并非只是"富县交钱，穷县收钱"，而是要促进双方共同植树造林，实现"贫富搭配，造林不累"。"我们能卖的是还在成长的森林，已经成材的森林要剔除。"城口县林业局党组成员黄国庆说，他们并非"坐地生财"，而是要"勤劳致富"，依靠新增森林去"赚钱"。横向生态补偿机制不仅解决了确有困难的地方的森林覆盖率提升难题，还调动了各地深挖国土绿化潜力的积极性。

（二）改善人居环境建设宜居村庄

重庆市紧紧围绕习近平总书记对重庆提出的"两点"定位、"两地""两高"目标、发挥"三个作用"和营造良好政治生态的重要指示要求，实施"五沿带动、全域整治"工程，全市农村人居环境持续改善，村容村貌有效提升。

根据《中共中央办公厅国务院办公厅关于印发农村人居环境整治三年行动方案的通知》（中办发〔2018〕5号）文件要求，细化安排了农村厕所革命、农村生活垃圾治理、农村生活污水治理、村容村貌提升、农业生产废弃物资源化利用、村规划编制、引导村民形成良好卫生习惯、完善监管机制、强化政策保障等"6+3"重点任务，部署了23个市级重点项目，实施"五沿带动、全域整治"工程，扎实推进农村人居环境整治三年行动，全市农村人居环境持续改善，村容村貌有效提升。截至2020年11月底，全市累计完成改厕104.3万户，新建农村公厕3000座，分别占三年行动总任务的119.2%、124.6%；新增农村生活垃圾治理村410个，建成生活垃圾分类示范村1046个；完成生活污水治理管网建设4542.8公里，实施农村污水处理设施技术改造400座；完成农村危旧房改造9.96万户，旧房整治提升32.6万户；培训农村建筑工匠1.2万人，安装路灯或庭院灯35.5万盏；建设通组公路4.4万公里、入户道路2.02万公里；实施村庄绿化2万亩，建设绿色示范村庄1609个；回收废弃农膜2.2万吨。

五、夯实基层党建，推动乡村组织振兴

党的农村基层组织是党在农村全部工作和战斗力的基础，坚持党管农村工作、重视和加强党的农村基层组织建设是党领导"三农"工作的优良传统和宝贵经验。

（一）加强基层党组织建设

重庆市把脱贫攻坚作为"不忘初心、牢记使命"主题教育的重要内容和实践载体，用脱贫攻坚成果检验主题教育成效。优化提升农村带头人，每年组织对村"两委"运行特别是党组织书记履职情况进行全覆盖研判，调整充实村党组织书记1427人，整顿软弱涣散村党组织3320个。每年全覆盖轮训村党组织书记，培养储备村级后备力量2.1万名。发展农村年轻党员1.13万名，招录选调生1897名到基层一线工作。在贫困区县挑选240名贫困村党组织书记，到山东结对市县综合实力较强的村（社区）开展为期3

个月的挂职学习。建立落实村干部固定补贴动态增长机制。推行"四议两公开",全覆盖设立村务监督委员会,提升基层治理水平。实施本土人才回引工程,围绕引得回、留得住、干得好"三个环节",突出本土大中专毕业生、外出成功人士"两个重点",回引贫困村本土人才挂职、创业,破解农村治理人才匮乏问题,打造一支"不走的扶贫工作队"。

(二)加强扶贫队伍建设

印发《关于进一步加强扶贫干部队伍建设的通知》,选优配强扶贫工作力量,大胆使用脱贫攻坚一线优秀干部,完善真情关心爱护扶贫干部措施。结合区县机构改革,18个贫困区县全部单设扶贫办,15个非重点区县全部在农业农村部门加挂扶贫办牌子,区县扶贫开发机构人员行政编制增加51%、事业编制增加43%,169个扶贫任务重的乡镇单设扶贫办或扶贫开发服务中心,实现扶贫机构人员配备与工作任务相适应。

(三)开展脱贫攻坚宣传引导

以"把习近平总书记的殷殷嘱托全面落实在重庆大地上"专题为统揽,开展"在行动""看效果"大型系列报道,扎实推动总书记重要讲话精神落地生根、开花结果。精心组织开展习近平总书记视察重庆一周年系列宣传活动。市属媒体各平台通过专版、专栏、专刊、重点报道等形式,以图文、短视频、直播等传播形态,刊播脱贫攻坚相关报道。举行全市脱贫攻坚工作系列主题新闻发布活动,拍摄"1+18"脱贫攻坚纪实专题片,集中宣传贫困区县在脱贫攻坚中的显著成效和宝贵经验。每年组织开展脱贫攻坚先进典型评选表彰,召开脱贫攻坚表彰大会,举行先进事迹巡回报告会。

(四)建立监督机制开展专项治理

制定《重庆市扶贫领域监督执纪问责七项制度》《重庆市2018年至2020年开展扶贫领域腐败和作风问题专项治理的工作方案》《坚决纠正形式主义突出问题为基层减负的具体措施》等文件。市纪委监委机关设立第八纪检监察室,专司以脱贫攻坚为重点的民生监督工作。加大监督执纪问责力度,严肃整治花拳绣腿、弄虚作假等形式主义、官僚主义,认真落实基层减负措施。坚持从典型案例中发现普遍性问题,举一反三开展社会经济组织骗取扶贫财政补贴、惠民惠农资金"一卡通"及贫困区县义务教育学生营养改善计划、贫困人口基本医疗保障、农村危旧房改造补贴等"两不愁三保障"方面突出问题集中整治。扎实开展扶贫领域"以案四说""以案四改",扶贫领域违法违规案件呈逐年下降趋势,达到查处一案、警示一批、规范一片的目的。

六、促进城乡融合,推动乡村振兴发展

实现城乡融合发展是推进新型城镇化,实现全面建成小康社会的一项重大任务,建立健全城乡融合发展体制机制和政策体系,是实施乡村振兴战略的制度保障。尤其是对重庆这样"大城市带大农村"的直辖市而言,城乡融合尤为重要。重庆市紧紧抓住关键要素和公共资源配置,加强体制机制创新,采取一系列措施促进城乡融合发展,取得显著成效。

(一)健全城乡一体规划管理机制,促进城乡空间融合发展

实施《重庆市城乡规划条例》,加强对城乡空间立体性、平面协调性、风貌整体性、文脉延续性等方面的规划,将刚性约束要求通过立法加以固化。坚持规划引领,构建城乡规划体系,优化市域城镇体系和空间布局,加快构建特色鲜明的城乡形态。启动编制国土空间规划,"多规合一"平台上线运行。按照因地制宜、推行多规合一、注重乡村文化、"三生"融合、建设和保护并重的总体要求,推动建筑师、规划师、工程师"三师"下乡,逐步推进村庄建设规划全覆盖。创新建立区县首席规划师制度,将国家和重庆市各规划设计院专业规划师、重庆高校教授和骨干教师定期派驻基层,负责指导区县城乡规划工作,并对村规划的制定和实施进行指导和把关,有效解决远郊区县和乡村规划管理人才短缺、规划编制水平低等问题。

(二)构建要素市场化配置机制,推动城乡要素自由流动

发挥市场对资源配置的决定性作用和政策调控作用,以土地、劳动力、资本为突破口,推动要素在工农之间、城乡之间合理流动,激发城乡发展活力。建立城乡劳动力有序流动机制,推动农村富余劳动力转户进城,放开高校毕业生、技术工人、职业院校毕业生重点群体落户限制。探索城乡土地平等交易机制,创新地票交易制度,引导农民和农村集体经济组织自愿将闲置、废弃的农村建设用地复垦为耕地,形成的指标在保障农村自身

发展后，节余部分以地票方式在市场公开交易形成价值反哺复垦权利人，形成"自愿复垦、公开交易、收益归农、价款直拨、依规使用"的制度体系，探索出了一条盘活农村闲置废弃建设用地、增加农民财产性收入、统筹城乡建设用地利用的路子。建立农村基础金融服务机制，针对农村金融主体贷款无有效抵押物的融资难题，健全完善农村资产评估体系，完善风险分担补偿机制，以农村土地承包经营权、林权、宅基地使用权及其他资产抵押融资，激活农村沉睡资产。

（三）建立产业融合发展机制，促进农村产业深度融合

拓展农村产业融合发展空间，加强统筹规划，突出各片区资源禀赋和特色优势，通过互联网+农业、品牌带动提升、合作社产业升级、农业内部融合等多种形式，推进农牧结合、农林结合、农旅结合循环发展。推进4个国家级一、二、三产业融合发展先导区、6个国家农村产业融合发展示范园建设、20个重点现代农业产业园加快建设。以农文旅深度融合为重点推动乡村旅游蓬勃发展，突出主导产业和主题元素，集中打造农文旅三位一体、生产生活生态同步改善、一、二、三产业深度融合的特色小镇、美丽宜居村庄、"一村一品"示范村镇、农村产业融合发展示范园，重点开发100条乡村旅游精品线路，农产品加工产值、乡村旅游综合收入、农产品网络零售额快速增长。

中国脱贫攻坚报告·重庆卷

区县篇

ZHONGGUO TUOPIN GONGJIAN BAOGAO · CHONGQING JUAN
QUXIAN PIAN

国家级扶贫开发重点县
巫溪篇

一、巫溪县情及贫困状况

(一) 巫溪县情

巫溪县位于重庆市东北部,接壤陕南鄂西、相邻四川东北,下辖2个街道、19个镇、11个乡,面积4030平方公里,户籍人口54万人,常住人口38.49万人,城镇化率38.19%,是国家重点生态功能县、三峡库区移民县,获全国文明县城、国家卫生县城、国家园林县城、中国人居环境范例奖等国家级荣誉称号。

巫溪县历史悠远、人文厚重。古为"巴夔户牖,秦楚咽喉",曾诞育巫文化,故名"巫咸古国、上古盐都",有国家历史文化名镇宁厂古镇、全国重点文物保护单位大宁盐场遗址和荆竹坝岩棺群、三峡库区唯一未被淹没的古县城大宁古城。山水秀美、资源富集。巫溪县森林覆盖率达69.6%,是重庆市第一森林资源大县;旅游资源独具特色,有国家4A级景区、首批市级旅游度假区红池坝,国家级自然保护区阴条岭等;名贵生物种类繁多,野生动植物达2200种;风能、太阳能等清洁能源和大理石等矿产资源蕴藏量丰富,可开发潜力巨大。山大坡陡、区位偏远。全县山地约89%、水域约1%、耕地约10%,地势高低悬殊,绝对高差2657.4米。县城距重庆市区426公里,是重庆市最偏远的县。

(二) 贫困状况

巫溪县是全市贫困程度最深的区县之一。贫困特征表现为:一是农村贫困面大。2014年建档立卡时共识别贫困村150个,占行政村总数的51.9%;贫困人口8.6万,占全市贫困人口总数的5.2%;贫困发生率18%,比全市高12.9个百分点。二是农村贫困度深。全县农民人均纯收入全市最低，占全市人均水平的67%；150个贫困村农民人均纯收入占全县农民人均纯收入的78%；因病致贫占56.5%、因残致贫占11%、因学致贫占13.5%、因灾致贫占2%，缺乏劳动力占3%、缺资金占5.5%、自身发展力不足占3%，其他原因致贫占6.5%；农村低保人口1.2万人、五保户4831人，分别占农业人口的3%、1.2%。三是基础设施落后。全县以交通为重点的重大基础设施落后，对外大通道尚未完全形成；乡村公路基本通达，但路况差、路面窄，通行能力差，抗灾能力弱；农业蓄水抗旱能力弱，农民安全饮用水尚未完全解决。四是支撑产业缺乏。虽然巫溪县生态资源丰富，但受制于地处边远、交通落后等因素影响，致使招商引资难、龙头企业引进难，为此，山水工业、特色农业和商贸旅游业等产业发展十分滞后。

二、脱贫攻坚工作部署和保障措施

巫溪县把脱贫攻坚作为全县头等大事和第一民生工程来抓，加强组织领导，整合各方资源，配优配强力量，推动中央、市脱贫攻坚决策部署在巫溪有效落实。

（一）有力推动脱贫攻坚

把脱贫攻坚摆在最突出的位置，成立由县委书记、县长任双组长、14名县领导任副组长的脱贫攻坚领导小组，组建6个县级指导组、2个深度贫困乡镇协调小组、28个驻乡（镇）督战指挥部（督战工作组）、30个县级扶贫集团，统一规范设置乡镇扶贫办公室，全覆盖选派行政村驻村工作队，按照"65432"原则明确1.1万名帮扶责任人，高位推动脱贫攻坚。

（二）夯实各级扶贫责任

履行县一级"抓落实"的政治责任，落实县、乡两级"双组长"负责制，建立县领导"四个一"包干责任制度，实行"五级"承诺制，形成"党委政府齐抓共管、人大政协全面参与、社会各界大力支持、干部群众合力攻坚"的良好工作格局。

（三）整合各方资源力量

坚持大扶贫工作格局，用好用足各类扶贫政策，争取重庆市委市政府、市级有关部门支持，深化泰安·巫溪东西部扶贫协作和水利部定点帮扶，做实吉林省、渝中区、市农业农村委和市教委帮扶集团等对口帮扶，累计整合涉农财政资金52.2亿元、社扶资金14亿元、易地扶贫搬迁及融资贷款资金14.7亿元用于集中攻坚。动员民营企业履行社会责任，引导各类志愿服务团队、社会各界人士开展扶贫志愿服务，凝聚强大合力。

（四）坚持从严督导考核

赋予县级指导组单项工作考核打分权、班子运行评价权、优秀干部推荐权和调整干部建议权"四项权力"，定期开展督促指导；认真组织开展满意度调查、"流动红旗"评比，建立脱贫攻坚专项述职制度；强化脱贫攻坚考核，在乡镇、街道、部门年度考核中的权重占比分别达到60%、49%和38%，做到责任落实、政策落实、工作落实。

（五）强化组织保障

树牢在脱贫攻坚一线选拔培养干部的鲜明导向，提拔重用脱贫攻坚实绩突出干部136名、调整不适宜干部6名，从县级部门选拔74名优秀干部充实到乡镇（街道）班子，其中24名任党政正职。选派51名县级部门年轻干部到脱贫攻坚任务重的乡镇挂职。对驻村工作队每年开展2次全覆盖培训，对其履职情况开展"回头看"，制发"驻村工作负面清单"，优化年度考核方式，建立夜间暗访机制，督促干部吃在村、驻在村、干在村。探索村级带头人队伍体系建设，每年对330个村级班子进行分析研判，实施村后备力量"千人储备"行动，实现每个村有2名至3名村级后备干部；推行村干部"固定补贴+绩效考核+养老保险补贴+集体经济奖励"待遇保障体系，每年新增资金1200万元，村（社区）支部书记、主任每人每月增加补贴500元。

（六）聚焦深度贫困乡镇

巫溪县加大对深度贫困乡镇红池坝、天元乡的定点帮扶。定点包干市领导调研指导23次，累计实施项目254个，脱贫攻坚期间累计完工项目254个，累计投资113385万元，累计完成投资113385万元。扶贫帮扶集团采购深度贫困乡镇农产品总额达3260万元。对于定点攻坚村，实施项目达93个，脱贫攻坚期间累计完工66个，累计投资4272万元，累计完成投资3513.6万元。

三、脱贫攻坚具体路径

（一）坚持"三个到户"推动产业扶贫落地落实

一是产业覆盖精准到户。2014年至2020年初，推行"双对接、双选择"机制，指导和帮助有劳动能力的贫困户发展一个短平快的到户产业，没有劳动能力的贫困户通过托管代养代种等方式参与扶贫产业发展，全县扶贫产业到户2.36万户。二是指导服务精准到户。建立贫困户产业发展指导员制度，选聘指导员737名，分片区开展七期指导员专题培训，明确指导员职能职责，提高工作实效，指导贫困户科学选择到户产业，联系项目落地。三是项目带动精准到户。推行基地带动、主体带动、项目带动等方式和"公司+农民合作社+基地+贫困户"等有效做法。对新型农业经营主体申请涉农整合资金30万元以上的项目，必须实行股权量化，50%用于项目所在村，按不低6%的收益作为固定分红，且每申请5万元资金必须带动1个贫困户参与产业发展或解决就业，增加贫困户收入。

（二）探索"资产收益"构建扶贫长治路径

一是投资扶贫电站。2014年至2020年初，借力水利部定点帮扶契机，筹集财政资金1.47亿元，撬动社会资金3.66亿元，启动建设巫溪县大河、银湾、天元、雾溪河等8座水电扶贫电站，总装机6.4万千瓦，已竣工发电6座。二是投资光伏电站。投入财政扶贫资金4200万元，在125个贫困村分别建设1座35kW"集体光伏"电站，每座电站年发电3万度，为村集体创收3万元，用于开发公益性岗位。采取"财政补助+农户自筹"方式，为1236户缺乏劳动能力的贫困户分别建设1座3kW"户用光伏"电站，户均年增收3000元。巫溪县光伏扶贫模式入选《全国百大脱贫攻坚典型案例选》。三是投资乡村酒店。探索"新型经营主体+贫困户"等模式，扶持新型经营主体提档升级乡村旅游接待设施，财政扶持资金形成固定资产入股企业，带动贫困户增收致富。

（三）创新"五大就业扶贫"模式探索扶贫新途径

一是送岗上门企业经营，建设"扶贫车间"。鼓励本土返乡创业人员领办创办劳动密集型企业，为贫困群众在家门口就业提供渠道。扶持建设鸿驰鞋业、龙凤木梳等扶贫车间30个，吸纳贫困人口就业540人，人均年增收1.5万元。二是政府补贴企业下乡，发展"扶贫超市"。制定企业用工及订单补贴政策，引导县内商贸企业下乡，2014年至2020年初，在贫困乡村发展"扶贫超市"4家，安置贫困人口就业39人，人均年收入1.2万元。三是土地分租股金分红，培育"扶贫农庄"。深度挖掘乡村旅游发展潜力，扶持发展巴渝民宿、农旅观光园等"扶贫农庄"23个，通过"土地分租金、分红享股金、务工得薪金"方式，带动218户贫困户户均年增收8000元。四是发展特色种养业，打造"扶贫基地"。2014年至2020年初，扶持县内农业企业和专业合作社建立"扶贫基地"56个，吸纳1041人贫困群众在产业园区务工就业。五是提供免费技能培训，组建"扶贫工程队"。扶持建筑扶贫工程队7支，吸纳116名贫困群众在工地务工，人均年收入3.6万元。该做法被人力资源和社会保障部纳入典型案例专门刊发，全市"就业扶贫专列"现场推进会在巫溪召开。

（四）用好"三股力量"深化消费扶贫

一是借力"直播带货"。2014年，引进重庆祥趣公司在金地汇建设直播基地，开设直播间13个，培育带货主播20余人；支持重庆起凡文化传媒有限公司在巫溪县水韵酒店旁、天元乡建设直播中心，培育带货主播10余人。2020年，全县开展电商直播带货活动600余场，销售额731万元。"巫溪秀芽"、秋梨膏登上央视财经频道。二是借力"渝货进山东"。与泰安云农集团签订协议，借力泰安现代物流优势，在"线上"开设"巫溪专区"，定点专销巫溪禽蛋产品45万元；在泰安市学校、超市开设"巫溪小店"12家，采取直供直销方式，定点销售巫溪特色产品60万元；在济南市堤口果品批发市场举行"巫溪脆李·李行山东"推介会，签订产销战略合作协议，巫溪脆李走进山东市场。三是借力"活动展销"。组织县内农业龙头企业，定期参加西洽会、农交会等大型展销会，宣传展示销售农特产品；在万州万达广场、龙湖时代天街等地开展展销活动18场次，销售额达300万元等等。

四、脱贫攻坚主要成效

2014年至2020年初，巫溪县累计实现销号贫困村150个、减贫10.65万人，退出国家扶贫开发工作重点县。巫溪县在市委、市政府对区县党委政府年度脱贫攻坚成效考核中，4年获得"好"等次。在2020年国家脱贫攻坚普查中，取得"两不愁三保障"实现情况、贫困群众对生产生活状况变化认可度、扶贫政策覆盖率3个100%的成绩。

（一）动态解决了"两不愁三保障"问题

通过落实抓好产业扶贫、消费扶贫、资产收益扶贫等，完善与贫困户利益联结机制，增加贫困群众收入。探索推广"五大扶贫模式"，开发公益性岗位，用好低保兜底等措施，"两不愁"问题全面解决。设立2000万元教育发展基金，实行"免补结合"，贫困学生读书从小学到高中阶段基本不花钱，贫困大学生资助实现全覆盖，2014年至2020年，累计资助贫困学生38.2万人次3.57亿元；压实"三级六方"控辍保学责任，落实"七个一批"处置措施，解决适龄儿童失学辍学问题。设立2000万元县级健康扶贫救助金，落实"八重"医疗救助政策，贫困群众住院个人自付医疗费用比例为9.56%，慢病、特病门诊自付比例为12.31%。2014年至2020年，全覆盖建档立卡贫困户、低保户及农村疑似危房4万余户，改造农村C、D级危房1.68万户，整治提升旧房9000户，建成易地扶贫搬迁集中安置点57个，搬迁贫困户6685户23881人。通过脱贫攻坚，全县10.65万贫困群众全部达到"两不愁三保障"标准，全部高质量实现脱贫。

（二）公共基础设施条件改善

截至2020年，巫溪县公路里程达到7351公里，比"十二五"末增加3316公里，实现行政村通畅率、撤并村通达率、乡镇和村通客车率均达100%，方便快捷的交通格局加快形成。兴修农村饮水安全工程917处，受益人口40万人，全县农村集中供水率、供水保证率、水质达标率明显提升，分别从2015年的85%、80%、37%提高到2020年的95%、95%、89%。脱贫攻坚期间，实施农村电网升级改造项目399个，完成10kW线路新建与改造307公里，0.4千伏及以下线路1078.2公里，新建改造配变台区485台，容量65695千伏安，完成32个乡镇、255个行政村扶贫电力建设改造，农村电网供电可靠率达到99.8571%，综合电压合格率由98.262%提升到99.831%，户均配变容量由2015年的1.7kVA/户提升至2.05kVA/户。新（改）建4G物理基站443个，逻辑基站1529个，4G信号在城区和行政乡镇、重要旅游景点覆盖率得到大幅度提升，实现4G网络深度覆盖。推进光网建设，行政村光纤通达率100%，成为"光纤宽带建设国家示范县"，使山区群众能享受城区同等的光纤高速上网服务。

（三）农村基层治理水平提升

巫溪县坚持以人民为中心，量力而行、尽力而为，人民群众获得感幸福感安全感明显增强。农村基本养老、医疗保险参保率稳定在95%以上，城乡低保、特困人员救助标准逐年递增；教育投入55.8亿元，较"十二五"提高90%；医疗卫生服务能力显著提升，县内就诊率达90.2%。有效应对多起暴雨洪灾，抗疫斗争取得重大战略成果，一批疑难复杂问题妥善化解，扫黑除恶专项斗争扎实开展，群众安全感指数达到99.6%，人民群众生命财产安全得到有效保障。

国家级扶贫开发重点县
城口篇

一、城口县情及贫困状况

（一）城口县情

城口县地处大巴山南麓腹心地带，重庆市最北端。1997年重庆直辖前，城口属四川省万县市管辖，1998年2月划归重庆直管。全县面积3292.4平方公里，辖2个街道23个乡镇204个村、社区，人口25.3万。

城口县生态资源丰富，是全国17个生物多样性重点保护地区之一。境内有各类动植物4900余种，全县森林覆盖率达70.2%，县城空气质量优良天数常年保持在340天以上，有"天然氧吧"之称。有大巴山国家级自然保护区、九重山国家森林公园和巴山湖国家湿地公园3个国家级保护区。全县36.6%的国土面积属于国家级自然保护区，54.3%的面积划入生态保护红线管控。先后获得"中国生态气候明珠、中国老年人宜居宜游县、全国森林旅游示范县、中国核桃之乡、中华蜂蜜之乡、全国蜂业优秀之乡"等称号。城口县红色文化、民俗文化资源丰富，城口是川陕革命根据地的重要组成部分，是重庆市唯一成建制的苏维埃政权革命老区。城口民俗文化丰富多彩，钱棍舞、锣鼓、山歌等各具特色，城口老腊肉制作工艺、土法造纸、城口漆器等民间技艺列入市级非物质文化遗产，获得"中国钱棍舞之乡""中国民间文化艺术之乡"称号。

（二）贫困状况

城口县地理位置特殊，交通是多年来制约和影响发展的关键因素。受大山阻隔，交通瓶颈制约，无快捷交通对外连接，与周边区县交通最近需要2小时以上，由于对外交通不便，承接和集聚发展要素能力弱，处于"在落后中发展，在发展中落后"的局面。山大坡陡沟深的自然条件，制约了城口县经济社会发展。县域内地形地貌特点是山大坡陡沟深，素有"九山半水半分田"之称。农业仍占主导地位，耕地面积仅占全县面积的6.8%。用地条件恶劣，土地贫瘠，75%左右是25度以上的坡地，推进农业组织化、规模化难度大。

1986年至2015年，城口县连续4次被确定为国家扶贫开发工作重点县。2014年底，全县有90个贫困村、10994户37567名贫困人口，贫困村占行政村总数的52.02%，贫困发生率15.6%，分别高出全国、全市5.8和8.3个百分点，是秦巴山区连片特困区县之一，是重庆市四个深度贫困县之一，也是重庆贫困程度最深、攻坚难度最大的地区之一。

二、脱贫攻坚工作部署和保障措施

（一）坚持思想武装求精

城口县坚持把学深悟透习近平总书记关于扶贫工作重要论述和7次座谈会上重要讲话精神作为首要政治任务，深入开展"学重要论述、强思想武装、促整改落实"活动，举办脱贫攻坚各类培训班185期，分级分类培训扶贫干部2.6万余人次，抓好层层传达、深化学习、深入宣传、集中宣讲、干部培训"五个全覆盖"，切实做到用心学进去、用情讲出来、用力做起来。落实习近平总书记"六个坚持"要求，紧紧围绕"扶持谁"抓实抓细精准识别，识别标准和程序，开展3次"回头看"和5次动态调整，有效杜绝漏评、错退，扣好第一颗扣子，做到对象识别精准。

（二）坚持责任落实求准

紧紧围绕"谁来扶"逐级压实责任，建立"双组长+乡镇指挥部+村指挥所+帮扶责任人"的指挥体系和责任体系，37名指挥长、26个行业扶贫部门、25个乡镇街道、110个帮扶单位签订"脱贫摘帽"责任书。县委、县政府主要负责人每月平均10个以上工作日用于脱贫攻坚。县委主要负责人带头落实遍访制度，县乡村三级书记遍访所有贫困村、贫困户。建立"54321"结对帮扶责任体系，全县6121名干部帮扶贫困户全覆盖。建立强有力督查考核体系，组建纪检、组织、扶贫、驻乡工作队四支督查队伍，围绕政策、责任、工作"三落实"开展专项化、机动式、点穴式督查巡察。

建立部门乡镇捆绑考核机制，加大考核权重，乡镇街道和部门脱贫攻坚考核分值提高到50%。

（三）坚持工作推进求严

紧紧围绕"怎么扶"落实精准方略，坚持战略思维、问题导向、抓铁有痕，精准制定落实"6+2""1+3+N"等政策体系。坚持步步为营、稳扎稳打，每年谋划推动"春夏秋冬"四季战役，阶段性开展"百日会战"，逐个结点有力有序有效推进工作落实。坚持到户到人、精准施策，推行"一线工作法"和网格化管理，项目化、清单化推动"六个精准""五个一批"等精准扶贫政策措施到位见效。落实帮扶工作"八到户八到人"（干部到户、见面到人，宣传到户、引导到人，政策到户、落实到人，问题到户、解决到人，产业到户、收入到人，帮扶到户、志智到人，环境到户、文明到人，效果到户、满意到人），做到各项扶贫政策精准到户到人。

（四）坚持脱贫成效求实

紧紧围绕"如何退"保证结果真实，严把退出标准、退出程序和退出结果。合理制定脱贫规划，细化贫困对象精准退出办法，按照"两不愁三保障"脱贫标准，建立贫困户脱贫达标由县扶贫办、县住建委、县卫健委、县教委、县水利局联合认证制度，加强数据比对，防止虚假脱贫、数字脱贫。

（五）聚焦深度贫困乡镇求深

紧紧围绕深度贫困乡镇的脱贫问题，城口县加大对深度贫困乡镇鸡鸣乡、沿河乡的定点帮扶。定点包干市领导调研指导19次，累计实施项目145个，自2014年至2020年初累计完工项目140个，累计投资45864.65万元，累计完成投资44164.65万元。扶贫帮扶集团采购深度贫困乡镇农产品总额达2224.02万元。对于定点攻坚村，实施项目达19个，累计完工15个，累计投资2000万元，累计完成投资2000万元。

三、脱贫攻坚具体路径

（一）"三业"融合"固根基"

坚持抓产业强基，发展山地特色效益农业。坚持以基地为平台，建立

"基地+企业+贫困户+产业"带贫益贫模式，建立产业基地190个，90%的贫困户与市场主体建立利益联结。因地制宜发展"七大扶贫产业"，培育发展农村集体经济组织190个，培育发展农业龙头企业30家、农民合作社709个、家庭农场484个。城口县东安镇兴田村乡村旅游扶贫经验做法，在2015年11月中央扶贫开发工作会议上得到了习近平总书记的肯定和认可。抓就业增收，推动转移就业与就近就业。突出信息台账精准、务工就业精准、技能培训精准、保障服务精准，创新"课堂讲授+模拟实训+政策讲解+后续服务"相结合的培训模式，脱贫攻坚期间，开展各类培训2.5万余人次；科学精准开发农村公益性岗位20706人次；建设就业扶贫车间12个，带动247人次贫困劳动力就近就地就业；培育致富带头人472名，带动14714名贫困人口增收。抓创业致富，推动返乡创业带动，做到回引、留住、发展、带动四个关键环节，引凤还巢，发展"归雁经济"，脱贫攻坚期间，为自主创业的贫困户发放创业担保贷款257户2956万元，累计吸引2000余名外出务工人员带着项目、带着资金、带着技术返乡创业，成功创办具有一定经营规模、一定带动能力的市场主体50家，带领全县1.6万余户农户通过基地种植养殖业、招录企业就业、自主创业就业等渠道实现稳定增收致富。

（二）易地搬迁"挪穷窝"

2014年至2020年，城口县按照1.2万元/人的标准兑现建房补助，累计实施搬迁建卡贫困人口2971户10830人，2019年已全部实现搬迁入住，完成市级下达搬迁任务100%。完善配套基础设施建设。全县规划建成集中安置点47个，批复实施221个"十三五"易地扶贫搬迁集中安置点基础设施建设项目，2019年已全部完工。完成旧房拆除任务，共计拆除旧房2203户，处置旧房89户。通过实施收储及地票收益惠及"十三五"易地扶贫搬迁建卡贫困户2580户，兑现资金1.11亿元，统筹解决建新拆旧问题，同时有效解决搬迁群众负债问题。2020年11月3日，城口县被国家发改委评选为"易地扶贫搬迁工作成效明显县"。

（三）生态扶贫"促双赢"

2014年至2020年初，城口县完成新一轮退耕还林35.3万亩，还草0.8

万亩。直补兑现10127户贫困户。在重庆首批推进国家储备林建设，完成收储37.5万亩，惠及41个村，启动林下经济和森林旅游发展。脱贫攻坚期间，累计开发建档立卡贫困人口10245人次担任生态护林员，实现户均年增收5000元以上。脱贫攻坚期间，累计补偿生态公益林面积1336.4万亩，惠及一般农户和贫困户52063户。2020年1月16日，城口县实施国家储备林建设的改革创新做法，《人民日报》以城口县为例报道了《重庆探索建立森林横向补偿机制，你帮我种树，我帮你致富》的典型经验。

（四）综合保障"保兜底"

城口县将符合条件的8011名建档立卡贫困人口纳入低保兜底，实现"应兜尽兜"。在城口县修齐、高观、明通三个镇试点，实施贫困失能人员集中照护工程，入住贫困人员217人，其中失能人员165人。落实贫困残疾人生活补贴、重度残疾人护理补贴和贫困残疾人城乡合作医疗保险等政策，生活补贴和护理补贴覆盖率100%。

（五）志智双扶"富脑袋"

广泛开展"六进农家"精神扶贫行动，以"感动重庆十大人物"修齐镇贫困户蔡芝兵等为代表的贫困群众内生动力得到激发。选树"孝老爱亲""致富能手"等基层先进典型600余人，累计评选表彰县级"脱贫致富光荣户"1316户。开展新时代文明实践全国试点，建立村、社区新时代文明实践积分超市204个，开展志智双扶志愿服务和新时代文明实践活动5万余场。启动农村村容户貌"六改三建一美化"，整体推进全县农户人居环境整治，累计改造2.35万余户。广泛开展"清洁家园·美丽乡村"行动，实施"家家五干净（地面干净、圈舍干净、物品干净、吃穿干净、形象干净）、户户六整齐（棍棒柴草堆码整齐、衣物鞋被叠放整齐、桌椅家具安放整齐、锅碗瓢盆摆放整齐、屋面墙上贴挂整齐、电路线路安装整齐）"帮扶责任机制，切实改善贫困群众生产生活环境，提升群众精气神。城口精神扶贫的经验做法被国务院扶贫办《扶贫信息》专刊登载。新华社2019年10月《新华每日电讯》头版头条以《从"争当贫困户"到"争做脱贫户"——一个国家级贫困县456份申请书的背后》为题进行了报道。

四、脱贫攻坚主要成效

脱贫攻坚战期间，城口县紧盯高质量脱贫目标，突出"三精准"，聚焦"三保障"，紧抓"三落实"，脱贫攻坚取得决定性成就。2020年2月，城口县以贫困发生率0.42%、漏评率和错退率均为0、群众满意度98.47%的工作成效，正式退出国家扶贫开发工作重点县。

（一）"两不愁三保障"问题有效解决

截至2020年初，城口县11596户44719名贫困人口已全部脱贫，90个贫困村全部出列，贫困户人均纯收入由2014年2503元增加到2020年的14078元，年均增长33.4%。教育保障方面，城口县通过加强乡村学校和乡镇寄宿制学校建设，累计投入2.7亿元，改善办学条件，新建学校10所，改扩建学校40所，新增学位7800个，改造校舍及用房面积26万余平方米，消除农村薄弱学校。落实教育资助政策，累计资助各类贫困学生20.81万人次1.61亿元。医疗保障方面，累计投入5.3亿元，新建县人民医院，改造11个薄弱乡镇卫生院，规范化建设125个村卫生室，县人民医院成功创建二级甲等医院，中医院和妇幼保健院成功创建二级乙等医院，县域内就诊率达到97.26%。全覆盖落实建卡贫困户参保资助政策，参保资助一个不漏。实施医疗救助"七重保障"，落实"先诊疗后付费""一站式"结算，累计救助建卡贫困患者7.6万人次3622万元，贫困患者住院、门诊自付比例分别为9.98%、19.55%。住房保障方面，累计投入8995.8万元，改造农村"四类对象"危房5887户。其中，C级2494户、D级3393户。按照住建部统一部署，采取"认定+鉴定"的方式，全覆盖开展22078户农户住房安全等级鉴定，动态解决新增"四类对象"危房问题，做到住房安全有保障。累计投资1.96亿元，巩固提升18.17万人饮水安全，建成供水工程889处、蓄水池1493口，铺设管道3443千米，饮水安全得到有效保障。

（二）基础设施得到改善

2014年至2020年初，城口县建设通达工程1552公里、通畅工程1488公里，全县公路总里程达到4466公里，路网密度由2014年底的94公里/百公里^{2}提高到136公里/百公里^2，行政村通畅率100%、村民小组通达率

92.59%、村民小组通畅率74.07%。电网基建投资3.9亿元，改造惠及5.79万户居民用户，实现100%入户通电和村村通动力电。建成通信基站1751个，通信网络信号行政村覆盖率100%。建成光纤网络6892皮长公里，光纤宽带网络用户从2.5万户增至6.1万户，实现了光纤网络县域内全覆盖。

（三）县域社会经济发展

城口县域社会经济在脱贫攻坚中得到进一步发展。城口县地区生产总值由2014年的46亿元增加到2020年的55亿元，累计增长19.57%；城镇和农村居民人均可支配收入分别由2014年的19355元、6491元增加到2020年底的30541元、11257元，累计增长57.79%、73.42%。

国家级扶贫开发重点县
巫山篇

一、巫山县情及贫困状况

（一）巫山县情

巫山在春秋战国时期为楚国巫郡，秦汉改郡为巫县。全县面积2958平方公里，辖26个乡镇（街道）、340个村（居），总人口65万。巫山地处三峡库区腹心，是渝东门户、重庆向东开放的桥头堡。巫山县富有文化资源，204万年前的龙骨坡"巫山人"是最早的亚洲人类，五千年前的大溪文化遗址是新石器文化代表。同时，巫山县也是中国旅游强县、全国森林旅游示范县、首批国家全域旅游示范区。作为国家生态文明示范县，巫山地处长江三峡生态屏障核心区，是国家淡水资源战略储备基地、全国文明县城、国家卫生县城、国家园林县城、中国天然氧吧。森林覆盖率60%，长江干流水质保持Ⅱ类，空气质量优良天数年均340天以上。

（二）贫困状况

巫山县属于国家扶贫开发重点县，2014年底全县农业户籍人口485896人，贫困村120个，贫困户20592户66564人，贫困发生率13.7%。

二、脱贫攻坚工作部署和保障措施

（一）夯实脱贫工作部署落实

一是落实责任。落实县扶贫开发领导小组县委书记、县长双组长制，各乡镇（街道）指挥部由县领导任指挥长，实行定点包干。县委书记、县长坚持每月开展脱贫攻坚工作时间5天以上，对全县所有行政村实现走访全覆盖，对120个贫困村进行多次遍访。各乡镇（街道）党（工）委书记、村党支部书记落实遍访贫困户行动。

二是落实政策。对照中央和重庆市要求，在落实"1+1+6+11"政策体系基础上，出台《巫山县打赢打好脱贫攻坚战三年行动工作方案》《巫山县建立防止返贫监测和帮扶机制实施方案》等文件，落实"六个精准"，实施"六个一批"，做到所有政策及时到户到人。

（二）推动扶贫工作精准落地

一是坚持识别精准。开展摸排比对，按照"八步两评议两公示一比对一公告"程序，及时实施贫困户动态调整，实现不漏一户、不掉一人。为实现稳定脱贫，识别出边缘户420户1130人、监测户406户1282人，共计826户2412人，占2014年贫困人口总数的2.7%。

二是坚持帮扶精准。选派357名县级以上单位干部到119个贫困村驻村担任第一书记和工作队员，选派496名乡镇干部到186个非贫困村驻村帮扶，实现贫困村与非贫困村同步推进。按照"54321"原则，12802名干部与2.46万户贫困户结对，实现户户见干部、人人有帮扶。聚焦特殊人群。强化贫困户与低保户等政策衔接，完善低保兜底动态管理机制，完善"一对一"关爱帮扶措施，将建卡贫困户9532人纳入低保兜底保障，将4086个残疾人纳入建档立卡贫困户，将423人纳入农村特困供养范围，防止特殊人群有返贫和新致贫现象发生。根据致贫原因，因户因人精准施策、精准帮扶。

三是坚持退出精准。按照"两不愁三保障"逐项打表，落实"一出三不出"要求，坚持"两评议两公示一比对一公告"程序，开展贫困户退出工作。经过每年考核抽查及第三方机构评估，没有发现漏评、错评、错退及数字脱贫、虚假脱贫现象。

（三）聚焦深度贫困乡镇

巫山县加大对深度贫困乡镇双龙镇的定点帮扶。定点包干市领导调研指导12次，累计实施项目144个，脱贫攻坚期间累计完工项目141个，累计投资104820万元，累计完成投资99010万元。扶贫帮扶集团采购深度贫困乡镇农产品总额达640万元。对于定点攻坚村，实施项目达90个，脱贫攻坚期间累计完工89个，累计投资4993.96万元，累计完成投资4993.96万元。

（四）巩固拓展脱贫攻坚成果同乡村振兴有效衔接的探索

巫山县坚持"四个不摘"，建立完善解决相对贫困长效机制，做好脱贫攻坚与乡村振兴的有机衔接，持续巩固提升脱贫攻坚成效。强化领导体制衔接。作为脱贫摘帽区县，巫山将"双组长"制和"指挥长"制落实到乡村振兴上，党政主要负责人带头抓，县领导齐心协力抓，凝聚起乡村振兴的强大合力。强化发展规划衔接。巫山县编制"十四五"巩固脱贫成果规划，并同国民经济"十四五"规划和其他子规划衔接起来，保持相关主要政策稳定。继续重点支持产业扶贫、技能培训、就业稳岗、易地扶贫搬迁后续帮扶以及基础设施等。强化扶持政策衔接。整体脱贫后，巫山县将通过设置过渡期，关注相对贫困，保持资金投入进行保障。强化帮扶机制衔接。在乡村振兴中，巫山县拟将攻坚式帮扶转化为常态化帮扶。深化东西部扶贫协作、中央单位定点帮扶、对口支援等，优化干部帮扶，加大人才队伍建设。深化改革衔接。通过深化"三权分置"改革，将土地、山林、宅基地等资源唤活，多渠道增加农民的财产性收入。推进城市资本下乡，深化农业合作社建设，培育壮大农业企业，走现代化农业发展之路。深化生态补偿、碳汇交易等，发挥生态价值，引导鼓励农村地区加强生态保护。

三、脱贫攻坚具体路径

（一）发展特色产业

脱贫攻坚期间，巫山县通过发展脆李、柑橘、中药材、核桃、烤烟等特色效益产业，实现全县有主导产业，乡镇有骨干产业，村村有特色产业，户户有增收产业，有劳动能力、有土地等生产资料的贫困户扶贫产业覆盖率100%，经济作物种植比达70%，推动农业效益大幅提高，农业产值达到传统农业的5倍以上，如脆李每亩产值可达1万多元，成为稳定脱贫、逐步致富的"摇钱树"。巫山脆李作为第二批产业扶贫典型案例在全国推广。巫山党参项目入选国家精准扶贫标准化典型范例。

（二）健康扶贫治病根斩穷根

探索形成"123456"模式：实施"千名医生'一帮一'救助贫困家庭患者"攻坚行动，对家庭主要劳动力或因生活不能自理直接影响主要劳动力就业的家庭患病成员"两类人"，按照"集中初筛复查、分批次入院治疗、全程跟踪服务"三个步骤，采取医保报销一点、医院减免一点、政府补助一点、患者自付一点"四个一点"治疗费用结算模式，实现贫困村标准化卫生室、体检筛查、巡回义诊、签约服务、药品发放"五个全覆盖"，落实村卫生室"六级管理"，实现"治愈一人、脱贫一户"的目标。巫山县健康扶贫"123456"医疗救助模式在全国健康扶贫政策解读培训班上作经验交流发言。

（三）教育扶贫阻断代际贫困

聚焦优先发展，聚焦人人出彩，搭建起资助惠民、教育移民和职教富民互相促进的脱贫致富"立交桥"。脱贫攻坚期间，通过落实学前教育至大学阶段关爱资助、办理大学生生源地助学贷款、为残疾儿童开展送教上门服务等，没有一个学生因贫辍学。在重庆全市教育大会上做《精准实施教育扶贫斩断贫困代际传递》交流发言。新华社内参以《重庆巫山教育精准扶贫资助万户家庭脱贫摘帽》予以报道。

（四）东西部协作合力攻坚

烟台与巫山创新实施"交流互动、政府援助、产业合作、人力资源、消费助力"的"链条式"扶贫协作，实现两地资源共享、优势互补、合作共赢。投入政府援助资金1.65亿元，围绕产业扶贫、健康扶贫、残疾人帮扶和劳动力就业等方面实施扶贫项目99个，支持开通巫山—烟台航线，双方的协作更加紧密。2019年，全市东西部扶贫协作工作推进会在巫山县成功举办，连续4年在全市专题会上作经验交流发言。

（五）中央单位定点帮扶持续深化

三峡集团定点帮扶巫山县期间，坚持"扶基础补短板、扶产业添后劲、扶项目谋长远、扶智力激活力"四大板块环环相扣，奏响分期见效"四步曲"，援助资金2亿元，实施项目59个，将巫山纳入长江大保护第二批试点城市，建设186兆瓦的光伏发电项目开始发挥效益，风力发电项目有序推进。依托三峡大坝景区，每年为巫山输送游客20万，三峡集团帮扶工作考核连续两年获国家"好"等次，三峡后续工作综合考核库区第一。

（六）精神扶贫提升内生动力

深入实施抓党建促脱贫攻坚，开展"身边的脱贫故事"微访谈、"家风润万家""六送"等志愿服务和移风易俗活动，整治无事酒，采取群众喜闻乐见的文艺演出、山歌对唱、典型引路等形式，促进乡风文明，激发群众内生动力，营造"想脱贫"的氛围，树立"要脱贫"的自觉，坚定"能脱贫"的信心。2019年国家脱贫攻坚成效考核中，巫山县作为典型案例上报国务院扶贫开发领导小组。

（七）消费扶贫促进帮扶升级

2014年至2020年，借助东西协作和对口帮扶"朋友圈"，借力巫山至烟台、巫山至广州航线开通，推动双方资源互补、市场共享。以巫山脆李、巫山恋橙为代表的生态产品在广东、山东持续热销。设立重庆、山东、广东等5个旅游宣传营销组，实施"山东游客重庆行""广东游客三峡行"等行动，越来越多的山东、广东游客到巫山，游高峡平湖、赏三峡红叶。

四、脱贫攻坚主要成效

脱贫攻坚期间，巫山县累计完成120个贫困村脱贫销号，24585户89771人稳定脱贫。2018年8月，巫山正式退出国家扶贫开发重点县。

（一）"两不愁三保障"问题全面解决

1. 教育保障方面

2015年至2020年，精准落实学前至大学阶段家庭经济困难学生各类政策性资助24万人次，3.1亿元；追踪落实县外就读的巫山籍贫困学生资助政策，函请资助6899人次584.19万元；办理生源地贷款2.96万人次2.2亿元；深入开展"智志双扶"，3728名教师结对帮扶13077名建卡贫困学生，实现教育一人、影响一家。

2. 医疗保障方面

通过全员参保、建立健康扶贫医疗基金等形式，实施医疗"五重保障""先诊疗后付费"和"一站式"结算，2014年至2020年初，累计实施医疗救助8.2万人次3.5亿元，贫困患者住院医疗费用自付比例9.78%，县域内就诊率99.15%。截至2020年5月底，累计救助贫困患者82707人次，县域内就诊率98.81%。大病专项救治病种增加到33种，累计救治5477人次，救治率100%。

3.住房保障方面

脱贫攻坚期间，对巫山县14.5万户农户住房进行安全鉴定，根据鉴定的结果，凡属于C、D级危房的进行整改。2014年至2019年，累计投入5.26亿元用于危房改造，共消除危房31459户，其中贫困户C级危房4045户、D级危房5541户。针对安全等级为B级的夯实生土墙旧房和老旧砖房，通过实施墙体加固整治、屋顶补漏、散水硬化等方式，有序开展农村旧房整治。累计整治提升旧房10395户，其中贫困户1762户，推动住房由安全向舒适提升。饮水安全保障方面，累计投入11.42亿元，全县农村集中供水率和管网入户率分别达99.2%、99.9%。

（二）县域社会经济发展

脱贫攻坚历程推动了巫山县域社会经济的发展。巫山县地区生产总值由2014年的81.2亿元增加到2020年的172.97亿元，平均增速8.6%；贫困人口年均收入和农村居民人均可支配收入分别由2014年的3021元、6935元增加到2020年的11229元、10879元，年均增长29.21%、10.12%。

国家级扶贫开发重点县
奉节篇

一、奉节县情及贫困状况

（一）奉节县情

奉节，古称夔州，今称诗城，建县2334年。曾为路、府、州、郡治地。唐贞观二十三年（公元649年），为旌表蜀丞相诸葛亮奉昭烈皇帝刘备"托孤寄命，临大节而不可夺"的品质，改名奉节县。面积4098平方公里，辖33个乡镇（街道、管委会），314个村、78个社区，户籍人口106万人。境内拥有壮美长江、诗画夔门、天坑地缝等旅游资源，拥有江峡文化、三国文化、诗歌文化等灿烂厚重的历史人文，拥有奉节脐橙、油橄榄、中药材等品质优良、绿色健康的生态产品，是全市人口大县、农业大县、三峡移民大县。

（二）贫困状况

奉节县属于秦巴山区集中连片贫困地区，2002年被确定为国家扶贫开发工作重点县。2014年，全县建档立卡贫困村135个、贫困人口34185户124425人，贫困发生率为13.5%。建档立卡贫困人口中，因学致贫占35%，因病致贫占16.4%，因残致贫占5.2%，缺资金占11%，缺技术占8.1%，缺劳力占9.3%，其他致贫原因占15%，受自然条件差、发展水平低、产业转型难、公共服务弱、贫困程度深等多方因素制约，面临诸多问题与挑战。

二、脱贫攻坚工作部署和保障措施

（一）坚持党的领导，健全组织体系

坚持把党的力量挺在脱贫攻坚最前沿，县领导一线集结、包抓力量一线下沉、镇村干部一线坚守、工作队员一线驻扎，高效运转脱贫攻坚指挥、

帮扶、责任和监督"四大体系"。37名县领导任乡镇指挥长包干包尽；165个帮扶单位、407支驻村驻乡工作队伍、1281名工作队员、8052名帮扶干部全覆盖帮扶到户到人；32个行业主管部门立下军令状，县乡村层层签订责任书；建立日常巡察、定期暗访、业务督导、交叉检查"四位一体"执纪问责。

（二）坚持加大投入，落实政策举措

坚持把加大投入力度作为基本保障，整合各类涉农资金102亿投入脱贫攻坚，围绕基础设施建设、特色产业发展、公共服务提升等方面，实施项目3137个。坚持问题导向、目标导向、结果导向，对标对表国家、市级等各类政策，加大政策供给，形成"1+18"精准扶贫政策体系，102项到村到户到人扶贫政策一一对应。坚持严管扶贫资金，盯紧资金分配、管理、使用等关键环节，制定扶贫项目资金绩效管理实施细则和绩效评价实施方案，开展扶贫资金项目核查，扶贫资金专项审计立查立改。坚持把产业扶贫和就业扶贫作为根本之策，全覆盖联结和保障建档立卡贫困户，实现2/3以上靠外出务工和产业脱贫，工资性收入和生产经营性收入占比上升，转移性收入占比下降。

（三）坚持社会动员，汇聚攻坚力量

扎实推动东西扶贫协作，用好用足援助资金，让每一分钱都用到贫困群众心坎上，滨州元素在奉节落地生根、开花结果。脱贫攻坚期间，山东省和滨州市累计援助资金1.45亿元，实施项目101个，2.1万名贫困人口直接受益。联合制定东西部扶贫协作三年行动计划，奉节和滨州主要领导进行12次互访并召开7次高层联席会议，奉节县委常委会、县政府常务会、脱贫攻坚领导小组会33次专题研究东西部扶贫协作。深度对接中央定点扶贫，2018年至2020年，三峡集团援助资金2.28亿元、项目93个，交流挂职干部16人次，探索出中央单位定点扶贫的长效机制，启动新能源开发、生态旅游等"十件大事"，开启定点帮扶工作全新时代。抓细市内对口帮扶，重庆市市长亲任深度贫困乡镇平安乡脱贫攻坚指挥长，市政府办公厅帮扶集团25个单位长期驻扎平安乡，支持资金4.2亿元、开建项目165个，成为重庆市乡村振兴试点示范；沙坪坝区对口帮扶资金3000万元，支持农村产

业发展、乡村旅游、改善贫困村基础设施建设。

（四）坚持从严要求，加强巡视考核整改

坚持"一支队伍"查找问题，对照年度脱贫任务、退出指标、考核要求、各级反馈的共性问题，做到举一反三，常态化组织县内交叉查、组团查、专项查、审计查、纪委监委巡察检查，及时发现和解决脱贫攻坚工作中存在的问题。坚持"一个标准"整改问题，针对脱贫攻坚成效考核、巡视巡察、挂牌督战、审计等发现的问题，逐条建立问题台账、逐级分解责任、细化落实整改措施和责任人、明确整改时限、按时对标整改销号。坚持"一套机制"防范问题，建立完善易地扶贫搬迁、扶贫项目招投标、扶贫项目资金监督管理、脱贫攻坚项目库建设、扶贫产业发展及与贫困户利益联结等34项长效机制，进一步破解体制机制顽疾问题。

（五）聚焦深度贫困乡镇，多管齐下促脱贫

奉节县加大对深度贫困乡镇平安乡的定点帮扶。脱贫攻坚期间，定点包干市领导调研指导13次，累计实施项目284个，投资89610.9万元。扶贫帮扶集团采购深度贫困乡镇农产品总额达99.9605万元。定点攻坚村实施项目21个，累计投资1247万元。一是因地制宜改造"三大坨"传统产业，发展晚熟脆李11694亩、高山蔬菜11000亩、豆腐柴10430亩、中药材13000亩，发展生猪、山羊、肉牛、禽类4万头，粮经比例由7∶3调整到1∶9，"一村一品、一户一业"格局形成。内培外引新型农业经营主体96家，量身定做25种增收模式，推动与贫困户利益联结，实现村村有致富产业、人人有脱贫门路。二是打破"出门要翻山、出村要出县"的阻隔。新建和改扩建道路112公里，硬化道路10公里，油化道路140公里，新建产业路16.9公里、人行便道297公里，实现村村通、组组畅、户户联。关门山大桥建成通车，一桥架三岸、三村通三县，平安乡驶入发展快车道。三是改写"千面坡，万道梁，满山都是土坯房"的历史。建设微型安置点14个，实施"五改"3376户，宅基地复垦1738户，房屋收储341户，以"川东民居"样式实施风貌改造，全乡群众全部住上了安全房。四是传承"为民吃尽天下苦、甘洒热血染山河"的精神。梳理平安乡红色历史文化资源，打造彭咏梧烈士纪念馆、甲长楼、箭楼、炮楼、锦山寨等红色文化景点，开发红

色精品研学线路，建设川东游击队红色文化AAA级景区，打通生态资源、文化资源向经济效益的转化通道。

（六）探索脱贫攻坚与乡村振兴的有效衔接

一是加强规划衔接。统筹脱贫攻坚与乡村振兴战略，将脱贫攻坚与乡村振兴总体规划对接，科学编制"十四五"规划，形成城乡融合、区域一体、多规合一的规划体系。二是加强政策衔接。制定出台《建立后续帮扶长效机制持续巩固脱贫攻坚成效的意见》《平安乡脱贫攻坚与实施乡村振兴战略有机衔接试点工作方案》等工作文件，保持各类扶贫政策相对稳定的同时，要加快完成从应急性政策向长期性政策设计的重大转变，通过政策内容和实施方式的合理调整，实现脱贫攻坚和乡村振兴两大战略有效衔接。三是加强工作衔接。深化"1486"脱贫攻坚体系，将"包干和包尽的指挥体系、到户和到人的帮扶体系、主体和主管的责任体系、问效和问责的监督体系"继续用于实施乡村振兴战略，推动乡村组织振兴。加强党委对脱贫攻坚和乡村振兴的领导，统筹推进两者在领导机构、工作班子、人员队伍、体制机制上的有效衔接，推动落实"五级书记抓脱贫攻坚"到"五级书记抓乡村振兴"要求，借鉴脱贫攻坚工作体系建立县领导定点联系乡村振兴等工作机制。四是加强产业衔接。巩固产业扶贫成果，培育壮大集体经济，加强扶贫产品销售，以产业发展为重点，发展多种形式规模经营，提升经营主体组织化程度和市场竞争力，继续做实产业扶贫利益联结机制，将农村低收入人口牢牢吸附在致富产业上，推进脱贫攻坚与乡村振兴多元化有机衔接。五是加强人才衔接。落实"五级书记抓乡村振兴"要求，把脱贫攻坚中驻乡驻村工作队、网格管理员、帮扶责任人打造成多元化、高素质、常态化的乡村振兴工作队，成为乡村振兴的中坚力量，引导外出农民工、大学毕业生返乡创业，鼓励退休科技人员参与乡村振兴，推动乡村人才振兴。用好道路维护、森林管护等公益性岗位，持续巩固农村弱劳动能力人口基本保障。六是加强公共服务衔接。加大优质教育资源、医疗资源等公共服务向乡村转移，加强乡村医院和学校建设，提质培优基层医疗和教师队伍，切实改善农村公共服务。加快农村人居环境整治，分类推进农村厕所革命，推进农村生活垃圾治理，梯次推进农村生活污水治理。做好易地搬迁安置点与城镇一体化规划建设,打造"社区服务圈"。支持乡村互联网建设,让农业大数据走进乡村第一线,为完善精准扶贫、智慧扶贫、扶志扶智机制提供现代化服务平台。七是加强保障衔接。进一步盘活农村存量建设用地,补齐乡村基础设施短板,完善乡村基本公共服务,吸引人才、资金等资源要素回流,推动"两出两进",为乡村振兴战略提供保障。举办奉节县、乡镇两级"春风行动""民营企业招聘周"等系列活动,及时推介就业岗位,管好用好全县43个扶贫车间,着力提升农村低收入人口创业就业能力,用好道路维护、森林管护等公益性岗位,强化农村低收入人口兜底保障。八是加强试点示范衔接。结合诗橙产业永乐—安坪线、脱贫攻坚及乡村振兴平安线等6条线路、安坪镇三沱村、朱衣镇砚瓦村等11个示范点工作情况,系统梳理总结推广平安乡脱贫攻坚与实施乡村振兴战略有机衔接试点经验与做法。深入开展"两抓两树""两回两讲两解""六项专项治理",用好用活新时代文明实践中心,激发农村群众内生动力,有效推动试点示范工作由点及面展开。

三、脱贫攻坚具体路径

(一)产业扶贫增强造血功能

脱贫攻坚期间,全县平均每年整合资金2.3亿元,培育1个以上主导产业村376个,打造20个特色产业小镇,创建"一村一品"示范村163个。给予每户不超过0.2万元的产业和就业补助,累计补助贫困户31348户;出台《中蜂产业发展项目实施方案》,对符合条件贫困户给予每户不超过0.5万元补助,落实180户贫困户90万元补助。截至2020年,奉节县带动4562户贫困户就近就业,户均增收1.6万元;新型农业经营主体带动贫困户2.13万户,实现贫困户入企入社100%、主体带动100%、收入增长100%目标。开展农业项目财政补助资金股权化改革,村集体经济组织和农户按持股金额的6%,持续5年固定分红,全县村集体经济累计兑现现金分红552.9万元,惠及贫困户3.2万户12.2万人。

(二)金融扶贫激发"发展活力"

2017年至2020年,累计为15670户贫困户提供资金7.18亿元,放款额居重庆市前列。合理引导贫困户围绕当地特色产业选择适宜项目，支持4400余户发展脐橙、油橄榄、中药材、山羊四大主导产业，2600余户发展优质粮油、生态蔬菜、精品烟叶三大优势产业，2300余户发展脆李、蚕桑等小特精产业项目，2700余户发展农产品加工、乡村旅游等二、三产业，户均年增收5000元以上。评选41个信用示范村，落实50万～100万元的基础设施、产业发展项目奖励。评选2780户信用示范户，上浮20%授信额度，优先办理无还本续贷、展期业务。发展农村电商贫困户1000余户，135个贫困村电商服务站全覆盖，组建31个电商扶贫合作社，带动2138户贫困户年均增收1万余元。构建三级金融服务网络，33个乡镇设立金融扶贫服务站，135个贫困村设立金融扶贫服务点，配备135名农村金融助贷员公益性岗位。

（三）就业扶贫拓宽"致富门路"

2014年至2020年，奉节县举办"春风行动""民营企业招聘周""劳务协作"系列活动，实现5.73万人次贫困人员转移就业。创建就业扶贫车间42家，带动建档立卡贫困人口468人就近就业，其中，奉节县鑫桥农业开发公司被评为市级农民工返乡创业园、安坪镇"小车间·大扶贫"入选国家人社部典型扶贫案例。全县累计发放贫困人员创业担保贷款7431万元，扶持658户贫困户家庭成功创业，带动1486名贫困人员就业创业，为3379名贫困人员落实求职创业补贴171.26万，兑现跨区域就业往返城市间交通补贴2038人、86.16万元。开发公益性岗位14996个，工资性收入年均达8000元以上。组织各类培训12.42万人次，培训贫困人员6.45万人次，实现应训尽训、愿训尽训。

（四）生态扶贫兼顾"增绿增收"

2014年至2020年，发展中药材产业覆盖23个乡镇110个村63个贫困村，带动4500余户1.2万人贫困人口脱贫增收；油橄榄产业覆盖20个乡镇93个村45个贫困村，带动3600余户贫困户9000余名贫困人口增收。2014年至2020年，累计投入4.85亿元，完成30.3万亩退耕还林任务，贫困户覆盖率达100%；开发贫困户生态护林公益性岗位2949人次，补助标准10000元/(人·年)；落实生态效益补偿1559万亩，补助资金1.86亿元，贫困户覆盖率达100%。

四、脱贫攻坚主要成效

2019年4月，重庆市政府正式宣布奉节县退出国家扶贫开发工作重点县，7月，接受贫困县退出国家抽查，实现"零漏评""零错退"，满意度达98.69%，摘掉戴了33年的贫困帽子。奉节县有建档立卡贫困人口32285户121356人（如加上另库管理已脱贫不享受政策对象3648户14626人，合计35933户135982人），累计脱贫34983户133653人，135个贫困村全部出列。

（一）两不愁三保障问题解决

一是教育保障方面。8000余名教师遍访全县13.45万名适龄儿童，及时回收辍学学生。落实残疾学生每周不少于1次的送教上门或远程送教服务，把建卡贫困户、孤儿、单亲、留守等作为重点走访对象，及时解决学习或生活的实际困难。2015年至2020年，累计落实各类贫困学生资助资金5.6亿元，惠及贫困学生53.7万人次；累计发放大学生生源地信用助学贷款3.7亿元，惠及家庭困难学生4.9万人次。二是住房保障方面。2015年至2020年，投入资金10.8亿元完成建卡贫困户等四类重点对象危房改造16344户（实施C级危房改造8952户、D级危房改造7392户），完成非贫困户土坯房改造11692户，实施住房"三改"（改厨、改厕、改圈）16333户，"五改"（改厨、改厕、改圈、改院坝、改立面）4213户。委托专业机构完成对47024户建卡贫困户、农村分散供养特困人员、低保户的住房安全等级鉴定，实现住房鉴定全覆盖。三是医疗保障方面。2848名巡访医生建立家庭医生签约队伍339支，签约23万余人、巡访服务98万余次。执行"先诊疗后付费""一站式"结算，2015年至2020年，累计救助12.74万人次，救助金额1.32亿元，贫困患者平均自付比例8.07%。按100~300元/（人·月）标准，累计救助780名居家康复治疗贫困患者，垫付救助医药费108万元。推进"353"工作法，2015年至2020年，累计开展风险排查4500人次，1457人得到进一步救助。将大病专项救治病种扩大至33种，累计救治4046人。实施基层医疗卫生机构标准化建设，投资1.5亿元规划整修乡镇卫生院、改造升级行政村卫生室。实施"互联网+医疗扶贫"，将92个村卫生室、32个乡镇卫生院与市县医院联结，实现市县乡村四级医院远程门诊、专家预约、电子处方等功能实时对接。

（二）基础设施改善

2015年至2020年，累计投入资金2.9亿元，实施通达工程3630公里；投入资金16.6亿元，实施通畅工程2436公里；投入资金2.2亿元，安装安全护栏1078公里，实现行政村、贫困村通畅率100%，撤并村通达率100%。2015年至2020年，累计整治低电压台区536处，改造升级过载线路1693.56千米，新增和增扩容变压器514处，用户供电可靠率达到99.8987%，电压合格率达到99.398%，满足了群众的生产生活用电需求。新增建设烤烟烤药配电设施153处，夯实烟叶、药材产业发展基础。完成全县所有农村村网改造，新建和改造10千伏线271.35千米，完成168处微型安置点、集中安置点供电任务，为9646处D级危房改造装表接电，实现用电稳定。截至2020年，奉节县建有4G基站3620个，4G网络覆盖率达到98.5%。推进互联网"进村入户"计划，全县光纤覆盖率达99%，光缆100%布放到位。

（三）贫困人口收入增长

奉节县贫困人口年人均纯收入从2015年的4200.31元增长到2019年的12690.07元，年均增速为23.76%。从收入的主要构成来看，经营性收入由44.19%下降至36.18%，工资性收入由28.84%增长至28.94%，转移性收入由13.49%增长至40.8%，财产性收入由2.3%下降至1.7%。

国家级扶贫开发重点县
云阳篇

一、云阳县情及贫困状况

（一）云阳县情

云阳，"四时多云、山水之阳"，处于三峡库区腹心地带、长江经济带重要节点，是秦巴山集中连片特困地区的国定贫困县，面积3636平方公里，辖42个乡镇（街道），人口134万，是人口大县、移民大县、农业大县。据明嘉靖年间编撰的《云阳县志》记载："山峻而陂，川陷而深，其顷田俱依山负墼而垦治，非有沃壤如平原一望者也。故雷雨则浦盈，名曰'雷公'，雨泽则有秋，名曰'靠天'；一遇小旱，尽为赤壤……"由于少有良田沃土，多"巴掌田""挂坡地"，因而难以发展规模农业。

（二）贫困状况

2014年底，云阳全县有建档立卡贫困村145个，贫困人口33598户125733人，贫困发生率高达12.9%，是重庆市脱贫任务最重的区县之一，贫困程度深。因病、因残致贫的占39.7%，因缺技术和资金致贫的占22.7%；一半以上的贫困村没有实现公路通畅，6.75万贫困人口未解决"饮水难"。

二、脱贫攻坚工作部署和保障措施

（一）健全制度体系助推脱贫攻坚

一是建立脱贫攻坚责任体系。落实党政主要领导"双组长"制，健全县、乡、村三级指挥体系。压实县级领导的定点包干责任、乡镇（街道）的主体责任、行业部门的行业扶贫责任、帮扶单位的帮扶责任、村支两委和驻村工作队的直接责任、帮扶责任人的结对帮扶责任的"六位一体"责任，层层签订责任书，人人立下军令状，做到责任压力层层传导。实行工作纪实日记载、查找问题日报告、整改问题日推进、清单管理日销号，有效落实工作。二是建立脱贫攻坚政策体系。对标对表完善政策举措。以"六个精准、五个一批"为主线，修订完善涉及"两不愁三保障"等一揽子脱贫攻坚政策，拟定《深度贫困镇村项目规划》，制定出台《巩固脱贫攻坚成果"1128"长效机制》和《打赢打好脱贫攻坚战三年行动实施意见》，提升脱贫攻坚的精准性和实效性，很多"老大难"问题都有了针对性措施。三是建立脱贫攻坚投入体系。坚持政府投入的主体和主导作用，增加金融资金投放。国家新一轮脱贫攻坚战打响后，累计统筹整合用于扶贫领域资金91.1亿元，用于改善贫困镇村和贫困人口的生产生活条件。建立脱贫攻坚监督体系，把从严治党要求贯穿脱贫攻坚全过程各环节。在全市率先出台扶贫问责管理办法，帮扶单位与乡镇（街道）捆绑考核。组建县级督查组，对各级干部履职情况常态化督查。开展乡镇（街道）脱贫攻坚专项巡察，深化扶贫领域腐败和作风问题专项治理，筑牢纪律防线。

（二）明确标准程序助推脱贫攻坚

一是把握精准识别和退出"两道关口"。围绕"扶持谁"，在贫困户的识别和认定上，制定出台贫困户精准识别办法，细化明确贫困户的四个准入条件、七个禁入条件，对"人在户不在、户在人不在、分户老人户"等特殊情况进行特别界定，增强建档立卡动态调整的针对性、操作性和精准性，按照"八步两评议两公示一比对一公告"程序，全程公开透明，不搞暗箱操作，有效杜绝"浑水摸鱼"现象的发生。围绕"如何退"，科学合理制定脱贫规划，出台贫困对象精准退出办法，按照"两不愁三保障"脱贫标准，按照"组筛选、村评议、乡审核、县验收"的程序，做到户户有评估，村村有复核，县乡有验收，层层签字确认。对145个贫困村、3.6万贫困户实行"一村一档""一户一卡"的精准管理。每月由帮扶干部对帮扶对象进行排查，每季度由驻村工作队和村支"两委"对一般贫困户全覆盖排查，及时动态调整，严防漏评、错退。2015年来，动态调整新增贫困户4595户14710人，清退"四类"人员2750户11172人。二是探索建立动态监测长效机制。针对已脱贫人口，由帮扶责任人负责，每月入户跟踪回访核查，监测"两不愁三保障"情况。对排查发现的疑似问题户，根据致贫原因，有针对性地制定巩固脱贫成效的具体措施限时解决。紧盯边缘户，由驻村工作队和村"两委"负责，以重病户、重残户、精神病户、低保户、危房户、无房户、老人户、低收入户、外出回流人口等群体为重点，摸清边缘农户底数和短板情况，按照"一户一策"原则落实帮扶措施，每月动态监测、跟踪问效，多措并举增加收入。

（三）强化党建引领助推脱贫攻坚

建立县领导包乡、部门帮村、干部帮户和工作队驻村的帮扶网络。28名县级领导、106个县属部门、250家民营企业、448支驻村工作队、14836名各级干部职工参与帮扶，实现包乡、帮村、帮户全覆盖。为突出帮扶的针对性和有效性，安排6376名教师重点帮扶有学生的家庭、1380名医生重点帮扶因病致贫的家庭。驻村干部和帮扶责任人帮助群众出主意干实事，推动扶贫政策措施落地落实，打通精准扶贫"最后一公里"。坚持把全面从严治党贯穿脱贫攻坚全过程。70个软弱涣散村党组织如期转化升级，调整村（社区）干部102名，新选配16名致富能人担任村级党组织书记，回引478名优秀本土人才到村任职。制定村集体经济收入考核奖惩办法，实行村干部待遇与村集体经济收入挂钩，激励村干部在发展集体经济中奋发有为。创新开展基层党组织评星定级和党员量化积分管理，激励村（社区）党组织和广大党员在脱贫攻坚中尽职履责、奋发有为。落实村级组织办公经费、基层干部补贴，全覆盖解决村（社区）干部参加城镇企业职工养老保险问题。切实将作风建设贯穿脱贫攻坚全过程，脱贫攻坚期间，全县点名通报驻村工作队员38名、帮扶责任人34名，党纪处分和政务处分184人，乡镇3名正职领导、5名副职领导因扶贫不力被免职或调整。调整召回能力不强、不在状态的第一书记5名、驻村队员8名。查处涉及扶贫领域问题线索589件，立案158件，给予党政纪处分331人，组织处理408人，移送司法机关处理10件18人。

（四）聚焦深度贫困乡镇

坚持把深度贫困镇村作为脱贫攻坚的重中之重、坚中之坚，集中人力、物力、财力打好深度贫困歼灭战。聚焦深度贫困镇泥溪镇。紧扣"两不愁三保障"脱贫标准，聚焦项目实施、基础建设、产业发展、政策落地等重点领域，找准靶向、精准施策。脱贫攻坚期间，累计投资4.4亿元，规划实施重点项目215个。统筹路、水、电、讯、房和环境保护六个方面的基础设施建设精准发力，实现行政村道路通畅率、组级路通达率、电商综合服务站点覆盖率、群众安全饮水保障率、农村电网改造率和群众覆盖率均100%，实现镇村4G网络、光纤网络全覆盖。紧扣"改革创新先行镇"目标定位，在产业发展中，因地制宜、大胆探索农村"三变"改革，放活生态资源经营权，激活沉睡资源，推进60万段青杠椴木黑木耳产业园、40万袋香菇产业园、5500亩晚熟柑橘园、3000亩乌梅园、农耕故土园、一、二、三产业融合园"六大园区"农业体系建设，推动荒山荒坡荒地变金山银山，全镇10个村集体收入全部达到5万元以上。泥溪青杠黑木耳已获得"国家有机食品""国家农产品地理标志"等品牌认证。以"三送""三归""三改"为载体，通过开展文明卫生理念宣传送上门、送进村、送到人"三送"活动，全方位营造人人爱护环境卫生的浓厚氛围；坚持以垃圾归桶、畜禽归圈、柴禾归位"三归"为载体，全方位培养群众爱护环境卫生好习惯；通过农户"改厕"、农村"改院"、集镇"改貌"，农村人居环境有效改善。聚焦深度贫困定点攻坚。将19个县级深度贫困村纳入定点攻坚对象，共计安排定点攻坚镇村扶贫项目184个，落实资金9079万元，着力解决"两不愁三保障"突出问题，补齐基础设施、产业发展、人居环境、公共服务等方面的短板漏洞。

三、脱贫攻坚具体路径

（一）探索农村电商带动消费扶贫新模式

坚持"上行下行上下都行，关键在上行；买好卖好买卖均好，重点要卖好"的发展思路，创新发展农村电商。搭建平台，建成县级电商孵化园，完善镇、村电商综合服务站点339个；在淘宝、苏宁易购、京东、邮乐购等知名销售平台建立云阳馆。建成渝东北仓储物流分拨中心和电商物流集配中心，顺丰、中通、百世等16家快递物流企业入驻中心，开通8条农村电商物流班车，乡镇物流配送成本下降50%以上。做亮品牌，打造"天生云阳"区域公用品牌，制定产品准入标准，260个单品授权使用品牌商标。县政府为品牌背书，承诺不卖假货。开展"天生云阳山东行""天生云阳进主城"活动，组织参加西洽会、农博会等大型展会，推荐宣传云阳农产品。卖好产品，依托"重庆消费扶贫馆""扶贫823平台""巴味渝珍"等扶贫公益平台，793款扶贫产品上网销售。全力打造"梯城网市"本土综合交易平台，创新"电商经纪人+贫困户"模式，帮助贫困村、贫困户销售产品3049款，销售额1103万元。在重庆市率先开展领导干部直播助农公益活动，培育本地主播1500余人，开展直播带货4100余场，网销农产品6900万元。依托山东省、中国进出口银行、中新项目管理局等帮扶资源，推动云阳红橙、三峡阳菊销往新加坡、印尼、中国香港、中国澳门等地。2015年至2019年，线上销售农产品31.8亿元，消费扶贫经验入选2020年全国50个典型案例，连续两届获评全国电子商务进农村综合示范县。

（二）强化易地扶贫搬迁后续工作

坚持把搬迁安置与后续发展紧密结合，做到服务帮扶、资源确权、宅基地收储、培训就业、产业发展"五个优先"，实现搬迁群众搬得出、稳得住、能致富。坚持服务向搬迁群众延伸，在集中安置点配套建设便民服务中心（站点），有条件的设置老年活动中心、儿童托管中心，建立党小组、邻里互助组，常态化开展社区服务；对分散安置搬迁户，落实"村干部+帮扶责任人"服务体系，常态化解决困难问题，提高搬迁群众获得感。盘活搬迁群众承包地、林地，通过合作社等经营主体打包流转、规模开发，建立"专业合作社+基地+搬迁户"联动发展模式和利益联结机制，把搬迁户嵌在产业链上。实施搬迁户农房整宗地收益权收储，由县国有公司垫资实施，1321户搬迁户获得收储收益5759万元。全覆盖开展搬迁劳动力技能培训，实现外出务工就业6030人、本地创业就业2075人，公益岗位托底安置903人，基本消除零就业家庭。采取资产收益扶贫优先覆盖、到户产业优先安排、专业合作社优先吸纳等方式，帮助3109户搬迁户年均增收2000元以上。云阳县被评为"十三五"全国100个搬迁工作成效明显县，云阳县后叶镇集中安置区入选"十三五"全国200个美丽搬迁安置区。

（三）创新健康扶贫

患有恶性肿瘤、冠心病、风湿性关节疾病等17种大病、重病贫困患者，往往不宜或不需长期住院，常年门诊服药又无法报销医药费用，群众负担重。针对这种实际，在精准落实基本医疗保险、大病保险、医疗救助"三重"医疗保障的基础上，创新出台居家康复救助政策。每年筹集1000万元居家康复救助专项资金，根据病情按照A、B、C三类，每月给予100～500元药品救助，并落实家庭医生定期上门送医送药。既减轻了贫困户医疗费用负担，又减少了不必要的住院，节省了医疗资源。截至2020年，云阳全区共落实居家康复救助7120人、救助金额4538万元。2018年，云阳居家康复经验做法被国家卫健委、国务院扶贫办通报表扬。

四、脱贫攻坚主要成效

云阳县2017年退出国家贫困县；2018年高质量通过国家贫困县退出评估检查，成功摘掉国家贫困县帽子；2020年高质量通过国家脱贫攻坚普查、抽查，实现数据信息零差错、问题零反馈、认可度100%的"双零一百"目标。

（一）两不愁三保障稳定实现

教育保障方面，累计发放贫困学生资助资金6亿元，年均资助贫困学生4.3万余人；发放生源地助学贷款3.4亿元，惠及学生4.4万余人次；累计落实学前教育、义务教育营养改善计划资金4.06亿元，覆盖率达100%，实现全区无一名学生因贫失学。实现"有学上"。率先通过随班就读、特教学校入学、送教上门等方式，累计为523名少儿开展了送教上门，并发放定额临时救助金，保障每一名特殊适龄少儿都能公平接受教育。实现"上好学"。累计投入资金24.8亿元，对全区各级各类学校进行了达标改造，全区学校面貌焕然一新，办学条件达标；实施教育装备标准化和教育信息化建设，实现了全区中小学互联网接入全覆盖、教学多媒体设备全配备；为农村学校补充教师1640人，实现了音、体、美教师全覆盖。医疗保障方面，精准落实基本医疗保险、大病保险、医疗救助"三重"医疗保障，全覆盖落实贫困人口参保资助政策，贫困患者县内住院合规医疗费用自付比例由

2015年的45.3%下降到10%以内。居家康复减负担。对家庭特别困难、丧失劳动能力或生活自理能力、不方便住院或不需长期住院的17种重大慢性病患者落实帮扶医生。县财政每年筹集1000万元居家康复救助专项资金，根据病情分段每月给予100~500元定额药费救助，共落实居家康复救助7120人、救助金额4538万元。2018年，云阳居家康复经验做法被国家卫健委、国务院扶贫办通报表扬。住房保障方面，采取政府兜底与差异化补助、购买闲置农房与新建改造、自建与代建、政府补助与邻亲互助"四个结合"，累计实施易地扶贫搬迁5726户20178人，改造C、D级危房8921户，整治提升农村旧房6000户，土坯房改造2462户，一般农户房屋修缮加固8052户，全覆盖开展贫困户住房、一般农户土坯房住房安全等级鉴定（评定），落实建新拆旧要求，实现了"人不住危房、危房不住人"。

（二）基础设施明显改善

交通内畅外联水平明显提升，建制乡镇三级及以上公路覆盖率100%，乡镇油化覆盖率100%。建设"四好农村路"4886公里，实现行政村100%通畅、村民小组100%通达，村民小组通畅率达95.5%，获评"四好农村路"市级示范区县。累计投入资金近5亿元，解决和巩固提升了80万城乡居民的饮水安全，家家喝上安全水、放心水。农村用电质量大幅提升，村村通上动力电。建成"县县通"万州—云阳天然气供气管道工程，彻底解决用气瓶颈问题。4G网络覆盖率城镇达100%、农村达90%，5G网络加快推进。开展"三清一改"村庄清洁行动，建设乡镇污水管网129.03公里，实现乡镇（含场镇）和常住人口1000人以上的农村聚居点集中污水处理设施全覆盖，农村村容村貌明显改善。

（三）区域高质量发展

云阳全县2020年经济总量达430.25亿元，是"十二五"末的1.73倍，连续四年进入中国西部百强县。三大产业结构从"十二五"末的21.3：43.4：35.3优化为12.8：39.4：47.8。社会消费品零售总额超过300亿元，是"十二五"末的3.3倍。城乡居民人均可支配收入达22650元，年均增速10.4%。建成西南地区最大的广告材料生产基地。龙缸景区荣膺国家5A级旅游景区。大数据论坛连续两年亮相智博会。实现有劳动能力有就业意愿的贫困家庭就业动态清零，特殊困难群体救助"应保尽保、应帮尽帮"。成功创建全国无障碍环境示范县、义务教育发展基本均衡县。县中医院成功创建三甲，县人民医院即将通过三甲验收。连续12年获评全市安全生产工作先进县。深化"放管服"改革，企业开办服务压缩至3个小时以内，工程建设项目审批时间压缩至80个工作日以内，群众一次不跑、只跑一次办理率达99.7%，社会大局和谐稳定。33公里环湖绿道筑成地标，宜业宜居宜乐宜游公园城市加快形成。全县空气优良天数达357天，PM2.5年均浓度26$\mu g/m^2$，"一江四河"水质满足国家水域功能要求。建成延绵670余平方公里的绿色生态屏障，全县森林覆盖率达57.2%，长江两岸森林覆盖率73.5%。1015名渔民稳定转产。城乡发展拉开"大格局"。"三环三高三大片"加速推进，北部新区成城成市，县城建成区近"40平方公里、40万人口"，"双50"中等城市格局加快形成。向阳大型水库进入国家规划。

国家级扶贫开发重点县
开州篇

一、开州区情及贫困状况

（一）开州区情

开州区位于重庆市东北部，地处渝东北三峡库区与秦巴山脉交汇地带，与万州、云阳、巫溪、城口及四川省达州市开江县、宣汉县接壤，面积3963平方公里，辖40个镇乡街道、535个村（社区），总人口168.6万。开州是刘伯承元帅的故乡，素有"举子之乡""帅乡"之美誉；是农业大区，全国"木香之乡""柑橘之乡"；是三峡移民重点区县，搬迁安置16.88万人。三峡工程孕育形成了汉丰湖，造就了"湖在城中、城在山中、人在山水中"的山水公园城市，被评为"巴渝新十二景"，创建"国家园林县城""国家卫生县城"，荣获"中国宜居宜业典范县""中国十大休闲小城""中国最具投资吸引力区县""中国营商环境质量十佳区县"等荣誉称号。

（二）贫困状况

1984年开州区（时称开县）启动扶贫工作，2000年完成"二六"越温达标、"八七"脱贫攻坚任务，2002年被确定为全国扶贫开发工作重点县。2014年按新一轮评定标准，精准识别出贫困村135个、贫困户3.36万户、贫困人口11.92万人，贫困发生率10.37%。

二、脱贫攻坚工作部署和保障措施

（一）提高政治站位，对标落实中央部署

1. 强化思想认识

把学习贯彻习近平总书记关于扶贫工作重要论述作为根本遵循和行动指南，通过召开区委常委、区政府常务、区脱贫攻坚领导小组、区委理论

学习中心组学习会议，学懂弄通精准方略的核心要义和精神实质，并以此统领各级干部的思想和行动，形成"一切工作为脱贫攻坚服务、一切资源向脱贫攻坚聚集"的集体共识。开州全区上下以脱贫攻坚为先为重，自觉把脱贫攻坚作为重大政治任务、头等大事和第一民生工程。

2. 加强组织领导

发挥区委总揽全局、协调各方作用，建立区委、区政府主要领导"双组长"的脱贫攻坚领导小组，在领导小组办公室设立作战指挥室，各级各部门成立相应工作机构，加强组织领导。建立专项工作推进制、问题会诊制、重大问题会商制等工作机制，落实区脱贫攻坚领导小组会议、区委区政府专题会议、区脱贫攻坚办调度会议、区级行业部门联席会议等工作制度，抓紧抓实各项工作。

3. 健全政策体系

出台深化脱贫攻坚实施意见、精准脱贫攻坚战实施方案等4个总体方案，印发基础设施建设、特色产业发展、就业创业等12项工作方案，制定蹲点、遍访、督查、考核、问责等制度，构建政策支撑、工作落实和制度框架体系，实现作战有方案、工作有保障、成果可巩固。

4. 压紧压实责任

坚持"三级书记抓扶贫""一把手"领导责任制，健全区、乡、村脱贫攻坚"六大责任体系"，落实扶贫工作团团长定点包干责任、行业扶贫分管区领导责任、行业部门牵头落实责任、乡镇党委政府主体责任、镇乡街道班子成员包村（片）责任、驻村工作队和村支"两委"直接责任，在镇乡街道建立"三包三促"工作机制，在贫困村实行"三结对"制度。全区所有镇乡街道有区级领导蹲守、村村有乡镇领导驻村、社社户户有干部入户、每户贫困户有专人帮扶。

（二）坚持公开公正，精准管理扶贫对象

一是广泛宣传动员。坚持目标标准，制定扶贫对象"精准识别、精准退出、精准管理"程序，采取"政策宣讲、业务培训、群众发动"三项措施，层层召开业务培训和群众院坝会，组织各级扶贫干部广泛宣讲政策、逐村逐户动员核查，摸清贫困户底数。二是公开透明评选。严把"两评议两公示一比对一公告（八步）"流程和"一达标两不愁三保障"标准，采取逐村、逐户、逐人"过筛子"的办法，发动群众参与和监督。多轮次开展精准识别督导，实现贫困户100%见面、临界困难户100%排查、疑点问题户100%复核，有效解决漏评、错退等问题。三是实行精细管理。建立扶贫大数据核对机制，对贫困村实行"一村一档"、贫困户建立"一户一卡"，科学分析调查数据，分类确定深度贫困户和一般贫困户，建档立卡规范管理。坚持现行脱贫标准，明确进入和退出程序，实行动态调整、实时更新，实现"应进必进、应出尽出、应纠则纠"。

（三）深化党建引领，抓实党建促脱贫攻坚

一是建强基层组织。实施全域党建规范提升行动，新建改建村级便民服务中心，全覆盖兴办新时代文明实践中心。建立党委班子成员联系支部制度，320个机关党支部与260个村党支部结对共建，135个贫困村全部纳入后进整顿，"一支一策"整顿提升软弱涣散村党组织184个。二是打造过硬队伍。精准选派党务干部到弱村、农口干部到穷村、技术干部到产业村，1556名干部担任扶贫第一书记或驻村工作队员。针对性选拔112名干部到脱贫攻坚重点乡镇任职，评选"新时代担当作为好干部"12名。举办村（社区）干部、第一书记、驻村工作队员培训班，培训扶贫干部3万余人次。回引本土人才568名，储备后备干部1414人，推行村党组织和村干部"公开承诺、量化考核"，农村无职党员"设岗定责、评星定级"，3700名村级干部承诺践诺，1.6万余名无职党员领岗领责。开展"三培两带"，在优秀青年、种养大户、技术能手等先进群体中培养发展党员1230名，2251名党员成为"扶贫先锋"、创办领办致富项目512个。

（四）尽锐出战攻坚，有力彰显帮扶成效。优化帮扶体系

一是建立"1+N"扶贫工作团体系，落实"区级部门对口帮扶制""乡镇主要领导分片联系制"，优化完善"包村领导+驻村干部+驻村工作队+帮扶责任人+无职党员"帮扶体系，每户剩余贫困户都有至少1名处级以上干部联系帮扶，每名干部帮扶贫困户不超过5户，每个市级贫困村至少有3名区级以上单位派驻干部全职驻村攻坚，1.22万名帮扶干部扎根基层长效帮扶。二是强化社会扶贫。一体推进中国法学会定点扶贫、潍坊—开州东西

部扶贫协作、市委组织部扶贫集团结对帮扶和江津、璧山对口支援，各帮扶单位选派精干力量常驻开州开展帮扶，协调争取项目资金，助力开州更好发展。建立常态化互访、规范化推进、多元化参与"三大保障机制"，聚焦资金需求、投向、管理"三个精准"发力，加大党政干部、教师队伍、医疗人才"三类人才"交流，推进农业、工业、消费扶贫+文旅产业"三产联动"发展，累计使用山东省各类援助资金上亿元，实施东西协作项目百余个。潍坊·开州"携手奔小康"成为"鲁渝协作样板"，在全国现场会作交流发言，中央电视台《新闻联播》作深度报道。重庆市委组织部扶贫集团定点攻坚大进镇，实施扶贫项目213个，推动大进镇茶叶、中药材、粮油果蔬和乡村旅游"3+1"主导产业形成规模，走出一条"基础变牢、产业变优、环境变美、民风变淳、组织变强、群众变富"的蜕变发展之路。中石油集团、国家电网等单位落实"万企帮万村"帮扶责任，各级爱心人士、民营企业、社会组织参与帮扶，主动出钱出力，构建大扶贫大帮扶格局。

（五）强化监管考核，巩固提升脱贫成果

一是严管扶贫资金。加强扶贫资金使用和管理，实行项目资金公示、公告制度，严把选项、立项、申报、审批、发放、效益"六道关"，健全集中督查、重点督查、专项督查、社会监督"四位一体"督查监督体系，实现资金运行过程可记录、风险可预警、责任可追溯、绩效可跟踪。二是实施考核评估。脱贫攻坚占经济社会发展实绩考核40%权重，对完不成脱贫攻坚任务的镇乡街道和帮扶部门单位，实行"捆绑同责""一票否决"，贫困村第一书记、驻村工作队员和非贫困村工作队长年度考核单列。三是严肃常态监督。建立脱贫攻坚常态化督查巡查机制，5个调研指导组常态进行督查指导，开展项目督导、工作检查、作风监督"三类督查"，随机抽访、定期巡访。各镇乡街道和行政村落实日常监管责任，健全帮扶干部下村签到、工作纪实、在岗抽查"三项制度"，建立扶贫干部个人信息、工作实绩、考核结果"三本台账"，刀刃向内，正风肃纪。

（六）聚焦深度贫困乡镇

重庆市委组织部扶贫集团组建大进镇脱贫攻坚作战团，建立市、区、镇、村四级党组织联动抓脱贫攻坚责任制度，构建攻坚指挥、一线战斗、

督战责任"三套体系"。创新村党组织"日常考核、年终述职、末位约谈、挂单整顿"工作机制，实施支部提升、头雁培育、党员先锋"三大行动"，实行"划片作战""三包到村"。大进镇深贫面貌得到根本改善，整治旧房700余栋、新建人饮工程368处、村组通畅（通达）率100%。茶叶、中药材、粮油果蔬和乡村旅游"3+1"主导产业发展迅速，已发展茶叶12000亩、中药材8400亩、高山有机蔬菜2200亩、高品质水稻2000亩、特色果园1000亩，巴渠生态茶园成为旅游打卡热点。"抓党建兴产业促脱贫攻坚""四个深度发力"作为典型案例报送中组部和国务院扶贫办，"大进镇长城村挂图作战促攻坚"在中央电视台《新闻30分》专题报道。

三、脱贫攻坚具体路径

（一）改革创新助力产业扶贫

开州区创新"六统六分六联"机制，做实党建统领、规划统揽、建设统一、标准统一、运营统一、品牌统一"六统"，强化功能分明、产业分区、三权分置、股份分配、管护分组、核算分场"六分"，密切合股联营、计酬联产、三社联合、开放联智、治理联动、利益联心"六联"，打造"大户+""家庭农场+""合作社+""龙头企业+"带动小农户发展的产业扶贫新模式，"三变"改革经验在全市推广。以创新改革引领全区发展柑橘、中药材、冷水鱼等特色产业，"开县春橙"获中国驰名商标认证，品牌价值达11.52亿元；"关面木香"产业扶贫开发工作案例入围国务院扶贫领导小组全国60名组织创新奖名单。全区打造农户产业发展"24种"增收模式，建立产业扶贫返租倒包、产业托管、集体带动、合股经营、订单种养、就业帮扶"六型"带贫模式和资产收益、资金入股、土地流转、房屋联营、务工就业、产品代销、生产托管、租赁经营"八种"利益联结机制。"建、售、联"产业扶贫模式得到国务院扶贫办副主任欧青平正面批示，作为全国产业扶贫创新案例推广。

（二）落实各项就业政策

组织贫困劳动力专场招聘会220余场次，开展贫困人员技能培训6.86万人次，保障全区5.5万名有劳动能力和就业意愿的贫困劳动力实现就业。

打好"开州餐厨""金开家政""开州建工"三张劳务品牌，采取返岗包车分组编队、行前提醒、物资准备、出发签到、途中衔接、抵达对接"六步工作法"，帮助贫困劳动力区外就业，建立预计返乡人员"预备岗位"台账，帮助多向就业。推行"亲帮亲、邻带邻"全民劳务经纪人模式，创建15个就业扶贫车间，开发公益性岗位3123个。通过内育外引、政策扶持等方式，培育致富带头人838名、致富带头人项目838个。

（三）消费扶贫保障群众稳增收

开州区落实产品销售奖补等政策，支持扶贫产品深度加工、商业包装、仓储物流、冷链配送、销售网络等发展。认定扶贫产品737个，总价值量12.54亿元。举办"开味开州"品牌发布会，"开县春橙"成为中国驰名商标，在全国"叫响"，品牌价值达13.74亿元，"开县木香"成为全市三大道地药材基地之一，"开州再生稻"成为全市公用品牌，"水竹凉席""南门红糖""开州冰薄"入选市级非物质文化遗产名录。举办扶贫产品云推销会4场，在山东各地开设专店专区专柜，宣传推广"开县春橙""紫水豆干"等特色产品。用好巴味渝珍、重庆消费扶贫馆、开街网等电商平台，运营电商扶贫驿站159个，举办"消费扶贫直通车、网上网下爱心购"活动，区委书记、区长"双晒"直播带货，网销柑橘10.6万单、5.46万吨。各财政预算单位、东西协作单位、市委组织部扶贫集团、市内对口支援单位、民营企业、社会组织、帮扶干部等采购扶贫产品2.12亿元。18.78万人注册重庆消费扶贫馆，馆内线上消费757.59万元，有效带动贫困群众增收。

（四）东西协作带动社会扶贫出实效

开州与山东潍坊两地聚焦机制、资金、人才、产业四大领域，聚心聚力，同向发力，建立常态化互访、规范化推进、多元化参与"三大保障机制"，聚焦资金需求、投向、管理"三个精准"发力，加大党政干部、教师队伍、医疗人才"三类人才"交流，推进农业、工业、消费扶贫+文旅产业"三产联动"发展，带动一体推进中央单位定点扶贫、市委组织部扶贫集团结对帮扶和市内区县对口支援开州。在2018年、2019年全市脱贫攻坚成效考核中，开州区东西部扶贫协作评价均为"好"。在2019年8月全国携手奔小康行动培训会议上，开州区作为重庆市唯一区县作经验交流。"潍坊·开州'携手奔小康'做法成为'鲁渝协作样板'",被中央电视台《新闻联播》深度报道。

四、脱贫攻坚主要成效

2015年至2020年,开州区全区统筹整合各类扶贫资金53.41亿元,实施各类扶贫项目2800余个,落实教育资助4.6亿元、惠及贫困学生24万人次,医疗报销3.58亿元、惠及贫困人口24.92万人次,发放低保金等3.27亿元、兜底保障2.41万名贫困人口,实施易地扶贫搬迁5014户17036人,危房改造13715户,新建改建农村饮水工程2339处、解决5.58万名贫困人口饮水安全问题,所有行政村均实现通村通畅,所有贫困村均建成主导产业。各级各类巡视考核督查反馈问题和"两不愁三保障"突出问题动态清零,连续三年超额完成年度减贫任务。

(一)底线任务全面完成

一是教育保障方面。开州区建立了从学前到大学的全覆盖教育资助体系,80%以上新聘用教师安排到贫困地区学校任教,1029名城镇优秀教师到贫困地区学校支教,助力800余名贫困学生考上大学。二是住房保障方面。实施农村C、D级危房改造13715户,实现农村贫困人口危房动态清零。建成易地扶贫搬迁集中安置点22个,17036名贫困人口全部搬迁入住,搬迁精准率、入住率等均达到100%,实现通电、通信、就医、就学等全覆盖,贫困群众实现搬得出、稳得住、能致富。三是医疗保障方面。为每名贫困人口购买"精准脱贫保",理赔1.45万人次、594万元。对不同困难群体实行全免、部分减免医保参保资助,明确"0135"健康扶贫政策,落实先诊疗后付费、"一站式"结算便民服务,大病集中救治、慢病救治、重病兜底保障实现三个100%。四是基础设施建设保障方面。投入资金3.72亿元除险加固病险水库,整治山坪塘,修建农村人饮工程,保障贫困人口饮水安全。在全区推行民主定价、保底收费、邀标管护、提取公积、小灾自救、大灾公助"24字"管水用水保障做法,逐步建立起饮水设施村民自治管护制度。建设"四好农村路"3000余公里,实现全区100%行政村通畅、100%行政村通客运、100%贫困村有一条硬(油)化村级公路、98%村民小组通达、83%村民小组通畅目标。建设通信基站2830个、通信光缆1.8万皮长公里，实现光纤网络、4G网络村村通。实施农村电网改造工程，建设电力线路1500余公里，新建和改造变压器835台，形成以1座220千伏变电站为支撑、6座110千伏变电站为枢纽、15座35千伏变电站为骨架的电网架构，实现村村通动力电。天然气覆盖90%以上集镇、农村集中居民点。深化农村环境综合整治，生活垃圾得到有效治理，居住环境明显改善。

（二）干群关系更加融洽

干部务实亲民作风得到锤炼，实现从"乐吹号子"向"甩开膀子"转变。坚持"以政治担当抓作风建设、以作风提升促脱贫攻坚"，把脱贫攻坚一线作为锤炼好作风、培养好干部的重要平台，以镇为主战场、村为阵地、户为堡垒，全区各级党组织和1.22万名干部以及465个驻村工作队1555名驻村干部、第一书记尽锐出战，沉到村、抵到户开展精准帮扶，统筹推进"战疫""战贫"，党员干部在联村包户中锤炼了过硬作风、强化了宗旨意识。广大扶贫干部甩开膀子使劲闯、撸起袖子加油干，不惜流血流汗，有的甚至牺牲在扶贫岗位上，用实际行动诠释着扶贫干部的情怀和担当。开州区关面乡泉秀村原党支部书记周康云在扶贫途中不幸坠崖身亡，被追授为"重庆市优秀共产党员"，获评2019年重庆市脱贫攻坚奖先进个人、感动重庆十大人物。

（三）共建共治共享格局基本形成

实现从"自治为主"向"三治融合"转变。坚持把乡村善治作为决战决胜脱贫攻坚必须依赖的外部环境，健全党组织领导的自治、德治、法治"三治融合"机制，推进平安乡镇、平安村庄建设，发挥身边榜样示范带动作用和乡贤道德感召力量，推动形成文明乡风、良好家风、淳朴民风。发挥村党支部引领作用，有效构建村规民约、红白理事会、村民议事会、基础设施管护会的"一约三会"，鼓励群众评事、说事、议事、管事，实现了村民自治与村庄管理的有机统一，为乡村善治打下了坚实基础。通过公开党务、政务、财务、服务，常态开展农村文明家庭、星级文明户、五好家庭等创建活动，推行民事全程代办制度，群众生活更加舒适方便。义和镇全面组建红白理事会，推行开会说事、定期收事、上门化事、组队劝事的

"四事"劝导法，倡导喜事新办、丧事俭办，硬撑场面、追求体面成为过去式，精打细算、克勤克俭成为新风尚。关面乡推行村规民约"积分制"管理，列出"红黄双十条"进行加减分，引导群众自我管理、自我服务，形成了邻里和睦、比学赶超的良好氛围。

国家级扶贫开发重点县
万州篇

一、万州区情及贫困状况

（一）万州区情

万州区地处重庆东北部、三峡库区腹心，集大城市、大农村、大山区、大库区于一体，属于欠发达地区。面积3457平方公里，辖52个镇乡街道，439个行政村，总人口176万。作为移民大区，共有三峡移民26.3万人，占三峡库区的五分之一，重庆库区的四分之一。

（二）万州区贫困状况

作为国家新一轮扶贫开发工作重点区县之一，2014年建档立卡识别贫困村140个、贫困户34515户106044人，其中因病致贫占比43%、因学致贫占比27%、自身发展动力不足和因残致贫分别占比8.5%、其他原因占比13%，贫困发生率10.9%。

二、脱贫攻坚工作部署和保障措施

（一）构建"五位一体"责任体系

构建起领导责任、乡镇主体责任、驻村帮扶责任、行业监管责任、纪检监督责任的"五位一体"责任体系。一是坚持高位推动。区委书记坚持把脱贫攻坚摆在工作的重中之重，落实全区140个贫困村遍访的任务。书记区长落实"双组长制"，区委常委会、区政府常务会、区扶贫开发领导小组会每月研究部署脱贫攻坚工作机制，每月用5个以上工作日开展扶贫工作；33名区领导带头落实脱贫攻坚"定点联系制"和"三级督战"责任，把责任扛在肩上、落实在行动上。二是落实乡镇主责。万州区委、区政府与各镇乡街道每年均签订脱贫攻坚责任书，形成一级抓一级，层层抓落实的总攻态势。三是强化帮扶责任。组建42个帮扶集团、140支驻村工作队，与各镇乡街道一起逐村制定脱贫方案、拟定脱贫项目、推动政策落实；明确1.47万名帮扶责任人，"一对一、一对多"联系帮扶贫困群众，做到帮困不漏户、户户见干部。印发《万州区脱贫攻坚结对帮扶工作职责》和《进一步加强结对帮扶工作的通知》，做好驻村工作队日常管理、跟踪管理、台账管理，坚持下村签到、在岗抽查、工作纪实，做到任职期间与原岗位工作脱钩、党组织关系转移到村，督促工作队员"吃在村、住在村、干在村"。四是压实监管责任。加大区级部门对脱贫攻坚责任落实考核的权重，倒逼行业监管责任落实；各区级行业部门组织精干力量，进村入户开展动态排查、督导指导。2020年初开始，结合定点攻坚工作，"三保障"和饮水安全行业部门组织开展专项排查，做到排查实、解决实，守住了"两不愁三保障"工作底线。五是做好监督考核。建立了督查、通报、约谈、问责的工作机制，强化了纪检和组织部门的监督责任。组建6个督导组、委托三方机构开展电话调查，常态化督导督查，并将督查结果纳入年终绩效考核。区纪委监委机关和区扶贫办坚持"双到场、双听取，双反馈、双汇报"，对督导发现问题点对点交办责任单位，一对一跟踪督办，对问题突出、整改不力的单位通报约谈，情况严重的启动问责程序，推动了脱贫攻坚责任落实、政策落实、工作落实。

（二）形成政策保障体系

一是制定出台相关政策文件。先后出台《关于集中力量打赢扶贫攻坚战的意见》《万州区全面深化扶贫开发持续巩固脱贫成果实施意见》《万州区关于打赢打好脱贫攻坚战三年行动的实施方案》以及住房、医疗、教育、低保、就业帮扶、扶贫培训、组织建设、监督执纪问责等配套文件，整理形成100余个脱贫攻坚制度成果，为脱贫攻坚提供了政策保障。二是整合资金资源。加强资金统筹调度，整合各类财政涉农资金47亿元，集中用于脱贫攻坚。强化惠农政策落实，各类农业投入、农业项目集中投放贫困村，农业支持保护补贴、农机具购置补贴等奖补政策向贫困村、贫困户倾斜，地票交易收益优先惠及贫困村、贫困户。同时，出台脱贫攻坚资金管理办法，严密资金跟踪监管，实现资金安全高效使用。三是精准落实帮扶政策。

按照"八步两评议两公示一比对一公告"程序,精准识别贫困人口,及时兑现帮扶政策。

（三）构筑脱贫攻坚阵地

一是拓宽渠道"选",优化队伍结构。实施农村带头人队伍整体优化提升行动,注重从本村致富能手、外出务工经商返乡人员、本乡本土大学毕业生、退役军人、城乡资本下乡企业主中选拔村党组织书记,逐步吸收素质好、有文化、热心服务群众的党小组长、村民小组长到村干部队伍中,及时调整能力不强、状态不好、不作为乱作为的村干部,优化带头人队伍。2018年至2019年,先后调整村党组织书记66名,其他村干部502名。二是创新方式"育",提升能力素质。坚持每年1次组织所有村党组织书记到区委党校集中培训,使他们了解惠农政策、产业发展、实用技术、农村电商等,开阔眼界、拓展思路、掌握信息,在脱贫致富上找到路子、想到法子。推动村级党组班子成员与村集体经济组织、合作经济组织负责人"双向进入、交叉任职",推进村党组织书记兼任村集体经济组织负责人,鼓励支持党员致富带头人领办创办合作经济组织。加强干部人才交流,先后选派16名村党组织书记到对口支援省市山东济宁挂职学习,拓宽基层党组织带头人视野,提升实战能力。三是搭建平台"引",汇集实用人才。坚持内引外联,打通人才回流"大通道",着力将熟悉农村、了解农村的本土优秀人才引回来、选出来、用起来、留下来。深入实施农技推广服务特聘计划,支持农业技术推广人员回归本业,组建"农技专家+技术指导员+科技示范户+农户"的技术推广服务模式,培育农业科技示范户。依托重庆三峡职业学院、重庆三峡农科院等示范培养基地,对乡村各类人才开展技术技能培训。以农民田间学校等为载体,培育新型职业农民。

（四）聚焦深度贫困乡镇

万州区将定点攻坚对象拓展4个镇乡、10个村和2501户重点户,建立起"领导牵头攻坚、部门重点攻坚、全员合力攻坚"的工作体系。4个镇乡由"四大家"领导牵头领战督战、督促政策落实、解决实际问题,截至2019年底,市级深度贫困镇龙驹镇70个"三年规划项目"全部完工。10个定点攻坚村由联系镇乡的区级领导同志领战督战,为每个定点攻坚村新安排补短板项目1个，夯实长远发展基础。2501户重点户由镇乡街道和帮扶单位主要负责同志领战督战，落实区管领导精准帮扶，实行"一户一策""一户一专班"，强化动态监测和持续帮扶，817户未脱贫户在2020年底将实现脱贫，632户脱贫监测户和1052户边缘户暂无返贫致贫风险。同时，14个行业部门围绕10项攻坚内容制定全区行业攻坚计划，集中解决全区面上存在的共性问题。

三、脱贫攻坚具体路径

（一）"双百亿"工程夯实产业基础

万州区坚持生态优先、绿色发展，实施"双百亿"工程夯实产业基础，即发展100万亩经果林，实现产值100亿元；新增100万头生态猪产能，建成有机肥生产、饲料加工厂、生猪屠宰及肉食品加工全产业链，实现产值100亿元。脱贫攻坚期间，建成生猪养殖单元400个，896个养殖单元建成后将新增生猪100余万头，其中，全区贫困村和重点村持股建设生态猪项目370个单元，建成后享受年分红共1850万元。建成86万亩经果林，构建土地流转、资产收益等8种新型农业经营主体与农户（贫困户）利益联结分配机制。截至2020年底，全区有适度规模种植业扶贫基地488个、养殖业扶贫基地106个，平均每个贫困村发展产业基地500亩以上、有1个以上贫困群众参与度高的特色主导产业，村级集体经济"空壳村"全部消除，贫困群众生活水平提升。

（二）"国企进村"探索"村企共建"

三峡平湖、三峡资本、经开公司、南滨公司、长江水务、建环集团、万州机场、万州燃气、建工集团、三峡农业、三峡交旅、万商集团、万州担保、江东机械、文创集团等15家区属国有企业结合自身主责主业实际，聚焦深度贫困、聚焦产业扶贫，侧重带资进村，探索"村企共建、互利共赢"新路子。脱贫攻坚期间，出资1160万元参与"百万头"生猪养殖，发展10万丛铁皮石斛、5000亩花椒标准园、100万只鲁渝扶贫协作芦花鸡产业示范园等项目。打造"京东·重庆扶贫馆万州专馆"、"三峡好礼"微信公众号、"万州消费帮扶平台"、精准培训+精准就业平台等四个平台，累计销售扶贫农产品3500余万元，成功安置就业233人。在龙驹镇实施高速路连接道工程、场镇环境整治等基础设施项目，助力攻克深度贫困。

（三）"三师入户"构建社会扶贫格局

聚焦"两不愁三保障"核心指标，在深度贫困镇龙驹镇试点的基础上，自2019年至2020年，在全区开展教师、医师、技师"三师入户"活动，着力构建"1+3"（第一书记+"三师"）长效结对帮扶机制。教师入户助学4.5万户次，实现从幼儿园到高中阶段建卡贫困学生走访联系全覆盖；医师累计入户巡访患者2.87万余人次，通过入户指导和预约治疗，治愈300人次；农业技术人员构建了"8+192"入户体系，8个区级专家组开展技术指导2000余次、培训"土专家"及新型农民1700余人，192名乡镇农技师开展技术指导7300次；建设工程技术人员进村入户指导危房改造等工作，完成了全区32万户农户的住房安全鉴定。2020年全国两会期间，万州区"三师入户"做法在《人民政协报》登载。

（四）深化东西协作增强发展动能

济宁万州两地围绕东西部扶贫协作6大任务，强化政治担当、聚焦深度贫困、抓协议落实、深化工作创新，推动东西扶贫协作向持续深入。2018年，万州区引进山东省级龙头企业金秋农牧科技有限公司投资建设汶水芦花鸡西南片区繁育基地，探索出集育雏、养殖、加工和销售于一体芦花鸡全产业链项目。该项目建成孵化育雏车间6处，林下鸡舍75所，占地750亩，总投资3034.3万元，基本形成年出栏10万只蛋鸡、500万只鸡苗、50万只山地散养芦花鸡，年产2500万枚绿壳鸡蛋、销售10万只深加工产品"芦花椒椒鸡"的生产规模，产业链整体产值将达到1亿元以上，增加村集体经济收入40万元以上、就业岗位2000~4000个，带动当地及周边区县2000户散养家庭每户年增收2万~3万元。

四、脱贫攻坚主要成效

万州区2016年退出了国家扶贫开发工作重点县，140个贫困村全部整村"摘帽"。2020年底，经历年动态调整后的34972户106949名贫困人口全部实现脱贫。建档立卡贫困户人均纯收入从2014年的4972元增至2020年底的1.27万元，年均增速17%。

（一）实现两不愁三保障

一是住房安全方面。脱贫攻坚期间，全区累计易地搬迁3449户，完成C、D级危房改造25022户（其中C级危房改造10703户，D级危房改造14319户）。二是饮水安全方面。建设完成饮水扶贫项目477个，解决了建卡贫困人口的饮水安全问题。三是教育方面。出台教育相关政策40余个，建立"区、片区、学校"三级教育扶贫工作体系，落实控辍保学和教育资助政策。通过"一生一策"，与监护人、村居、帮扶人、公安、镇乡政府联动开展劝返复学工作，动态清零失学辍学情况；运用国家学生资助数据库、扶贫系统、学籍系统和乡镇数据开展数据比对，反复核查教育资助落实情况。全区累计落实各项教育资助资金104338.49万元，惠及学生163.05万人次。四是基本医疗方面。实现医疗卫生机构"三建好"、医疗技术人员"三合格"、医疗服务能力"三达标"的标准要求，逐步实现"小病不出村，常见病留乡镇，大病不出区"的服务模式，区内就诊率保持在99%以上。贫困群众住院医疗费用自付比例9.89%，重特大疾病、慢性病门诊自付比例15.92%，医疗救助共计8.56万人次，2015年至2019年，累计减免医疗费用7619.4万元。

（二）基础设施得到改善

截至2019年，全区实现行政村通畅率100%、村民小组通达率100%、行政村通客运率100%、镇乡快递末端服务网点覆盖率100%及村民小组通畅率90%。建成到村全覆盖、多层次的供水工程体系，全区有农村供水工程12584处，集中供水率90.64%、自来水普及率80.3%、水质达标率70.19%。140个贫困村完成新一轮农网改造，完成村级便民服务中心标准化建设。光纤宽带实现全覆盖，广播、电视、移动互联网4G信号实现了"村村通"。

（三）产业发展迈向高质量

山地高效型农业提质发展，"双百亿"工程完成投资25亿元，特色经果林达到86万亩，百万头生态猪养殖项目加快建设。产业到村到户同步发展，脱贫攻坚期间，贫困村累计发展种植业基地18余万亩，贫困村主导产业各具特色，22个贫困村被认定为"一村一品"示范村，其中8个为市级（国家级）"一村一品"示范村。农产品品牌建设加速发展，坚持打好"三峡牌"，培育柑橘、茶叶、小水果系列区域公共品牌。创建万州玫瑰香橙中国特色农产品优势区，市级现代农业产业园。万州红橘栽培系统被认定为第五批中国重要农业文化遗产。市级以上认证农业品牌达94个，有效期内"三品一标"农产品共134个。

（四）实现了基层组织的提升

坚持将基层组织建设作为脱贫攻坚工作的关键来抓，着力为顺利实现脱贫摘帽、打赢脱贫攻坚战提供坚强组织保障。一是基层阵地建设进一步加强。实施贫困村村级便民服务中心标准化建设，村干部办公、党员活动、群众办事有了规范固定的场所，广播、电视、互联网实现了"村村通"，群众精神文化生活更加丰富。新建及改扩建村卫生室，实现每个村都有标准化村卫生室、都配备乡村医生。二是战斗堡垒作用进一步显现。把贫困村党组织作为后进党组织进行集中整顿和建设，"派配训换"配齐配强村级组织，全覆盖选派大学生村官、引进优秀本土人才，精心挑选贫困村第一书记，为贫困村打造了一支"不走的工作队"。三是党员先锋模范作用进一步发挥。实施农村党员"双培"计划，注重将致富能手中的优秀分子培养成党员、把党员培养成致富能手，通过设岗定责、轮值参事等，组织有帮带能力的党员结对帮扶贫困户，带动群众脱贫增收。

国家级扶贫开发重点县
丰都篇

一、丰都县情及贫困状况

（一）丰都县情

丰都位于重庆地理中心、三峡库区腹心地带，面积2901平方公里，辖30个乡镇（街道），总人口85万。丰都是国家首批对外开放县和全国优秀旅游城市。丰都人文丰厚。古为巴子别都，公元90年置县，1958年周恩来总理将"酆都"更名为"丰都"。"丰都庙会"是国家级非物质文化遗产，烟墩堡旧石器遗址被誉为"1996年中国十大考古新发现之首"。丰都山水丰茂，全县森林覆盖率达50.4%，空气优良天数常年保持320天以上。丰都物产丰盛。境内探明的各类矿产资源20余种，可开发的建材矿产5亿余吨、天然气资源250亿立方米、水能资源24.5万千瓦。海拔1000米以上最具开发价值的高山旅游资源占全市10%以上。

（二）贫困状况

丰都地形"四山夹三槽"，自然条件相对较差，发展水平相对较低，2002年被确定为国家扶贫开发工作重点县，2011年纳入国家武陵山片区扶贫开发试点县。

丰都贫困特征主要表现为：一是贫困范围广。2014年底建卡贫困人口19396户71917人，贫困发生率12.1%；贫困村95个，占比近1/3，分布在除名山街道外的29个乡镇（街道）。二是贫困程度深。2014年全县农民人均纯收入8679元，分别比全市、全国低811元、1810元。三是致贫因素多。在2014年底全县建档立卡贫困户中，因学致贫占21.8%、因病致贫占14.3%、因缺资金致贫占17.3%、因缺技术致贫占15.4%、因缺劳力致贫占11.8%、因残致贫占2.6%、因灾致贫占4.1%、其他占12.7%。

二、总体部署和保障措施

（一）健全责任体系促落实

一是构建组织体系。成立由县委书记、县长任双组长的扶贫开发领导小组，抽调骨干力量组建充实领导小组办公室；增加县扶贫办行政事业单位编制，完善县扶贫办机构职能设置；在深度贫困乡镇经发办加挂扶贫办牌子，明确专人负责脱贫攻坚工作，在其余乡镇（街道）根据实际情况在经发办或农业服务中心明确扶贫服务职能。二是明确工作体系。县委、县政府坚持每月至少专题研究一次脱贫攻坚工作，每两月至少召开一次扶贫开发领导小组会议，县党政正职每月至少5个工作日用于扶贫工作，及时研究解决脱贫攻坚中的具体问题和实际困难；县人大、县政协组织开展脱贫攻坚专题调研、视察，形成了县"四大班子"共抓脱贫攻坚的良好格局。三是落实责任体系。实施三级书记遍访贫困对象行动，县委书记遍访95个贫困村，乡镇党委书记和村党组织书记全覆盖遍访辖区内所有贫困户。深度贫困乡镇，由县"四大家"主要领导分别挂帅，其余26个乡镇（街道）分别安排市管领导定点包干，不脱贫不脱钩。

（二）完善制度配套保运转

一是精准制定脱贫规划。坚持"自下而上、自上而下"，编制完成"1+5+N"的县乡村户四级规划。"1"即全县脱贫攻坚总体规划；"5"即基础设施、产业发展、社会保障、社会事业、教育培训等五个专项规划；"N"即各乡镇（街道）脱贫攻坚总体方案、95个贫困村脱贫规划、1.9万贫困户脱贫计划。特别是对贫困村脱贫规划，由县扶贫开发领导小组与乡镇（街道）一起逐村讨论审定；贫困户脱贫计划，由驻村工作队、帮扶干部因户施策帮助量身定制。二是建立完善政策配套。出台全县《关于坚决限时打赢扶贫脱贫攻坚战的实施意见》和《关于打赢打好脱贫攻坚战三年行动的实施意见》，制定驻村工作、结对帮扶、产业发展3个指导意见，以及项目建设管理办法、统筹整合使用涉农资金管理办法、扶贫资产管理办法等制度性文件，为全县脱贫攻坚提供工作遵循、制度保障和政策支撑。

（三）强化激励约束守底线

一是落实政策依据。先后印发《丰都县脱贫攻坚工作十条规定》《丰都县深化脱贫攻坚六项制度》《丰都县决战决胜脱贫攻坚十项规定》，让工作奖惩有章可循。二是强化跟踪督导。落实"日暗访通报"机制，推行"随机抽村、直接入户、跟踪核查、全县通报、回访问效"五步工作法，通过减少明察、加大暗访，连通压力传导和责任落实"最后一公里"，各级履责温差、偏差、落差问题得到有效遏制。三是坚持双向考核。加大脱贫攻坚成效考核权重，将乡镇（街道）提高到50分，行业扶贫部门提高到30分，县级帮扶单位提高到20分，并按要求执行帮扶单位与乡镇"捆绑"考核。明确2020年底以前，提拔为县管领导干部的，原则上要有脱贫攻坚工作经历的"硬杠子"；将驻乡驻村干部考核"优秀"比例提升至20%，激励引导各级干部投身脱贫攻坚第一线，为如期高质量打赢脱贫攻坚收官战注入了强大动力。

（四）聚焦深度贫困下苦功

聚焦深度贫困区域打总体战。对市级深度贫困乡镇三建乡，累计选派4名县委常委和4名副县长包干三建乡8个村（社区），选派县人大常委会常务副主任担任乡党委书记，先后3次调整优化乡党政班子成员，强化攻坚力量；创新"党建指导员"制度，每村落实"1名市管干部、1名党建指导员、1名党支部副书记或主任助理"，常态化督导落实脱贫攻坚工作，班子力量显著增强。在三建乡实施全域"三变"改革，构建"334"利益联结机制，有效增加了农户和村集体经济收入，初步实现了"三变"改革出成果、出经验。按照"缺啥补啥"原则，重点推进123个贫困村提升工程，围绕基础设施、产业发展、生态环境、集体经济、公共服务、乡村治理等方面规划实施项目，着力改善乡村基础面貌和生产生活条件，激活自我造血功能和发展能力，为深度调整产业结构奠定坚实基础。聚焦剩余贫困人口打歼灭战。对所有已脱贫户按照"四个不摘"要求精准帮扶到位；对未脱贫户，因户因人制定《未脱贫户脱贫攻坚计划》，组建由市管干部牵头、帮扶部门和所在乡镇主要负责人跟进的51个包户攻坚工作组，以村社为单元组建34个生产互助组、14个生活看护组，跟踪未脱贫人口在务工就业、产业发展、兜底保障等方面政策措施落实到位情况，确保所有未脱贫户顺利脱贫。

三、脱贫攻坚的具体路径

（一）做强扶贫产业

丰都县坚持把发展产业作为实现稳定脱贫的根本之策。在顶层设计上，围绕全县"一心两极三带"生产力空间布局，发展山地特色高效农业，构建"1+4+X"扶贫产业发展体系，引进国家级龙头企业，着力培育壮大拳头扶贫产业，推动扶贫产业由分散布局、单一发展逐步向区域化布局、集群化发展转变。在利益联结上，注重挖掘产业扶贫带贫特性，围绕"一个产业一个方案一套利益联结机制"思路，建立资产收益、代养收益、工资收益、股权量化分红等长效带贫益贫机制，初步形成"县有龙头企业、村有骨干产业、户有致富家业"格局。在农产品销售上，整合水利部、枣庄、市人大帮扶集团、市内对口帮扶单位等帮扶资源，外销农产品；实施扶贫产品"十进"行动，依托丰都扶贫在线、消费扶贫重庆馆、扶贫832等平台，内销农产品；鼓励发展直播电商、社交电商，通过"政府引导+部门监管+市场参与"方式，鼓励利用体验式带货模式促进本地农特产品创品牌、提销量，形成县内与县外联动、线上与线下结合的消费扶贫格局。

（二）深化实施消费扶贫

丰都组织全县各级机关企事业单位及职工采购本地农特产品和贫困户农产品，协调农产品批发市场等重点保供企业、与主城及周边农产品批发市场建立快速稳定采购输出通道。加大网络销售力度，依托"丰都扶贫在线""扶贫832"等平台，建立健全"农村电商经纪人+贫困户"的电商扶贫模式，帮助贫困群众实现"土货"变"网货"；深入开展网络直播带货，县领导亲自推介麻辣鸡、竹笋等产品，引领带动驻乡（镇）工作队、乡镇（街道）领导干部直播推介本地农特产品，有效促进了本地农产品销售。2020年全年完成消费扶贫2.1亿元，占年度任务的149%。

（三）强化教育支撑

坚持"扶贫必扶智、治贫先治愚"工作思路，建立从学前教育到高等教育的教育补助、资助政策体系，在全方面宣传资助政策的基础上，依托全县大数据库，精准锁定困难学生受助对象，做到政策兑现不遗漏。对享受国家教育资助政策后仍有因学致贫风险的特困学生，采取民政低保帮助、教育基金特别资助、学校临时救助、社会力量捐助的方式予以兜底，筑牢因学致贫、因学返贫防线；对残疾儿童、特困学生、留守儿童等特殊困难学生按照"有计划、有课堂、有作业""送图书、送文具、送活动"的"三有三送"要求，构筑以寄宿制学校为主体，以乡村少年宫、社区服务站、托管中心等为补充的留守儿童关爱阵地，构建起政府、学校、家庭、社区"四位一体"工作机制，拓宽教育关爱护城河。

四、脱贫攻坚成效

截至2020年底，丰都县95个贫困村全部出列，21081户78286名贫困群众告别绝对贫困。贫困群众人均纯收入从2016年的6173元增加至2020年的13648元。

（一）推进农村面貌发生了根本性变化

把建"八有"、解"八难"作为工作主线，丰都县全县农村基础设施、公共设施、公益设施配套逐步完善，农村面貌焕然一新。在交通建设方面：投入资金8.4亿元，以"三年交通大会战"为抓手，新建农村公路2028公里，实施人行便道831公里，农村道路泥泞、村民出行不便问题稳步解决。在安全饮水方面：投入资金3.5亿元，以"饮水安全巩固提升三年行动计划"为抓手，一批中小型水库和饮水工程相继建成投用，农村集中供水率、自来水普及率分别达到85%、80%，农村居民饮水难题基本解决。在人居环境方面：投入资金2.27亿元，以"农村人居环境整治三年行动计划"为抓手，深入推进新一轮退耕还林、环境连片整治、水环境治理，村容村貌实现美丽蜕变。在公共服务方面：完成30个乡镇（街道）卫生院、312个村卫生室标准化建设，基本实现贫困群众就近看得上病、看得起病。新建便民服务中心50个、改扩建110个，群众办事更加方便。在电讯设施方面：新建及改造10千伏线路395公里，改造低压线路420余公里，农村供电有效保障。建成4G通信基站1148个，在人群聚居区域挂载并开通5G通信基站103个，实现全县312个有扶贫任务的行政村（居）光纤宽带双网络覆盖。

（二）促进群众收入实现了显著性增长

把发展产业作为实现脱贫的根本之策。脱贫攻坚期间，全县累计投入财政资金超10亿元，发展扶贫产业，累计创建"一村一品"国家级示范村1个、市级示范村14个、县级示范村60个，全市畜禽养殖基地建设基本成型，推动农村常住居民人均可支配收入年均增幅达10.3%，2019年居全市第2位、18个重点贫困县第1位。坚持以大企业带大产业促大扶贫，引进和培育市级以上农业产业化龙头企业17家，其中国家级龙头企业7家，培育县级农业龙头企业42家，发展新型经营主体1280个，建立产业基地1175个，累计认证"三品一标"139个，认定市级以上农业品牌46个，获国家地理标志证明商标11个，累计带动贫困户1.5万余户参与产业发展，实现脱贫增收。通过资产收益、代养收益、股权量化分红、全域"三变"改革等带贫益贫机制，让300个村告别集体经济"空壳村"，有能力有意愿的贫困户基本实现扶贫产业全覆盖。用好金融扶贫"源头活水"，引导全县贫困户、边缘易致贫户全县累计发放贫困户贷款12859笔58690.89万元，历年累计获贷率65.13%，带动25688人参与脱贫攻坚产业发展，增收渠道进一步巩固。千方百计解决贫困群众就业难题，脱贫攻坚期间，累计开展建卡贫困人员各类培训43928人次，全县外出就业贫困人员达到33167人，有就业意愿贫困人员就业率达到100%；统筹扶贫、民政、城管、交通、水利、林业、生态环境等部门及乡镇（街道）累计开发各类公益岗位5333个，安置建卡贫困户4674人，做到贫困群众求职有门、就业有路、困难有助；丰都全县累计创建就业扶贫示范车间10个，共吸纳186名贫困人员稳定就业；累计培育致富带头人707人、带动贫困户2303户。

（三）夯实核心指标达到了有效巩固

把"两不愁三保障"作为基本要求和核心指标，按照"五个一批"要求，"一对一"因户施策、精准帮扶、补齐短板。一是在住房保障方面。累计整合投入5.8亿元，实施"四类人群"危旧房改造1.1万余户、农房"四改"9.2万余处、一般农户住房整治提升4.7万户、重建和修复灾后住房202户，全县农户住房保障问题得到根本性解决；投入13043万元，建成集中安置点5个，完成安置点配套设施建设项目9个，实施易地扶贫搬迁1773

户7369人，易地扶贫搬迁后续扶持政策——落地落实到位，搬迁群众逐步融入社区生活，基本实现"搬得出、稳得住、逐步能致富"的搬迁目标。二是在教育保障方面。对残疾学生、特困学生、留守学生等特殊困难学生全覆盖采取"送爱上门、送育上门、送教上门"方式送学助学，对失学辍学儿童采取劝返复学，控辍保学取得显著成效；落实从学前教育到大学教育补助、资助等资金4.75亿元、"应助尽助"贫困学生34.9万人次，基本实现"不让一个孩子因家庭困难而失学"。三是在医疗保障方面。累计统筹3266.8万元，全力资助贫困对象精准脱贫365323人次，全县建档立卡贫困户、最低生活保障对象、特困供养人员精准脱贫保参保率均达100%；县级医疗机构实行贫困人口"先诊疗后付费""一站式"结算，实现及时救治，真正让每名因病致贫群众看得起病。健康扶贫实施期间，全县累计实施就医资助67236人次、减免费用4457.54万元；筹资4270万元，为乡镇卫生院配备医疗设备94台件，为村卫生室配备健康一体机300台及7大件基本医疗设备；用山东枣庄扶贫援助资金100万元，为95个贫困村配备办公用品及基本医疗设施设备1016件，配备乡村医生581人，基本实现村卫生室全覆盖，农村居民看病便利快捷。

国家级扶贫开发重点县
酉阳篇

一、酉阳县情及贫困状况

（一）酉阳县情

酉阳土家族苗族自治县位于重庆市东南部，地处武陵山区腹地，是出渝达鄂、湘、黔的重要门户，素有"渝东南门户、湘黔咽喉"之称。酉阳县东邻湖南省龙山县，南与秀山县、贵州省松桃、印江县接壤，西与贵州沿河县隔江（乌江）相望，西北与彭水县，正北与黔江区、湖北省咸丰、来凤县相连。酉阳县面积5173平方公里，辖39个乡镇；常住人口为56.24万人（户籍人口86.04万人）。以土家族、苗族为主，另有汉族、回族、蒙古族等民族，共18个民族。酉阳县为全国科技进步先进县，获得过"全国文明县城""中国绿色名县""市级生态县"等荣誉称号。

（二）贫困状况

2014年，酉阳县精准识别出建档立卡贫困村130个，贫困户33247户130286人，农村贫困发生率17.4%，是全市贫困人口最多、贫困程度最深、减贫脱贫任务最重的县。

二、脱贫攻坚工作部署和保障措施

（一）持续强化思想武装

坚持领导干部带头，组织全县各级干部采取集中学习、原文宣讲、专题培训等方式，认真学习贯彻习近平总书记关于扶贫工作重要论述、7次座谈会重要讲话等系列重要讲话精神，认真学习各项扶贫政策。县委书记、县长带头深入乡镇（街道）开展宣讲，为278个村（社区）书记、主任上脱贫攻坚专题党课；县人大、县政协主要领导和其他市管领导干部均深入联系乡镇（街道）开展宣讲，营造了良好攻坚氛围，全县各级干部抓脱贫攻坚责任落实、政策落实、工作落实的意识有效增强。

（二）全面加强组织领导

坚持中央统筹、省负总责、市县抓落实的工作机制，落实"双组长制"和深度贫困乡"双指挥长制"，压紧压实党委（党组）、乡村、纪委监委和行业部门脱贫攻坚责任，定期召开县委常委会、县政府常务会、县扶贫开发领导小组会研究推进脱贫攻坚工作，做到尽锐出战。聚焦"两不愁三保障"，明确扶贫项目资金监管和使用，县委书记、县长定期调度，分行业、分领域开展督查检查，督导加快扶贫项目建设和资金拨付支付，全县统筹整合财政专项扶贫资金、涉农资金、融资资金、对口帮扶资金等各类资金72亿元用于全县脱贫攻坚。

（三）力量下沉到村到户

明确每名市管领导干部带头联系帮扶1个至2个乡镇（街道），130个县级部门对应帮扶130个贫困村，每名帮扶干部结对帮扶1~5户贫困户，贫困户不脱贫、干部不脱钩。组织全县各级干部扎实开展"访深贫、促整改、督攻坚"活动和解决"两不愁三保障"突出问题专项行动，地毯式排查"两不愁三保障"突出问题，扎实开展精准帮扶，坚持户户见面、人人见面，实现建档立卡贫困户到户到人走访全覆盖，推动各项扶贫政策措施精准落实到户到人，做到责任落实、政策落实、工作落实。县委县政府主要领导带头开展县、乡、村三级书记遍访行动，对全县39个乡镇（街道）进行全覆盖调研指导，深入贫困村、走访贫困户、召开座谈会，实地调研指导"两不愁三保障"、各类问题整改、干部作风、产业扶贫等工作，一线开展调研指导，采取专题会议督办、现场会议推进、定期跟踪问效等形式强力推进脱贫攻坚各项工作。

（四）规范开展督查检查

组建脱贫攻坚专项调研指导组10个、业务指导组7个，常态化规范化开展逐村指导、现场核查，制定《酉阳县脱贫攻坚"四不摘"监督工作方案》，常态化具体化监督脱贫工作，防止形式主义、官僚主义，做到扶贫工作务实、脱贫过程扎实、脱贫结果真实。

（五）聚力攻克深度贫困

认真落实习近平总书记在深度贫困工作座谈会上的重要讲话精神，聚焦打赢车田乡、浪坪乡两个市级深度贫困乡脱贫攻坚战。县委书记和县长履行深度贫困乡副指挥长职责，县委书记、县长多次深入深度贫困乡调研督导。驻乡工作队、分管县领导、相关部门及乡村两级干部均按岗履职，扎实抓好深度贫困乡"两不愁三保障"突出问题解决、扶贫项目建设、产业发展等重点工作。同时，按照市委、市政府挂牌督战要求，进一步压实攻坚责任，整合扶贫资源，点对点落实攻坚措施、实打实解决突出问题，推动各类资源、各方力量向9个定点攻坚村汇聚。脱贫攻坚期间，定点包干市领导深入深度贫困乡镇调研指导15次，2个深度贫困乡累计投资8.8亿元实施项目515个。截至2020年，扶贫帮扶集团采购深度贫困乡镇农产品总额1815万元。对9个定点攻坚村实行定点攻坚，集中人力、物力、财力，解决突出问题，补短板强弱项，打好深度贫困歼灭战，9个定点攻坚村累计投资10011万元实施项目357个。

三、脱贫攻坚具体路径

酉阳县发挥行业优势，推进"五个一批"，加强扶贫政策落实落地。

（一）易地扶贫搬迁一批

按照群众自愿、应搬尽搬的原则，2015年至2020年，累计完成易地扶贫搬迁8686户40496人，通过自主创业、就近务工、利益联结、公益岗位等搬迁后续扶持政策，搬迁户实现了户户有稳定就业、家家有产业增收、人人有脱贫门路，实现搬得出、稳得住、逐步能致富。

（二）生态扶贫一批

2015年至2020年，酉阳县纳入森林生态效益补偿的生态公益林419.8万亩，实现贫困户全覆盖，通过护林员公益性岗位解决建档立卡贫困人口就业15108人。

（三）发展教育一批

切实加强和改进乡村教育力量，实现乡村教育发展的专业化、精细化、常态化，助推农村基础教育精准扶贫。2015年至2020年，共培训乡村教师

39220人次，改善义务教育薄弱学校办学条件176所。

（四）社会保障兜底一批

运用"两项制度"衔接配套政策机制，2015年至2020年，累计识别兜底建档立卡贫困人口18068人，兜底农村低保对象月人均补差402元，累计纳入农村特困人员兜底320人，兜底农村特困人员月人均生活补助806元。

（五）发展生产一批

产业扶贫方面，对与贫困群众建立利益联结的市场主体给予政策支持，2020年，已有龙头企业135个，认定新型经营主体11000个，建立产业基地1345个，逐步健全完善务工、入股、订单等多种利益联结机制，有效带动33963户贫困家庭稳定增收；同时，优化完善贫困户产业扶持政策，按每户3000元标准，采取以奖代补、先建后补方式，落实1947名产业发展指导员对贫困户发展到户产业进行扶持，着力激发贫困群众内生动力，全县贫困户实现"一户一业"目标。扶贫小额信贷方面，建立"政府+银行+担保公司+涉农经营主体+贫困户"的金融扶贫工作机制，推出"5万元以内、3年以下、基准利率、免抵押、免担保费"的扶贫小额信贷产品，鼓励贫困户申请扶贫小额贷款发展产业，2015年至2020年，已累计发放扶贫小额贷款8787户，累计发放贷款3.68亿元。就业扶贫方面，围绕"就业1人、脱贫1户"目标，2015年至2020年，累计开发公益性岗位21594个，累计通过公益性岗位解决贫困人口就业20375人，培育贫困村致富带头人462人，有扶贫车间30家，扶贫车间就近就地解决贫困人口就业276人。消费扶贫方面，升级改造39个乡镇电商服务中心，新认定扶贫产品供应商77个、扶贫产品599个，已实现扶贫产品销售额1.88亿元，已在主城设立扶贫智能专柜5个，在山东设置酉阳农特产品消费扶贫专区6个，在高新区设置酉阳消费扶贫专区2个，在本县设置消费扶贫专区8个、专馆4个。乡村旅游方面，制定项目审批、文旅融合、"桃源人家"民俗品牌创建等7个乡村旅游发展扶持政策，创建乡村旅游"桃源人家"民俗品牌503家，利益联结带动贫困户发展600余户，建成车田乡猫头坝、铜麻台、苗营、文家院子等乡村旅游扶贫示范点，走出一条"艺术振兴乡村、旅游助推扶贫"实践的"酉阳路径"，实现乡村旅游综合收入2712.36万元，直接带动18700名贫困群众吃上"旅游饭"。

四、脱贫攻坚主要成效

2015年至2020年，酉阳县累计实现34651户149985人脱贫，130个贫困村销号，未脱贫881户3097人，综合贫困发生率降至0.5%，于2020年2月正式退出国家扶贫开发工作重点县序列。截至2020年，贫困户人均纯收入提高到10099元，年均增速12%，农村居民人均纯收入提高到10739元，年均增速10.59%，地区生产总值提升至186.72亿元，贫困群众"两不愁"问题全面解决，义务教育、基本医疗、住房安全、饮水安全全部按标准得到保障。

（一）"两不愁三保障"问题全面解决

一是义务教育保障方面。2015年至2020年，酉阳县全面解决义务教育方面存在的问题，全县无一名贫困家庭义务教育阶段孩子失学辍学。二是基本医疗保障方面。酉阳县紧扣习近平总书记提出的"所有贫困人口都参加医疗保险制度，常见病、慢性病有地方看、看得起，得了大病、重病后基本生活过得去"要求，将所有贫困人口全部纳入基本医疗保障政策保障范围，落实"先诊疗后付费"等便民措施，贫困患者住院报销比例均达90%；同步实施乡镇（街道）卫生院规范化建设和村卫生室标准化建设，完善县、乡、村医疗卫生服务体系，2015年至2020年，共解决基本医疗保障方面存在的问题722920人次，其中累计资助参保的544740人次，累计实施精准脱贫保险救助36412人次、健康扶贫医疗基金累计救助141768人次，全县贫困人口基本医疗有保障。三是住房安全保障方面。2015年至2020年，共解决贫困群众住房安全改造12434户，全县贫困群众住房安全有保障。

（二）贫困地区稳定脱贫基础条件得到改善

一是交通基础设施条件改善。启动建设"四好农村路"4195公里，行政村通畅通率和通客车率均实现100%，村民小组通达实现100%，实施国省干道公路改造、重要联网路、旅游路项目498.8公里，全县干道公路更加畅通。农村信息基础设施建设空前提升，2015年至2020年，累计投资基站建设5亿元，物理站址达1247个，4G基站达3200个，20户以上村民聚居点4G信号实现全覆盖，手机用户累计达54万户，宽带端口累计达44万个、用户15.3万户。二是电力扶贫改善贫困地区生活条件取得实效。累计投入输配电网建设改造资金51484.39万元，完成了车田、浪坪2个深度贫困乡、130余个重点贫困村和81个小城镇（中心村）电网改造升级，解决了重庆市划定的100个高山移民区的电力供应。紧扣习近平总书记提出的"让农村人口喝上放心水，统筹研究解决饮水安全问题"要求，坚持因地制宜、分类实施、因户施策、精准解决的原则，对照农村饮水安全评价标准，通过修建集中供水工程、铺设供水管道、加强后期管护等方式，有效解决储水、供水、水质达标等问题。2015年至2020年，共解决饮水不安全问题109257户491655人，巩固提升36.47万人供水保障，全县农村人口全部喝上放心水。

（三）酉阳地区整体发展水平得到提升

2015年至2020年，累计投入资金6581万元，新建（改扩建）村级便民服务中心143个，配齐建强农村基层党组织，打造坚强战斗堡垒。实现130个贫困村集体经济组织全覆盖，消除集体经济"空壳村"。投入资金4300多万元，建成270个村综合文化服务中心，实现了"七个一"目标，丰富农村精神文化生活。累计投入资金3亿元，建成县级电商公共服务中心1个、公共配送中心1个和村级电商服务站225个，电商交易额从2015年初的12亿元提高到50亿元，电商扶贫有效拓宽农户增收致富渠道。

国家级扶贫开发重点县
彭水篇

一、彭水苗族土家族自治县情及贫困状况

（一）彭水县情

彭水苗族土家族自治县位于重庆市东南部，面积3903平方公里，辖3个街道、18个镇、18个乡，户籍人口70万。彭水苗族土家族自治县自汉初置县2000余年，历为道、州、县三级治所地，拥有历史悠久、内涵丰富的苗族文化、盐丹文化、黔中文化和红色文化。有苗族、土家族等34个少数民族，其中苗族人口有30多万人，是重庆市唯一以苗族为主和全国苗族人口聚居最多的少数民族自治县，是中国的苗乡，成功创建全国民族团结进步示范县。生态方面，有茂云山、七跃山等生态屏障和乌江、郁江等生态水系，森林覆盖率达58%，林地覆盖率近70%。

（二）贫困状况

由于彭水地形山岭连绵，高低悬殊，境内沟壑纵横，山高坡陡，交通、通信、电力等基本生产生活条件的缺失，群众主要依靠传统作物维持生活，看不起病、上不起学、走不出去、引不进来等现象普遍存在。2014年底，全县有115个贫困村、27640户贫困户、99123名贫困人口，贫困发生率为19.8%。其中，因学致贫达26.03%，因病致贫达15.08%，因缺技术致贫15.33%，因缺资金致贫14.64%，因缺少劳动力致贫12.7%，因残致贫5.04%。

二、脱贫攻坚工作部署和保障措施

（一）强化思想武装

一是坚持用心学进去。通过县委常委会会议、县委理论学习中心组会

议、县政府全体会议、县政府常务会议、县扶贫开发领导小组会议、全县脱贫攻坚推进大会等，深学笃用习近平总书记关于扶贫工作的重要论述，深入学习贯彻习近平总书记视察重庆重要讲话精神，切实把思想和行动统一到总书记重要讲话精神上来，统一到中央决策部署和市委工作要求上来。把脱贫攻坚作为"不忘初心、牢记使命"主题教育的重要载体，县党政领导班子带头抓学习教育，带头开展交流研讨，带头开展调查研究；乡镇（街道）和县级部门党委（党组）开展理论中心组集中学习1000多次。二是坚持用情讲出来。组建县委宣讲团，深入机关、企业、社区、农村、学校等基层一线开展各类宣讲累计18000多场次，切实把习近平总书记亲切关怀和重要指示传递到千家万户。运用报刊、电视、新媒体等，广泛开展宣传报道，仅2019年，国家和市级主流媒体分别报道彭水县脱贫攻坚工作260余篇次、1820余篇。三是坚持用力做起来。围绕解决"两不愁三保障"突出问题，按照"提出政策化、项目化、具体化、清单化的贯彻措施"要求，开展专题调研，制定印发《关于贯彻落实习近平总书记在解决"两不愁三保障"突出问题座谈会上重要讲话精神的实施意见》，明确52项工作任务、144项具体措施，推动"两不愁三保障"突出问题动态清零，切实把习近平总书记重要讲话精神转化为推动发展的工作思路、具体举措和工作成效。

（二）夯实责任链条

一是落实党委政府主体责任。落实脱贫攻坚"双组长"制，建立责任、政策、组织领导等8大体系，制定年度工作实施方案和产业、教育、医疗等"1+23"工作方案。实行脱贫攻坚"组长令"，对脱贫攻坚工作任务进行清单化交办。坚持领导小组每半月调度一次、乡镇（街道）每周调度一次、村（社区）每天调度一次脱贫攻坚，推动责任层层落实。二是落实纪委监委监督责任。针对脱贫攻坚成立专门巡察组和监督检查室，推进扶贫领域腐败和作风问题等专项治理，深入开展"以案四说"警示教育，防止形式主义、官僚主义问题，以铁的纪律护航脱贫攻坚。2015年至2020年，累计查处扶贫领域腐败和作风问题301件，给予党纪政务处分158人，组织处理340人、6个单位。三是落实行业部门责任。累计整合财政涉农资金42.17

亿元用于脱贫攻坚。在县扶贫开发领导小组统筹下，各相关行业部门认真履行监管责任，根据职能职责组建资金统筹、产业扶贫、住房安全保障等23个专项工作组，对项目建设、资金管理、选派驻村工作队员和帮扶责任人等进行条块化管理。定期召开联席会，研究解决脱贫攻坚推进过程中的困难和问题，构建起责任清晰、各负其责、合力攻坚的责任体系。四是落实驻村结对帮扶责任。全体市管领导干部认真落实脱贫攻坚"一岗双责"和"驻乡蹲点"制度，带头开展蹲点"促改督战"专项行动，常态化深入乡镇调研指导、督促推进脱贫攻坚工作。建立县级部门包乡、干部职工包户制度，细化明确"第一书记"、驻村工作队工作职责，强化驻村干部正向激励和负向约束，完善考勤管理、召回等6项制度机制。落实帮扶干部"八个一"工作要求，开展书记遍访、干部走访、教师家访、医生巡访、农技随访"五访"工作，用心用情用力做实帮扶工作。

（三）推进问题整改

成立整改工作领导小组，统筹推进脱贫攻坚各类问题整改。制定完善问题清单、任务清单、责任清单，按照"定人、定责、定目标、定时间、定任务、定标准"和整改"销号"签字背书要求，采取明察暗访、现场核验、实时调度等方式，强化跟踪问效，压实各级各单位问题整改责任。中央脱贫攻坚专项巡视及巡视"回头看"、各级脱贫攻坚督查、考核、巡视、审计等问题全部完成整改销号，并建立健全制度36项。

（四）凝聚攻坚合力

一是完善大扶贫工作格局。用好东西部扶贫协作、中央单位定点扶贫和市内对口帮扶资源。2015年至2020年，与聊城市开展对接交流94次，争取各类帮扶资金1.8亿元，党政干部挂职交流13人，专业人才技术交流255人。与中央外办交流对接30次，落实各类帮扶资金9279.7万元，完成培训基层干部、技术人员1198人。二是深化志智双扶凝聚攻坚合力。强化志智双扶，广泛开展"身边的脱贫故事""榜样面对面"等脱贫攻坚先进典型基层宣讲活动，激发群众内生动力。2015年至2020年，培育致富带头人666人，技能培训贫困人口17458人次，农村实用技术培训贫困人口30506人次。发放扶贫小额贷款8.8亿元，惠及17899户次，贫困户获贷率达64.5%，贫困群众从"要我脱贫"转变为"我要脱贫"。

（五）聚焦深度贫困

全力攻克坚中之坚。落实深度贫困乡、深度贫困村"定点包干制"，每年为深度贫困乡安排1000万元专项资金，围绕深度改善生产生活生态条件、深度调整产业结构、深度推进农村集体产权制度改革、深度落实各项扶贫惠民政策，推进稳定脱贫提升行动、基础设施提升行动、产业扶贫提升行动、生态保护提升行动、人口素质提升行动、公共服务提升行动、村"两委"提升行动等"七大攻坚行动"，坚持每个深度贫困村一名县级领导干部包抓、一个帮扶部门包联、一个驻村工作队常驻、一个企业或合作社帮带、一名乡村医生驻村"五个一"帮扶机制，集中力量攻克坚中之坚。到2020年，三义乡实施脱贫攻坚项目250个，已完成投资5.77亿元；大垭乡实施脱贫攻坚项目121个，已完成投资3.45亿元。

（六）切实巩固提升脱贫成果

坚持把巩固脱贫成果、防止返贫摆在更加重要位置，落实"四个不摘"，先后制定贫困村提升工程实施意见、防贫返贫监测预警办法、"临界户"扶持工作方案，定期开展脱贫人口"回头看"，坚持县、乡镇（街道）、村（社区）三级联动对"两不愁三保障"问题开展"回头看"，逐一采取相应措施和解决办法。探索建立"两不愁三保障"突出问题动态清零机制，运用大数据平台，对"两不愁三保障"情况实时跟踪和动态监测，确保"两不愁三保障"问题风险能够提前预警、提前干预，做到贫困群众脱贫后不返贫。

三、脱贫攻坚具体路径

（一）产业扶贫打基础

坚持把产业扶贫作为稳定脱贫的根本之策来抓，因地制宜发展红薯、烤烟、畜禽养殖及中药材等现代山地特色高效农业，健全完善利益联结机制，推进"一村一品"产业培育行动，每个贫困村均有1~2个稳定增收产业，红薯全产业链年收入5.6亿元，烤烟产业年收入5亿元，畜牧业年产值17亿元。创新实行"产业村长"制度，邀请外来合作企业负责人、本地产业发展带头人274名担任"产业村长",带领贫困群众建设产业基地、发展特色产业、促进就业增收等,探索形成了市场导向、"三变"改革、利益联结、集体经济深度融合的产业发展格局,有效破解集体经济薄弱、贫困群众观望、产业发展不持续三大难题,让有发展能力或有发展意愿的贫困户都掌握一项以上实用技术、都有一个以上增收产业。该项工作获得国家农业农村部肯定。

(二)就业扶贫促增收

把就业扶贫作为促进贫困群众增收脱贫的重要抓手,坚持目标导向、效果导向,突出高质量、精准度和针对性,着力实施"443"推进就业扶贫工作。"4"即通过公益性岗位托底安置就业、扶贫车间吸纳就业、返乡创业带动就业、劳务协作促进就业"四大举措"促进贫困群众就近就业。"4"即畅通就业信息传递渠道、就业活动载体渠道、市场化就业渠道、组织化输出就业渠道"四大渠道",引导贫困群众就业。"3"即聚焦精准培训项目、创新培训方式、开辟特色工种"三点发力"助推贫困群众精准就业。2015年至2020年,累计开发公益性岗位7016个、安置贫困人口就业6411人,创建扶贫车间14个,多渠道帮扶贫困家庭人员就业48905人。

(三)易地扶贫解百忧

围绕"稳得住、有产业、逐步能致富"要求,着力"五个强化"精准落实后续扶持工作,解决搬迁群众后顾之忧。即强化制度设计,完善后续扶持政策;强化设施配套,夯实后续发展基础;强化产业扶持,深化利益联结机制;强化就业扶持,拓宽脱贫增收渠道;强化社区管理,做到后续扶持不漏一人。实现了搬迁户每户至少有1个增收项目,有劳动能力的搬迁户每户至少有1人就业,每个集中安置点至少有1个产业项目,有效解决了搬迁群众后顾之忧。该项工作获得国家发展改革委肯定,并作为"十三五"时期易地扶贫搬迁工作政策指引,印发全国各地参考借鉴。彭水县获得全国"十三五"搬迁工作成效明显县称号。

(四)教育扶贫斩穷根

聚焦破解因贫困失学、因厌学辍学、因灾中断学、因残不便学"四大难题",建立分段资助、控辍保学、临时救助、送教上门"四大机制",健全完善"两个全覆盖"教育资助体系，2015年至2020年，累计资助贫困家庭学生50.39万人次，发放资助金5.34亿元。针对重度残疾儿童提供"送教上门"服务，采取"一人一案"措施，适龄儿童义务教育实现全部保障。改善办学条件，加快县城学校扩容、农村学校改薄等项目建设，义务教育发展基本均衡县创建通过国家验收，形成了彭水中学、彭水一中、彭水民族中学、彭水职教中心齐头并进的普通高中教育和职业教育格局，让每个贫困家庭孩子都能享有公平的优质教育。

（五）健康扶贫治痛点

围绕提升医疗服务水平，探索推行了基层医疗卫生机构集团化管理，聚焦"三个统筹"做到贫困人口基本医疗有保障，即统筹财务管理，设立"资金池"用于基础设施建设、医疗设备配置更新等，增强基层医疗服务保障能力；统筹规划建设，加快基层医疗机构标准化建设，改善基层医疗服务环境条件；统筹人员使用，优化人才引进、调配、培养和考核机制，提升基层医疗服务质量水平。截至2020年底，全县每个村都有标准卫生室，都至少有一名合格村医，贫困人口常见病、慢性病基本都能够在县乡村三级医疗机构得到及时诊治，得了大病、重病后基本生活仍有保障。彭水县健康扶贫工作在2018年获得全国通报表扬。

四、脱贫攻坚主要成效

2020年2月22日，重庆市人民政府公布彭水正式退出国家扶贫开发重点县。截至2020年，全县115个贫困村全部销号，27772户贫困户、112680名贫困人口脱贫，通过国家脱贫攻坚普查。农村贫困人口人均纯收入由2015年5312元增至2020年10835元，年均增幅15.3%。2020年贫困人口人均工资性收入占比74.27%。

（一）经济社会实现较快发展

全县地区生产总值由2012年的85亿元增至2019年的222.28亿元，增长近2倍；一般公共预算收入由7.6亿元增至13.5亿元，增长近1倍；城镇居民人均可支配收入从16741元增至31833元，增长近1倍；农村居民人均可支配收入从5960元增至12370元，增长1倍多；金融机构存款余额从93.8

亿元增至215.6亿元，增长1倍多。社会事业实现长足发展，教育事业一年一个台阶，全县高考重本上线从2012年的255人增加到2020年的1038人，每年在校大学生稳定在2万人以上；医疗服务水平持续提升，分级诊疗基层首诊率在72%以上，乡村卫生院（室）标准化率达100%。

（二）生态环境持续改善

2012年至2019年，全县森林覆盖率从45.7%提高到61.5%，空气质量优良天数从324天增长到352天，优良率从88.8%增长到96.44%。2020年1—11月，县城空气质量优良天数334天、优良率达99.7%，重要水功能区水质达标率为100%，所有河流均达到Ⅲ类以上水质。

（三）城乡面貌焕然一新

老城、新城、蚩尤九黎城一体化发展步伐加快，"四铁八高速一江一机场"大交通建设和县域联网公路建设改造提速推进，城镇化率提高到38.4%。农村基础设施明显改善，30万农村群众饮水安全问题得到解决，实现农村贫困人口饮水安全保障全覆盖；2015年至2020年，累计搬迁贫困人口14207人，完成C、D级危房改造10496户，贫困群众住房安全得到保障。全县行政村通畅率、自然村通达率以及脱贫村通客车率、通动力电率、光纤覆盖率、4G网络覆盖率均达100%。彭水人民的生产生活环境已从以前的"道路颠簸、房屋破旧、煮饭烧柴、饮水靠天"变为"小车开进来、走路不湿鞋、吃水不用抬、煮饭不用柴"。

国家级扶贫开发重点县
武隆篇

一、武隆区情及贫困状况

（一）武隆区情

武隆区位于重庆市东南部，地处重庆市东南部乌江下游，武陵山和大娄山峡谷地带，处于重庆"一圈两翼"的交汇点。始建于唐武德二年（公元619年），于2016年12月撤县设区，距今1401年历史。全区面积2901平方公里，辖4个街道、10个镇、12个乡，184个行政村、30个社区，有汉、苗、土家、仡佬等13个民族，总人口41万人。武隆生态优良、风景绝佳、资源富集，是全国少有的同时拥有"世界自然遗产地""国家全域旅游示范区""国家级旅游度假区""国家5A级旅游景区"的地区之一。

（二）贫困状况

武隆区2011年被确定为武陵山连片特困地区国家扶贫开发工作重点县。2014年底，全区精准识别贫困人口15909户55449人，识别市级贫困村75个，贫困发生率为14.8%。武隆区贫困人口因病致贫5582户，占34.25%；因学致贫2562户，占18.25%；因残致贫939户，占5.77%；缺劳力、自身发展动力不足等其他原因占42.73%。

二、脱贫攻坚工作部署和保障措施

（一）强化"五个"精准到位

一是区领导包干乡镇到位。扶贫领导小组实行"双组长制"，全区39名市管领导干部"定点包干"26个乡镇（街道），对乡镇（街道）脱贫攻坚负总责。二是驻村工作队、第一书记到位。扶贫集团成员单位与乡镇（街道）组建184个驻村工作队，扎根村社开展扶贫工作；对75个市级贫困村累计选派319名优秀干部驻村担任"第一书记"实现全覆盖。三是扶贫集团到位。整合全区129个机关企事业单位组建26个扶贫集团，对口帮扶26个乡镇（街道）。四是攻坚突击队到位。扶贫集团成员单位抽调3~5名优秀干部成立"脱贫攻坚突击队"长期扎根村社，切实抓好查漏补缺和问题整改。五是结对帮扶到位。落实8912名机关企事业单位干部结对帮扶15909户55449名建卡贫困人口，对贫困户稳定脱贫负帮扶责任。

（二）编制"五类"攻坚方案

一是制定"1+13"后续扶持方案。涵盖了《关于全面推进精准脱贫后续扶持工作的实施意见》，以及基础设施后续建设与管护、后续产业扶持、贫困人口素质提升等方案。二是制定"1+3+N"深化脱贫攻坚方案。包括深化脱贫攻坚的实施意见、市管领导干部定点包干深度（重点）方案、脱贫攻坚问题整改方案、领导小组调整通知等配套方案。三是制定"1+12"精准脱贫攻坚战实施方案。在《武隆区精准脱贫攻坚战实施方案》中，规划实施了交通扶贫、特色产业扶贫、生态旅游扶贫等12项重点工作，帮助贫困群众稳定增收致富，实现高质量脱贫。四是制定打赢打好脱贫攻坚三年行动实施意见。主要是集中力量推进深度脱贫攻坚工作、强化到村到户到人精准帮扶举措、加快补齐贫困地区基础设施短板、激发贫困群众内生动力、切实加强脱贫攻坚支撑保障、动员全社会力量参与脱贫攻坚、夯实脱贫攻坚基础性工作。五是制定"1+10"决胜脱贫攻坚十大专项方案。实施健康医疗扶贫、产业扶贫等"十大"专项行动，确保如期完成脱贫攻坚目标任务。

（三）聚焦"四大"脱贫保障，因户施策动态清零

武隆区先后10余次召开解决"两不愁三保障"突出问题专题会，制定专项排查工作方案，组建27个排查小组，对全区所有乡村人口开展专项排查，累计排查117436户374083人，其中建档贫困户46520人，针对排查的疑似问题点加强与区级相关部门的信息共享互通，建立完善需要纳入整改的问题台账，所有疑似问题已全部完成整改。

（四）夯实"三大"基层基础，党建引领精准考核

一是紧抓人才作用发挥。分期分批对乡镇党委书记、乡镇长、扶贫专

干、贫困村党组织书记、第一书记、大学生村官开展教育培训，每年轮训1次。2015年至2020年，累计举办各类扶贫专题培训班410期，培训党员干部24138人次，推动各级扶贫干部脱贫攻坚履职能力提升。2015年至2020年，累计回引955名大中专毕业生回乡创业、到村挂职，累计安排149名大学生村官、85名优秀选调生挂村历练，培养储备580余名村级后备力量，打造了一支"不走的扶贫工作队"。组建5个产业扶贫技术专家组和8个重点产业工作指导组；建立产业发展指导员制度，确定484名产业发展指导员，针对100个产业薄弱村，派驻200余名农林牧渔科技员对口帮扶，定期到村指导产业发展，对有产业发展意愿的贫困户实现全覆盖指导。从农村种养大户、能工巧匠中储备建立2.1万名"武隆工匠"，并从中择优选取190名优秀大中专毕业生到村担任后备干部，充实村级工作力量。二是紧抓基层阵地建设。2015年至2020年，区财政投入1亿元，对184个村级便民服务中心完成升级改造。开展"五个一"工程，集中整顿后进基层党组织56个。出台《武隆区发展壮大农村集体经济的实施意见》，发展村级集体经济，有效消除"空壳村"。推进便民超市、金融网点、电子商务进村实现全覆盖。全覆盖安装"群工系统"APP，畅通服务联系群众"最后一公里"。三是紧抓问责机制建设。武隆区先后研究出台了严格考核奖惩细则、驻村工作队、第一书记管理办法、项目实施和资金管理办法等文件，将脱贫攻坚纳入综合目标考核"一票否决"范畴。制定深化扶贫领域监督执纪问责工作的实施方案、扶贫领域监督执纪问责配套制度等文件，强化督查考核，做好实施问责。2015年至2020年，开展扶贫领域专项督查43次，督查部门和乡镇覆盖率达100%，先后处置扶贫领域问题线索181件，处理444人，其中给予党纪政务处分67人，组织处理377人，形成有力震慑。武隆区"兵支书"群体被中央军委国防动员部确定为脱贫攻坚工作重大典型，黄莺乡黄莺村党支部书记被评为"重庆市最美退役军人"，长坝镇大元村党支部抓党建促脱贫被中组部收录为全国典型案例，后坪乡法治扶贫典型经验在全市推广，羊角街道艳山红村党建引领激发贫困群众内生动力获得中央脱贫攻坚巡视组肯定。

（五）突出"四个要素"，推动乡村振兴"四个衔接"

一是推进规划衔接。在"十四五"规划编制工作中，加强区级《脱贫攻坚三年行动计划》和《乡村振兴战略五年规划（2018—2022年）》各项指标的有序对接，并加快村规划修编进度。重点衔接防止脱贫返贫和新生贫困发生，深化产业扶贫、就业扶贫、消费扶贫等专项行动，持续巩固脱贫攻坚成果。二是推进政策衔接。总结脱贫攻坚产业扶持政策实施的经验，坚持促发展与防风险并重的原则，将产业扶持政策进行了调整优化，将贫困户、边缘户发展产业的扶持标准适当提高，为了防止因市场价格波动导致贫困户返贫，对贫困户、边缘户发展产业规模设置了上限。同时，加大产业扶贫资金整合投入力度。三是深化工作衔接。总结脱贫攻坚下派第一书记、集团帮扶等经验，调整充实区委农村工作暨实施乡村振兴战略领导小组成员，为集体经济薄弱村、乡村振兴示范村派驻了第一书记，研究建立区级领导干部和区级部门主要负责人包村制度。聚焦农村基础设施、产业发展、公共服务等民生重点，提升实效。四是强化保障衔接。认真落实区、乡镇（街道）、村级党组织书记抓乡村振兴和脱贫攻坚责任，明确乡镇（街道）乡村振兴主体责任，压实党委书记第一责任人责任；加快推动农业农村体制改革，发挥基层自治、法治和德治三治结合的积极作用，推进公序良俗教育，强化法治扶贫的作用，为推动脱贫攻坚与乡村振兴有效衔接提供重要保障。

（六）聚焦"一个乡镇"，提升脱贫攻坚绩效

聚焦市级深度贫困乡后坪乡和凤山街道出水村、浩口乡落心村、石桥乡天池村3个市级定点攻坚村，制定《武隆区"定点攻坚"实施方案》，明确市管领导干部领战督战，点对点落实攻坚措施、实打实解决突出问题，提升脱贫攻坚绩效。后坪乡81个深度脱贫攻坚项目全部完工，完成投资5.61亿元，占规划投资的102.1%；2020年新增实施扶贫项目54个全部完工，完成投资2000万元；贫困劳动力复岗就业297名，动员7名贫困劳动力赴山东务工；针对贫困群众开发公益性岗位170个；建成扶贫车间1个，吸纳贫困劳动力就业6人；培训致富带头人30人，带动贫困户159户；发放小额信贷197户882万元，贫困户获贷率53.8%；通过党员直播带货和乡电商运营，销售农特产品65万元；天池苗寨接待游客4.3万人次，实现旅游收入540万元。3个市级定点攻坚村实施扶贫项目18个，完成投资1762万元。

三、脱贫攻坚具体路径

（一）发展旅游走出扶贫新路子

武隆区利用辖区生态资源优势，获评"联合国可持续发展城市范例奖""绿水青山就是金山银山实践创新基地"，成为全国少有的同时拥有"国家全域旅游示范区""世界自然遗产地""国家级旅游度假区""国家5A级旅游景区"的地区之一。武隆区注重发展乡村旅游，通过全路径规划、全社区参与、全产业融合，探索出"廊道带动、集镇带动、景区带动、专业合作社"等四种"旅游+精准扶贫"模式，助力贫困村销号、贫困户脱贫。黄莺乡复兴田园综合体、沧沟乡青杠村古渡驿站和大田湿地人家、芙蓉街道堰塘七彩陶艺村等10余处乡村旅游扶贫示范点成为新的网红打卡地。乡村旅游接待户达到4000余户，接待床位达到4.6万张。2015年至2020年，全区乡村旅游共接待游客4481.67万人次，综合收入85.79亿元；依靠发展乡村旅游累计消除贫困村48个、贫困人口3.2万人，乡村旅游直接和间接从业人员达到3万余人，其中近1万名涉旅贫困群众的人均年收入达到2万元以上。2020年5月23日，习近平总书记在参加全国政协十三届会议经济界联组会时，为武隆区将特色生态资源优势转化为脱贫攻坚发展优势走出的脱贫新路子"点赞"。

（二）发展产业作为精准扶贫的重要抓手

坚持"生态产业化、产业生态化"的原则，按照"2+6+N"农业产业发展思路（即做靓高山蔬菜、高山茶叶优势品牌，做强生态畜牧、生态渔业、特色水果、特色粮油、特色经济林、中药材等6大山地特色高效农业），注重一、二、三产业整合发展，发展山地特色高效农业产业。2015年至2020年，武隆区组建12支产业扶贫技术指导组，选派贫困户产业指导员514名，加大产业指导和招商引资力度，实现每个乡镇有3个至5个特色主导产业，每个村有2个至3个骨干支柱产业，每户农户有1个至2个稳定增收项目；每个贫困村至少有1个新型农业经营主体带动，每个新型农业主体带动贫困户5户以上。培育专业合作社1033家，其中国家级、市级示范合作社分别达到10家、27家；武隆高山蔬菜、火炉脆桃、白马豹岩蜂蜜入选全国"一村一品"示范村镇，仙女山镇确定为三产融合市级试点乡镇。形成40万亩高山蔬菜、18万亩水果种植园、6万亩茶园的现代山地特色高效农业产业格局，现代山地特色高效农业产值43.07亿元，增幅3.7%，农林牧渔业增加值26.85亿元，增幅4.8%。

（三）电商助力精准扶贫

武隆区围绕"一馆、一园、两中心、184个网点"的发展布局，建成"寻味武隆"O2O体验馆、电商产业孵化园、区级电商运营中心和过渡性物流分拨中心及184个镇村级电商服务网点。招引和培育较大型电商企业13家、网商8060家，打造电商示范点20个。以农产品为重点、整合全区107个农产品品牌4270个单品，成功打造区域公共品牌"寻味武隆"。协调利用东西部扶贫协作、水利部定点帮扶、市委政法委扶贫集团帮扶、涪陵区对口帮扶等各大帮扶单位优势深化消费扶贫，筹备参加电商扶贫爱心购等活动，借助新媒体联合营销。2020年，武隆区网络零售额实现41亿元，带动就业人数2.86万人，其中直接带动1.02万人，间接带动1.85万人，带动1500余户贫困户销售农村产品，户均增收1600元。2020年，武隆区卢红区长携部门、乡镇负责同志通过淘宝村播栏目《最乡良品——"区长来了"》直播带货，2小时实现销售额411万元。

四、脱贫攻坚的主要成效

作为新一轮国家扶贫开发工作重点县和武陵山区集中连片特殊困难地区贫困县，武隆区2017年退出国家扶贫开发工作重点县，实现75个市级贫困村，15909户55449人脱贫销号，实现了解决区域性整体贫困的目标任务。到2020年底，未脱贫人口39户102人全部脱贫，贫困发生率下降到0%，平均每年减贫9000人。

（一）贫困人口年均可支配收入提升

武隆区建档立卡贫困户工资性收入和生产经营性收入占比逐年上升，

转移性收入占比逐年下降，自主脱贫能力稳步提高。2014年至2020年，武隆全区农村常住居民人均可支配收入由8489元增加到15487元，年均增长10.54%（不考虑价格因素），高于同期全国农民人均可支配收入平均增幅3个百分点；武隆全区建档立卡贫困户人均可支配收入由2215元增加到12668元，年均增幅33.73%，高于同期全国建档立卡贫困户人均可支配收入。贫困群众"两不愁三保障"得到全面解决。

（二）基本生产生活条件改善

2012年至2020年，农村公路通畅工程建设共实施完成3167公里，全区公路总里程为5412公里。2018年至2020年三年"四好农村路"项目626个建成1993公里，实现100%乡镇通油路、100%行政村通畅、100%撤并村通畅、100%区级精品乡村旅游景区通油路、100%村组（30户集中）通畅，被交通运输部、农业农村部和国务院扶贫办联合评为全国"四好农村路"建设示范县。执行中国水利学会颁布的《农村饮水安全评价准则》相关标准，实施农村饮水安全巩固提升工程，建成农村饮水安全工程4307处，保障了35.4万农村户籍人口饮水安全，实现行政村自来水普及率100%，有效解决季节性缺水。新建及改造10千伏配变334台、容量3.37万千伏安，新建及改造10千伏线路148.11公里，改造低压线路631.94公里，实现26个乡镇（街道）184个行政村1352个村民小组。电网改造全覆盖，有效解决农网低电压问题，提升电力供应保障。新建、改造升级农村4G基站1025座，实现182个行政村4G网络覆盖和光纤通达、20户（含20户）以上的自然村4G网络全覆盖，乡村平均接入带宽能力达100兆/秒以上。实施学校工程建设项目356个，其中农村学校建设项目262个，建成农村义务教育阶段学校76所。建成标准化卫生室168个。2015年至2020年，共投入农村危房改造资金11346.2万元，改造C级危房4046户，其中建档立卡贫困户869户；改造D级危房3956户，其中建档立卡贫困户1439户。实施农村不安全住房集中整治12558户。贫困群众出行难、用电难、上学难、看病难、通信难等问题普遍解决，义务教育、基本医疗、住房安全和饮水安全有了保障。

（三）贫困综合治理能力显著增强

武隆区通过坚持抓党建促脱贫攻坚，落实"五级书记抓扶贫""区县抓落实"和扶贫开发领导小组"双组长制",累计选派955名优秀年轻干部奔赴脱贫攻坚最前沿一线,组建深度贫困乡后坪乡驻乡工作队,75个贫困村组建驻村工作队实现全覆盖,累计选派第一书记319名,回引201名退役军人到村任职,基层组织得到加强,党在农村的执政基础得到巩固。全区39名市管领导干部、127个机关企事业单位、8912名党政干部组建26个扶贫集团结对帮扶26个乡镇街道75个贫困村15909户建卡贫困户实现全覆盖。

国家级扶贫开发重点县
石柱篇

一、石柱县情及贫困状况

(一) 石柱县情

石柱县地处长江上游南岸、重庆东部、三峡库区腹心,是集民族地区、三峡库区、革命老区、武陵山集中连片特困地区于一体的特殊县份。全县面积3014平方公里,辖3个街道、17个镇、13个乡,户籍人口54.86万人,常住人口37.80万人,有土家族、汉族、苗族、独龙族等29个民族,以土家族为主的少数民族人口占79.3%。石柱是"中国黄连之乡""中国辣椒之乡""全国最大的莼菜生产基地",是全国绿化模范县、绿色小康县、民族团结进步示范县,是世界经典民歌《太阳出来喜洋洋》和首批国家非物质文化遗产——土家"啰儿调"的发源地,先后荣获"中国天然氧吧""中国（重庆）气候旅游目的地""中国康养美食之乡"等称号。

(二) 贫困状况

2014年底,石柱县有贫困村85个,贫困户15758户54908人。经过历年历次动态调整,全县累计识别1个深度贫困乡,85个贫困村17541户63101人（含稳定脱贫不享受政策对象2476户9340人）。

石柱县的贫困特征表现为：一是贫困发生率高,2014年底县农业户籍人口37.5万人,其中贫困人口5.49万人,农村贫困发生率高达12.7%；二是返贫率较高,2014年贫困人口人均可支配收入为2648元,贫困群众脱贫后易受自然灾害、子女上学、因病就医等因素影响再次返贫,返贫率高达5%；三是生产条件差,群山连绵,沟壑纵横,"巴掌田""鸡窝地"较为普遍,难以进行规模生产；四是基础设施差,15%的贫困村通村公路未硬化,32个村民小组未通公路,阻碍贫困地区经济发展；五是产业结构差,三大产业结构比为17.6∶50.0∶32.4，一产占比较高，生产模式单一，抗风险能力弱，经济效益不高；六是发展意识差，贫困群众普遍文化素质相对较低，"等、靠、要"思想严重，自主发展能力不强。

二、脱贫攻坚工作部署和保障措施

（一）构建三大攻坚责任体系

创新建立"组织领导、业务技术、监督问责"三大攻坚责任体系，把干部组织起来，把责任落实下去，推动形成了统一指挥调度、攥指成拳发力、尽锐出战攻坚的扶贫格局。一是建立上下联动的指挥作战体系。建立由33个县领导任组长的"包帮"攻坚小组、84个县级单位、4880名结对帮扶干部、33个乡镇（街道）突击队、222个村支两委和959名驻乡驻村工作队员组成的一线战斗队，县级主令、乡级主攻、村级主战，所有乡镇驻乡工作队、所有村驻村工作队、所有贫困户帮扶干部全覆盖，一条线指挥，三级联动作战。二是建立纵横协作的业务技术保障体系。建立由县领导任指挥长、县级部门和乡镇业务技术骨干为成员的产业、电商、就业、住房保障等16个行业扶贫指挥部，分线作战、条块结合、迅即反应、精准谋划、推进、指导行业扶贫工作，及时研究解决存在问题。三是建立贯穿全程的监督问责体系。建立5个片区督导组和监督执纪、责任落实、业务工作3个专项督查组，将监督问责贯穿脱贫攻坚全过程、各环节，强化作风建设，增加脱贫攻坚考核权重，实行市管领导、县级部门、乡镇（街道）、驻村工作队、帮扶责任人量化打分、捆绑考核，将考核结果与扶贫资金分配使用、干部选拔任用、干部管理问责相挂钩，以考核倒逼责任落实、任务落地。

（二）建立四项工作推进机制

坚持把防止返贫摆在重要位置，建立健全稳定脱贫长效机制，避免"边减边增""边脱边返"。一是建立健全防止返贫动态监测机制。建立"两不愁三保障"突出问题动态预警监测机制，常态化开展贫困户动态监测、返贫监测、脱贫成效巩固情况监测和贫困边缘人群监测，明确"1353"监测处置流程，即每月开展1次排查，对排查出问题由乡镇3日内核实解决，无法解决的次月5号前报县指挥部，指挥部3日内形成整改方案限期整改销号，确保不出现大规模返贫问题。二是建立健全防止返贫跟踪帮扶机制。探索脱贫攻坚"三查四看五促"工作法，组织各级扶贫干部常态化核查对象、帮扶、退出是否精准，查看吃穿及饮水、义务教育、基本医疗、住房安稳是否有保障，促进责任、政策、工作、项目及资金管理、各类问题整改落实到位，做到贫困群众真脱贫、脱真贫、稳脱贫。三是建立健全致贫返贫保险保障机制。建立"精准脱贫保+产业保险+小额人身意外险"的"三保联动"保险体系，参保对象覆盖全县所有建档立卡贫困户，保险范围涉及意外伤害、大病补充医疗、疾病身故、贫困户学生重大疾病、农房、产业等多个方面，为贫困群众脱贫保驾护航。四是建立健全资金精准投入机制。推行以脱贫效果为导向的资金分配方式，加大按脱贫成效分配资金的比重，做到资金安排与脱贫效果直接挂钩。加强资金项目常态化监管，健全公告公示制度，扎实开展专项审计，防止扶贫资金闲置浪费、挤占挪用。

（三）健全三类政策落实机制

坚持精准扶贫精准脱贫基本方略，对照"两不愁三保障"标准，深入分析研判贫困户致贫原因，按照"缺啥补啥"原则，"一户一策"分类制定帮扶措施，做到帮扶到点到根。一是健全完善兜底救助类政策落实机制。认真落实低保、五保、残疾、特困人员救助供养、临时救助等兜底救助类政策，对完全丧失劳动能力和部分丧失劳动能力无法依靠产业就业帮扶脱贫的贫困人口，给予兜底保障，及时将符合条件的困难人群纳入救助范围，保障其基本生活。二是健全完善民生保障类政策落实机制。认真落实教育、医疗、住房、饮水等民生保障类政策。加快骨干水源工程建设，解决区域性缺水问题；建立应急送水制度，解决季节性缺水问题；完善供水运行管理机制，解决管护性缺水问题。建立控辍保学"月报告"、残疾学生"送教上门"制度，精准落实教育扶贫政策，制定出台5个县级教育资助"补丁"政策，做到无适龄学生因家庭困难而失学。精准落实危房改造政策，符合市级改造条件四类重点对象存量危房纳入危房改造项目。在落实市级七重医疗保障线的基础上，落实好资助参保、县级兜底救助和居家康复临时医疗救助等资助政策，构建起以基本医保、大病保险为主体，医疗救助、商业保险等为补充的医疗保障体系。三是健全完善发展增收类政策落实机制。实施职业技能培训、"智志双扶"扶贫培训，提升贫困群众就业水平；有计划地开发扶贫公益性岗位，建设扶贫车间，通过各种渠道促进贫困劳动力转移就业，实现每户贫困户至少有一人实现转移就业。构建"3+3"扶贫产业体系，将有劳动能力、有意愿的贫困人口纳入产业扶贫对象，一户一策、精准制定产业发展帮扶措施；推广股权、基金、信贷、旅游4种资产收益扶贫模式，健全完善土地入股、订单帮扶、返承包等长效扶贫模式，与贫困户建立稳定的利益联结机制。深入推进电商扶贫，构建"1+8+N"电商综合服务体系和"一核多心"县域网货加工体系；深入实施远山结亲、田间天猫、电商收益等电商扶贫模式，实现所有贫困村电商服务功能全覆盖。利用各项扶贫政策，发展产业就业扶贫，因地制宜，因户施策，多渠道增加贫困群众收入。

（四）攻克深贫堡垒

2017年8月，按照全市深化脱贫攻坚工作部署，识别中益乡为深度贫困乡。聚焦"四个深度"持续发力，铆足干劲，攻克中益乡深度贫困堡垒，倾力将中益乡打造成"中华蜜蜂第一镇"。全乡累计完成投资2.73亿元，89个规划项目全部完工。紧扣"两不愁三保障"核心指标，精准落实各项保障政策，加大就业扶贫力度，开发公益性岗位315个，建成扶贫车间（工坊）4个、吸纳贫困户34人，协调促成有劳动力的贫困人口782人在市外、市内、县内及本乡产业基地、扶贫车间就业。

三、脱贫攻坚具体路径

（一）产业扶贫

调优扶贫产业结构。一是系统布局。在稳定粮食面积、粮食产量的前提下，2015年至2017年，石柱县重点建设"4+X"农业产业体系，从2017年底开始全县深度调整农业产业结构，累计发展木本中药材、干鲜果、茶叶等长效增收产业30.34万亩，并坚持长短结合，实现"短期扶贫、长效增收"，基本形成了"3+3"扶贫长效产业发展格局。2020年，为推动产业扶贫向产业振兴提升，石柱县实施现代山地特色高效农业"四个30万"工程，实现产业规模化、集群化发展。通过产业带动，有劳动能力、有发展意愿的贫困户9787户共发展种植业6.37万亩、养殖业15.72万头（群、只），实现每个贫困村有1~2个支柱产业、每个贫困户有1~2个产业项目。二是完善扶贫产业政策。先后出台到人到户产业扶贫政策50条、深化脱贫攻坚深度调整农业产业结构系列扶持政策等。加强技术支撑服务。优选市级专家16名、县级技术人员61名，分产业成立了专家技术服务团队，建立"市级专家团队+县级技术队伍+乡镇（街道）农技队伍+经营主体专业技术人员+产业扶贫指导员"的五级技术服务和技术支撑体系，全县实现到户产业指导员4303名，指导贫困户14188户。强化利益联结机制。制定出台了《关于健全完善扶贫产业发展与贫困户利益联结机制的意见》《产业发展及与贫困户利益联结机制专项小组整改工作方案》等，总结推广资产收益、股份合作、土地流转、资金入股、房屋联营、务工就业、订单收购、产品代销、生产托管、租赁经营等十种利益联结方式。三是全面深化农村改革。先后选择中益乡华溪村、黄水镇金花村、冷水镇八龙村和中益乡坪坝村等村先行试点探索了农村"三变"改革，华溪村深化"三变"改革经验得到中央改革办、市委改革办的认可，相关探索经验在中央改革办《改革情况交流》（2019年第79期）上予以登载介绍。

（二）就业扶贫

脱贫攻坚期间，累计通过各类渠道促进25094名贫困人员实现就业。兑现贫困人员交通补贴14475人次352.74万元，一次性求职创业补贴3144人163.54万元，扶贫车间一次性建设补助143万元，企业社会保险补贴及岗位补贴560人次168.44万元。培训贫困人员高达10万余人次，实现全县有培训需求的贫困人员"应训尽训"。新建（认定）扶贫车间13个，总体带动117名贫困人员实现就地就近就业。为贫困人员发放创业担保贷款135人1562万元，带动就业282人。与山东淄博互访对接13次，陆续出台500元/人的稳岗补助、200元/人的稳岗生活补助、800元/人一次性求职创业补贴、最高3000元的以工代训补贴、1000元/(人·月)最高不超过6个月的稳岗就业补助，累计组织223名贫困人员赴山东就业。开发公益性岗位，累计保障6002名贫困人员就地就近就业。

（三）易地扶贫搬迁和后续扶持

脱贫攻坚期间共计投入各类资金46265.2万元，完成易地扶贫搬迁1854户6636人的目标任务，搬迁户已全部搬迁入住，兑现到户补助资金8395.4万元。新建安置住房面积15.8万平方米，搬迁对象实现100%精准，房屋质量合格率100%。新建集中安置点6个，集中安置建卡贫困人口118户373人。2020年11月，国家发改委办公厅印发了《关于全国"十三五"时期易地扶贫搬迁典型案例的通报》，石柱县发改委获评"搬迁工作担当有为集体"，中益乡坪坝村党支部书记刘成勇获评"奋进易地搬迁干部"，中益乡全兴村村民谭弟双获评"励志易地搬迁群众"。抓资金投入，减轻搬迁户建房资金压力。2016年至2018年补助标准从10000元/人提高至12000元/人，深度贫困人口和集中安置的贫困人口到户补助标准提高至15000元/人，针对自身无力建房的特殊困难户，实施兜底搬迁549户1302人，拨付兜底搬迁补助资金1577万元。抓配套建设，提升安置地基础设施水平。共计安排配套基础设施建设项目736个，总投资2.52亿元，建设内容包括新建和改扩建人饮工程共163处，新建和改扩建人行便道合计310公里，新建和改扩建农村公路合计289公里，新建和整修村级便民服务中心101个等。抓产业就业，提高贫困搬迁户"造血"能力。实行产业扶贫"双对接双选择"到村到户机制，共计带动搬迁户发展特色种植业11426亩，特色养殖业25382头（群、只）。

四、脱贫攻坚主要成效

截至2020年，石柱县累计实现85个贫困村，17541户63101人脱贫，2019年4月顺利退出国家扶贫开发工作重点县行列。

（一）实现"两不愁三保障"

一是住房保障方面。精准落实危房改造政策，将四类重点对象存量危房纳入危房改造项目，一般农户存量危房纳入旧房整治提升项目，同步实施，同步推进，改造农村C级危房8718户、D级危房3611户，旧房整治提升15000户。二是教育保障方面。在精准落实国家、市级教育扶贫政策基础上，制定出台5个县级教育资助"补丁"政策，累计资助贫困家庭学生

56.14万人次3.75亿元，义务教育适龄学生入学率100%、巩固率100%，对97名（含贫困生33名）重度残疾不能随班就读的适龄学生实施"送教上门"，无1例适龄学生因家庭经济困难而失学。三是医疗保障方面。构建起以基本医保、大病保险为主体，医疗救助、商业保险等为补充的医疗保障体系，累计救助贫困病人55.73万人次1.6亿元，贫困人口住院合规费用自付比例9.96%，慢特病门诊合规费用自付比例10%，大病救治率、在家贫困人口家庭医生签约服务率均达100%。

（二）基础设施改善

脱贫攻坚期间，完成"四好农村路"建设1941公里，完成率100%，村民小组通达率达100%；完成入户道路建设1596公里，完成率266%，实现全县1192个村民小组通达率100%、通畅率97%目标。贫困村光纤到户端口占比率达100%，所有贫困村实现4G通信网络及光纤宽带网络广域有效覆盖。2018年至2020年完成农村入户人行便道项目2011公里，完成投资2亿元。改厕19642户，完成市级目标任务的148.45%，卫生厕所普及率达77.72%，卫生厕所普及率逐年提升。建设农村公厕105座，完成目标任务的108.24%。行政村生活垃圾治理率达100%、农村生活污水治理率达65.74%。2014年至2019年，旧房整治提升（含危旧房改造）17775户。

（三）区域社会经济发展

2020年，石柱全县实现地区生产总值（GDP）171.05亿元，是2012年的1.97倍，基本实现翻一番，近8年年均增长7.6%（以2012年数据作为基数，下同）；第一产业实现增加值31.3亿元，年均增长4.9%；第二产业实现增加值48.63亿元，年均增长7.9%，其中工业实现增加值34.53亿元，年均增长6.6%；第三产业实现增加值91.12亿元，年均增长8.1%；2013年至2020年全社会累计完成固定资产投资1042.79亿元；社会消费品零售总额82.73亿元，是2012年的2.49倍，年均增长12.1%；农村居民人均可支配收入达到15456元，是2012年的2.32倍，年均增长11.1%。

国家级扶贫开发重点县
秀山篇

一、秀山县情及贫困状况

（一）秀山县情

秀山土家族苗族自治县（简称秀山县）位于重庆市东南部，武陵山脉中段，四川盆地东南缘外侧，为川渝东南重要门户。秀山地处武陵山腹地，渝、湘、黔、鄂四省（市）边区接合部。东邻湖南省花垣、龙山、保靖三县，西南连贵州省松桃苗族自治县，北接本市酉阳土家族苗族自治县，东北角距湖北省来凤县仅20余公里。全县面积2462平方公里。

秀山县为全国农业农村信息化示范基地，获得过"中国书法之乡""中国最具投资潜力中小城市百强县市""中国最具区域带动力中小城市百强县市"等荣誉称号。

（二）贫困状况

秀山地处武陵山集中连片特困地区，1986年被定为国家级贫困县，1998年通过重庆市越温达标验收，2002年在新一轮扶贫开发中被确定为国家扶贫开发工作重点县。2014年6月，全县共识别建档立卡贫困户16153户61728人，贫困发生率为14.2%。

其中因病致贫4327户，占比26.79%；因残致贫658户，占4.07%；因学致贫5255户，占比32.53%；因灾致贫216户，占比1.34%；因缺技术、缺劳动力、缺资金等其他原因致贫5697户，占比35.27%。

二、脱贫攻坚工作部署和保障措施

（一）建立完善责任落实体系

一是按照"五级书记"抓落实要求。建立健全"四位一体"责任体系，提升了各方面参与脱贫攻坚的责任感和紧迫感，有效营造每个单位都有责任、每名干部都应参与的浓厚氛围。二是包片联系责任。根据实际将全县划分为四大片区，由县"四大家"主要负责同志包片对接，定期指导协调督办问题解决、政策落实。将27个乡镇（街道）分别指定市管领导干部对口联系，负责指导研究解决各自联系乡镇（街道）脱贫攻坚各项工作推进。三是部门主管责任。压实职能部门责任，整合优势资源，以解决突出问题为抓手，以85个贫困村为主战场，以全县268个村居为工作面，同步推进交通、水利、能源、通信、环卫等基础设施建设。四是乡镇直接责任。各乡镇（街道）把脱贫攻坚作为主责主业，党政班子把工作精力主要用于脱贫攻坚，形成"一切工作为脱贫攻坚让路、一切资源向脱贫攻坚聚集"的攻坚共识。五是工作帮扶责任。县级部门分别对口帮扶85个贫困村，"整合各方资源、调动各方力量"推动帮扶村发展。按照"帮扶不漏户、户户见干部"思路，精准选派6581名结对帮扶干部，并针对教育、医疗等需求选派教师、医生结对帮扶。六是行业监管责任。围绕项目招投标、工程质量、资金使用等关键环节，完善扶贫项目招投标管理制度，加强扶贫工程项目监管，建立扶贫资金绩效目标执行监控机制，做到资金围绕脱贫攻坚项目精准使用。

（二）建立完善政策制度体系

坚持问题导向，立足当前、着眼长远，建立完善脱贫攻坚各类政策、制度，提高脱贫攻坚制度化、规范化、程序化水平。如在资金监管方面，完善《统筹整合使用财政涉农资金项目管理办法》，出台《扶贫项目资金公告公示制度》等。在运行管护方面，出台《农村"四好公路"管护办法》《农村人饮工程管理办法》等文件，建立工程管护长效机制。在内生动力方面，制定《加强乡村治理的实施意见》《深入开展扶志扶智工作激发贫困群众脱贫内生动力实施方案》等文件。

（三）建立完善资金投入体系

发挥政府投入在扶贫开发中的主体和主导作用，按照"统一规划、整合资源、集中投入"原则，形成了专项扶贫、行业扶贫、社会扶贫三位一体的大扶贫投入体系。脱贫攻坚期间，共投入各类资金132亿元，为全县基础设施、产业发展、公共服务、稳定解决"两不愁三保障"及饮水安全保障提供了有力支撑。一是涉农整合及专项资金。共整合财政专项扶贫资金113600万元、财政涉农资金121186万元、政府专项债8420万元，集中打捆用于脱贫攻坚。帮扶单位按"单位职工10人以下3万元、10人至20人5万元以上、20人以上10万元以上"标准，累计节约"三公"经费543万元用于联系村脱贫攻坚工作。二是整合社会资金。到位山东省、市、县财政援助资金12847万元，到位中央单位定点帮扶资金6199.8万元，到位合川区帮扶资金6000万元，到位市级帮扶集团项目资金5324.5万元，精准用于产业基地、消费扶贫、扶贫车间、基础设施建设等方面。三是金融支撑。全县截至2020年，涉农贷款余额233亿元，金融精准扶贫贷款余额57.44亿元。用好扶贫小额信贷，在坚持贫困户自主发展的基础上，推广合作发展，探索"户贷户用合伙""户贷社管合作""户贷社管合营"发展模式，2015年至2020年，累计发放扶贫小额信贷9302户3.35亿元，获贷率达55.37%，在重庆市排名靠前。

（四）建立完善社会扶贫体系

强化社会动员，汇聚各方力量，广泛搭建平台，推动形成政府、市场、社会协同推进的大扶贫格局。一是东西部扶贫协作。山东省德州市和重庆市秀山县党政主要负责同志互访，定期召开联席会议。建立完善东西部扶贫协作资金项目储备库，引进东部企业3个。相互选派14名党政干部、216名专业技术人才、16名贫困村党支部书记挂职交流，培训党政干部448人、专业技术人员7121人。二是中央定点单位扶贫。中国农业银行与秀山强化沟通协作，建立了定期沟通机制。2015年至2020年，派驻扶贫干部10人，实施产业项目67个，落实农行广东分行定点帮扶秀山。直接购买或帮助销售秀山本地农特产品1.6亿元。完成基层干部培训33期4254人、技术人员培训82期11471人，其中致富带头人426人。三是市内对口帮扶。实施项目45个，帮助秀山引进国泰康宁药业。互派党政干部、教师、医生、科技人员40人挂职交流和进修学习。四是市级集团帮扶。2015年至2020年，先后选派帮扶干部12名到隘口镇开展脱贫攻坚，成员单位领导干部到秀山县调研指导脱贫攻坚109次491人次，组织32个党支部开展"一个支部帮一户"行动,为深度贫困乡镇脱贫攻坚作出重大贡献。五是中国社会扶贫网支持。成立中国社会扶贫网秀山管理中心,2015年至2020年,全县累计注册143408人,发布物品、资金等需求5263条,对接成功3500条。六是"万企帮万村"。全县进入"万企帮万村"数据库的本地企业60户,异地企业13户,2015年至2020年,实施项目148个,涉及82个村,惠及贫困人口10467人。

(五)建立完善考核评估体系

把脱贫攻坚摆在更加突出位置,更加注重发挥考核"指挥棒"作用,完善更加利于推动脱贫攻坚的考核评估制度。一是提高考核权重。完善脱贫攻坚考核办法,优化经济社会发展实绩考核指标,将乡镇(街道)、县级部门脱贫攻坚考核分值由10分,分别提高到30分、20分。二是注重考核捆绑。注重统筹帮扶、统筹考核,实行联系县领导、帮扶单位、乡镇(街道)、帮扶责任人责任捆绑,出现问题一并问责,有效提升帮扶单位、帮扶干部积极性。三是强化考核评价。强化正面激励,2016年至2020年提拔或平职重用134名在脱贫攻坚中表现优秀的干部,占全县提拔或平职重用干部的39.8%。增强反面约束,对县级考核排名靠后的乡镇党政主要负责人、分管负责人,县级帮扶单位主要负责人,以及影响市上对秀山县考核结果的单位主要负责人、分管负责人进行集中约谈。

(六)攻克深度贫困靶向聚力

深度贫困镇隘口镇通组公路硬化、安全饮水、安全用电、宽带进网、公共服务等基础设施实现全覆盖,创建电商扶贫示范镇、金融扶贫示范镇、产业扶贫示范镇、美丽乡村示范镇。基础建设方面。调整优化隘口镇规划建设项目147个,规划总投资40241.05万元,2020年底已全部完工。

三、脱贫攻坚具体路径

(一)着力抓好产业扶贫

一是抓基地建设,促扶贫产品开发。秀山县特色产业基地面积达96万亩,年出栏以秀山土鸡为主的畜禽1100万头(只)以上。延长扶贫产业链条,海王医药、闽商食品产业园等项目落地建设,培育各类农特产品加工企业1320家，开发农特产品820余款。二是抓主体培育，促带贫益贫联结。全县新型农业经营主体达1609个，贫困村建社率、贫困户入社率均达100%，2015年至2020年，带动11371户贫困户参与产业发展。发放扶贫小额信贷3.64亿元，获贷率达59.01%，帮助9302户贫困户发展产业。三是抓品牌建设，促产品质量提升。认证"三品一标"118个，其中国家地理标志证明商标8个。注册涉农商标363件，创建"秀山毛尖"农产品区域公用品牌和"武陵遗风""边城故事"农村电商公共品牌。秀山银花、银杏、白术、黄精等中药材成为国家级出口食品农产品质量安全示范区品种，秀山茶叶基地成为市级出口食品农产品质量安全示范区。

（二）着力抓好电商扶贫

一是构建"大物流"。组建云智速递公司，自主研发城乡智慧物流平台"村哥货的"，实现下行包裹1天内进村入户，上行包裹1天内进城并发往全国，有效解决农村物流"两个一公里"问题。培育物流企业83家，开通武陵物流专线17条和至长沙、重庆快递专线，快递单票全程时效51.4小时，位居西部地区前列。二是搭建"大平台"。按照"县城建核、乡村布点、网络拓展"思路，建成电商云仓、韵达快递分拨中心、农村电商大数据中心、子母穿梭智能仓库、电商学院，获评全国农村电商"十大"模式之一。三是共建"大市场"。秀山（武陵）现代物流园区投用专业批发市场10个，入驻商户3200余家，在市内外建成扶贫产品销售专柜280个。投用武陵山消费扶贫交易中心，组织重庆18个贫困区县和湖南湘西、湖北恩施、贵州铜仁26个贫困市县近1000款农特产品入驻。2015年至2020年，电商交易额、网络零售额分别累计535亿元、102亿元，共卖出50.7亿元的农特产品，入选阿里巴巴贫困县农产品电商销售10强县，电商扶贫效益惠及武陵山区100万贫困群众。

（三）着力抓好易地扶贫搬迁和后续扶持

完成"十三五"易地扶贫搬迁1317户入住情况排查，对存在的问题交办有关乡镇（街道）限期整改。加强对30个易地扶贫搬迁扫尾工程项目的现场督导，实行周调度、周通报，2019年项目全部完工。组织开展排查，掌握易地扶贫搬迁后续扶持基础信息资料，共享信息数据，合力推进工作。

强化易地搬迁后续扶持，完善集中安置点公共服务设施，促进搬迁群众融入安置点社区生活。推进搬迁户权益转移，搬迁户权益转移基本实现"应转尽转""愿转尽转"。规划落实了8个安置点的产业发展，实现每个安置点至少有1个增收产业；出台后续产业发展、后续产业补助等相关政策，通过土地流转、资产入股、务工等方式，374户搬迁户加入新型经营主体，获取利益链接；解决安置点搬迁户每户不低于30平方米的菜园地配置。加大公益性岗位开发和职业技能培训，实现易地扶贫搬迁户零就业家庭动态清零。按照"一户一宅"及"建新必须拆旧"等规定，有序推进旧房拆除复垦和农房整宗地收益权收储，2019年秀山县1317户易地扶贫搬迁户旧房已全部完成处置。通过综合施策，实现搬迁群众稳得住、有就业、逐步能致富。

四、脱贫攻坚主要成效

脱贫攻坚期间，秀山县按照"四个不摘"要求，下足绣花功夫、强化责任担当、坚持问题导向，注重夯实脱贫基础、激发内生动力、提高贫困人口获得感，如期完成了脱贫攻坚目标任务。85个贫困村全部脱贫出列，当时标准下16801户70425人农村贫困人口全部脱贫，消除了绝对贫困和区域性整体贫困。2020年7月，高质量完成脱贫攻坚普查任务，剩余贫困对象全部达到"两不愁三保障"标准。

（一）"两不愁三保障"问题得到解决

针对"义务教育保障"问题，健全义务教育控辍保学工作机制，落实行业部门联控联保机制、控辍保学"五级责任制度"，每月4次为残疾儿童"送学上门"，实现义务教育保障100%。针对"基本医疗保障"问题，综合采取基本医保、大病保险、医疗救助等方式强化医疗扶贫，贫困人口住院自付比例为9.96%，贫困人口特殊疾病卡办理全覆盖，实现基本医疗保障100%。针对"住房安全保障"问题，精准落实易地扶贫搬迁政策，深入开展危房改造、修缮加固，建立常态化巡查机制，第一时间跟进解决住房问题，帮助群众住上"安全房""舒心房"。针对"饮水安全保障"问题，采取建管并重方式改善饮水条件，全县贫困群众饮用水水量、水质、用水方便程度、供水保证率四项指标均达标。

（二）基础设施有效改善

秀山县农村面貌与生产生活环境得到整体改善。一是农村道路互联互通。城市外环线、秀川路和官庄、洪安过境公路建成通车，3条出城快速通道、四街一镇联网公路进度过半，建设普通干线公路344公里。2015年至2020年，实施农村公路通畅工程2840公里，硬化人行便道730公里，全县行政村、撤并村通畅率均达100%，30户以上的自然村通畅率达100%。安装农村公路安全生命防护工程650公里，新建农村客运招呼站570个，具备条件的行政村客运通车率达100%。二是生活饮水安全便捷。隘口水库下闸蓄水，桐梓、马西水库开展土地房屋征收。第三水厂正式投用，城区供水加快优化。改造乡镇水厂18座，新建供水管线660公里。实施饮水安全工程775处，巩固提升56.7万人饮水安全。综合治理水土流失60平方公里，整治河堤和排洪沟58公里，粮油生产基础进一步夯实。三是其他设施同步推进。4G网络实现全覆盖，5G基站建成560个，铺设光纤1.4万公里。新增35千伏线路73公里、农网改造716公里。燃气管网加速布局，新建天然气储配站1座、加油站10座。建设农村污水处理站20座，新建农村垃圾集中处理站4个，配置垃圾转运车71辆、垃圾集中收集箱体2240个，农村生活垃圾有效治理率达100%。四是公共服务惠民利民。新建教学楼31844平方米，改扩建学生运动场地100289平方米。改扩建乡镇卫生院24所，新建改建村卫生室61个。改扩建农村便民服务中心193个，新建文化广场140处。

（三）区域发展不断向好

一是经济运行实现逆境突围。纾困惠企政策有效落实，精准送工3000余名，减税降费1.7亿元，提供转贷35.4亿元，减免水电气费和租金2132万元。农业实现稳产保供，工业经济逆势上扬，主要消费加速恢复。二是服务水平不断提升。行政审批制度改革不断深化，政务服务中心整体搬迁，行政许可事项时限压缩率、全程网办率分别达80.7%、77.1%，单个事项平均跑动次数降至0.23次，新增市场主体8722户、"四上"企业37家，入选全市优化营商环境十佳创新案例。三是生态环境持续优化。县城污水处厂提标改造，建设镇村污水处理厂44座、污水管网500公里，城镇生活污水集中处理率分别达95.2%、85.3%。强力推进锰行业环境整治，完成渣场整治10个，全部渣场上齐渗滤液处理设施。河长制有效推进，污水"治三排"、河道"清四乱"专项整治成效显著，关停拆除禁养区、临河临库养殖场121家，国控市控断面水质稳定达标，集中式饮用水水源地水质达标率100%。生活垃圾无害化处理率100%。

国家级扶贫开发重点县
黔江篇

一、黔江区情及贫困状况

（一）黔江区情

黔江区地处武陵山区腹地，为"渝鄂咽喉"。面积2402平方公里，辖30个乡镇街道。户籍人口56万，其中少数民族人口占74.6%（主要为土家族与苗族）。城市建成区面积26平方公里，人口25万，常住人口城镇化率52.17%。

黔江区集革命老区、民族地区、边远山区和国家扶贫开发工作重点县于一体。作为全国民族团结进步示范区，黔江建有民族博物馆和民族歌舞团。作为革命老区，黔江是红三军入渝的首站。作为国家生态文明建设示范区，有着"中国清新清凉峡谷城""中国森林氧吧""中国最具魅力宜居宜业宜游城市"等称号。

（二）贫困状况

2015年，黔江被纳入国定贫困县，辖贫困村65个，贫困人口11430户40641人，贫困发生率13%。全区15%的村无主导产业，50%以上的村道路为等外级公路，22%的村民小组未通公路，23%的农村人口面临饮用水问题，10%的农户电网需升级改造，12%的农村人口未实现广播、电视、互联网覆盖，18%的村无便民服务中心。

二、脱贫攻坚工作部署和保障措施

（一）树牢政治站位

坚持以习近平新时代中国特色社会主义思想、习近平总书记关于扶贫工作的重要论述作为引领脱贫攻坚的"总纲领"，通过区委常委会、区委中心组学习、区扶贫开发领导小组会议等，开展专题学习研究350余次。全区各级党组织采取班子会、职工会、村组干部会、群众院坝会等形式进行学习传达。

（二）强化政治责任

由区委、区政府主要领导担任"双组长"，区委、区政府全体领导和区人大常委、区政协联系领导为副组长，每月至少5天用于脱贫攻坚。34名区级领导每人担任1个乡镇的脱贫攻坚指挥长，每人包干联系1个至2个贫困村、5户最困难的贫困户。区级行业部门定期研究本行业脱贫攻坚工作，乡镇街道党委、政府每月对脱贫攻坚工作进行专题研究，党委主要负责人对辖区贫困户走访1次以上，实现脱贫攻坚工作层层有责任、层层有落实。用好国、市、区三级驻村帮扶力量，全区行政事业单位和党员干部全员参与，122个区级部门、285名市区干部、30个乡镇街道组成驻村工作队，帮扶贫困村实现全覆盖。

（三）顶层设计保障

黔江区制定了"1+1+25"政策体系。2017年，黔江区实现贫困"摘帽"后，按照习近平总书记聚焦深度贫困的要求，精准识别"1+29"深度贫困镇村，制定"1+2"深化脱贫攻坚政策体系和《黔江区精准脱贫攻坚战行动方案》《关于打赢打好脱贫攻坚战三年行动的实施意见》《建立防止返贫监测和帮扶机制的实施方案》，一手抓深度贫困攻坚，一手抓脱贫攻坚成果巩固。

（四）统筹整合资金

一是创新工作方法。开展涉农资金统筹整合试点，创新"三权分置"工作法，深入开展统筹整合使用财政资金，被财政部《特供信息》采用并推广；创新探索小额扶贫信贷"五分工作法"，设立扶贫小额贷款风险补偿金3001万元，累计发放扶贫小额信贷2.28亿元，贫困户获贷率46%。二是统筹整合资金。累计投入扶贫资金35.59亿元，规范完善扶贫项目库建设，加强财政扶贫资金管理，提高扶贫资金使用效益。对接中央定点单位中信集团、东西协作山东日照市、市卫生计生委扶贫集团、永川区，各帮扶单位帮扶力度逐年增加，截至2020年10月，争取对口帮扶资金3.9亿元。三是强化资金监管。印发《关于健全扶贫资金项目信息公开和公告公示制度的通知》，通过国家扶贫开发信息系统、财政扶贫资金动态监控平台等"大数据"对比、分析和预警实现对全区扶贫资金的动态管理，并将扶贫资金项目监督管理纳入脱贫攻坚考核的重点内容，实行"政府监督、审计监督、百姓监督、第三方监督"四级监督，有力保障了扶贫资金安全，有效助力"阳光扶贫""廉洁扶贫"，成为全国"智慧检务"七个典型案例之一。

（五）落实"两个精准"

深入贯彻精准扶贫、精准脱贫方略，做到扶贫工作务实、脱贫过程扎实、脱贫结果真实。一是精准识别。印发《重庆市黔江区扶贫对象动态管理实施细则》，探索"338"识别帮扶方法，按照"八步两评议两公示一比对一公告"流程，做到凡有异议必核查，核查结果必研究，研究情况必反馈，做到识别过程阳光真实。二是精准退出。建立完善"区负总责、部门协作、乡镇街道抓落实、任务到村、责任到人"的工作机制，建立"月通报、季督查、年考核"督查考核机制。执行脱贫农户申请、民主评议、逐户核实、签字确认、公示公告和贫困村脱贫入村调查、摸底核算、公示公告等程序，邀请"两代表一委员"对退出程序进行全程监督，杜绝"被减贫""被脱贫"。三是强化动态监测管理。探索制定《关于做好收入水平略高于建档立卡贫困户群体帮扶工作的通知》《关于建立防止返贫监测和帮扶机制的实施方案》，累计摸排出脱贫不稳定户116户444人，边缘易致贫户248户893人，占2020年建档立卡贫困人口总规模的2.98%。为边缘易致贫户落实一名帮扶责任人，加大对脱贫不稳定户和边缘易致贫户的监测和帮扶力度，促进各项扶贫政策落实落地。

（六）聚焦深度贫困

聚力攻克深度贫困，以深化"六个统筹"巩固脱贫成果、建立长效机制、激发内生动力。一是统筹"深度+一般"。围绕1个市级深度贫困镇、29个区级深度贫困村，坚持"缺啥补啥、差啥添啥"，科学编制发展规划，坚持以点带面，统筹做好非贫困乡镇、非贫困村、城市贫困人口扶贫工作，切实解决"插花"贫困问题。紧紧围绕46户未脱贫户、116户脱贫不稳定户、247户边缘易致贫户和实时发生的贫困户等四类重点对象开展一对一帮扶行动，动态监测返贫和致贫风险变化，提前采取针对性帮扶措施，做到贫困群众不新致贫或返贫，全部贫困人口如期高质量实现脱贫。二是统筹"巩固+提升"。对已销号村、已脱贫户"扶上马送一程"，保持脱贫政策、帮扶力度、攻坚态势"三个不变"，实施"三年提升工程"，2016年来实施扶贫项目1520个，着力补齐农村路、水、电、讯、房和环保等基础设施短板。三是统筹"资源+资本"。探索农村"三变"改革，提速发展乡村旅游业，引进阿里巴巴村淘、京东、苏宁易购等知名电商企业入驻黔江，创新推出"金溪农场"电商扶贫微信公众号及"大厨驾到""土家幺妹"直播团等网络直播带货活动，探索开设"山韵黔江农特产品O2O扶贫专柜"等电商扶贫项目，用农村电商产业服务链推动建立稳固的利益联结机制，推动农业"接二连三"。四是统筹"内力+外力"。加大与中信集团、山东省日照市、市卫生健康委帮扶集团、重庆市永川区对接力度，全力打造中央国家机关定点帮扶、东西部协作、市内结对帮扶"三个示范"。中信集团创新实施的"三聚三帮"机制得到国务院领导肯定性批示。山东省日照市对口帮扶黔江共建"赴日照看海·来黔江看山"旅游品牌。市卫生健康委帮扶集团打造"三金"品牌。永川区复制"互联网+农贸"模式促进黔江特色农产品走出山区、辐射全国。五是统筹"普惠+兜底"。抓好建档立卡动态调整和管理，落实各项扶贫惠民政策到户到人，改善深度贫困地区教育、医疗、养老等条件。开展易地扶贫搬迁、农村危旧房改造和特困群众"兜底帮扶"，加强兜底扶持和基础保障。六是统筹"帮扶+自立"。推进"扶志"与"扶智"，加强实用技术培训，开展"我的扶贫故事、我的脱贫故事、我的创业故事"宣讲，提升贫困群众主动脱贫的志气和摆脱贫困的智慧，增强贫困群众内生动力和自我发展能力。

（七）脱贫攻坚与乡村振兴有效衔接的探索

一是加强规划布局衔接：一盘棋制定发展规划，紧扣扶贫振兴联结点。组建推进市级乡村振兴试验示范建设指挥部，明确一名政协副主席蹲点指挥。以新一轮机构改革为契机，建立区委乡村振兴办，设为区委正处级工作部门。坚持从规划层面对脱贫攻坚补短板、强弱项、抓重点工作和乡村振兴重巩固、抓提升、促示范工作进行衔接，增强工作的连续性、科学性。

注重统筹发展目标，围绕乡村"五大振兴"核心目标进行谋篇布局，统筹制定《黔江区乡村振兴战略规划（2018—2022年）》。注重统筹示范建设，按照"典型示范、先进引领、以点带面、抓两头带中间"规划思路，选择基础条件较好的3个村作为全市乡村振兴综合试验示范村，将深度贫困村优先纳入22个乡村振兴区、乡级示范村，形成乡村振兴"31522"分层分类示范体系，建立起抓前后两头、带动中间的脱贫攻坚和乡村振兴发展规划。二是加强资金政策衔接：建立脱贫攻坚项目库，落实涉农政策。优化财政涉农资金供给机制，提高涉农政策落地的精准度，扎实推进涉农资金整合试点工作，建立涉农资金脱贫攻坚项目库，将乡村振兴、产业发展、基础设施建设、公共服务等项目及政策打捆使用，2018至2020年整合资金18亿元集中用于脱贫攻坚和乡村振兴，实现涉农资金"多个口子进、一个漏斗出"、消除"跑冒滴漏"。创新贫困边缘户帮扶问题，提高涉农政策制定的精准度，印发《关于加强收入水平略高于建档立卡贫困户群体帮扶工作的通知》，试点170万元防贫保险制度，按照缺什么补什么原则，全力筑牢返贫防线，巩固脱贫成果。三是加强利益联结衔接：深化农村综合改革，构建农民利益联结机制。深化农业农村改革，扎实开展农村承包地确权登记颁证，稳定农村土地承包关系，推动农村土地所有权、承包权、经营权"三权分置"，培育适度规模新型经营主体6395个。在全市率先出台《扶贫资金使用利益联结机制的指导意见》，投入1.2亿元推进财政资金股权化改革，依托新型农业经营主体，通过股份合作、保底分红、二次返利等形式，探索"土地租金+劳务承包+产量提成"、村集体"独立运营+返租倒包"等利益联结机制，帮助3000余户贫困户增加农户财产性收入。加快村集体经济发展，推进农村集体产权制度改革，深化农村"三变"改革试点，110个村集体经济实现经营性收入，有力实现产业发展短板变样板、农民增收难点变亮点、集体经济弱项变强项、基层组织后进变先进。

三、脱贫攻坚具体路径

（一）"八化"机制推动产业扶贫

以发展蚕桑产业为抓手，厚植让贫困群众长期、稳定获得产业收益和增值收益的益贫性机制，建立全区茧丝绸产业发展指挥部，构建区、乡、村三级服务体系，实现产业组织化、专业化。创新发展模式，从浙江桐乡引进茧丝绸龙头企业、山东日照引进海通丝绸，推行"公司+农民合作社+基地+农户"发展模式，实现产业规模化、集约化。创新技术运用，探索创新"六化五配套"技术路线，实现产业标准化、规范化。创新综合开发，设立黔江·桐乡丝绸工业园，延长产业链，发展"桑+"立体农业，实现产业链条化、立体化。2015年至2020年，黔江全区建卡贫困户469户种植蚕桑增收，同时全区蚕桑产业带动2300余名贫困人员在合作社或大户务工增收。

（二）就业扶贫形成"三金"品牌

推进深度贫困金溪镇脱贫攻坚工作，重庆市卫生健康委扶贫集团发挥行业优势，打造"金溪护工""金溪被服""金溪农场"三张金字招牌，实现造血式精准扶贫，脱贫攻坚主战场变为乡村振兴示范地。

（三）打造"12345"健康扶贫工程

开展"一体系、两保障、三到位、四精准、五举措"的健康扶贫工程。一体系：区、乡镇街道、村（社区）三级医疗服务体系。两保障：组织领导保障，成立由区委书记任组长的健康扶贫工作领导小组。政策保障方面，建立"合作医疗政策保+健康扶贫基金保+民政医疗救助保+精准脱贫商业兜底保+慈善帮扶"五大政策保障体系。三到位：疾病预防到位、健康知识宣传到位、环境卫生整治到位。四精准：精准识别、精准诊断、精准治疗、精准管理。五举措：建立远程心电会诊制度、患者转诊制度、签约服务制度、"先诊疗后付费"和"一站式"结算制度、特需药品代购制度。使大病、疾病、慢病得到有效救治，减少贫困群众医疗负担。截至2020年底，贫困人口住院费用自付比例降至10%左右，全区贫困人口基本医疗得到有效保障。

（四）建立易地扶贫搬迁"五子登科"机制

黔江区建立了全市规模最大、安置在工业园区的易地扶贫搬迁点——李家溪易地扶贫安置点。项目总面积约58.5亩，其中安置居住房面积4.1万平方米。采取帮扶有对子、居住有房子、就业有位子、生产有棚子、种菜有园子"五子登科"的后续扶持措施，2015年至2020年，被发改委评为"十三五"美丽搬迁安置区，入选全国"十三五"易地扶贫搬迁典型案例。

四、脱贫攻坚主要成效

经过五年脱贫攻坚，全面解决了"两不愁三保障"及饮水安全问题。截至2020年底，黔江区累计减少贫困人口11741户45132人，贫困发生率从2014年的13%降至0，实现现行标准下全区农村贫困人口全部脱贫。全区65个贫困村全部销号，绝对贫困和区域性整体贫困全部消除，如期完成了新时代脱贫攻坚目标任务，取得了历史性的成就。于2017年历史性摘掉国家贫困区县"帽子"，2018年成为全国首批"贫困县摘帽案例研究"样本区县，2020年获批建设中国扶贫交流基地。

（一）实现两不愁三保障

截至2020年12月，2845户6672名建档立卡贫困户享受城乡低保对象，183人次贫困人口享受临时救助40.9万元。通过学前教育到高等教育多层级资助体系，适龄儿童少年全部接受义务教育，全区无学生因贫穷辍学失学。标准化改造35个贫困村卫生室，配置65个贫困村医疗设备，配备65名乡村医生，贫困村医疗条件进一步改善，所有贫困人口基本医疗得到保障。城乡养老、医保参保率稳定在95%以上，贫困人口城乡居民养老保险参保率达100%，实现应保尽保。脱贫攻坚期间，实施农村危房改造5968户，其中完成贫困户危房改造4693户16280人。

（二）人均可支配收入提升

2020年农村居民人均可支配收入达到1.4万元，是2014年7878元的1.78倍，建档立卡贫困户人均可支配收入达到1.3余万元，较2014年的4835元增长171.1%。

（三）基础设施改善

脱贫攻坚期间，硬化村道1612公里、新建村道275公里、改扩建村道294公里，硬化村社便道911.2公里，贫困村通畅率、村民小组通达率均达100%。新解决及巩固提升了42.8万人的饮水安全问题，农村饮水水量、水质，供水保证率，用水方便程度达到农村饮水安全标准，农村人畜饮水实现饮水保障、饮水安全"两个100%"。村级广播、电视、通信全覆盖。改善117所义务教育薄弱学校基础条件，贫困村教育水平进一步提升。全区"一机场一普铁一动车两高速"实现"铁、公、机"联运，渝湘高铁重庆至黔江段加快建设，黔江机场航线增至15条。

（四）农村基层治理水平提升

脱贫攻坚期间，提拔重用扶贫干部497人，基层干部占1/3以上，干部选拔任用满意度连续5年保持在99%以上。新建和维修村级便民服务中心62个，建成20个贫困村综合文化服务中心示范点、193个农民体育健身工程、65个贫困村文化中心户、农村文化室219个，坚持自治、法治、德治相统一，构建共建共治共享的社会治理新格局，公众安全感满意指数达到98.8%，群众"三感"持续提升，主动参与黔江区中心工作。

（五）可持续发展能力提升

一是变"青山"为"金山"。基本形成"一村一品"产业发展格局，荣获"中国猕猴桃之乡""中国脆红李之乡"等称号，建成优质桑园8.3万亩，蚕茧连续10年全市第一。国家现代畜牧业示范区先行区建设成效明显，连续13年获"全国生猪调出大县"奖励。二是变"山区"为"景区"。建成国家4A级景区8个，濯水古镇5A级景区即将挂牌，连续3年游客人数和旅游综合收入实现40%以上增长。

市级扶贫开发重点县篇

一、重庆市级扶贫开发重点县概况及贫困状况

（一）重庆市级扶贫开发重点县概况

重庆市级扶贫开发重点县（区）包括涪陵区、潼南区、忠县和南川区。涪陵居重庆市中部、三峡库区腹地，位于长江、乌江交汇处，有渝东门户之称。涪陵因乌江古称涪水、巴国王陵多在此而得名。全区面积2942.36平方公里，总人口117.03万人。潼南区位于长江上游地区、重庆西部，地处渝蓉直线经济走廊。1914年因地处潼川府之南更名为潼南。潼南区面积1583平方公里，总人口103万，是川渝合作示范区、全国现代农业示范区、国家新型城镇化综合试点地区。南川区忠县位于重庆市中部，地处三峡库区腹心，面积2187平方公里，辖4个街道、19个镇、6个乡、372个村（社区），总人口75万。

（二）贫困状况

2014年，重庆市级扶贫开发重点县（区）共辖231个贫困村，其中，贫困村涪陵区63个，潼南区50个，忠县72个，南川区40个。市级扶贫开发重点县（区）共有贫困户64497户216789人。涪陵区贫困户16354户52514人，潼南区贫困户14085户48777人，忠县贫困户20240户68004人，南川区贫困户13827户47494人。市级扶贫开发重点县（区）贫困发生率为7.08%，其中涪陵区贫困发生率为6.5%、潼南区为6.1%、忠县为8.82%，南川区为6.9%。

二、脱贫攻坚工作部署和保障措施

总揽重庆市涪陵区、潼南区、南川区、忠县的脱贫攻坚工作部署和保

障措施，基本情况如下：

（一）坚持高位推动，压紧压实责任，确保中央、市委市政府脱贫攻坚决策部署全面落实

一是紧抓学习贯彻。及时传达学习习近平总书记重要指示、重要讲话、扶贫重要论述和中央、市委市政府决策部署，研究部署贯彻落实工作，带动各级各部门抓好学习、深化认识、提高站位，切实增强抓脱贫攻坚的政治责任感、强烈使命感；定期举办脱贫攻坚专题培训班，各级干部特别是领导干部"四个意识"、政策水平、履职能力明显增强。二是压实各方责任。坚持把脱贫攻坚工作作为首要政治任务和"一号工程"，将全县（区）工作调为"扶贫模式"，全员进入"战斗状态"。建立横向到边、纵向到底的责任体系，执行"双组长制"和"五级书记抓扶贫"机制，遍访贫困户实现全覆盖。县（区）委、县（区）政府坚持每月至少专题研究一次脱贫攻坚，每两月至少召开一次扶贫开发领导小组会议，常态化研究部署工作、解决具体问题。县（区）领导和各部门坚持每月研究一次行业扶贫工作，实现项目到村、资金到户、措施到人。三是统筹各方力量。如涪陵区，24个区级扶贫集团、119个成员单位定点帮扶25个乡镇街道。按照"3+3"模式（区级部门3人、乡镇街道3人）调整充实63个贫困村第一书记和驻村工作队员。按照"332"标准（区领导3户、处级领导3户、科级及以下干部2户），落实结对帮扶干部8000余人。驻村帮扶和贫困户结对帮扶实现全覆盖。四是动员社会力量。广泛动员全社会力量帮扶，挖掘社会扶贫潜力，构建专项扶贫、行业扶贫、社会扶贫的大扶贫格局。如潼南区，组织100余家农业龙头企业定点帮扶50个贫困村，每个贫困村至少发展1个农业企业或专业合作社、5个家庭农场或种养大户，贫困村累计发展各类经营主体308家。开展志愿服务活动，1.5万余名志愿者走村入户，帮助缺劳困难群众干农活、协助改造危旧房、发展生产、开展实用技术培训等。组织引导社会力量采取扶贫捐赠、结对帮扶、劳务输出等多种方式参与扶贫。

（二）坚持目标标准，聚焦精准，完善落地各项扶贫政策

一是精心制定脱贫攻坚方案。坚持以贫困村、贫困户为攻坚主体，"一村一策、一户一策"精准细化攻坚方案，实施"11+4"攻坚行动和助推行

动（"11"即实施基础设施、扶贫搬迁、特色产业、环境整治、就业创业、保障兜底、教育扶贫、卫生扶贫、结对扶贫、留守关爱、基层组织等11个攻坚行动;"4"即实施党代表、人大代表、政协委员和党外人士4个助推行动)。二是精准识别贫困对象。自2015年至2020年，按照"八步两评议两公示一对比一公告"识别流程和"四进七不进""一出三不出"标准，对新增户、脱贫户开展调查、评议、公示，组织教育、医疗、住房、水利、民政、扶贫等部门对贫困户"两不愁三保障"各项指标进行联合认定，做到识别精准，扣好"第一颗扣子"。三是强化精准帮扶。根据贫困户致贫原因和家庭实际情况，帮扶干部、村社干部等入户与贫困户对接，宣传扶贫政策，在尊重贫困户意愿前提下做好产业、就业等发展规划，制定帮扶措施，实现稳定脱贫。四是强化动态新增问题清零。多轮次、全覆盖、常态化开展"两不愁三保障"突出问题排查。坚持定标施策、定向发力、定点消除，做到逐户逐人逐项对账销号，稳定实现贫困对象"两不愁三保障"。五是建立完善防止返贫监测和帮扶机制。加大动态监测力度，落实监测责任人，广泛开展返贫致贫风险因素排查。

(三)坚持党建引领，夯实基层基础，筑牢脱贫攻坚战斗堡垒

一是加强扶贫力量。实施农村带头人队伍整体优化提升行动，选优配齐村党组织书记，每村均储备2至3名后备干部。推行"党员联系群众、群众评价党员"工作制度，推动农村无职党员全覆盖联系服务困难群众，在脱贫攻坚中当先锋、作表率。二是增强扶贫干部战斗力。如潼南区，出台《激励村干部担当作为十六条措施》，探索建立村干部"固定补贴+养老保险补贴+绩效考核+集体经济奖励"待遇保障体系，增强村干部队伍战斗力。织密考试、暗访、约谈、述职、考核、保障"六项机制"，细化23条管理举措，164名驻村干部沉在基层，全身心投入扶贫工作。聚焦农村基础短板，扎实完成"123"党建工作目标，推动人力、物力、财力向脱贫攻坚一线倾斜。

(四)坚持惩防并举，强化执纪问责，为纵深推进脱贫攻坚提供坚强纪律保障

重庆市级扶贫开发重点县(区)建立了"常态督查、从严执纪、严格考核"的落实机制。一是强化问题整改。将问题整改与脱贫攻坚日常工作紧密结合起来，统筹推进各级各类巡视、督查、考核、审计等发现问题整改。尤其是中央对脱贫攻坚开展专项巡视后，区委成立了落实中央脱贫攻坚专项巡视反馈意见整改工作领导小组，下设11个专项小组，构建了"领导小组+专项小组+定点包干"责任体系。同时，建立完善问题清单、任务清单、责任清单和整改时限表"三单一表"，对每一个问题、每一项任务做到定人、定责、定时。注重举一反三抓整改，既整改具体问题，又建立长效机制，从源头上防止问题发生，实现解决一个、销号一个、巩固一个。二是强化督导督查。如涪陵区，区纪委监委机关、区委督查室、区政府督查室、区扶贫办等区级部门组建4个常态化督查组，采取"四不两直"的方式，对25个乡镇街道和"两不愁三保障"等行业部门开展全覆盖督查。潼南区整合纪检监察、巡察、扶贫、组织等力量，先后组建60个监督检查组，紧紧围绕各级党委（党组）、职能部门和各基层纪检监察组织落实脱贫攻坚责任、整改落实中央巡视组反馈意见、扶贫领域腐败和作风问题等方面全覆盖开展脱贫攻坚专项监督检查和专项巡察，发现问题501个，均督促整改落实。三是深化扶贫领域腐败和作风治理。制定《深入开展扶贫领域腐败和作风问题专项治理实施方案》，整治脱贫攻坚中的形式主义、官僚主义，做到扶贫工作务实、脱贫过程扎实、脱贫结果真实。

三、脱贫攻坚具体路径

重庆市级扶贫开发重点县脱贫攻坚具体路径围绕着发展生产、就业创业、消费扶贫、教育扶贫、社会保障等展开，形成了各自的经验与特色。

（一）发展产业扶贫

比较有代表性的有潼南区"城市资本+产业"新模式。潼南区坚持走现代农业发展之路，稳妥推进城市资本下乡，唤醒各类生产要素，激活农村资金资产资源"三资"潜能，推动产业扶贫工作向纵深发展，带动贫困群众增收致富。一是强化政府引导。潼南区因地制宜、因势利导出台相关配套政策，撬动城市资本服务现代农业。运用各项政策资金，集中流转、整治、出租土地，变"闲散资源"为"优质资产"。对接城市资本投资需求，打造"3+X"产业模块基地，形成粮油、蔬菜、柠檬、生猪、渔业、特色经果和中药材七大特色产业集群，实行模块招商，鼓励城市回乡创业资本投身农业。二是强化市场导向。坚持绿色化、融合化、品牌化发展道路，引导鼓励城市资本发展柠檬、小龙虾、中药材等特色产业，把柠檬"小果子"发展成为产值30多亿的"大产业"，使重庆潼南成为与美国加州、意大利西西里岛齐名的世界三大顶级柠檬产地。潼南获评中国特色农产品优势区。三是强化利益联结。聚焦发挥城市资本社会效益，探索产业发展与脱贫攻坚衔接途径，引导城市资本与农户建立利益联结机制。实施"特色产业+扶贫"，每个贫困村形成1个至2个主导产业，实现村村有增收产业、户户有增收项目。

（二）就业创业扶贫

一是着力搭建就业平台。如涪陵区为稳定增加贫困群众收入，促进就近就地就业，紧紧依托当地特色产业和资源优势，因地制宜加大扶贫车间创建力度。2020年，涪陵全区25个乡镇街道申报创建扶贫车间26个，已成功挂牌创建9个，截至2020年底，创建扶贫车间15个，共吸纳417人就业，其中建卡贫困户160人。涪陵蔺市镇美心红酒小镇依托景区资源优势创建扶贫车间、开通脱贫攻坚集市，实现农旅融合发展，《人民日报》在社会栏目头条予以报道。二是劳动力培训促就业。如潼南区建立建档立卡贫困劳动力信息台账，动态掌握贫困劳动力数量、就业意向、就业状况及培训愿望等信息，探索实施"订单+定岗+定向"的培训新模式，个性化定制培训课程，加大对贫困户农村实用技术培训。三是招才引智促创新创业。潼南区加快集聚创新资源，加强与全国知名企业、高等院校、科研院所的技术创新合作，拥有汇达柠檬、巨科环保、农业科技园区博士后工作站3个、星创天地2家、众创空间2家，建成中药材研究院潼南分院、西南大学农业科技创新基地等创新平台，着力构建高素质人才洼地。

（三）消费扶贫

比较有代表性的有忠县，构建了"三端三力的消费扶贫新格局"。将消费扶贫生产端、流通端、消费端串珠成链，有效激发生产"活力"、挖掘流通"潜力"、激活消费"动力"，着力构建消费扶贫新格局。忠县围绕特色抓产业，构建起柑橘、笋竹、生猪、生态水产等"4+X"特色效益农业体系；量身打造"柑橘网"，构建起"数据+电商+金融"的柑橘智慧产业数字生态圈；提升农特产品电商品牌信誉和品牌形象，建成141个农产品网货供应基地，打造60个扶贫产品，激发生产"活力"。为挖掘流通"潜力"，忠县围绕终端拓渠道，强化产销对接，推进农产品"十进"［进商圈、进市场（超市）、进社区、进园区、进菜店、进车站、进景区、进学校、进医院、进加油站］；强化电商扶贫，贫困村电商配送站点覆盖率达100%；建立城区15个社区与72个贫困村结对，共同推进优质农特产品对口消费扶贫。为激活消费动力，忠县打好"活动牌"，赢得"好口碑"，举办"忠橙"开园采摘、出口启动仪式等活动，着力营销"乡土忠州""忠橙"等区域公用品牌，忠橙品牌价值高达11.37亿元。打好"展会牌"，围绕"长江三峡国际马拉松""长江三峡国际电竞节""长江三峡国际音乐节"等节庆活动，提升农产品"曝光度"。打好"线上牌"，开展"京东厂直优品计划交流培训"，培育线上业态拓展线上消费市场，拓展"新空间"。《立"三端"提"三力"构建消费扶贫新格局》案例于2020年9月被评为全国消费扶贫优秀案例。

（四）社会保障扶贫

一是在医疗保障扶贫方面。忠县在重庆市率先将新增因病致贫贫困人口建立追溯一年救助机制。针对新增因病致贫贫困人口在纳入建卡户之前一段时间因病住院和重大疾病门诊产生的个人自付费用较高，导致贫困户"病上加霜"的情况，忠县县政府及时完善健康扶贫医疗救助政策，从2018年起，按照"家庭负担可承受"原则，在全市率先将新增因病致贫贫困人口未评贫困户之前近一年的住院个人现金支付费用追溯纳入县级健康扶贫医疗救助范围，并及时调整县级医疗救助政策。二是在住房保障方面。南川区推行"七个一批"保障住房安全。探索建立"复垦拆除一批、鼓励拆除一批、证据保全拆除一批、修缮加固一批、拆除新建一批、限期拆除一批、佐证挂牌一批"等"七个一批"做好农村危旧房改造工作，实现农村危旧房动态清零。《南川区分类施策"解锁"农村危旧房改造》做法在重庆市推广。

（五）扶智扶志扶贫

"智志"双扶，是扶贫的重要举措。如忠县出台《关于进一步加强贫困群众扶志扶智工作的意见》，每年全覆盖开展广大群众特别是贫困群众实用技术、技工技能、精气神等培训，开展致富带头人培训、扶贫干部政策业务培训等。自2015年起，忠县组织开展致建卡贫困户外出务工子女的一封信、"榜样面对面"宣讲活动、"破除旧观念·致富奔小康"教育活动等，增强贫困群众内生动力。2018年，忠县公检法司四大政法机关发布通告，敦促子女履行赡养义务，不能将贫困老人安排住在危旧房中，助力脱贫攻坚。2019年至2020年，忠县举办"真脱贫·脱真贫"微宣讲、"典型面对面·勤劳奔小康""身边的脱贫故事"等系列访谈类宣讲活动300余场次，推出"勤劳致富最光荣——讲述身边的脱贫故事"宣传报道，制作发放海报、倡议书等3万余份，评选各类"光荣户""清洁户""和谐户""园林户"等先进典型5万余户；以优秀扶贫干部杨骅为素材创作的歌曲《传承》获重庆"五个一工程"奖、脱贫攻坚原创歌曲大赛第一名。

四、脱贫攻坚主要成效

脱贫攻坚期间，重庆市市级扶贫重点区（县）委、区（县）政府把脱贫攻坚作为重大政治任务和第一民生工程，坚持以脱贫攻坚统揽经济社会发展全局，举全区县之力、用创新之智、行非常之举，强化责任落实、政策落实、工作落实，推动脱贫攻坚走深走实，取得了脱贫攻坚战的胜利。2015年，涪陵区退出市级贫困区县行列；2016年，潼南区和忠县相继退出重庆市级贫困区县行列；2017年，南川区退出市级贫困区县行列。

（一）群众收入有所提升

涪陵区农村居民人均可支配收入从2014年的9963元增加至2019年的17600元，年均增长12.78%，贫困户人均纯收入从2014年底5684元增加至2020年的11952元，年均增长15.75%；潼南区农村居民人均可支配收入从2014年的10387元增长至2019年的16702元，年均增长9.97%，贫困户人均纯收入从2014年的3389元增长至2020年的11232元，年均增长38.57%；南川区农村居民人均可支配收入从2014年的10165元增长至2019年的16079

元，年均增长9.7%，贫困户人均收入从2014年的3982元增长至2020年的11549元，年均增长31.7%；忠县农村居民人均可支配收入从2014年底的9963元增加至2019年的16207元，年均增长10.6%，贫困户人均纯收入从2014年的3118元增加至2020年的11977元，年均增长25.2%。

（二）"两不愁三保障"问题全面解决

一是义务教育方面。兑现教育扶贫政策，实现贫困学生资助全程资助、全员覆盖，应助尽助。加大"两类学校"建设力度，实施强校结对弱校帮扶工作，倾斜配置优秀教师资源，实施送教、走教和支教措施，实现老百姓子女在家门口有"好学"上，累计资助学生130万余人，适龄儿童义务教育入学率达100%。二是基本医疗方面。贫困人口医疗保险、大病保险实现全覆盖，资助参保率、大病救治率均达100%。在医疗资源方面，每个镇街有1所政府办标准化卫生院，至少有1名全科医师；每个行政村有1所标准化卫生室，至少有1名注册乡村医生或执业（助理）医师。家庭医生签约服务更加完善，在家且有签约意愿的建档立卡贫困人口做到"应签尽签"，将原发性高血压、2型糖尿病、肺结核和严重精神障碍等4类慢病患者作为重点服务对象，将因病致贫返贫风险较高的贫困户纳入签约服务范围，安排全部乡村医生参加培训，实现了乡村医生培训全覆盖。三是住房安全方面。贫困群众住房安全等级鉴定实现全覆盖，四个区县18152户贫困户危房得到了改造。

（三）农村基础设施和公共服务有效改善

一是基础设施方面。完成"四好农村路"建设4197公里，其中贫困村1873公里，全区行政村村道路通畅率、村民小组通达率、客车通车率均达到100%。实施贫困村农网升级改造，所有自然村全部通动力电，农村供电能力、供电质量有效提升。建成农村移动通信基站196座，自然村实现通信信号、互联网、广播电视信号全覆盖，全区行政村4G网络覆盖率、光纤通村率均达到100%。二是公共服务方面。完成乡村薄弱学校改造112所，乡镇中心幼儿园实现全覆盖，乡镇中心校以上学校全部实现寄宿制。农村卫生室全部实现标准化建设，注册乡村医生或执业（助理）医师到岗到位，基本医疗设备配置齐全，家庭医生签约服务效果良好。建成社区养老服务站62个、农村幸福院110个。推动社区卫生服务中心、乡镇卫生院开设老年病门诊，实现医疗卫生和养老服务同步推进。截至2020年底，所有行政村达到便民服务中心、卫生室、图书室、金融服务站点、电商配送站点"五有"标准。三是人居环境方面。建立农村生活垃圾区乡村"三级"治理体系，行政村生活垃圾有效治理率100%。实施建卡贫困户等农村4类重点对象改厕12490户。贫困户室内室外环境卫生达到干净、整洁、有序。

（四）贫困群众获得感和幸福感显著增强

贫困群众获得感和幸福感显著增强。贫困群众脱贫攻坚"主人翁"意识牢固树立，精气神面貌明显提升，"党的政策就是好，我要努力向前跑"的脱贫致富理念深入民心。群众对脱贫攻坚满意率达98%以上，较2016年上升了14个百分点，对干部帮扶工作满意率和驻村工作队帮扶工作满意率均达100%。

其他有扶贫开发任务的区县篇

一、重庆市其他有扶贫开发任务的区县概况及贫困状况

（一）重庆市其他有扶贫开发任务的区县

重庆市除国家级贫困县及市级扶贫开发重点区县，还包括北碚区、渝北区、长寿区、江津区、合川区、永川区、綦江区、大足、璧山区、铜梁区、荣昌区、万盛区、梁平区、垫江县15个有扶贫开发任务的区县。

（二）贫困状况

2014年，北碚区有3个市级贫困村，建档立卡贫困人口1471户4331人，贫困发生率1.7%；渝北区有12个市级贫困村，建档立卡贫困户有1367户3893人，贫困发生率1.7%；长寿区有10个市级贫困村，建档立卡贫困户有6105户17614人，贫困发生率2.7%；江津区有15个市级贫困村，建档立卡贫困户有2313户6276人，贫困发生率0.2%；合川区有10个市级贫困村，建档立卡贫困户有9015户27554人，贫困发生率为2.3%；永川区有5个市级贫困村，建档立卡贫困户有6659户16738人，贫困发生率为2.3%；綦江区有25个市级贫困村，建档立卡贫困户有7564户22466人，贫困发生率为2%；大足区有9个市级贫困村，建档立卡贫困户有8015户26888人，贫困发生率3.6%；璧山区有3个市级贫困村，建档立卡贫困户有2390户6377人，贫困发生率1.6%；铜梁区有5个市级贫困村，建档立卡贫困户有5087户15709人，贫困发生率2.2%；荣昌区有12个市级贫困村，建档立卡贫困户有8064户27053人，贫困发生率4.2%；万盛区有7个贫困村，建档立卡贫困户有1870户7110人，贫困发生率为5.5%；梁平区有10个市级贫困村，建档立卡贫困户有9728户28675人，贫困发生率为4.3%；垫江县有10个市级贫困村，建档立卡贫困户有9066户27572人，贫困发生率为4.1%。

二、脱贫攻坚工作部署和保障措施

总揽重庆市其他有扶贫开发任务的区县的脱贫攻坚工作部署和保障措施，基本情况如下：

（一）提高政治站位，扛起脱贫攻坚责任

1. 强化理论武装

坚持把学习贯彻习近平总书记关于扶贫工作重要论述、在决战决胜脱贫攻坚座谈会上重要讲话精神作为中心组学习的重要内容，扎实开展"学习重要论述、强思想武装、促整改落实"专项行动，各区（县）先后召开区（县）委理论学习中心组（扩大）集体学习会、区（县）委常委会、区（县）政府常务会、领导小组会等。以"抓党建促脱贫攻坚""决战决胜脱贫攻坚"等为专题，开展支部主题党日，教育引导广大党员干部在思想上政治上行动上向总书记看齐。深入开展"学习重要论述、加强思想武装、促进整改落实"专项行动，区（县）委宣讲团、街、镇宣讲团开展集中宣讲。有扶贫任务的街镇和部门全覆盖召开脱贫攻坚专题民主生活会，从政治、思想、生活等各个方面肃清孙政才恶劣影响和薄熙来、王立军流毒，为脱贫攻坚营造风清气正的良好政治生态。

2. 坚持高位推动

落实扶贫开发领导小组"双组长"制，区委、区政府主要领导亲自挂帅，多次深入一线调研指导，现场办公，每月平均不少于5个工作日用于脱贫攻坚。落实区领导分别担任有扶贫任务的驻镇（街道）"第一书记"，每周不少于2天驻镇定点攻坚，亲自上阵"啃"硬骨头，集中精力解决突出问题。脱贫攻坚期间，多次召开区委常委会、区政府常务会、扶贫开发领导小组专题会，研究部署脱贫攻坚工作。认真落实"五级书记"抓扶贫和书记遍访贫困对象制度，区委书记每年遍访一次贫困村和非贫困重点村；街镇党（工）委书记和村党组织书记每年遍访辖区内贫困户。

3. 建强责任体系

印发《脱贫攻坚责任制实施办法》，压实压紧区（县）、区（县）级部门、街镇、村主体责任，层层传导压力，形成一级抓一级、层层抓落实，

共同推进脱贫攻坚的责任机制。区（县）委、区（县）政府每年与有扶贫任务的街镇签订《脱贫攻坚成果巩固责任书》《扶贫系统党风廉政建设责任书》，各行业部门分别制定完善行业扶贫专项工作方案，做到定时间、定任务、定人员、定责任。强化精准帮扶，由全体区领导挂帅，干部结对帮扶贫困户，落实每月走访要求，因村因户因人实施帮扶。强化攻坚力量，从区级部门抽调精干力量，充实到区扶贫办脱产开展脱贫攻坚工作，镇级扶贫机构配备专人进行扶贫工作。

4.切实加大投入

健全与脱贫攻坚任务相适应的投入保障机制，按照"扶贫资金为牵引、行业投入为主体、社会帮扶为补充"的原则，整合农业、水利、林业、交通等各类资源，向贫困地区和建档立卡贫困户倾斜。

（二）强化作风建设，激发干部担当作为

1.抓党建促脱贫攻坚

出台《深化抓党建促脱贫攻坚行动方案》《抓党建促脱贫攻坚工作督查要点》等系列文件，坚持以提升组织力为重点，强化政治功能，着力发挥基层党组织在脱贫攻坚中的战斗堡垒作用。每年按不低于百分之十的比例排查整顿软弱涣散村党组织，将三个市级脱贫村纳入整顿对象，"一村一策"制定整顿方案。制定农村党员三年规划，贫困村每两年、非贫困村每三年至少发展1名年轻党员。加强村（社区）组织运转经费保障，提高村级组织办公经费补助和服务群众专项经费标准。围绕解决干群关系不够紧密等问题，比较有代表性的有荣昌区，探索开展"十指连心"干部服务联系群众制度和镇村党员干部夜访制度，组织镇村干部帮助当地村民解决困难和问题，进一步密切干群关系，大大提升了基层党组织的凝聚力、号召力。

2.激发扶贫干部内生动力

按规定落实带薪休假、加班补休等政策规定，保障扶贫干部待遇兑现。建立脱贫攻坚及乡村振兴专项优秀干部库，把脱贫攻坚一线作为培养锻炼年轻干部的重要平台；各单位选树脱贫攻坚领域先进典型，在全区（县）范围内宣传。举办专题培训班，分级分类培训扶贫干部。

（三）坚持标本兼治，推动问题整改"清零销号"

1. 深化认识抓整改

坚持把中央巡视及"回头看"、国家考核、市级考核、三方评估等各类监督检查反馈问题整改贯穿脱贫攻坚工作始终，区（县）委扛起整改主体责任，成立整改工作领导小组，下设整改办和专项小组，多次召开专题会议研究部署整改工作，切实增强抓好整改落实的思想和行动自觉。

2. 夯实责任抓整改

分类制定整改方案，建立整改台账及"问题、任务、责任"三个清单，实行"定项包干整改"责任制，定区（县）领导牵头挂帅，定责任单位，定完成时限，定整改措施，定完成标准，挂单推进，逐一销号，做到在规定时间内交账。落实"签字背书"销号制度，层层传导压力，层层落实责任。

3. 强化督查抓整改

通过开展"访深贫、促整改、督攻坚"，定点攻坚等"促改督战"，区（县）领导多次深入责任镇、村进行走访调研，督促整改工作走深走实。建立问题整改督查通报机制，由区（县）纪委监委牵头组建督导组，对责任单位开展全覆盖督导，定期通报整改工作情况。

4. 突出实效抓整改

坚持高标准、严要求抓好各类问题整改，以整改为契机推进工作落实。中央巡视及"回头看"、国家成效考核、市级考核、专项督查、普查等发现的问题已全部清零销号。

（四）建立防贫返贫机制

1. 扎实开展脱贫攻坚"十大"专项行动

围绕健康医疗扶贫、产业扶贫、就业扶贫、消费扶贫、乡村旅游扶贫、扶贫小额信贷及金融扶贫、易地扶贫搬迁后续扶持、生态扶贫、社会救助兜底、"志智双扶"等十个方面，清单式制定任务举措，取得了良好成效，达到了"固本、提质、增效"的工作目标。

2. 建立健全防止返贫动态监测和帮扶机制

制定《做好防止返贫监测和帮扶工作实施方案》，明确监测范围、监测方法、帮扶措施等。实行"一对一"监测和帮扶，对监测对象实施周监测、月比对，及时消除返贫致贫风险，动态管理监测对象。

3.有序推进脱贫攻坚和乡村振兴有效衔接

落实试点资金，开展"五好"贫困村示范创建。如垫江县在曹回镇徐白村、高峰镇红星村探索开展脱贫攻坚和乡村振兴有效衔接试点工作。广泛开展脱贫攻坚和乡村振兴有效衔接调查研究，形成《加强脱贫攻坚与乡村振兴的衔接调研报告》《加强基本公共服务保障体系，建立脱贫攻坚长效机制》等调研成果。启动实施"十四五"巩固脱贫成果规划前期工作，派出代表团赴四川、福建等地考察学习乡村振兴先进经验。

三、脱贫攻坚具体路径

重庆市其他有扶贫开发任务的县脱贫攻坚具体路径围绕着发展生产、就业创业、消费扶贫、教育扶贫、生态扶贫、社会保障等展开，形成了各自的经验与特色。

（一）发展产业扶贫

总体来说，各区县持"龙头带动、项目支撑、链式开发、联动发展"的思路，推动"产业增效、农民增收、集体经济增收"目标实现。如永川区增强"造血功能"，推动"产业匮乏"向"百业竞兴"有效转变。统筹专项扶贫资金2600余万元，稳妥推进农村"三变"改革，累计创建各类致富园、就业园、创业园130余个，发展种植食用菌、名优水果等27万余亩，实现利益联结机制全覆盖，稳定带动贫困户1700余户，人均增收约2000元/年。

1.旅游扶贫

把旅游扶贫作为脱贫攻坚的重要突破口，如万盛区，着力推动贫困户由"脱贫"向"致富"转变。建成梦幻奥陶纪、凉风梦乡村、青山湖国家湿地公园等乡村旅游景区景点30个，7个贫困村均布局景区景点，常态化开展五和梨花文化节、苗族踩山会等乡村旅游节会活动，培育乡村旅游经营主体713家。万盛区荣膺全国农村一、二、三产业融合发展先导区和全国农村创业创新典型区，成功创建全国休闲农业与乡村旅游示范区，贫困村凉风村入选全国首批乡村旅游重点村、全国运动休闲特色小镇、全市十佳美丽乡村典范、2018中国最美村镇"精准扶贫典范奖"。

2. 发展产业

产业提升集体经济。如渝北区按照"大基地、小业主"发展模式，重点镇村示范、重点区域带动、重要产业夯基，成功建设"花椒村""仙桃村""柑橘村"等16个特色产业村，累计培育重庆名牌农产品50个，"两品一标"农产品268个。在此基础上，壮大村集体经济，探索"村集体+公司+贫困户+基地""村集体+专业合作社+贫困户+基地""产业带头人+村集体+贫困户+基地"等多种经营模式，2019年渝北区村级集体经济组织净资产达到4640.52万元，实现经营收益1975.26万元。

（二）就业创业扶贫

1. 着力搭建就业平台

建立健全就业扶贫监测网络，动态掌握贫困劳动力就业失业状态、就业需求情况，做好企业用工招聘和贫困劳动力求职意愿对接服务。如铜梁区建实扶贫车间打造致富梦工厂。创新建立"企业+村集体+贫困户"共建扶贫车间模式，安排扶贫资金300万元，精选发展前景好、技术含量低、劳动力密集型加工企业，与村集体合作建设扶贫车间，按吸纳贫困人口数量给予固定资产补贴和稳定就业补贴，有效破解企业用工难瓶颈。村集体盘活闲置厂房、功能用房等，出租给企业作为生产车间，收益作为农村集体经济收入；探索实行本土人才兼任扶贫车间管理人员，收入按比例与村集体分红，有效增加农村集体经济收入。扶贫车间优先吸纳"三类人员"特别是建卡贫困人口就业，群众在家门口即可实现稳定增收与照顾家庭两不误。截至2020年，铜梁区先后建成11家扶贫车间，共吸纳180名群众务工，其中建卡贫困人口68人，占务工总人数的38%，实现有意愿的贫困劳动力全覆盖就业。

2. 劳动力培训促就业

劳动力培训是促进就业的重要手段。如万盛区建立建档立卡贫困劳动力信息台账，动态掌握贫困劳动力数量、就业意向、就业状况及培训愿望等信息，探索实施"订单+定岗+定向"的培训新模式，个性化定制培训课程，加大对贫困户农村实用技术培训。还有，区县创新开设特色工种，扩宽就业渠道。如渝北区创新开设"缝纫工""贴条工""经果林栽培"等特色工种，1.2万人实现了职业技能提升。

（三）消费扶贫

将消费扶贫作为拓宽贫困群众增收渠道、提升脱贫攻坚成效的有力抓手，坚持市场主导、政府引导、社会参与、互利共赢原则，通过党政机关、企事业单位带头示范，让民营企业、社会组织跟进，社会各界参与，形成消费扶贫新格局。

如梁平区的经验：一是抓牢供给侧主体，主要是第一书记、驻村工作队和农产品生产的群众。10个市级贫困村的第一书记、驻村工作队在保障"两不愁三保障"的前提下，摸清农产品底数，组织、引导群众生产和销售。二是抓牢需求侧主体，主要是党政机关、国有企业、事业单位（学校、医院）、餐饮协会等。10个市级贫困村帮扶单位和帮扶责任人带头消费，区内机关、学校、医院、国企等单位协议消费，通过"以购代捐""协议采购"等方式，对接购买大米、南瓜、红薯、土鸡、土鸡蛋等贫困户的农特产品。三是抓牢中间环节主体，主要是搭建电商平台和畅通物流通道。农村电商和物流，一头连着贫困乡村，一头连着消费市场。梁平借助本地电商企业平台，推动线上线下齐头并进。"线上"发挥本地电商企业龙头带动作用，建设贫困村电商服务站，免费培训贫困地区有意愿从事电商行业的人员300余名，开设活跃网店50余家。比如，大观镇大兴村开设活跃网店4家，线上销售南瓜5000余斤、干豇豆400余斤，有效激励村民增收信心。整合邮政及快递公司等物流企业物流资源，降低成本，切实解决农产品进城"最初一公里"难题。"线下"开展消费扶贫展销活动，组织贫困村农特产品参加扶贫爱心购、商品展等各类会展，拓宽销售渠道。比如，复平镇落实消费扶贫增收机制，在名豪广场开展消费扶贫展销会，销售小山社区的冬瓜、南瓜、蜂蜜、红薯等农特产品，参展产品供不应求。

（四）生态扶贫

生态扶贫不可忽视。如北碚区累计投入资金6600余万元，开展国土绿化提升行动面积24万亩。实施生态公益林补偿制度，2015年至2020年，每年实现集体公益林管护面积25万余亩，每年发放生态效益补助资金约290万元。巩固提升退耕还林成果，2015年至2020年累计发放退耕还林补助约

2700万元，涉及贫困户补助资金约40万元。指导涉林企业、施工单位落实贫困户就地就近务工，聘用5名贫困人员为生态护林员。贫困户参与生态扶贫覆盖面达100%。如万盛区，加快180平方公里采煤沉陷区生态环境修复，山体植被恢复、危岩治理、水资源恢复等治理成效明显，成功获批国家第二批生态文明先行示范区，"黑色煤都"加速蝶变为"绿色美城"。实施国土绿化提升行动，优先安排贫困户参与项目建设，指导涉林企业、施工单位落实贫困户就地就近务工，以雇工方式与贫困户建立相对稳定的利益联结机制。

（五）社会保障扶贫

1. 医疗保障

在医疗保障扶贫方面，主要做法有：开展医生巡访工作，家庭医生签约团队定期"问诊"，专家和街镇卫生院定期到院坝集中"义诊"，村医常态"送诊"，如永川区动员138名医务人员组建23支既懂医疗技术又懂扶贫政策的"一讲四诊"健康扶贫巡回医疗小分队，采取五项措施，守护贫困患者健康；医疗卫生设施改造，新建改建村卫生室；医疗扶贫措施，如綦江区实施"四个百分百"医疗扶贫模式，实现区内公立医院"先诊疗后付费""一站式结算"100%、在家且有签约意愿的家庭医生签约服务覆盖率100%、村卫生室建成投用率100%、医疗自付比例达标率100%，切实提高医疗保障能力，做到小病不出村、大病不耽误。

2. 住房保障

在住房保障方面，一是深入排查，高质量推进住房安全保障；二是创新政策，清除住房安全保障死角；三是完善机制，推动住房安全保障规范长效运行。比较有代表性的有永川区，针对政策空白和保障缺口，以"危房不住人、人不住危房"为目标，来统筹整合资金2.4亿元（其中本级投入1.7亿元），以全市非贫困区县的最大力度，保障贫困户住房安全。特殊群体保障措施。针对无房户、"C变D"（已享受过C级危房改造又变成D级危房）和就地农转城危房户等处于政策空白区的2909户特殊群体，本级全额出资，因地制宜、分级分档给予补助，通过新建、长租等方式保障住房安全。相对困难一般农户保障措施。通过大数据信息核查，识别唯一住房为危房的住房保障边缘户，在全市非重点贫困区县中率先出台一般农户住房安全保障政策，按照户均补助2万元和"六改五保障"要求实施改造，累计完成整治1670户。在危房改造过程中推行"六不缺"工作法，整合多方力量筹资筹物，实现新房建成后有出行道路、有硬化晒坝、有健康厨卫、有床椅桌柜、有锅碗瓢盆、有铺笼罩盖，让贫困群众直接"拎包入住"，提升了满意度和幸福感。

3.饮水保障

饮水保障方面，如合川区为了饮水安全保障到位，推行了"四种做法"。一是"小改大"一批。投资5亿元，新建水厂5处、关停取缔老旧落后村镇水厂39处，分阶段将全区村镇水厂优化整合为14个，统一划由西北组团、钱塘组团、天顶组团和城周组团等4个供水组团实行区域连片供水，逐步实现城乡供水一体化。二是"库改江"一批。采取"能延则延"方式，对全区江域过境镇实施水源改造，22个镇街的50处在用水厂水源全部从水库改为三江。三是"私改公"一批。依托已有规模化、标准化水厂为主要供水水源，将19处私营及混合所有制村镇水厂统一到1家区属国有供水企业统一专业化运行管理，通过健全用水付费制度、区级财政每年预算500万元给予特殊困难群体和村社供水管理员补贴，做到有人管、有钱管、有制度管。四是"散改集"一批。投入资金1330余万元，对燕窝镇、二郎镇等10个镇的贫困村通过供水管网延伸、打井、添加一体化净水设备等工程措施，提高供水保障水平。璧山区，创新开展"党建引领，水价治理"工作，以"组织强、水质升、水价降"为目标，推动实现"同网同价同质同服务"的城乡供水一体化目标。

（六）教育扶贫

教育扶贫的相关措施主要体现在保障学龄儿童正常入学以及教学资源的改善。比较有代表性的有，江津区"点名式"教育资助杜绝漏扶漏助。优化义务教育阶段建卡贫困户子女教育资助政策审核程序，将传统的"学生申报—学校受理—部门审核"程序大幅精简。江津区扶贫办提供建卡贫困户名单，区教委对照名单直接打卡发放，务求精准高效。建档立卡贫困户家庭子女无一漏报、漏助。《教育扶贫"全覆盖""零拒绝"》案例入选

2019年中国基础教育30个典型案例。对于残障儿童，大足区对全区残疾儿童采取"随班就读""入特教校就读"，对重度残疾儿童、少年，开展"送教上门"服务，实现全区所有适龄少儿均可接受义务教育。

四、脱贫攻坚主要成效

脱贫攻坚期间，重庆市除国家级、市级以外其他有扶贫开发任务的区（县）委、区（县）政府把脱贫攻坚作为重大政治任务和第一民生工程，坚持以脱贫攻坚统揽经济社会发展全局，举全区县之力、用创新之智、行非常之举，强化责任落实、政策落实、工作落实，推动脱贫攻坚走深走实，取得了脱贫攻坚战的胜利。

（一）群众收入有所提升

北碚区农村居民人均可支配收入从2014年底的13169元增加至2019年的22258元，年均增长11.5%；贫困户人均纯收入从3468元增加至18000元，年均增长31.6%。

渝北区农村居民人均可支配收入从2014年的12458元增长至2019年的19530元，年均增长9.5%；贫困户人均纯收入从3655元增长至13991元，年均增长30.8%。

长寿区农村居民人均可支配收入从2014年的10863元增长至2019年的17019元，年均增长9.4%；贫困户人均纯收入从8517元增长至13634元，年均增长9.9%。

江津区农村居民人均可支配收入从2014年的12318元增长至2019年的20128元，年均增长10.6%；贫困户人均纯收入从6029元增长至11351元，年均增长13.5%。

合川区农村居民人均可支配收入从2014年底的11899元增加至2019年的22662元，年均增长9.6%；贫困户人均纯收入从5867元增加至13800元，年均增长15.3%。

永川区农村居民人均可支配收入从2014年底的12406元增加至2019年的20068元，年均增长12.4%；贫困户人均纯收入从3235元增加至9815元，年均增长12.4%。

綦江区农村居民人均可支配收入从2014年底的10421元增加至2019年的16241元，年均增长8.6%；贫困户人均纯收入从2010元增加至10577元，年均增长39.4%。

大足区农村居民人均可支配收入从2014年底的11235元增加至2019年的17944元，年均增长10%；贫困户人均纯收入从2486元增加至10623元，年均增长17.4%。

璧山区农村居民人均可支配收入从2014年底的14229元增加至2019年的20418元，年均增长7.2%；贫困户人均纯收入从7174元增加至12435元，年均增长12%。

铜梁区农村居民人均可支配收入从2014年底的12452元增加至2019年的19690元，年均增长9.6%；贫困户人均纯收入从2780元增加至12547元，年均增长35.2%。

荣昌区农村居民人均可支配收入从2014年底的11775元增加至2019年的20070元，年均增长9.3%；贫困户人均纯收入从2300元增加至12281元，年均增长39.8%。

万盛区农村居民人均可支配收入从2014年底的10123元增加至2019年的15747元，年均增长9.3%，贫困户人均纯收入从2409元增加至13887元，年均增长33.9%。

梁平区农村居民人均可支配收入从2014年底的10034元增加至2019年的16691元，年均增长10.7%，贫困户人均纯收入从2350元增加至11600元，年均增长37.6%。

垫江县农村居民人均可支配收入从2014年底的10241元增加至2019年的16822元，年均增长10.7%，贫困户人均纯收入从7506元增加至12280元，年均增长10.6%。

(二)"两不愁三保障"问题全面解决

义务教育方面，兑现教育扶贫政策，实现贫困学生资助全程资助、全员覆盖，应助尽助。加大"两类学校"建设力度，实施强校结对弱校帮扶工作，倾斜配置优秀教师资源，实施送教、走教和支教措施，实现老百姓子女在家门口有"好学"上，适龄儿童义务教育入学率达100%。基本医疗方面，贫困人口医疗保险、大病保险实现全覆盖，资助参保率、大病救治率均达100%。在医疗资源方面，每个镇街有1所政府办标准化卫生院，至少有1名全科医生；每个行政村有1所标准化卫生室，至少有1名注册乡村医生或执业（助理）医师。家庭医生签约服务更加完善，在家且有签约意愿的建档立卡贫困人口做到"应签尽签"，将原发性高血压、2型糖尿病、肺结核和严重精神障碍等4类慢病患者作为重点服务对象，将因病致贫返贫风险较高的贫困户纳入签约服务范围，安排全部乡村医生参加培训，实现了乡村医生培训全覆盖。住房安全方面，贫困群众住房安全等级鉴定实现全覆盖。

（三）农村基础设施和公共服务有效改善

基础设施方面。所有区县均实现"村村通公交""社社通公路""户户通便道"，群众"出行难"问题得到根本解决。如万盛区投入20余亿元建设农村公路约730公里，成功创建全国、全市"四好农村路"示范区；累计新修人行便道250公里；开通公交线路53条，行政村通客率、行政村通公交率、镇街公交覆盖率均达到100%，在全市率先实施全域公交"一元一票制"和半小时免费换乘惠民举措。公共服务方面。北碚区新建及扩建村级便民服务中心990平方米、健身广场2300平方米。每个行政村均设置了文化站，建有标准化卫生室，配备合格乡村医生或执业（助理）医师。实现了广播社社响、电视户户通、网络信号全覆盖。人居环境方面。建立农村生活垃圾区乡村"三级"治理体系，行政村生活垃圾有效治理率100%。贫困户室内室外环境卫生达到干净、整洁、有序。

（四）乡村治理迈上新台阶

各区县乡村治理开启了新模式，如荣昌区与专业团队合作，共同开展陪伴式乡村运营共建活动，加强乡村治理，树立新风文明，共建和谐家园，凝聚了民心、提升了群众满意度和幸福感。完善村党组织领导下的村民自治机制，落实村级重大事项"四议两公开"议事决策机制，完善"村民说事""农家夜话"等议事协商制度，发动群众参与微治理、微建设、微服务。全年共开展各种宣讲活动52场，"书记讲政策"6场，其中市五中院在银河村小院讲堂开展的《民法典》普法公开课在重庆电视台"天天630"进行了宣传报道。

中国脱贫攻坚报告·重庆卷

部门篇

ZHONGGUO TUOPIN GONGJIAN BAOGAO · CHONGQING JUAN
BUMEN PIAN

中共重庆市委组织部脱贫攻坚工作情况

一、职责与任务

重庆市委组织部深入贯彻总书记的重要指示精神，认真落实《中共中央国务院〈关于打赢脱贫攻坚战三年行动的指导意见〉》《中央办公厅国务院办公厅印发〈关于加强贫困村驻村工作队选派管理工作的指导意见〉》（厅字〔2017〕50号）等精神，增派驻村帮扶力量，加强驻村干部管理，发挥驻村干部作用，推动14个国贫区县全部摘帽、1919个贫困村全部出列。

二、主要做法

（一）注重精准选派扶贫干部

根据贫困村的不同情况，采取"自下而上提需求、自上而下派干部、组织部门审核把关"方式，双向选择、供需对接，"菜单式"分类精准选派干部担任驻乡驻村工作队员和第一书记，优先安排优秀年轻干部。对党组织软弱涣散、班子不团结的贫困村，注重选派党建工作经验丰富、善于抓班子带队伍的干部；对缺乏产业发展路子的贫困村，注重选派熟悉现代农业、市场营销、乡村旅游等方面知识的干部；对基础设施薄弱的贫困村，注重选派熟悉村镇规划、项目建设等方面知识的干部；对矛盾信访突出的贫困村，注重选派熟悉群众工作、处理复杂问题能力较强的干部，选派干部既能解决贫困村的突出问题，又能抓党建促发展、带动群众脱贫致富。将组织力量直接充实到脱贫攻坚一线，从区县及以上单位选派第一书记和驻村工作队员6544名，做到贫困村一村一队、派强派好。其中，从226个市属单位选派455名干部（其中厅级18名）驻乡驻村，做到市级选派第一书记对33个有扶贫开发任务区县全覆盖，切实把"最能打的人"选派到贫困地区、用到脱贫一线。

(二) 从严教育管理

制发了《深化抓党建促脱贫攻坚行动》《关于加强贫困村驻村工作队选派管理工作的实施意见》《深度贫困乡（镇）驻乡驻村干部管理试行办法》等文件，加强对驻村扶贫干部的教育管理，促使干部用心用情用力做好帮扶工作。一是压实管理责任。市县两级组织、扶贫部门对本级选派第一书记和驻村工作队员建立了专门台账，工作落实到人。33个有扶贫开发任务的区县建立驻村工作领导小组，统筹配置驻村力量，定期听取情况汇报，协调解决具体问题。派出单位对选派干部进行跟踪管理，定期听取汇报，经常到村指导，解决具体问题。二是实行督促检查。把驻村帮扶作为脱贫攻坚日常监督检查的重中之重，会同市扶贫办组成25个督查组开展驻乡驻村工作队和第一书记履职专项与常态化督查巡查。促使驻村干部每月2/3以上时间吃在村、住在村、干在村，杜绝挂名驻村、"两头跑"等问题。对不适宜不胜任不尽职的帮扶干部及时调整召回，促使驻村干部驻村驻心、扎实工作，做到焦点不散、靶心不变。三是加强教育培训。分级分类开展驻村干部全覆盖培训，市级层面先后4次举办市属单位选派驻乡驻村干部培训班；同时举办贫困村第一书记及驻乡工作队员市级培训班25期、培训2169人次；还先后举办了12期、539名贫困村第一书记示范培训班。

(三) 保持队伍稳定

制发了《关于贯彻落实全国驻村帮扶工作培训班会议精神进一步做实做好驻村帮扶工作的通知》，明确规定要保持驻村干部相对稳定，原则上不作大调整、大轮换。审批同意市级部门及有关区县调整召回第一书记或驻村工作队员107名、新增派驻村工作队员7名，因不符合条件不同意调整16名，对调整后的空缺岗位，均严格条件补充到位，做到驻村干部总体稳定、帮扶力量只增不减。

(四) 强化激励保障

研究制定了《关于进一步加强扶贫干部队伍建设的通知》，对驻乡驻村干部给予实实在在的支持。一是强化经费保障。督促相关单位为第一书记每人每年安排不低于1万元的工作经费、为驻村工作队安排必要工作经费。实行驻乡驻村干部与派出单位项目、资金、责任"三个捆绑",做到"一个干部派下去,整个单位帮起来"。每年为18个深度贫困乡镇安排项目管理费各20万元,保障驻乡工作队做好定点包干脱贫攻坚工作。二是强化关心关怀。扶贫干部驻乡驻村期间,定期组织谈心谈话,落实住村补贴、每年体检、人身保险等各项待遇,对患病或有困难的及时进行帮扶。建立因公牺牲党员干部家属帮扶长效机制,为因公牺牲扶贫党员干部的家属、患大病或家庭有特殊困难的第一书记各发放慰问金5000元。单列驻乡驻村干部年度考核指标,并将优秀等次比例提高至30%。三是注重培养使用。对在脱贫攻坚一线经受磨炼、实绩突出的驻乡驻村干部进行跟踪培养、注重选拔使用,激励他们奋发有为。市委组织部机关专门面向全市贫困村在岗第一书记遴选3名干部,脱贫攻坚任务完成前继续驻村工作,收到良好反响。

三、典型案例

"5个全覆盖"强化贫困村党组织建设

重庆市委组织部"5个全覆盖"加强贫困村党组织建设,以精准化的组织措施为精准扶贫、精准脱贫提供坚强有力的组织保证。

一是全覆盖纳入后进整顿。通过对后进基层党组织进行清理,将所有贫困村全部纳入后进党组织进行重点整顿,把建强班子作为首要任务,建立完善台账,实行挂单整改,贫困不"摘帽"、后进不销号。二是全覆盖派驻工作队。向每一个贫困村派出驻村工作队,每个工作队3至5人,队长原则上由第一书记担任,队员由对口帮扶部门和乡镇干部组成,切实做到"村村都有工作队、户户都有责任人"。三是全覆盖抓好结对帮扶。在乡镇或邻近乡镇范围内,普遍推行强村与弱村结对共建,采取互派干部挂职、教思路教方法、整合产业项目、共享销售渠道等方式,强村带弱村,先进促后进,带动贫困村脱贫致富。四是全覆盖落实基层组织强村。加大对农村基层干部培训力度。清理整合市级培训项目,以发展产业、增收致富为主要内容,对所有贫困村书记、主任进行针对性实用性轮训,强化对驻村工作队员、大学生村官的培训，切实提高村党组织统筹能力和服务能力。五是全覆盖抓实扶贫考核。加强对第一书记、驻村工作队员、大学生村官、村"两委"干部和结对帮扶责任人履职情况的考核。把党建工作述职评议考核与扶贫工作考核结合起来，坚持结果导向，实施精准考核，传导动力压力，切实以基层党建彰显脱贫攻坚的实际成效。

重庆市委宣传部脱贫攻坚工作情况

一、职责与任务

重庆市委宣传部坚持以习近平新时代中国特色社会主义思想为指导，深学笃用习近平总书记关于扶贫工作的重要论述和系列重要讲话精神，全面贯彻中央部署要求，认真落实市委、市政府工作安排，做好本职工作，广泛开展理论宣讲，深化理论研究阐释，为重庆市脱贫攻坚战役做好思想动员，提供精神武器，做好理论支撑。2017年至2020年，共组织各级理论学习50余场，开展各级宣讲2000余场，受众达450余万人，完成专题调研报告420余篇，向中宣部推送优秀调研报告25篇。在此基础上，整合扶贫集团成员优势，共计协调落实重庆市委宣传部扶贫集团帮扶资金5045万元，通过公益广告帮助销售农产品和发动集团单位直接购买农产品682万余元，帮助双龙镇规划实施项目144个，投入10.465亿元，建设完成项目142个。对口帮扶的巫山县2018年顺利通过国家贫困县退出专项评估检查，摘掉了国家级贫困县帽子。其中双龙镇贫困发生率从2014年的14.4%降为0。成功推选扶贫干部毛相林为"时代楷模"，用榜样精神凝聚脱贫攻坚合力，精准扶贫和对口帮扶工作取得明显成效。

二、主要做法

（一）加强理论学习，提高政治站位

重庆市委宣传部以理论学习和宣讲为抓手，以理论阐释和深入调研为目标，结合部门特长，为精准扶贫战役的胜利提供了思想保障。

一是重视理论的学习与宣讲。组织了学习贯彻习近平总书记扶贫工作重要论述等各项集中学习共计50余次。成立学习贯彻习近平总书记关于扶

贫工作重要论述市委宣讲团，分赴各地集中宣讲81场、受众达4.17万人次。区县党委宣讲团宣讲1740场次、受众约23.3万人次。围绕习近平总书记视察重庆重要讲话精神组建市委宣讲团，组织开展集中宣讲，累计开展105场、受众3.5万人次，区县基层宣讲6300余场次、受众54.8万人次。组织5758名大学生村官、受表彰的脱贫攻坚先进个人等，以脱贫攻坚"讲习所"、农民夜校、田间学校等为载体，开展脱贫攻坚宣讲3.2万余场次，受众416.2万余人次。编印《宣讲参考》35期，赠阅各市级部门、高校、区县、企业等共计14.7万余册。

二是重视理论与实践联系。在"三报一刊"推出《为乡村振兴注入文化动能》《赋权赋能脱贫攻坚　保障贫困人口》等重点理论文章。以重庆市委理论学习中心组、重庆市政府党组理论学习中心组等名义在重庆日报连续刊发《坚持以总书记关于扶贫工作重要论述为指引　大力度高质量如期打赢打好脱贫攻坚战》《深刻认识习近平总书记关于扶贫工作重要论述的重大意义》等系列署名文章。强化脱贫攻坚对策研究，党的十九大到2020年，在社科规划项目中设立脱贫攻坚课题53项。认真贯彻《关于开展"访深贫、促整改、督攻坚"活动的通知》要求，组织市委宣传部部务会成员和扶贫集团各成员单位负责人深入巫山督战攻坚，推动中央脱贫攻坚专项巡视反馈意见整改落实，市委宣传部扶贫集团共计120人次深入巫山县，累计蹲点调研178天。组织开展全面建成小康社会"百城千县万村"调研活动，形成脱贫攻坚主题调研报告421篇，向中宣部推送优秀调研报告25篇，记录呈现全面建成小康社会的伟大壮举。

（二）壮大主流舆论，营造决胜氛围

精心制定《关于开展决战决胜脱贫攻坚大型主题宣传活动工作方案》《重庆市2020年脱贫攻坚宣传报道方案》等，明确脱贫攻坚宣传工作有关要求及年度宣传任务。同时，结合重要时间节点，制发《传达学习贯彻习近平总书记视察重庆重要讲话精神新闻报道方案》《习近平总书记视察重庆一周年新闻宣传方案》等，分阶段、分专题对脱贫攻坚宣传工作进行安排部署。

做新做靓新闻宣传，加大社会宣传力度。以"把习近平总书记的殷殷嘱托全面落实在重庆大地上"专题统揽，结合"在行动""看效果"大型系列报道，扎实推动总书记重要讲话精神落地生根、开花结果。重庆市属媒体各平台通过专版、专栏、专刊、重点报道等形式，以图文、短视频、直播等传播形态，刊播脱贫攻坚相关报道17万余条。举办"牢记殷殷嘱托 决战脱贫攻坚"重庆市脱贫攻坚先进事迹报告会，深入全市14个国家级贫困区县、4个市级贫困区县开展巡回宣讲。组建"榜样面对面"市级宣讲团和区县宣讲分团，组建"在希望的田野上"乡村振兴报告团，组织开展重庆市优秀扶贫干部杨骅同志先进事迹巡回报告会，直接受众近100万人次，网络受众940万人次，引起了强烈社会反响。在交通路口、中心广场、户外广告栏等布置宣传展板、张贴宣传海报等，全市共发放户外广告牌1049块、各类电子显示屏2864块，印发宣传海报20.8万张、发布宣传展板4.69万块，印发《让脑袋富起来》等系列简明读本60余万册，营造人人参与脱贫攻坚的浓厚氛围。

广泛开展文艺宣传。在基层开展"六个一"宣传活动6610场，组建"红色文艺轻骑兵"队伍100余支，每年开展流动文化服务进村演出活动3.3万场，为贫困区县群众开展文化活动1000余场。开展"欢跃四季·舞动巴渝"广场舞展演，贫困区县42支队伍1000余人参加展演。组织开展"脱贫攻坚 艺术助力"书法作品、美术作品等展出，精心创作纪录片《梦圆千年脱贫路——重庆市打赢脱贫攻坚战纪实》、报告文学《太阳出来喜洋洋》等脱贫攻坚重点文艺作品1000余件，提振脱贫攻坚精气神。

精准抓好舆情导控。健全完善三级舆情监测体系，围绕脱贫攻坚、精准扶贫相关重要讲话、政策文件等，全网、全屏、全时段加强巡查监看，及时发现、报送相关网上舆情和重要信息2.2万条次。将脱贫攻坚相关舆情纳入分析研判重点，通过"日汇总、周例会、月分析、季小结、年盘点"舆情分析机制，共研判1800余条舆情风险，妥善处置各类涉脱贫攻坚突发敏感舆情120余件，实现舆情平稳有序。

（三）深化"志智双扶"，激发内生动力

"志智双扶"专项行动启动后，重庆市多次研究、提出要求，审定任务分工方案，并主持召开专题工作推进会，推动任务落地落实。市委宣传部、

市文明办、市扶贫办会同14个市级相关部门精心谋划、协同配合，聚焦重点任务、列出任务清单，坚持定时调度、层层夯实责任，推动专项行动清单化管理、精准化实施、一体化推进，让"奋斗幸福观"更加深入人心，贫困人口内生动力得到有力增强。

选树典型，以一带百，立脱贫志。开展"感动重庆十大人物""富民兴渝贡献奖""中国好人"等评选活动，注重挖掘培育脱贫攻坚类先进典型。成功推选巫山县竹贤乡下庄村村委会主任毛相林为时代楷模。杨骅、周康云、严克美等7位脱贫攻坚典型荣获"感动重庆十大人物"，朱席武、匡后明、江奉武等3位脱贫攻坚典型荣获"富民兴渝贡献奖"。推出扶贫脱贫典型"中国好人"18个、"重庆好人"110个。深化"孝善巴渝"和"家风润万家"系列活动，组织"家风评议"、网上家风交流展示活动，共计评出"重庆最美家庭"1000个，持续开展"重庆十大最美家庭"评选活动。举办"身边的脱贫故事"微访谈2.45万场，组织"决战决胜、奋斗有我"脱贫攻坚故事征集宣讲活动，征集故事265个，营造学先进、当先进的浓厚氛围。

移风易俗，文化创新，学致富智。推进移风易俗"十抵制十提倡"工作，推动村规民约修订工作全覆盖，97.2%的村建立健全村民议事会、红白理事会、道德评议会等各类群众组织，编发"文明习惯养成"手册等宣传资料100余万份，劝阻大操大办、违规敛财婚丧礼俗等行为1.7万余起，巩固整治大操大办、无事办酒等突出问题成果。举办科学知识、实用技术、职业技能等"新农村新生活"培训1.3万场，开展生活技能大赛、文明礼仪竞赛等活动6400余场。实施文化阵地设施提档升级工程，在深度贫困乡镇开展建设标准乡（镇）综合文化服务中心和村（社区）综合文化服务中心、送设施设备等"三建六送行动"，建成14个国贫县示范建设村综合文化服务中心418个，在4个民族自治县覆盖建设村综合文化服务中心669个，为全市18个深度贫困乡镇建设19个电影厅。向无电视建档立卡贫困户赠送液晶彩电及卫星电视信号接收装置9505套，实现全覆盖。创新开展"晒文化·晒风景"活动、"晒旅游精品·晒文创产品"活动，"双晒"活动累计阅读量25.5亿人次，深入开展"我们的节日"主题活动1.45万场，参与群众2290多万人次，促进了文化旅游融合发展，为推动乡村文化振兴打好基础。

三、典型案例

案例一：用矩阵式传播格局"讲好脱贫故事"

打破"报纸+电视""报道+报告"等模式，全方位多角度宣传脱贫攻坚工作。一是全媒体传播。用好报纸、广播、电视等传统媒体，集中宣传；用好消息、通讯、评论、特写、述评等多种形式，深度宣传；用好互联网、手机等新兴媒体，以微信、H5、动画动漫、音频视频、图文图表、网络帖子等互动形式，广泛宣传。二是多手段展示。借助文学戏剧、电影电视、音乐舞蹈、书法绘画等文艺形式，统筹运用座谈交流、事迹展览、巡回报告、模范故事会、公益广告等多种形式，生动形象宣传脱贫攻坚工作，推动脱贫攻坚宣传产生更广泛的社会影响。三是故事化讲述。编印《重庆扶贫故事》《聚焦重庆脱贫故事——重庆打好脱贫攻坚战》《脱贫攻坚进行时——重庆市100名脱贫攻坚先进典型宣讲集》，2020年又启动开展重庆脱贫攻坚故事征集宣讲活动，累计收集整理故事500余篇，广泛开展"身边的脱贫故事"微访谈2.45万场，激发了干部群众"战贫"的强大动力。

案例二：树榜样，凝练汇聚脱贫攻坚力量

一是健全典型推选机制，"选得出"，二是完善典型培育流程，"立得住"，三是构建多维度的典型宣传架构，"传得开"，认真研究制定切实可行的先进典型培育规划，科学规范发现典型、确认典型、表彰典型、宣传典型、学习典型的标准和程序，认真听取群众反映，广泛征求意见建议，有计划有步骤有节奏地选树典型，实现树得起、立得住。2020年11月18日，中宣部将脱贫攻坚典型巫山县竹贤乡下庄村村委会主任毛相林授予"时代楷模"，号召全社会向他学习，市委、市政府下发《关于深入开展向"时代楷模"毛相林同志学习活动的决定》，在全市掀起向脱贫攻坚干部毛相林同志学习热潮，凝聚起了脱贫攻坚的强大精神力量。围绕脱贫攻坚典型人物事迹，创作完成《梦圆千年脱贫路》等文艺作品160余件。以扶贫典型彭阳为原型拍摄的电影《橙妹儿的时代》上映获得了良好反响，在"学习强国"重庆学习平台等展出舞台剧《薪火》等扶贫题材作品80余件。

重庆市委统战部脱贫攻坚工作情况

一、职责与任务

重庆市统一战线深学笃用习近平总书记扶贫重要论述,贯彻落实中央脱贫攻坚决策部署和市委工作要求,发挥统一战线优势作用,以多种形式参与脱贫攻坚工作。重庆市统一战线累计投入扶贫资金近44亿元,聚焦18个深度贫困乡镇和33个贫困村开展扶贫帮扶,助力重庆市如期高质量打赢脱贫攻坚战。对口联系帮扶的巫溪县天元乡、红池坝镇和天星乡寒峰村,农村建档立卡贫困人口全部脱贫。

二、主要做法

(一)发挥增进共识的政治优势,压紧压实脱贫责任

重庆市委统战部结合开展"不忘初心、牢记使命"主题教育、"不忘初心、与党同心"系列教育和"学讲做"活动,利用统一战线杂志、网站、微信公众号等平台开展学习宣传教育,引导全市统一战线成员和统战干部切实提高政治站位,深入学习贯彻习近平总书记扶贫重要论述,增强重庆市统一战线决战决胜脱贫攻坚的思想自觉和行动自觉。重庆市委统战部按照中央和市委要求,制定《重庆统一战线开展同心助推脱贫攻坚行动实施方案》,集中力量解决"两不愁三保障"突出问题,切实抓好中央专项巡视和年终考核问题整改落实,以上率下带动各级统战干部真抓实干、尽职履责。扎实开展"访深贫、促整改、督攻坚"活动,制定专项工作方案,部委全体部班子成员和相关负责同志深入对口帮扶的贫困乡镇,走访调研贫困户,摸清贫困户在"两不愁三保障"等方面实际情况,2018年至2020年,共计蹲点24次89天,走访79户,召开对口帮扶工作联席会21次。

（二）发挥统战部门特殊优势，产业教育健康助力脱贫

发挥要素富集的资源优势，组织引导重庆市统一战线成员帮助贫困地区发展生态效益农业，扶持贫困地区乡村旅游发展，组织农林、畜牧、水产等各方面专家深入贫困地区蹲点指导，帮助贫困群众掌握技术要领，提高生产能力，深入开展"万企帮万村""光彩行"等精准扶贫行动。

发挥人才荟萃的智力优势，通过建言献策、科技服务、教育捐赠等多种形式参与教育扶贫。利用中华职教社、新专联、欧美同学会等平台，引导更多职业培训机构进入贫困地区开展技术培训，帮助贫困群众提升专业技能。加大教育资助力度，帮助贫困地区改善教学设施，培训师资力量，资助贫困学生，帮助贫困地区改善教育条件。

发挥统一战线医药卫生界成员众多的优势，加强贫困地区医疗硬件建设，开展医务人员技术培训，为贫困群众提供免费治疗。各民主党派成员、民营企业为贫困地区开展医疗救助，投入资金物资达6069万元。

（三）推动消费扶贫，提升稳定脱贫的持续性

重庆市统战系统各单位采取有力措施，建立消费扶贫长效机制，帮助贫困群众持续稳定增收。2019年至2020年，累计帮助天元乡实现消费扶贫3900万元。市级各民主党派建立消费扶贫工作机制，直接购买消费扶贫产品1016万元，帮助销售产品1855万元。引导民营企业主动采购、帮助贫困地区销售扶贫产品，有82家企业参与"万企帮万村"消费扶贫行动，有73家企业采购扶贫产品，金额达到1139万元，有10家企业帮助销售了2754万元的扶贫产品。部机关干部职工自发在巫溪县红池坝镇中岗村购买农产品近18万元。2020年重庆市委统战部机关和市工商联已完成消费扶贫任务120万元。

（四）开展扶贫宣传，讲好参与脱贫攻坚故事

组织召开"学身边典型·创一流业绩"先进事迹报告会（脱贫攻坚专场），重庆市统战系统200余名干部职工现场聆听报告，83万人通过网易直播在线观看报告会。在重庆日报开设"助力决战脱贫攻坚，统一战线在行动"专栏，宣传全市统一战线参与脱贫攻坚的做法和成效，到2020年已发布报道44篇。联系中央电视台到巫溪县红池坝镇拍摄《"攻坚日记"——

走出中岗村》，展现新时代扶贫干部风采。组织干部职工观看脱贫攻坚主题电影和特别节目，通过官方网站、"两微一端"等网络媒体平台及时转发相关报道，形成热烈浓厚的宣传氛围。

（五）加强民主监督，提升真脱贫的实效性

坚持落实《关于支持各民主党派市委会开展脱贫攻坚民主监督工作的实施方案》，支持市级各民主党派聚焦剩余贫困、疫情影响、成果巩固等"六大会战"开展民主监督，保证为打赢脱贫攻坚战注入有力的监督力量。

三、典型案例

"四晒"活动提升帮扶群众内生动力

在对口帮扶的巫溪县天元乡、红池坝镇中岗村等地深入推动开展晒政策、晒党恩、晒奉献、晒努力的"四晒"活动，探索一条变"输血"为"造血"，增强贫困群众主动脱贫积极性、创造力的新途径。开展"点餐配菜"宣讲活动晒政策，进村社、进院坝开展宣讲30余场，进家庭、进田间开展面对面宣讲300余次，政策普及率、知晓率均达100%。利用大走访、传统节日慰问等契机晒党恩，促使贫困群众化感动为力量。用真心沉下基层、动真情帮扶群众、下真功脱贫攻坚"三真"行动晒奉献，贫困群众对干部理解度、信任度、支持率大幅提升。开展"典型示范""清洁村庄""法德双治"三大行动，通过设立"脱贫光荣榜"、评选"脱贫光荣户"等方式选树脱贫典型，用身边故事教育引导困难群众主动脱贫，累计评选"脱贫带头人"9名、"十星级文明户"7户，切实激发贫困户脱贫致富的内生动力。

重庆市委政法委脱贫攻坚工作情况

一、职责与任务

为贯彻落实党中央、国务院打赢脱贫攻坚战的重大部署，重庆市委政法委通过指导全市政法系统从提高制度供给水平、深化法治宣传教育、夯实基层稳定基础、化解涉贫矛盾纠纷、推进三治融合发展、下沉政法公共服务六个方面，全力服务、保障和助推脱贫攻坚工作，以"法治扶贫"为载体，探索创新，着力加强贫困地区基层社会治理，促进贫困地区自治、法治和德治融合发展，使人民群众尊法学法守法用法意识明显增强，乡村治理法治化水平明显提高，为决战决胜脱贫攻坚、全面建成小康社会提供坚强的法治保障。

二、主要做法

（一）强化制度供给助力脱贫攻坚

全市政法机关是行政立法和行政执法的牵头部门，审查在社会保障、乡村振兴、工程建设、土地征用、危房改造等方面与脱贫攻坚息息相关的行政立法和规范性文件。2019年，重庆市司法行政部门对391件市政府规范性文件和103份市政府重要合同（协议）进行合法性审查，调整部门间行政权力1202项、取消198项、下放513项，砍掉各种村（居）证明事项861项，为脱贫攻坚提供了坚强的制度保障。

（二）深化法宣教育助力脱贫攻坚

重庆市政法机关统筹法律服务志愿者、律师、人民调解员等组成"法治服务脱贫攻坚、服务乡村振兴"队伍，开展"法治进村居"主题讲座，以干部带农民、骨干带群众的方式提升干部群众法治素养，推动形成办事依法、遇事找法、解决问题用法、化解矛盾靠法的良好环境。开设"问哈村长"热线，利用信息化平台解答贫困群众疑惑。建设"法润乡村"阵地，建设法治宣传专栏、农村法律图书室、法治院坝等，就近普及法治。召开警示教育会2000余场次、受教育人数达20万余人次。

（三）夯实基层稳定助力脱贫攻坚

加强社会面稳定服务脱贫攻坚大局。通过建立治安巡逻队伍，实现了"三巡"全覆盖。严厉打击农村地区违法占用耕地林地、阻挠扶贫项目施工或强揽工程等违法犯罪行为，特别是针对贫困地区发生的重大恶性案件和侵财性案件。重点围绕群众反映强烈的"盗抢骗、黄赌毒"等治安问题，切实开展挂牌整治，为脱贫攻坚营造良好治安环境。出台了《未成年人保护工作机制》《关于进一步加强未成年人法治教育的实施意见》等系列文件，防止贫困人口的未成年犯罪出现代际贫困。

（四）化解矛盾纠纷助力脱贫攻坚

通过落实"枫桥经验"重庆实践十项行动，加强溯源治理，畅通和规范群众诉求表达、利益协调、权益保障通道。脱贫攻坚期间，全市贫困地区排查化解矛盾纠纷100余万件，有效防止民间纠纷转化为治安案件2000余件、转化为刑事案件1000余件，有力维护了脱贫攻坚的社会稳定大局。

（五）推进三治融合发展助力脱贫攻坚

推进自治、法治、德治三治融合发展，以"孝贤洁序"为重点的公序良俗工程建设，发挥身边榜样示范带动作用，发挥乡贤道德感召力量，推动贫困地区形成文明乡风、良好家风、淳朴民风。已创建全国民主法治示范村80个，市级民主法治示范村（社区）200余个。

（六）下沉政法公共服务助力脱贫攻坚

公安机关组织民政、车管、出入境等部门，到贫困地区集中办理身份证、车辆上户、出入境证件活动。审判机关建立扶贫案件绿色通道，发挥"车载法庭"巡回审判车优势，送法下乡、就地开庭、就地调解、就地宣判，切实解决司法服务群众"最后一公里"。加大对因案致贫、因案返贫的困难群众司法救助力度，对符合司法救助条件的建档立卡贫困户优先救助，对符合救助标准的建档立卡贫困户遭受犯罪侵害的，主动告知救助权利，及时予以救助。落实贫困村法律顾问制度，深入开展"法律顾问进乡村"活动，为全市每个贫困村配备了法律顾问，提供全方位、多层次的法律服务。在深度贫困地区探索成立"让一让"调解、"易法院"扶贫等工作机制并在全市推广，就近为贫困群众挽回和避免经济损失1.5亿元。

三、典型案例

案例一：示范基地"法治扶贫"深度贫困乡镇

重庆市委政法委扶贫集团对口扶贫市级深度贫困乡武隆区后坪乡。市委政法委驻乡工作队在后坪乡建立了法治扶贫工作站，将后坪乡建成了全市"法治扶贫"示范基地。一是建立"三治院坝"，延伸普法尊法守法"触角"。全乡建设"三治大院"76个，为脱贫攻坚项目的顺利实施就近就便宣传发动群众。二是建立纠纷化解阵地。创新设立"让一让"人民调解工作室，"易法院"扶贫工作室和"莎姐"维权工作室，恢复成立后坪派出所和"云上苗寨"、中岭村2个警务室，全乡镇排查化解矛盾纠纷346件。三是推进法律顾问全覆盖。全乡配套乡村法律顾问12人，审查合同、文件、合作协议56份，为脱贫攻坚项目运行进行法治把关。

案例二："三治大院"基层治理机制促进脱贫攻坚

针对深度贫困地区高山居住分散、矛盾纠纷增多、治理活力不足的"三大瓶颈"，重庆市委政法委在后坪乡开展试点，把10户左右传统院落作为"突破口"，划小治理单元、靠前志智双扶、推进三治融合、激活基层治理细胞。确定党支部的领导地位和村、社、院的层级治理机制，"干部联社、党员联院"，院坝配备党建、产业、法律三个指导员。激活自治，通过群众推、上级派等方式从群众中产生院主和2名左右理事，对院坝建设、公共设施、产业项目、平安治理等公共事务商议后交院民讨论，坚持让院坝成为项目、产业、人才"三要素"落地的有力抓手。

重庆市教工委脱贫攻坚工作情况

一、职责与任务

重庆市委教育工委、市教委学习贯彻习近平总书记关于扶贫工作重要论述,全面贯彻落实党中央、国务院和市委、市政府关于打赢脱贫攻坚战的重大决策部署,坚持目标导向,落实精准要求,下足"绣花"功夫,采取超常举措,教育脱贫攻坚取得决定性胜利。教育脱贫攻坚承担着"两不愁三保障"中"义务教育有保障"的核心任务,肩负着"五个一批"中"发展教育脱贫一批"的责任担当,更承载着阻断贫困代际传递的重大使命。重庆市委教育工委、市教委领导教育系统全员参战,形成了人人思考扶贫、支持扶贫、参与扶贫的浓厚攻坚氛围。实施了18个深度贫困乡镇"1+1+1"行动计划,创新"1+N"联控联保责任体系,研发市级控辍保学动态管理平台,"一县一策""一人一案",分类开展控辍保学工作。实施关爱帮扶,全市义务教育巩固率达到95%。义务教育阶段失学辍学学生动态"清零",建档立卡贫困家庭子女连续无失学辍学现象。建立从学前到研究生各教育阶段全覆盖、公民办学校全覆盖、家庭经济困难学生全覆盖的资助政策体系。实施资助项目30多项,2015年至2020年,累计资助各级各类学生2721.65万人次,资助资金达353.8亿元。2014年至2018年,全市5211所中小学实施"全面改善义务教育薄弱学校基本办学条件"项目。5年投入资金134.73亿元,新改扩建校舍面积440万平方米、运动场地471.7万平方米,完成购置设备设施30.82亿元。2019年起,中央和市级投入财政资金56.26亿元,加强"两类学校"建设,全市18个贫困区县44个学生寄宿制建设项目新增寄宿制学位9667个,新增寄宿制学位13041个,满足全市贫困区县学生寄宿需求。投入资金2647.9万元,完成248所学校旱厕改造,改造面积17606.7平方米。定点帮扶天元乡合力攻坚，2020年11月，国扶网公布，天元乡最后21户49人全部脱贫，累计减贫733户2575人，贫困发生率由28%降至0，交通和饮水等基础设施有效完善，贫困户收入显著增长，产业步入持续发展轨道。

二、主要做法

（一）扛牢主体责任，提高站位抓好工作部署

重庆市教工委坚持思想统一、政策完善、制度优化、监管有力的工作方针，在全市教育系统深学笃用习近平总书记关于扶贫工作重要论述和系列重要讲话精神，按照党中央和市委、市政府关于脱贫攻坚决策部署，成立义务教育保障专项小组，市委教育工委、市教委一把手亲自抓，班子成员主动靠前指挥，全市教育系统全员参战，形成了人人思考扶贫、支持扶贫、参与扶贫的浓厚攻坚氛围。多次召开工委会、主任办公会、专题民主生活会等，研究部署教育脱贫攻坚及巡视反馈意见整改工作。出台《关于实施教育扶贫攻坚三年行动的意见》《重庆市着力解决"义务教育有保障"突出问题打赢教育脱贫攻坚战工作方案》等多项文件，实施18个深度贫困乡镇"1+1+1"行动计划，形成以《方案》为引领、分领域专项政策、行动计划、实施方案等上下联动、统一协调的政策体系。建立完善与相关市级部门横向联动、区县教育部门上下联动、机关处室内部联动的工作机制。扎实开展委领导包片、处室包区县督导检查，以脱贫攻坚促进教育高质量发展。

（二）聚焦核心底线，义务教育有保障扎实推进

落实控辍保学。先后印发《关于精准开展义务教育控辍保学工作的通知》《关于进一步做好劝返复学学生教育教学管理工作的通知》等文件，强化政府法定职责，创新"1+N"联控联保责任体系，研发市级控辍保学动态管理平台，"一县一策""一人一案"，分类开展控辍保学工作。实施关爱帮扶，疫情期间控辍保学工作"不停歇""不反弹""不滑坡"，全市义务教育巩固率达到95%。义务教育阶段失学辍学学生动态"清零"，建档立卡贫困家庭子女连续无失学辍学现象。建立从学前到研究生各教育阶段全覆盖、公民办学校全覆盖、家庭经济困难学生全覆盖的资助政策体系。加大投入

改善薄弱学校。加强乡镇寄宿制学校和乡村小规模学校建设。推进农村学校教育信息化建设。以"三通两平台"建设为重点,深入实施重庆教育信息化"1125"推进工程,建成重庆教育宽带网,骨干节点带宽达100G,区县上联带宽达10G。会同市通信管理局开展学校联网攻坚行动,全市学校"宽带网络校校通"开通率达100%。实施教学点数字资源全覆盖项目,累计覆盖1948个农村教学点。推广"一校带多校、一校带多点"模式,支持城区优质学校与山区薄弱学校结对帮扶,在黔江、铜梁和巫溪等区县建成"同步课堂"400余个。

(三)重视教师质量,招聘培养奖励留住人才

一是突出农村教师招聘培养"定向化"。实施"农村义务教育阶段学校教师特设岗位计划""农村小学全科教师定向培养计划",2015年至2020年,累计招收"特岗教师"6463名,培养"全科教师"8615名。

二是突出农村教师激励"多元化"。新增中、高级岗位重点向农村中小学投放,近3年,村校教师高级职称评审通过率基本达到100%。实施乡村教师荣誉制度,向9万余名乡村学校从教30年教师、6.4万名乡村学校从教20年教师颁发荣誉证书。定期开展模范教师、优秀教师评选,2014年和2019年,国家、市级表彰优秀乡村学校集体20个、优秀乡村教师80名。

三是突出农村教师待遇"差别化"。实施乡村教师岗位生活补助政策,按照"越是基层、越是艰苦、待遇越高"的原则,市级每年安排专项资金,着力解决农村地区教师留不住的问题。惠及33个区县、3456所学校(含村小及教学点)、90002名乡村教师,年补助资金4.26亿元。

四是突出农村教师培训制度化。脱贫攻坚期间,共投入培训经费3.46亿元,分层分类培训乡村教师10.6万余人次,实现全市贫困地区乡村教师培训全覆盖。

(四)汇聚各方资源,发展教育脱贫成效显著

在东西协作的大背景下,通过鲁渝教育扶贫协作,结合重庆实际,提速教育发展。签署《鲁渝教育扶贫协作框架协议》,明确学校结对、教师培训、教科研协作、网络研修、人才交流等五方面协作内容。将山东省级援助资金1875万元,精准用于原14个国家级贫困区县办学条件改善、教师培

训等项目。签署《职业教育东西协作行动计划落实协议书》，推动山东省高职、中职、技师学院与重庆市原14个国家级贫困区县中职学校"一对一"结对帮扶，共建专业示范点13个，示范性实训基地6个，共同组建职教集团2个，重庆市委托山东省管理专业2个。

三、典型案例

四级联动完成定点帮扶责任

建立"市领导+市教委扶贫集团+巫溪县+天元乡"的帮扶责任体系，形成四级联动工作机制。组建市教委扶贫集团驻巫溪县天元乡脱贫攻坚指挥部，下设驻乡工作队、驻村工作队，先后遴选21名优秀干部常驻天元乡开展工作。累计投入帮扶资金3800万元，协调帮扶资金近5000万元用于天元乡项目建设，72个扶贫项目全部完工。

智力帮扶特色鲜明。组建成立161人天元乡脱贫攻坚专家智库，分批次赴天元乡开展电商培训、种植养殖技术培训，开办"扶贫大讲堂""农民网校"等，累计开展技术培训200余场次，培训群众3000余人次。

消费扶贫助力增收致富。通过在重庆三峡学院等20余所高校，免费设立天元农产品"消费扶贫"专柜，长期供应农特产品。通过推介会、赶年节等形式，倡导学校工会、食堂、职工个人订购，实现市教委扶贫集团消费扶贫突破4000万元。

教育帮扶启智育人。统筹成员单位帮扶资金1000余万元，完成天元乡辖区内幼儿园建设，小学宿舍、食堂、运动场、教师周转房等改造和建设。协调市人民小学等名校与天元学校结对帮扶，开设同步课堂。依托长江师范学院等具有师范教育优势的高校，开展定岗支教、教师培训，解决天元乡音、体、美等教师结构性缺员问题，助推天元乡教育教学质量提升。重庆幼儿师范高等专科学校为天元乡两所幼儿园授牌"学前教育校园联盟帮扶单位"，手把手进行帮扶。整合集团成员单位帮扶力量，推进一个党总支（支部）或一名党员帮扶一户贫困户、共结对733户，实现对全乡贫困户帮扶全覆盖。集团成员单位及高校深入天元乡，开展帮扶活动700余次，教育帮扶近10000人次。

重庆市科学技术局脱贫攻坚工作情况

一、职责与任务

重庆市科技局坚持深学笃用习近平新时代中国特色社会主义思想，深入贯彻习近平总书记关于扶贫工作重要指示精神，组织开展科技精准帮扶，着力强化农业农村领域科技创新驱动作用，为全市高质量打赢打好脱贫攻坚战提供有力科技支撑。

脱贫攻坚期间，面向全市有扶贫开发任务的区县选派"三区"科技人才1644人次、市级科技特派员3706人次，实现贫困村科技特派员服务全覆盖。组织科技特派员引进推广新技术3373项、新品种2712个。组织精准扶贫专题培训班10余期，培训基层科技管理干部、乡土科技人才及致富带头人等共1047人，培训农民24.65万人次。2016年至2020年鲁渝科技扶贫协作实施省级扶贫协作资金项目10项，经费600万元。

二、主要做法

（一）形成四级联动科技扶贫人才队伍

重庆市科技局制定并印发了《深入实施科技精准扶贫行动工作方案》《重庆市科技特派员进村帮扶计划（2015—2017年）实施方案》《重庆市科技特派员管理办法》《重庆市星创天地管理办法》等制度文件，开发科技人才掌上工作APP，建成"重庆市三区科技人才网"等网站，将科技特派员工作进行科学规划和系统设计，形成"三区科技人才（国家级）—市级科技特派员—区县科技特派员—基层农技人员"的四级联动体系，促进了科技特派员工作的全面开花和丰硕结果。

（二）创新科技扶贫服务机制

开展了"科技扶贫千村特派员专项行动""千名科技特派员助力脱贫攻坚专项行动"等专项，强化科技特派员的帮扶服务。通过建立"特农淘"优质农产品电商销售平台，组织科技特派员在线代言，推广贫困地区农产品。建成"重庆科技特派员"微信公众号，宣传特派员工作，展示科技扶贫成效；开设"科技特派员网络公开课"，组织科技特派员在线培训、在线指导、在线答疑，讲授杂柑新品种种植、优质葡萄栽培、早熟梨花果管理等。

（三）深化东西部扶贫协作，增强科技帮扶能力

2016年重庆市科技局与山东省科技厅签订《深化科技扶贫协作框架协议》，明确在建立技术需求对接机制、推广农业科技创新模式等方面开展合作。鲁渝共建武隆高山蔬菜研究所、鲁渝中医药康养产业技术创新中心等5个创新平台，为扶贫技术联合研发和推广转化输入动力。

（四）强化农业科技攻关，增强贫困地区发展后劲

鼓励涉农院校和科研院所组建产业扶贫技术团队，加大贫困地区的创新主体培育和引进，推进先进农业技术应用推广，助力农业农村科技创新。2018年实施中央引导地方科技发展专项创新示范类项目35项，资助资金1050万元；2019年实施"贫困区县特色产业技术集成与应用"项目18项，累计资助资金1400万元；2020年结合"千名科技特派员助力脱贫攻坚专项行动"，设立"技术创新与应用发展（科技特派员）"项目24项，支持2000万元。重点引导和支持在贫困区县开展的科技扶贫、成熟技术或成果在贫困区县的推广应用、星创天地的建设发展，聚焦深度贫困乡镇环境整治、农业产业科技创新发展、农业信息化等方面。

三、典型案例

案例一：科技帮扶发展高山蔬菜成富民农业

武隆区是重庆市高山蔬菜的主要生产地，全区高山蔬菜种植面积超过23万亩。武隆本地的蔬菜种植以甘蓝、大白菜、萝卜"三白"蔬菜为主，

还少量种植辣椒。由于长期的连作,甘蓝、萝卜等十字花科的作物根肿病严重,很多田地已经难以继续种植此类蔬菜,甚至荒芜。派驻武隆的陶伟林根据市场需求,结合不同海拔高度的蔬菜生长规律,推动调整当地的蔬菜种植结构。通过在不同海拔高度进行分期播种,几年来共引进筛选了适宜高山生产的番茄、辣椒、黄瓜、油麦菜、四季豆、甜豆、花菜等适应性好、市场需求大的蔬菜品种30余个。通过水肥一体化避雨栽培技术,番茄亩产达8000公斤,较常规栽培增产57%以上;辣椒亩产4200公斤,较常规栽培增产45%以上。

案例二:"定制化"服务助推扶贫产业发展

万州区科技局大胆创新科技特派员工作思路,实行"定制化"服务,组织农业专家组成服务队,进村头、上屋头、到田头,为种植大户及农业科技型企业"问诊把脉",全区特色产业实现科技特派员对接服务全覆盖,为该区决战脱贫攻坚提供坚实的科技支撑。万州区科技局经过摸民情、听民意、想办法,结合产业发展实际,大胆创新科技特派员工作思路,从原有的一名科技特派员单一服务一个农业企业,到国家级"三区"科技人才、市级、区级科技特派员"组合"选派,精准服务一个产业,并通过在产业发展较好的乡镇设立科技特派员工作站或指导企业建设专家大院等方式,实现三级特派员的优化组合。同时,区分不同的培训对象,坚持缺什么补什么的原则,有针对性地开展技术培训推广示范、产品加工、电商销售、文旅融合等"定制化"服务,通过以点带面的方式把农业新成果、新技术、新信息及时便捷地传递到千家万户,落实到企业和田间地头,推动全产业链加快发展,实现现代农业的规模化、高效化。

重庆市经济和信息化委员会脱贫攻坚工作情况

一、职责与任务

重庆市经济和信息化委员会在精准扶贫工作中，强化组织领导，扎实做好工作部署。建立健全鲁渝产业协作工作机制，加强区域发展战略、项目建设、技术创新等信息资源共享，查找分析扶贫工作中的突出问题，研究制定切实可行的工作措施。加强业务处室工作交流。渝鲁双方签订《战略合作框架协议》，根据两地实际共同出台《鲁渝产业协作工作要点》。市经济信息委与山东工业和信息化厅建立互访机制，两部门各级负责人互访80余人次，各处室来渝赴鲁交流30余次。利用中国国际智能产业博览会、济南国际超级计算产业博览会等大型展会平台，相互推介鲁渝两地在大数据智能化领域的发展成效，深化重点领域合作。2020年11月，在重庆市经济和信息化委员会赴济南与山东省工业和信息化厅交流鲁渝产业协作工作，组织10个区县经济信息委和园区相关负责人调研浪潮集团、山东一诺威等6个企业单位，针对山东材料、化工行业领军企业开展产业对接。搭建起东西部扶贫协作交流平台，组织召开鲁渝产业协作对接工作会、鲁渝产业协作工作联席会，先后组织180余家工业企业对接交流，推动了重庆龙智造工业云平台等多个项目落户济南，为重庆市脱贫防返贫作出了重大贡献。

二、主要做法

（一）抓住机遇、加强合作、实现纵深发展

为探索依靠市场机制实现区域产业协作新路径，鲁渝两省市经信系统联合山东省扶贫协作重庆干部管理组引入新业态、新模式创新开展东西部扶贫协作工作。2020年9月，鲁渝两地联合组建"鲁渝扶贫协作·工业互

联网矩阵",发挥工业互联网要素配置能力,放大平台产业带动效应,实现两地产业合作提档升级。

1. 以业务交叉互补的平台企业为核心,聚拢产业力量组成矩阵服务生态

以海尔卡奥斯、浪潮云洲、忽米网、龙智造、公鱼互联5家工业互联网平台为首批核心企业,聚拢两地上下游创新应用和数据分析服务等产业力量组成矩阵生态。瞄准贫困区县企业在产业扶贫协作中融资难、合作匹配度低等关键痛点,提供一揽子菜单式、可分拆组合的公益性工业互联网产品与服务。

2. 以十四个国家扶贫工作重点区县为目标,多线程拓展协作空间导入优势资源

工业互联网作为实现智能控制、运营优化和生产组织方式变革的一种新兴业态,实现了全系统、全产业链和全生命周期的互联互通,可在地区产业协作中发挥重要作用。"鲁渝扶贫协作·工业互联网矩阵"能够将行业龙头企业前期建立的产业互联网平台链接到一起,解决供应链协同问题,从而实现山东与重庆产业精准对接、贫困地区人才、技术和项目合理适配。一是发挥工业互联网矩阵产业结构优化能力,通过开展"线上+线下"系列专项帮扶活动,定向帮扶重庆14个贫困区县导入优势工业资源。二是发挥工业互联网矩阵提效降本增能的能力,通过设立品牌扶贫专区、免费或低价提供解决方案等,推动贫困区县相关企业快速实现转型升级。三是发挥"工业互联网+脱贫攻坚"创新融合效应,将工业互联网产业赋能能力运用到脱贫攻坚工作中,实现"小切口、大效应"的区域创新协作,为脱贫攻坚和区域产业协作战略无缝衔接提供实践案例。

3. 以组织系列配套活动为载体,两线联动两化融合深挖两地协作潜力

重点开展"两专区、一品牌、一联盟"活动。一是"两专区"。在矩阵企业平台开设"鲁渝扶贫产业协作线上专区"、在2020线上中国国际智能产业博览会开设"工业互联网矩阵扶贫展示专区",为贫困区县企业量身定制产品方案,形成一批可复制、可推广,具有良好示范带动作用的优秀解决方案和应用典型案例。二是"一品牌"。打造"云行鲁渝"区域品牌,通过两地分区域分行业企业培训、专题实地考察、媒体联合系列报道等活动，强化典型推介和舆论引领，提升企业"上云"数量质量，夯实工业互联网新基建基础。三是"一联盟"。联合两地"工业互联网服务联盟"，推动企业级平台在满足自身数字化、网络化、智能化升级需要的同时向外开放输出能力，逐步形成行业性平台，利用丰富的数据资源孵化培育软件龙头企业、两化融合示范企业和大数据应用企业。

（二）铺路搭桥、开创未来、持续创造性佳绩

鲁渝两地将进一步发挥工业互联网资源配置能力协作区域产业对接，以公益扶贫产品为依托，助力贫困区县资源、企业、资讯、产品、劳务"上云"上平台，实现两地信息对称、订单互通、企业牵手、协作共赢。

一是开展"云行鲁渝藏"企业"上云"行动。结合鲁渝扶贫协作和重庆市援藏工作需求，将云行鲁渝行动复制扩大到援藏工作中，"鲁渝扶贫协作·工业互联网矩阵"将遵循"成熟一个吸纳一个"的原则，壮大矩阵队列，丰富扶贫产品和数据集聚，组织帮扶重庆市对口支援西藏贫困县中小企业开展"上云上平台"活动，由矩阵企业免费或低价提供"上云上平台"产品，降低中小企业智能化改造成本，组织矩阵平台品牌营销商家为企业免费设计LOGO等，深入重点工业企业，分行业、分产业开展质量品牌现场诊断指导，为企业制定品牌培育方案，最终形成参与企业、贫困群众均受益的共赢生态。

二是开展专题对接活动。分区域分行业组织开展企业培训、专题实地考察等活动，联合媒体推出系列报道，强化典型推介和舆论引领，营造良好氛围。推动区域间同一产业或不同产业互相渗透，促进产业结构融合与数据开放，建立生态产业链。

三是搭建"工业互联网"服务联盟。联合工业互联网协会打通服务通道。做活企业，培育标杆，接入优秀软件产品，利用丰富的数据资源孵化培育软件龙头企业、两化融合示范企业和大数据应用企业。做优"互联网+"，搭建平台，推动更多制造业企业级平台在满足自身数字化、网络化、智能化升级需要的同时向外开放输出能力，逐步形成行业性平台，加入矩阵服务队列。

重庆市民族宗教委员会脱贫攻坚工作情况

一、职责与任务

脱贫攻坚期间，重庆市民族宗教委党组贯彻习近平总书记关于脱贫攻坚的重要论述，贯彻落实中央关于脱贫攻坚重大决策部署以及系列文件精神，认真做好《"十三五"促进民族地区和人口较少民族发展规划》（国发〔2016〕79号）在重庆市的贯彻实施，协调市级相关部门落实《国家相关部委支持武陵山片区打赢脱贫攻坚战未来三年办实事清单》《对重庆市提出事项的答复意见的通知》，并对照清单和答复意见细化工作措施。通过广大干部群众几年接续奋战，重庆市民族地区实现了经济持续增长、基础设施改善、公共服务能力提升、经济社会发展迈上新台阶。黔江区、秀山县于2017年整体脱贫摘帽，石柱县于2018年整体脱贫摘帽，酉阳县、彭水自治县于2019年整体脱贫摘帽。重庆民族地区完成了"现行标准下农村贫困人口全部脱贫、贫困县全部摘帽"的目标任务。民族地区群众出行难、用电难、上学难、看病难、通信难等长期没有解决的老大难问题普遍解决，义务教育、基本医疗、住房安全有了保障。民族地区贫困群众"两不愁"质量水平明显提升，"三保障"突出问题总体解决，脱贫攻坚取得了决定性成效。

二、主要做法

（一）聚焦少数民族和民族地区脱贫攻坚，加大投入巩固成果

脱贫攻坚期间，重庆市民族宗教委协调落实中央和市级少数民族发展资金86927万元，助推了民族地区经济社会发展；落实中央和市级教育补助费6343万元，落实市级卫生补助费2388万元，支持了民族地区解决"两

不愁三保障"突出问题。发挥重庆市委民族宗教工作领导小组成员单位职能作用,加强政策供给,优化转移支付和对口支援机制,支持民族地区脱贫攻坚。争取国家部委对重庆市的倾斜和支持,投入民族地区财政专项扶贫资金997690.16万元,其中产业发展类300755.5万元、村基础设施类334610.89万元、其他类362323.78万元;投入财政涉农统筹整合资金2126578.27万元,其中产业发展类586191.71万元、村基础设施类1254549.18万元、其他类285837.38万元。

(二)聚力少数民族特色村镇建设,助推文旅融合发展

按国家民委要求,指导民族地区实施少数民族特色村镇建设,推进民族文化旅游融合发展。民族地区以民族特色传统民居除险加固及风貌改造、人居环境整治、基础设施改善、特色产业培育、民族文化传承、农民稳定增收和民族团结进步创建等重点,实施少数民族特色村镇民族文化提升"十个一"行动,即编印一本书、录制一张光碟、编创一台剧目、增添一批民族文化元素、打造一批民族特色餐饮、培训一批导游及解说人员、传承一批非遗项目、建设一批民族文化陈列馆、开发一批民族民间工艺品、举办一系列民族节庆活动。2016年至2020年,由区县安排少数民族发展资金1.6亿元,带动投资累计24.5亿元,支持少数民族特色村镇保护与发展。重庆市共发展形成中国少数民族特色村镇26个、市级少数民族特色村镇94个。

(三)聚智民族传统手工艺品传承保护,建立"非遗+扶贫"新模式

脱贫攻坚期间,重庆市安排少数民族发展资金1000万元,带动和吸收社会各类资金投入1亿余元,支持少数民族和民族地区传统手工艺品企业创新发展。如石柱土家族服饰文化展示建设传承、秀山苗绣技能培训传承、酉阳手工挫花技艺和传统土家蓝染技艺传承保护等项目建设取得较好成效。同时,聚集各方智力资源,探索"非遗+扶贫"新模式,在非遗项目中遴选出了刺绣(苗绣和土家族织锦)、编织、木雕等12个产业化程度较高、市场销售前景广阔的项目,对重庆市18个深度贫困乡镇的留守妇女、贫困户、残障人士等开展了22期培训,共培训学员1100多人次,建立18个非遗扶贫工坊,特别是在抗疫期间,有效解决了630多人居家就业。

（四）聚心铸牢中华民族共同体意识，深化民族团结进步

重庆市民族宗教委通过学习贯彻习近平总书记在中央民族工作会议和全国民族团结进步表彰大会上的重要讲话精神，开展民族团结进步创建活动。坚持以社会主义核心价值观为引领，开展民族团结进步宣传教育，增强了"五个认同"。开展民族团结进步示范区（单位）建设，建成市级民族团结进步示范单位379个，全国民族团结进步示范单位22个，5个单位成功创建全国民族团结进步教育基地。召开重庆市民族团结进步表彰大会，表彰了为重庆市民族团结进步做出突出贡献的46个模范集体和90名模范个人。组织实施重庆市少数民族青年才俊成长工程，受资助对象涵盖全市民族自治地方、14个民族乡和对口援藏的西藏昌都市少数民族贫困家庭大学生，助力了脱贫攻坚，促进了民族团结。激发贫困群众脱贫致富内生动力，全市民委系统坚持扶贫同扶志扶智相结合，弘扬"先吃黄连苦、不怕辣椒辣、后享蜂蜜甜""宁愿苦干不愿苦熬"的精神，民族地区各族群众精气神凝聚宝贵变化，"如今政策就是好，我要努力向前跑"成为普遍共识。

三、典型案例

实施"重庆市少数民族青年才俊成长工程"助力脱贫攻坚

重庆市民族宗教委贯彻中央民族工作会议和习近平总书记关于脱贫攻坚重要论述，立足重庆民族地区实际，结合自身职能职责，理清思路，精准施策，认真谋划助推民族地区经济社会发展路径和抓手，以帮扶渝东南少数民族地区贫困家庭大学生完成学业为突破口，提出实施"重庆市少数民族青年才俊成长工程"，坚持扶贫同扶志扶智相结合，从根本上切实有效解决民族地区贫困家庭脱贫。"重庆市少数民族青年才俊成长工程"自2017年连续三年荣获重庆慈善奖、2019年荣获全国慈善奖。在重庆市民族宗教委的精心组织和倡导下，全市民族界宗教界关注民生、关注弱势群体，整合财力资源，支持和真心参与才俊工程。才俊工程实施，效果越来越好，影响越来越大，发展成为重庆的一个知名慈善品牌。全市民族界宗教界累计筹集资金7957.51万元，按每生9000元的标准累计资助7635名少数民族

困难家庭大学生上大学，受资助对象涵盖全市民族自治地方、14个民族乡和对口援藏的西藏昌都市少数民族贫困家庭大学生，助力了脱贫攻坚，促进了民族团结。

才俊工程的实施，既减轻了贫困学生家庭的经济负担，资助了少数民族青年完成学业，又弘扬了民族界宗教界扶贫济困、奉献慈悲的基本精神，还通过公开规范运作，增强了社会公信力，培育了爱的正能量。

重庆市民政局脱贫攻坚工作情况

一、职责与任务

围绕打赢脱贫攻坚战这一战略目标，民政部门出台了《民政领域打赢脱贫攻坚战三年行动实施方案》。聚焦建档立卡贫困人口中的低保对象、特困人员、重度残疾人等特殊困难群体，精准施策、精准发力，用足用好各项民政政策措施；聚焦整合多种资源，动员社会组织、慈善力量、专业社工、志愿者等社会力量，多元参与关爱帮扶；坚持基层自治，推动健全自治、法治、德治相结合的乡村治理体系，激发贫困群众参与脱贫攻坚的积极性和主动性，为打赢打好脱贫攻坚战贡献民政力量。

重庆市将24.87万名扶贫对象纳入低保保障，占全市农村低保总人数的40.3%，近五年累计支出低保金超过42.8亿元。将1.26万名扶贫对象纳入特困救助供养，近五年累计发放基本生活供养金近5亿元。近五年，全市临时救助建档立卡贫困人口超过8万人次，累计支出临时救助金超过2亿元。建设了47个片区性失能特困人员集中照护机构，300个农村敬老院进行热水供应常态化、房间寝具标准化、卫浴空间适老化（以下简称"三改"）升级改造，拨付2280万元资助深度贫困乡镇配套建设76个农村互助养老点，445名生活不能自理并有集中供养需求的特困人员全部安置到位，完善49463位农村留守老年人基础信息，开发养老领域公益性岗位474个，支持5000户特殊困难老年人家庭适老化改造。2016年至2020年，全市共发放残疾人"两项补贴"16.22亿元，惠及52.46万残疾人。

二、主要做法

（一）抓实保障政策供给，提升兜底保障水平

制定《重庆市民政领域脱贫攻坚三年行动方案》《关于在打赢脱贫攻坚三年行动中切实做好社会救助兜底保障工作的通知》《重庆市民政局解决"两不愁三保障"突出问题实施方案》等系列政策。2020年相继研究制定《重庆市脱贫攻坚总攻社会救助兜底脱贫专项行动方案》《关于切实做好社会救助兜底保障工作的通知》《重庆市民政局脱贫攻坚兜底保障"收官大决战"工作方案》，进一步压紧压实政治责任，健全完善最低生活保障、特困人员救助供养、临时救助、残疾人"两项补贴"、农村养老服务、儿童福利、惠民殡葬、移风易俗等协同发力的综合保障体系，全力保障好贫困人口基本生活。

健全社会救助标准自然增长机制，调整兜底保障标准，每年根据上年度人均消费增长比例同步调整低保保障水平。2016年至2020年，重庆市农村低保标准从每人每月300元提高到496元，增长幅度达65.33%；特困供养标准从每人每月600元提高到806元，增长34.33%。加强急难救助力度，及时将符合条件的建档立卡贫困人口纳入临时救助范围。实施"低保渐退"，加强农村低保制度与扶贫开发政策的有效衔接，对家庭收入发生变化，超过低保标准但低于2倍低保标准的低保兜底建档立卡贫困对象，给予6个月的渐退期。

（二）健全特困老年人供养保障机制

修订了《重庆市老年人权益保障条例》，印发了《重庆市人民政府关于进一步健全特困人员救助供养制度的实施意见》，明确将符合条件的特困人员全部纳入救助供养范围，保障特困人员享有基本公共服务，建立了特困对象供养标准与城乡居民人均消费支出增长和物价上涨挂钩的"双联动"机制。要求各区县按照不低于集中供养对象年基本生活金15%的比例，核定政府投资兴办的农村养老机构管理运行经费。采取"登记不增编，由乡镇在编事业单位人员兼任敬老院法人代表""挂靠乡镇事业单位登记"等方式，切实解决农村敬老院法人登记问题。重庆市民政局、市财政局等部门

联合印发《关于印发失能特困人员集中照护工程实施方案的通知》（渝民〔2019〕121号），按照一个区县至少建设1个适老化程度高、护理设备配置足、专业照护比例高的失能特困人员集中照护机构标准，为失能特困人员提供基本生活、日常照料、疾病治疗等方面服务。市民政局、市财政局等部门联合印发《关于印发老年人照顾服务计划实施方案的通知》（渝民〔2019〕114号），从2019年起，每年在全市范围内筛选150家交通便利、配套设施完备、床位数适中的农村敬老院进行"三改"升级改造，增强农村特困人员集中供养服务能力。重庆市民政局、市公安局等部门联合印发《关于加强农村留守老年人关爱服务工作的实施意见》（渝民发〔2018〕30号），支持有条件的区县探索农村特殊老年人基本养老服务包制度，购买第三方专业机构提供专业、便利的养老服务。出台了《关于印发重庆市社区居家养老服务全覆盖实施方案的通知》（渝府办发〔2019〕110号），培育由村"两委"专干、基层治理网格员、社工等人员组成的专兼职队伍，对居家特困人员、低收入失能、留守等老年人群开展"一对一"结对帮扶。

（三）以党建为引领，引导社会组织参与脱贫攻坚

为如期打赢脱贫攻坚战，民政部门引导各级各类社会组织发挥其在脱贫攻坚工作中的积极作用，重点围绕专项扶贫、产业扶贫、精准帮扶等方面做了大量工作。2018年至2020年，全市社会组织累计开展重点扶贫项目1423个，组织各类活动4987次，直接参与脱贫攻坚人员近40万人次，筹集扶贫款物22.51亿元，惠及困难群众251.36万人次。

（四）统筹推进安置点社区管理服务工作

实现搬迁安置点社区管理。会同市委组织部、市发展改革委等9部门印发了《重庆市脱贫攻坚易地扶贫搬迁安置点社区管理服务问题整改实施方案》（渝民〔2020〕94号），细化形成11项具体整改措施，印发了《关于加强和完善易地扶贫搬迁安置社区管理服务工作的指导意见》（渝民发〔2020〕10号），规范搬迁群众相关权益迁移、安置社区设置、社区自治服务等事宜，指导区县有序推进安置社区管理服务工作。

三、典型案例

供养"失能"、释放"有能"
——奉节县失能贫困家庭动态扶贫管理模式

奉节县探索"政府兜底保障、释放劳动能力、助推脱贫攻坚",解决失能贫困家庭扶贫脱贫问题。奉节县采取"试点先行,规范管理,财政托底,购买服务,整体带动"的方式,将集中供养帮扶对象限定为特困、城乡低保和农村建档立卡贫困户等贫困家庭中的失能人员,由村(社区)—乡镇(街道)—县民政局、县残联三级把关审核,实行"一人一档"管理,入住对象、监护人、乡镇(街道)与养护机构签订"四方协议"。通过整合特困、低保、社会救助、慈善捐款等资金,按1名失能人员1500元/月的标准,由财政统一拨付,政府兜底保障。联合县卫生健康委、人力社保等部门,对于失能人员及其家庭在医疗帮扶、再就业培训、教育减免等方面提供相应帮扶政策。指派专门医生定期负责失能人员身体检查和常见病处理,重大疾病由政府采取医疗救助方式对其进行帮扶。供养机构为入住失能人员建立动态管理档案,负责生活费用和日常管护。坚持追踪回访,对不再符合集中供养救助条件,或其家庭已脱贫且有供养能力的失能人员,由家属将其接回,如愿意继续在供养中心入住的,实行成本核算后提供有偿服务。

重庆市人力社保局脱贫攻坚工作情况

一、职责与任务

脱贫攻坚期间，重庆市人力社保局认真贯彻落实党中央、国务院决策部署和市委、市政府工作要求，扛起政治责任，围绕"就业扶贫增收入、技能扶贫提素质、社保扶贫保生活、人才人事扶贫促发展、对口扶贫增实效"的职责定位，精准施策，推动全市76.17万有就业能力、就业意愿贫困劳动力实现就业"应转尽转"，接近99%的建档贫困户享受到各类就业扶贫政策扶持；累计组织贫困人员参加就业技能培训超过24万人次，全市技工院校累计招收贫困家庭学生1.14万人；131万应参保贫困人口城乡居民养老保险实现应保尽保，33万超龄贫困人员养老保险待遇实现应发尽发，11.6万建档立卡贫困人员代缴政策实现应享尽享。累计建成扶贫车间436个，吸纳就业9512人，其中贫困劳动力4029人。年均向建卡贫困户发放创业担保贷款超过1亿元，发放一次性求职创业补贴、跨区域就业交通补贴、高校毕业生求职创业补贴等到户到人资金5000余万元，向吸纳贫困劳动力就业的用人单位落实社保补贴、一次性吸纳就业补贴、岗位补贴等奖补资金超过1亿余元，累计惠及全市贫困劳动力超过100万人次。

二、主要做法

（一）精准对接帮扶，兜牢就业扶贫民生"底线"

1. 精准摸清就业需求

重庆市人力社保局专门开发了贫困劳动力就业状况和就业需求手机版调查系统，贫困劳动力的就业状况和需求精准到村、精准到户、精准到人、动态更新。

2.精准开展就业服务

重点围绕"组织劳务输出一批、扶贫车间吸纳一批、返乡创业带动就业一批、公益性岗位兜底安置一批"的思路,按照贫困劳动力需求精准提供就业帮扶。利用信息系统优先采集就业意愿,提供"点对点"服务优先组织返岗,落实奖补政策鼓励企业优先招聘吸纳,开发公益岗位优先安置。

3.精准落实稳岗责任

成立贫困劳动力稳岗就业工作专班,实施专项帮扶行动,开发了重庆"智能就业"平台,将就业扶贫政策由"依申请服务制"调整为"主动服务制",通过大数据比对,自动筛选出符合政策享受条件的对象,督促区县及时兑现,提高政策覆盖面;对接重庆籍贫困劳动力较为集中省市,将返乡回流农民工及时纳入就业重点帮扶范围;全力以赴把贫困劳动力稳在企业、稳在岗位、稳在当地。

(二)激发内生动力,提升贫困人员技能水平

1.完善政策举措

将技能扶贫纳入全市职业技能提升行动总体工作,扩展扶贫培训项目,完善补贴标准,实现培训项目、补贴标准、参训人员、承训机构、培训渠道、技能评价六个全覆盖。

2.实施专项计划

继续推进农村贫困劳动力技能扶贫培训计划,将企业、农民专业合作社、扶贫车间等各类生产经营主体吸纳贫困劳动力就业,纳入以工代训补贴范围。推进技工院校技能扶贫行动,动员贫困家庭中有就读意愿的应、往届"两后生"免费接受技工教育。

3.创新培训模式

新冠疫情暴发后,在全国率先印发线上职业技能培训的通知,实施"百日免费线上职业技能培训",帮助贫困劳动力接受职业技能培训。推广订单式组织、菜单式教学、工单式就业"三单式"培训模式,鼓励贫困区县围绕地域和产业特点,开发特色工种,满足贫困群众培训需求。

（三）提高保障力度，织密扎牢社保扶贫网

1. 推进应保尽保

深入开展逐个排查、重点入户调查，准确掌握贫困人员社保参保缴费信息，做细做实做深参保动员工作。

2. 落实优惠政策

对经认定的未标注脱贫人员参加居民养老保险按最低档次标准的70%代缴保费；将超龄人员中的贫困人员纳入城乡居民基本养老保险制度，直接享受待遇。

3. 提高待遇水平

针对城口、巫溪、酉阳、彭水4个贫困县，调高失业保险金和企业稳岗补贴标准，4县累计共向4151名贫困失业人员发放失业保险金3400余万元，向602户企业和事业单位发放稳岗补贴1300余万元，稳岗3.66万人。

（四）加强智力支撑，增强人才人事扶贫实效

1. 充实贫困地区人才队伍

制定实施艰苦边远地区事业单位倾斜招聘政策，开通贫困家庭大学生"三支一扶"考试"绿色通道"，印发《重庆市2020年"千名高校毕业生下基层助推脱贫攻坚"专项招聘工作方案》，提供1396个贫困地区岗位专项招聘高校毕业生。

2. 推进基层专技人才助力脱贫攻坚

发文明确贫困区县卫生专业技术人员、晋升高级职称放宽学历，弱化论文、取消科研要求。依托专业技术人才知识更新工程，开展基层人才急需紧缺人才培训。

3. 加大高层次人才服务贫困地区发展力度

组建45个专家服务团，组织了近400名专家，在乡村规划建设、农旅融合发展、产业技术保障、产品精深加工、市场营销等领域提供服务，既解决乡村引才引智需求点多分散，缺乏有效渠道和财力保障问题，又以项目制方式组织专家，从经费资助、职称政策、评优评先等方面建立保障机制，调动了专家积极性。

（五）主动履行职责，巩固贫困地区脱贫成果

落实市委组织部扶贫集团工作部署，采取拨付资金、走访慰问、实地调研和选派干部等方式，扎实开展对开州区大进镇以及岳溪镇、满月镇有关村社区的对口扶贫工作。开展消费扶贫，通过扶贫专柜销售、工会活动集中采购等方式销售帮扶地产品100万元。推动与贫困村支部联建活动，为联建村产业发展"加速助跑"。

三、典型案例

案例一："三单式"模式推进技能扶贫

重庆市人力社保局坚持精准扶贫和就业导向，创新订单式组织、菜单式教学、工单式就业"三单式"培训模式，推进技能扶贫工作。

一是"订单式"组织。开发贫困人员就业信息系统，建立实名数据库，精准掌握贫困人员就业状况、技能水平和培训需求。组织20所技能脱贫重点技工院校与33个区县对接，实施技能脱贫行动。实现有培训意愿的贫困人员"应训尽训"。

二是"菜单式"教学，帮助贫困人员提高技能水平。实施"技能兴业"职业培训计划，开发重庆火锅、重庆小面、涪陵榨菜等72个专项职业能力标准及培训补贴标准。各区县围绕当地支柱产业、新兴产业、特色产业和增收致富产业，开发三峡绣娘、橘城厨工等141个特色培训项目。坚持志智双扶，采取"公共课扶志、专业课扶智"，围绕就业需求优化课程设置，开发使用11个职业培训包。坚持"长短结合、集中和分散结合"，将培训班开到乡镇村社，让群众少跑路，就近就地接受优质技能培训。

三是"工单式"就业。开展校企合作、工学结合，引导用工企业参与培训全程，将职业标准、岗位要求融入培训体系，开展订单、定岗、定向培训，实现培训促就业、带创业。通过职业技能培训超过18万人贫困劳动力取得各类证书，就业能力、稳岗能力、发展能力不断增强，近10万人实现就业。

案例二：巫溪县"五大模式"开辟就业扶贫新路径

一是"扶贫车间"带贫模式。通过财政扶贫资金的牵引，鼓励本土返乡创业人员领办创办劳动密集型企业，为贫困群众在家门口就业创造条件。扶持建设鸿驰鞋业、明申肥业、龙凤木梳等企业用工平台，帮助就业316人，其中贫困家庭劳动力就业183人。人均月工资收入2200元以上。

二是"扶贫超市"带贫模式。制定企业用工及订单补贴政策，引导县内商贸企业下乡，在贫困乡村发展"扶贫超市"。"我的家"商贸企业在文峰、塘坊等乡镇建设"扶贫超市"12个，提供就业岗位126个，其中安排贫困家庭劳动力就业45人，人均年收入达1.8万元。

三是"扶贫农庄"带贫模式。将旅游与扶贫有机结合，鼓励县内企业发展乡村旅游"扶贫农庄"，吸纳当地贫困家庭劳动力就近就业实现增收脱贫。通城镇长红村成立大兴沟民宿乡村旅游专业合作社，通过"公司+贫困户"方式，定向吸纳贫困户务工经营，发展"扶贫农庄"30余家，吸纳460户贫困户就近务工，户均年增收达1.2万元。

四是"扶贫基地"带贫模式。整合财政扶贫资金800万元，扶持县内农业企业和专业合作社围绕脱毒马铃薯、中药材、构树种植、肉牛养殖等特色种养业建立"扶贫基地"，引导贫困户参与产业项目务工做"工人"领取薪金。薯光农业科技开发有限公司发展5个马铃薯"扶贫基地"，吸纳860名贫困群众就近务工实现人均年增收1.6万元。依托中药材种植专业合作社与太极集团达成"订单种植、保底回收"协议，试点打造中药材"扶贫基地"1.4万亩，带动950名贫困群众就近务工实现人均年增收1万元。引进贵州海铭巍公司发展构树"扶贫基地"，带动100余户贫困户从事田间管理、采摘分类做"工人"，每年户均可增收5000元以上。

五是"扶贫工程队"带贫模式。制定建筑企业用工补贴办法，并对有意愿、有劳动能力的建卡贫困户实行免费建筑技能培训，扶持发展县级"扶贫工程队"3支。巫溪圣贤建司"扶贫工程队"带动39名贫困群众常年在工地务工，人均年收入3.6万元。古路镇观峰村通过创建"扶贫工程队"，每年为村集体创收10万元左右，并带动本村10余户贫困群众户均增收达3万元以上。

重庆市规划和自然资源局脱贫攻坚工作情况

一、职责与任务

重庆市规划和自然资源局落实《中共中央国务院关于打赢脱贫攻坚战的决定》《中共中央国务院关于打赢脱贫攻坚三年行动的指导意见》和市委、市政府《关于打赢打好脱贫攻坚战三年的实施意见》等部署要求，扎实推进落实党中央脱贫攻坚工作任务，各项目标任务圆满完成。全市处置易地扶贫搬迁旧房3.6万户，完成率100%。旧房拆除后宅基地复垦形成地票交易2825亩、贫困户获得收益3.3亿元。经评估存在安全隐患的163处集中安置点已完成整改工作。228个集中安置点中不涉及占用生态保护红线、自然保护区和永久基本农田的农用地转用已全部审批完毕。全市共有建档立卡搬迁户安置住房62654套（其中：集中安置住房4207套、分散安置57914套，购买"小产权房"533套），涉及人口25.2151万人。截至2020年底，已经登记发证59760套（其中：集中安置住房3633套、分散安置56127套），登记发证率95%。助推城口县脱贫攻坚工作。完成城口全县173个实用性村庄规划编制，每年支持下达精准扶贫精准脱贫新增建设用地计划指标600亩；实施完成城口县鸡鸣乡、沿河乡等2个市级扶贫土地整治项目工程建设，累计项目总投资4000万元；有序推进全县98个农村建设复垦项目，减少建设用地3100亩，实现地票交易价款4.74亿元。

二、主要做法

（一）加强脱贫攻坚工作，推进体制机制建设

重庆市规划和自然资源局坚持把脱贫攻坚作为最大的政治责任，健全和完善脱贫攻坚工作体制机制，一方面推动规划自然资源精准扶贫措施落

实，成立了局主要领导任组长、相关分管领导任副组长、相关处室（单位）主要负责人为成员的深化脱贫攻坚领导小组，同时对18个深度贫困乡镇，建立了局领导和责任处室"定点包干"的联系机制，累计选派14名驻村帮扶干部，43人次规划师下乡赴镇、村开展帮扶和规划技术服务工作。另一方面形成局领导常态化推动脱贫攻坚工作机制。局领导每月坚持召开1次以上脱贫攻坚工作推进或调度会议，听取脱贫攻坚行动落实情况汇报，研究解决脱贫攻坚工作存在的问题、安排部署相关工作。相关处室（单位）按照工作职责分工，主动做好与市级相关部门和区县规划自然资源部门的工作对接，收集掌握所承担职责范围内各区县脱贫攻坚工作进展数据及存在的问题等情况，每月报送。

（二）注重系统谋划先行，明确责任分工

对标对表党中央和重庆市委、市政府脱贫攻坚决策部署，落实和主动谋划脱贫攻坚工作任务，年初印发脱贫攻坚工作要点，逐一明确任务措施和职责分工，实现脱贫攻坚任务一项一项落地生根。通过系统谋划，脱贫攻坚工作责任进一步靠实，措施更加细化，有力地促进了重庆市规划和自然资源局脱贫攻坚各项任务有序推进。

（三）强化督查指导工作，深化责任落实

重庆市规划和自然资源局紧抓落实，以积极的态度、有力的举措、过硬的作风，带动督促规划自然资源系统各级干部真改实改，一是局领导深入贫困地区指导自然资源扶贫工作。开展脱贫攻坚巡视反馈意见整改工作开始，局领导深入开展"访深贫、促整改、督攻坚"专项活动，了解基层脱贫攻坚工作进展与项目用地保障情况。二是加强工作作风建设。通过扶贫项目现场走访、贫困户走访、电话回访、内部督查等方式，对扶贫政策落实情况监督检查并纳入工作和个人考核。同时，畅通举报渠道。认真落实工作整改任务，中央第四巡视组脱贫攻坚专项巡视反馈意见交办重庆市规划和自然资源局配合整改的39项任务，国家反馈2018年重庆市脱贫攻坚成效考核问题整改任务交办重庆市规划和自然资源局整改的4项任务，中央脱贫攻坚专项巡视"回头看"反馈意见和国家反馈2019年重庆市脱贫攻坚成效考核问题整改任务交办重庆市规划和自然资源局整改的3项任务，

全部按时完成整改销号，任务完成进度为100%。

（四）加强团结互助，参与鲁渝扶贫协作

重庆市规划和自然资源局开展增减挂钩节余指标调剂推进鲁渝扶贫协作。按照重庆与山东对口部门签订协作协议的要求，重庆市规划和自然资源局与山东省自然资源厅沟通对接，推动签订《山东省自然资源厅重庆市规划和自然资源局城乡建设用地增减挂钩节余指标调剂使用支持扶贫工作的框架协议》，做好城乡建设用地增减挂钩节余指标跨省域调剂使用工作。2018年至2020年，城口、巫溪、酉阳、彭水等4个深度贫困县获自然资源部下达增减挂钩跨省调剂任务9500亩（其中2018年2900亩、2019年3300亩、2020年3300亩），获调剂资金28.5亿元。

三、典型案例

规划引领激活农村资源助力脱贫攻坚

脱贫攻坚期间，针对14个国家级贫困区县和18个深度贫困乡镇先后出台《重庆市国土房管局关于做好深度贫困乡镇地质灾害危险性评估工作的通知》（渝国土房管〔2017〕972号）、《关于加强指导"十三五"易地扶贫搬迁贫困户农房整宗地收益权收储工作的通知》（渝国土房管〔2018〕222号）、《关于下达2019年精准扶贫精准脱贫专项用地指标的通知》（渝规资计划〔2019〕215号）、《关于持续稳妥推进农村建设用地复垦实施的通知》（渝规资〔2020〕110号）等政策文件，推动宅基地复垦、地票交易、土地整治、地灾评估、用地保障、增减挂钩节余指标跨省调剂等工作在支持脱贫攻坚方面出实效，统筹推进脱贫攻坚各项重点工作。2016年至2020年，累计对贫困区县下达脱贫攻坚用地计划指标51599亩，已使用35093亩。

用活耕保政策支持脱贫攻坚。一是优先支持实施土地整治项目。2016年至2020年，对贫困区县安排各级农村土地整治项目资金26.49亿元、实施规模131.40万亩。新增农村建设用地复垦项目入库备案743个、减少建设用地2.62万亩。二是有序组织耕地占补平衡指标交易。脱贫攻坚期间，交易贫困区县耕地占补平衡指标5.34万亩，成交金额15.44亿元，成交金额占同期耕地占补平衡指标交易总金额的36.33%。

引导农村实物产权进场交易。一是规范实物产权进场交易。加快构建全市农村产权交易市场服务体系,健全流转交易制度,稳步拓展新品种,14个国家级扶贫开发重点区县挂牌交易农村产权17.37万亩、5.39亿元,惠及农户28330户,占全市农村实物产权挂牌成交量的27.1%。二是拓展金融服务。搭建全市农村产权抵押融资信息管理系统,开展农村产权抵押融资交易鉴证服务,推动形成产权交易、抵押融资鉴证、风险补偿、资产处置等一体化服务模式。脱贫攻坚期间,组织贫困区县农村产权抵押融资交易鉴证22宗、2.8万亩、金额3.69亿元。

重庆市住房和城乡建设委员会脱贫攻坚工作情况

一、职责与任务

脱贫攻坚期间，重庆市住房和城乡建设委员会履行行业扶贫部门职责，坚持贫困户住房安全保障应保尽保，农村贫困群众从"忧居"变"安居"。累计争取中央财政补助资金20.21亿元，落实市级财政补助资金10.70亿元，带动区县投入约43亿元，完成建档立卡贫困户农村危房改造9.86万户。通过逐户开展住房安全有保障核验、脱贫攻坚普查，全市建档立卡贫困户全部实现了住房安全有保障目标。按"五沿带动、全域整治"思路，紧盯贫困地区，累计争取中央资金4000万元，落实市级资金10.81亿元，完成农村旧房"五整治"提升21.26万余户。创建评比"功能美、风貌美、文化美"的美丽庭院1万余户。建成"田园美、村庄美、生活美"的美丽宜居村庄200余个。创建改善农村人居环境市级示范片20个，指导秀山洪安镇新田沟村等4个贫困村获评全国首批改善农村人居环境示范村。完成了12个贫困村的传统村落保护发展。

二、主要经验及做法

（一）深化思想认识，强化党的领导与工作落实

重庆市住房和城乡建设委员会成立了委脱贫攻坚工作领导小组，设立专门办公室协调工作。建立了月进行办公室会议、季度开展党组会议制度。形成了主要领导亲自抓、分管领导具体抓、其他领导协助抓、成员单位共同抓、相关处室合力抓的工作态势。制定了《脱贫攻坚农村危房改造分片督导实施方案》，将33个有扶贫开发任务的区县划分为11个片区实行分片督导，消除建档立卡贫困户等重点对象危房。

（二）以贫困群众住房安全有保障为主攻方向，扛起脱贫攻坚住房安全有保障主体责任

紧盯建档立卡贫困户住房安全有保障目标，按照"帮助住房安全最危险、经济最贫困农户解决最基本的安全住房"要求，将建档立卡贫困户危房作为必保对象、贫困区县作为重点，实现扶到重点人、帮到关键处。2016年至2020年，累计下达18个贫困区县补助资金22.72亿元，占全市总量（30.91亿元）的73.5%。坚持因地制宜、精准施策，先后编制《重庆市改善农村人居环境建设导则》《重庆市美丽庭院评比创建指南》等10个导则指南，制定了《深度贫困乡镇改善农村人居环境示范片创建方案》《美丽宜居村庄设计方案》等，安排专项资金1000万元免费培训了1万名农村建筑工匠，其中贫困人口占20%。组织编印3套危房改造标准图集，免费发放给农村群众参考使用，利于农村危房改造结构安全、功能完善。搭建重庆市设计下乡服务平台（APP），并先后向贫困地区选派了设计下乡人才100余名，并组建了13个设计下乡市级工作室和17支设计下乡志愿者队伍，为贫困地区规划建设提供陪伴式服务。

（三）推动扶贫项目成果向贫困群众转化

紧扣脱贫攻坚与乡村振兴的有效衔接要求，践行绿水青山就是金山银山理论，以旧房整治提升、美丽宜居村庄、传统村落保护发展等示范项目建设为抓手，依托基层党组织，开展"决策共谋、发展共建、建设共管、效果共评、成果共享"活动，盘活乡村闲置农房等优势资源，推介宣传传统村落、历史文化名村、特色景观旅游名村，支持当地贫困群众开办农家乐、民宿等，促进贫困地区一二三产业融合发展。

三、典型案例

案例一：大足区念好"三字经"，推进农村危房改造

重庆市大足区坚持念好"准、严、实"三字经，分步有序推进危房改造，切实保障了农村困难群众的住房安全。一是推行联合预审机制，念好"准"字经按照"1246"政策，建立联合预审机制。镇村通过院坝会、走访

调查等形式把好对象审核第一关。区建设行政主管部门等单位通过内部信息系统识别拟改造对象身份或者"六类不纳入"情形。认真梳理改造对象疑点问题，再反馈镇街核实并会商确定。二是强化建设过程监管，念好"严"字经。镇街安排专人负责帮助改造对象办理建设、用地、用电等手续。认真开展质量安全巡查和技术指导，有利于改造房屋的质量和使用功能的完善。对照五看标准（即看改造对象是否符合政策；看审查程序是否公平公正公开；看建设标准是否符合要求；看档案资料是否齐全规范；看事后监督是否到位）开展自查自纠。三是三个确保，念好"实"字经。危房鉴定确保"到户"，财政资金确保"到位"，补助资金确保"到手"。

案例二：重庆市荣昌区齐抓共管促危改

重庆市荣昌区在推进农村危房改造工作中，区、镇（街道）两级分别成立专项工作领导小组。区住房和城乡建设委加强组织领导，动态研究解决工作推进过程中遇到的突出问题、个案问题。区级部门负责统筹协调、督促推进，注重政策落实解疑，负责组织工匠培训、房屋安全鉴定、农户资格审定、危房改造质量安全指导、区级验收、资金拨付等工作。镇（街道）负责具体落实，相关部门做好质量安全巡查，农村危房改造过程中，至少三次现场检查质量安全，同时按照镇街领导包村、机关干部包户的方式，帮助农户解决从选址、办理建房手续、选择工匠到建房过程中的困难，直至房屋建成验收拨款环节……帮扶干部都需参与其中。村社干部在危房改造过程中，负责向农户宣传动员，对农户条件初审把关，协助做好质量安全管理，帮助农户做好危房改造完成后的相关工作。经区级培训并核发证书的建筑工匠，按要求实施危房改造，保证质量安全。危房改造所涉农户负责提供相关证明和原始资料，办理建房手续，并在危房改造中力所能及地投资或投工投劳，督促工匠实施。

重庆市交通局脱贫攻坚工作情况

一、职责与任务

重庆市交通局紧紧围绕党中央、国务院脱贫攻坚总体部署，按照市委、市政府工作要求，把集中连片特困区作为交通运输发展的主战场，将贫困地区交通发展作为全市交通工作的核心任务，实施交通建设三年行动计划和高铁建设五年行动方案，重庆市交通得到长足发展，为全面打赢交通脱贫攻坚战提供了坚实的保障。重庆市铁路营业里程达到2394公里，其中高铁492公里，"米"字形高铁网建设逐步铺开，正加快融入国家高铁网。高速公路通车总里程3400公里，省际出口通道24个，路网密度位居西部前列。长江、嘉陵江和乌江"一干两支"干支联动的航道体系基本形成，四级及以上航道达到1400公里，层次分明、分工协作的港口集群加快推进，重庆市港口货物和集装箱吞吐能力分别达到2.1亿吨、500万标箱，长江上游航运中心基本建成。建成投用江北机场T3A航站楼和第四跑道，建成投用巫山机场、武隆机场建设，推进第二机场选址工作，黔江机场、万州机场改扩建加快推进，"一大四小"运输机场格局形成。脱贫攻坚期间，建设"四好农村路"8.4万公里，重庆市建制村实现100%通硬化路、100%通客车"两通"兜底性目标，具备条件的村民小组通达率达到100%、通畅率超过90%。截至2020年底，重庆市农村公路总里程达16.2万公里，农村公路路网密度达到196公里/百公里^2，居西部前列。实施普通干线公路改造1.29万公里，城乡路网结构日趋完善，通行服务能力大幅提升。在完成国省道安全隐患整治的基础上，开展农村公路安全隐患整治，"十三五"期间，重庆市累计投入近55亿元，实施普通公路安防综合治理工程2.9万余公里，已实现了乡道及以上公路安防工程全覆盖。

二、主要做法

（一）建立专门领导小组，组织保障坚强有力

重庆市交通局成立了以主要领导为组长的交通脱贫攻坚领导小组，多次召开党委会、专题会，贯彻落实、部署交通脱贫攻坚工作，多次召开调度会、现场推进会、中期评估会，强化宏观管理。加强对口帮扶，由局班子领导、局属各单位党政主要领导，对重庆市有扶贫开发任务的33个区县、18个深度贫困乡镇，实行分片包干、分路包干、"三个优先"政策，帮助解决交通建设难题。夯实主体责任。各区县成立以政府主要领导为组长的交通建设"三年行动计划"领导小组，并多次召开区县党委政府级动员部署会，研究制定行动计划、政策措施、资金筹集等重大事项，着力推进地方交通发展，助推交通脱贫攻坚。

（二）争取政策支持，强化协作凝聚合力

向交通运输部等部委争取政策资金向贫困地区倾斜，在市级层面争取更大的统筹协调力度，交通扶贫项目建设政策资金落地落实，"十三五"期间累计争取交通运输部中央补助资金461亿元。一是主动协调市级部门。与市发展改革委、市财政局、市规划自然资源局、市生态环境局等部门沟通衔接，争取各部门对交通项目审批、资金等方面的支持。二是加强与地方联动。协调区县党委政府，全力争取地方对交通事业发展更大支持，形成上下联动、齐抓共管的良好工作局面。

（三）制定政策文件，顶层设计建立健全

印发《重庆市18个深度贫困乡镇交通扶贫攻坚行动方案》《全市交通脱贫攻坚三年行动实施方案（2018—2020年）》等文件，为重庆市交通脱贫攻坚工作理清思路、明确任务。完善规章制度。先后修订出台《重庆市农村公路建设管理办法》《重庆市农村公路养护管理办法》《重庆市通组公路管理办法》等规章制度，为农村公路顺利实施提供坚实的制度保障。印发技术标准文件，编制完成《重庆市农村公路技术状况评定标准》《重庆市"四好农村路"（通组公路）施工指南》《验收指南》《设计通用图》等标准体系文件，为农村公路顺利实施提供了坚实的政策和技术保障。

（四）搭建项目信息平台，管理机制日益科学

运用大数据、信息化手段，对全市通组公路实行规范化、精细化、信息化管理，着力解决农村公路建设管理瓶颈，提高管理效率及水平。一是强化日常监管。成立项目管理中心，对各区县开展普通公路建设管理综合督查、专项检查等工作，做到项目建设真实可靠，着力规范建设程序，提升建设质量。二是有效执行"六制"。实行健全台账制、通报制、约谈制、督导制、调度制、考核奖惩制等六项工作机制，推动交通建设"三年行动计划"圆满收官。

三、典型案例

"三年行动计划"夯实脱贫攻坚交通基础

重庆市交通局为了实现交通条件大改善，为脱贫攻坚提供基础保障，制定了交通建设"三年行动计划"，并围绕"三年行动计划"，开展行动，提速推进通组公路、高速公路以及普通干线公路建设，着力改善全市特别是贫困地区交通出行面貌。多次向国家有关部委，以及市委、市政府汇报，争取政策资金支持。多次召开党委会调度推进会，专题研究推进"三年行动计划"。成立综合督导组，分片区现场督导，执行通报、约谈、督导、调度等机制，压实各参建单位主体责任，扛起攻坚决胜政治责任。以计划促行动，用计划求保障。截至2020年底，"三年行动计划"已实现收官，累计完成投资2615亿元。"四好农村路"建成6.26万公里，具备条件的村民小组100%通公路、92%通硬化路，具备条件的乡镇和行政村实现100%通硬化路、100%通客车。高速公路开工超1000公里，开展前期工作1300公里，在建和建成规模接近5000公里。普通干线公路完工超过10000公里，国道二级及以上、省道三级及以上占比分别达到90%、70%。通过交通建设三年行动计划实施，全市交通主动发力、多点突破，高铁建设提速、高速公路网络逐步完善、国道干线等级大幅提高、村民小组通达通畅水平提升，有效促进了农村产业发展、资源开发、乡村旅游，拉动了一方经济、振兴了一方产业、造福了一方群众，为打赢脱贫攻坚战提供了坚强交通保障。

重庆市水利局脱贫攻坚工作情况

一、职责与任务

"十三五"期间,重庆市水利局深入学习贯彻习近平总书记关于扶贫工作重要论述和"十六字"治水思路,按照中共中央、国务院《关于打赢脱贫攻坚战的决定》《关于打赢脱贫攻坚战三年行动的指导意见》和市委、市政府工作部署,聚焦"两不愁三保障"中农村饮水安全为重点的水利扶贫任务,克难攻坚,精准施策,为全市高质量打赢脱贫攻坚战提供了重要的基础保障。

在重庆市脱贫攻坚总体部署中,重庆市水利局以承担全市水利扶贫工作为主要职责。以加强基础设施建设方面,解决贫困村、贫困人口饮水安全问题;加大水生态治理、水土流失综合治理力度,开展农村小水电扶贫试点为主要任务。2016年至2020年,整合各级各项资金共计94.4亿元,专项用于农村供水基础设施建设,解决了农村贫困人口饮水安全问题,取得直辖后农村饮水投资最多、保障水平提升最快、覆盖受益人口最多的显著成效。改善了贫困地区水利基础设施条件,重庆市在建水库124座,其中大型4座、中型48座、小型72座,总投资规模超600亿元。累计建成水库共计3089座,总库容约126.8亿立方米。其中,大型18座、中型107座、小型2964座,全市水库年供水能力约28亿立方米。"十三五"期间新增供水能力9亿立方米,有力改善农村供水的水源保障条件,惠及1409万人。有效落实了水利惠民政策,"十三五"期间,在国家级贫困区县建成投产农村小水电扶贫项目29个、新增或改善水电装机13.3万千瓦、累计收取小水电扶贫收益金4980万元,采取现金或根据贫困户意愿发放生产资料等形式帮扶建档立卡贫困户3万户。通过设立水利工程建设与管护岗位吸纳贫困劳动力就业，累计吸纳近2万人就业，为加强对建卡贫困户劳动力就业支持力度，全市共聘请6800余名贫困人口担任护河员和管水员。深度贫困乡镇水利扶贫精准有力，2018年至2020年，每个乡镇给予2000万元的支持，重点实施以农村饮水、产业灌溉、乡镇公路为重点的扶贫项目，助力深度贫困乡镇脱贫攻坚。

二、主要做法

（一）提高政治站位，压实工作责任

深入学习贯彻习近平总书记关于扶贫工作重要讲话精神，兑现市委"三个确保"政治承诺落实到决战决胜水利脱贫攻坚工作中。重庆市水利局成立了水利扶贫工作领导小组，建立了"局领导定点联系、处室单位定点帮扶、区县水利部门具体抓落实"的水利扶贫责任机制，不定期召开水利扶贫工作会议，推动水利扶贫工作落地见效。及时掌握研判贫困区县在"两不愁三保障"中饮水安全问题、水利工程短板、水利行业监管等方面的需求，及时跟踪掌握贫困区县水利扶贫项目建设情况，与市级相关部门和贫困区县一道采取现场指导、会商研判、清单管理等方式，扎实推进，促成群众期盼的水利项目立项审批、落地落实。

（二）落实政策措施，保障有力

一是凡列入中央投资计划的中小型水库和中小河流治理工程，市级以上投资分别按80%、90%给予补助。二是市级以上水利资金重点支持贫困区县解决贫困区县农村饮水安全问题。三是对水土保持项目，市级以上补助国贫县总投资100%。四是采取"任务+政策倾斜+绩效"分配方式，倾斜支持贫困地区，使贫困县县均市级以上水利投资高于全市县平均水平，水利发展资金由区县整合，市级不干预具体项目。五是落实取消国家级贫困县县级中央预算内投资补助地方实施农村饮水、水土流失治理等公益性水利建设项目地方建设资金的政策，统筹用好政府专项债券、政策银行融资等政策，切实减轻了贫困地区公益性水利建设筹资压力。

（三）强化监督管理，风清气正

一是深化扶贫领域腐败和作风问题专项治理，集中开展局机关水利扶

贫领域"以案四说"警示教育活动、社会经济组织骗取水利扶贫财政补贴问题集中整治工作。二是把"不忘初心、牢记使命"主题教育集中调研活动同"访深贫促整改督攻坚"活动结合起来，推进水利脱贫攻坚工作。三是发挥巡视、审计、暗访、稽查等作用，加强对水利扶贫资金项目监管，不定期组织开展巡视整改落实、资金使用、项目建设、质量管理、运行管护等方面的专项调研、检查，采取"四不两直"的方式，赴区县进行暗访督导农村饮水安全和巡视问题整改工作，完善水利扶贫监管长效机制。

三、典型案例

石柱县组建饮水协会破解农村供水管护难题

为彻底打破农村供水工程"重建轻管、只建不管"现实困扰，让已建成工程发挥效益，重庆市水利局与石柱县找到了一条"自主运行、自我管理、自我服务"的管水路子，建立了"以建蓄水，以管护水，建管结合，长效运行"的良好发展态势。

一是在"政府+协会"上描"图"布"点"，建立管水机制。成立由县政府分管副县长挂帅、水利局具体实施、多部门协调联动的县农村饮水安全工程运行管理工作领导小组，以购买服务方式引入县农村饮水管理协会负责全县辖区内日供水规模200方以下的农村供水工程运行管理。县饮水协会管理工作涉及的32个乡镇（街道）187个行政村（社区），实行"1+31"管理模式，下设31个分会，落实管水员209名（分会长31名，村管水员178名），基本形成了"政府引领、协会带动、乡镇主导、群众参与"的互动管护局面。

二是"财政+收费"增添管水动力。石柱县定额配置专项资金、灵活制定水费收缴方式、执行资金管理制度，破解农村饮水安全工程运行管理动力不足难题。一是加大资金投入。由县财政每年定额注入500万元专项资金，用于解决农村供水工程管护突出问题。制定了《石柱县农村饮水安全工程运行管理资金使用办法》，将收缴的水费用于本村供水工程维修养护，不足部分由县饮水协会核准补贴。二是"以水养水"村民自治。各村通过

"一事一议"方式征求协会用水会员意见,坚持有偿使用,相互监督。有效解决农村供水工程缺乏管护资金问题,激发群众管水动力,保障了农村供水工程正常运行。

到2020年底,石柱县农村集中供水率达到88.5%,200方以下供水工程自我管理率100%,群众满意率95%,供水保障率和用水方便程度显著提高。

重庆市农业农村委员会脱贫攻坚工作情况

一、职责与任务

重庆市农业农村委坚持把发展生产脱贫一批作为实施"五个一批"脱贫攻坚战略的首个一批,贯彻落实农业农村部《关于贫困地区发展特色产业促进精准脱贫的指导意见》《关于实施产业扶贫三年攻坚行动的意见》等文件精神,先后出台了《关于大力发展特色产业促进精准脱贫的意见》《重庆市"十三五"产业精准扶贫规划纲要》《关于深化脱贫攻坚扎实推进产业扶贫的实施意见》《关于发展农业产业化联合体的指导意见》《关于切实抓好易地扶贫搬迁后续产业发展的通知》《关于发展壮大村级集体经济的指导意见》《全市乡村特色产业发展实施方案》《关于健全完善扶贫产业发展与贫困户利益联结机制的意见》《关于进一步完善产业扶贫带贫机制防止"一股了之"的通知》《关于抓好新型冠状病毒肺炎疫情防控期间产业扶贫有关工作的通知》等一系列政策文件。

重庆市农委重视发展现代山地特色高效农业,构建以"山地农业、山地旅游"为主导的扶贫产业发展布局。推动人口下山、产业上山、游客进山、产品出山,做到既有产业又有链条,既有产品又形成商品,既有品质又有品牌,既有基地又有龙头,既有特质又有特色。一是坚持走"小规模、多品种、高品质、好价钱"的现代山地特色高效农业路子,培育壮大了涪陵榨菜、奉节脐橙、巫山脆李、丰都肉牛、潼南柠檬等系列扶贫特色产业,特色产业覆盖建卡贫困户90%以上。二是实施贫困地区特色产业提升工程,开展农产品加工、乡村旅游、农村电商扶贫行动,促进了贫困地区农村产业融合发展。18个贫困区县培育规模以上农产品加工企业389家,创建6个全国休闲农业和乡村旅游示范县,培育乡村旅游示范乡镇75个、示范村

（点）453个。电商进农村综合示范创建实现国家重点贫困区县全覆盖，14个区县建立了电商公共服务中心、仓储物流配送中心，建成农产品产地集配中心150余个，乡镇村电商服务站点3300多个。三是以"巴味渝珍"为龙头，授权贫困区县99家农产品生产经营主体183个产品使用全市公用品牌"巴味渝珍"，建立覆盖全区域、全产业、全品类的"1+1+10+N"品牌体系。实施秀山土鸡、云阳菊花等特色优质农产品国家品牌推广计划，授权品牌农产品平均溢价10%以上。

二、主要做法

（一）事项化清单化推进产业扶贫专项行动

重庆市农委制定下发了《重庆市脱贫攻坚总攻产业扶贫专项行动方案》，事项化、清单化、责任化推进21项重点任务。制定落实市级财政资金投入、村级集体经济组织融资担保费用财政补贴等7条政策措施，支持开展产业扶贫专项行动。整合投入财政涉农54.6亿元，在18个贫困区县实施5978个产业扶贫项目。

（二）构建"四级指导体系"，推动产业精准到村到户

市级层面，组建18个产业扶贫工作技术指导组，定点联系指导33个有扶贫任务区县和18个深度贫困乡镇；实施"科技精准扶贫千村特派员工程"，选派科技特派员372名。区县层面，建立区县级专家组321个，累计派出专业技术人员2871人。14个国家重点贫困区县组建101个技术专家组，组织专家459名包乡指导。乡镇层面，组织6600余名农技人员包村服务。农户层面，选聘2.87万名产业发展指导员到户帮扶，帮助贫困户筛选产业、落实项目。

（三）培育"四大主体"，推进产业带贫益贫落地

一是培育龙头企业。组织开展农业龙头企业"精准扶贫库区行""渝东南精准扶贫行"等活动，在18个贫困区县培育涉贫农业龙头企业1856家，带动贫困户11.3万户。组织1811家民营企业参与"万企帮万村"行动，结对帮扶1664个村，其中贫困村1079个，投入资金24亿多元。二是规范发展农民专业合作社。18个贫困区县创建国家级、市级示范合作社733个；

贫困村发展农民专业合作社7734个，入社贫困户近10万户，带动贫困户9万户。三是发展壮大村级集体经济。整合各级财政资金30多亿元支持村级集体经济发展，全部消除了集体经济"空壳村"。四是培育发展家庭农场和农村致富带头人。发展家庭农场2.3万个，培育认定农村致富带头人7208名，领办创办合作经济组织、小微企业6810个，带动贫困户2.2万户。全市81%的贫困户得到龙头企业、农业专业合作社等新型经营主体带动。

（四）实施"五项改革"，开辟贫困户增收新渠道

通过推进集体经济组织股份合作制改革，量化集体资产269亿元。深入开展农村"三变"改革试点，试点贫困村达到195个，11.9万贫困人口成为股东，年人均增收500元左右。深化农业项目财政补助资金股权化改革，累计实施股权化改革项目8763个、涉及财政资金55.24亿元，惠及1997个村集体经济组织、45.5万农户，其中贫困户6.5万户。推进"三社"融合发展，为1500多家农民专业合作社提供贷款10.2亿元。探索财政扶贫资金"五改"（改补为奖、改补为贷、改补为借、改补为股、改补为酬），丰富扶贫资金精准到户方式和利益联结方式。通过财政资金补贴，开发保洁、治安、护路、护林等公益性岗位，安置贫困人口3万人以上。全市近90%的贫困户享受过资产收益扶贫政策。

（五）抓好"四大关键"，提升产业扶贫质量和可持续性

一是抓好科技服务。围绕贫困地区主导产业，建立了柑橘、榨菜、生态牲畜、生态渔业、中药材、茶叶、调味品、荞麦、蚕桑9个特色产业技术体系创新团队，针对制约产业发展的关键环节开展科技攻关和服务。每年发布100项农业主推技术和20项绿色发展模式。通过精准开展实用技术培训，组织农业科技人员开展扶贫产业科技承包和科技示范服务，培育科技示范主体1.7万个。二是抓好产销对接。抓住时机组织参加全国性和区域性各类展销洽谈会。每年举办贫困地区农产品展销对接活动，在中国农交会、中国西部（重庆）农交会设立贫困地区特色农产品专区。开展"农超对接""农商对接"，实施消费扶贫。线上线下并举推动扶贫农产品销售，加快发展农产品电商。认定扶贫产品6314个、供应商2415个，覆盖带动贫困人口59.4万人，2020年销售扶贫产品55.4亿元。三是抓好风险防范。加强产业扶贫风险监测，以贫困区县为单位开展带贫主体生产经营、带贫能力等风险评估。健全风险预警机制，制定风险防范预案，落实决策咨询、项目管理、产品销售、技术支撑、保险保障等风险防范措施。四是抓好基地管护。建立健全产业扶贫基地管护责任制，落实乡镇村组的属地责任，基层农技部门的属事责任，业主和农户的主体责任，产业发展指导员的指导责任，农技人员的技术支撑责任，抓住冬季"农闲"时机，开展集中管护行动，定人、定责、定基地、定农户督促指导管护，实现所有扶贫产业基地都得到有效管理。

（六）落实"四大政策"，加大倾斜扶持力度

在财政投入上，市级以上涉农财政资金60%以上用于贫困区县；每年从农业发展资金中切块安排1.6亿元，支持14个国家重点贫困区县产业扶贫，投入涉农整合资金160多亿元支持贫困区县扶贫产业发展。在贷款担保上，主推纯信用、零抵押、零保证金、100万元以下的产品，对贫困区县特别是深度贫困乡镇100万元以下的担保项目执行担保费率不超过1.5%。在农业保险上，贫困区县建卡贫困户参加种养业生产灾害险的，在市财政统一保费补贴基础上再补助总保费的5%。在信贷支持上，为建卡贫困户提供5万元以下、3年以内、免担保免抵押、基准利率放贷、扶贫资金贴息的扶贫小额贷款，累计放贷89亿元，惠及贫困户24.82万户次，获贷率52.96%。

三、典型案例

"三个统筹"培育壮大扶贫主导产业

重庆市农业农村委员会强化"三个统筹"，培育壮大扶贫主导产业。一是统筹区域脱贫与贫困户脱贫，解决区域性整体贫困。制定出台《重庆市"十三五"产业精准扶贫规划纲要》和产业扶贫规划，支持各区县重点培育2~3个扶贫主导产业，每个贫困村至少发展1个特色产业，贫困户落实1个增收项目。二是统筹贫困区县与非贫困区县扶贫产业发展。制定出台《关于深化脱贫攻坚扎实推进产业扶贫的实施意见》和《进一步调整优化农业

产业结构实施方案》，合理布局柑橘、榨菜、柠檬、生态畜牧、生态渔业、茶叶、中药材、调味品、特色水果、特色粮油等重点产业，构建主城都市区、渝东北三峡库区、渝东南武陵山区协调发展机制和对口协作机制。组建18个市级扶贫集团，分别由市领导挂帅，定点包干深度贫困乡镇和贫困区县。三是统筹短平快项目建设与扶贫长效产业发展。制定下发《关于大力发展特色产业促进精准脱贫的意见》坚持长短结合、以短养长，既增加贫困户当期收入，又促进贫困户持续增收、稳定脱贫。各区县均培育了1个以上扶贫主导产业，初步形成"一县一特"格局，如城口的山地鸡，丰都的肉牛和红心柚，秀山的金银花和土鸡，万州、开州、云阳、奉节的柑橘，石柱的辣椒和中药材等。18个贫困区县发展特色产业基地843万亩，创建市级以上特色农产品优势区21个、"一村一品"示范村433个。巫山县规模化种植脆李28万亩，涉及农户5万余户，其中贫困户9108户，2020年实现综合产值15亿元，带动脆李种植户人均增收7200余元。

重庆市卫生健康委员会脱贫攻坚工作情况

一、职责与任务

2016年健康扶贫工程启动后,重庆市卫生健康委紧紧围绕"基本医疗有保障"目标,认真履行健康扶贫牵头职责。实现了总体上贫困人口住院费用自付比例控制在10%以内,慢病和重特大疾病门诊费用自付比例控制在20%以内,县域内就诊率90%以上,实现贫困人口住院费用自付比例9.58%,重特大疾病、慢性病门诊费用自付比例12.24%,贫困人口"健康有人管、患病有人治、治病能报销、大病有救助",健康获得感、幸福感进一步增强。

二、主要做法

(一)组织领导实现"肩上有责"

重庆市卫生健康委员会设立了健康促进处专抓健康扶贫,建立了"每日一监测、每周一研判、每旬一追踪、每月一调度、每季一督导"的"五个一"工作机制。制定出台医疗保障、医疗服务、公共卫生等一系列重要文件,指导开展健康扶贫三年攻坚战、健康扶贫定点攻坚、健康医疗扶贫专项行动、百日大会战、收官大决战等,形成合力健康扶贫局面。坚持问题导向,主动认领各级各类巡视、考核、督查、审计反馈指出的问题,针对性制定整改方案,采取有力措施,限时完成整改。强化督导考核,将健康扶贫纳入区县党委政府、卫生健康系统督查评价内容,建立委领导分区包片、处室包区县工作机制,健全深度贫困乡镇对口联系指导机制。

(二)硬件建设实现"看得上病"

在贫困区县改扩建县级医院24所、妇幼保健院14所、疾控中心9所、乡镇卫生院180所、村卫生室1048所，18个深度贫困乡镇全部配备监护型救护车，50%以上的基层医疗卫生机构配备呼吸系统疾病早期筛查设备，全市乡镇卫生院标准化建设达标率100%。通过改扩建一批、联合设置一批、搬迁一批实现标准化建设全覆盖。全市县县至少有1所二级甲等以上公立医院、乡乡都有标准化卫生院、村村都有标准化卫生室，医疗卫生机构"三建好"实现。

（三）医疗队伍建设实现"看得好病"

选拔培养基层优秀卫生专业技术人才200名，累计培训卫生人员2.5万人次。实施降分免考政策，五年晋升基层卫生高级职称841人，其中基层全科445人。加大人才引进力度，五年招聘急需紧缺人才2200名、属地化专科生340名。开展"县聘乡用"和"乡聘村用"试点，培养区县全科医生派驻、巡诊解决少数村卫室无常驻合格村医问题，对3700名乡村医生开展执业能力和专项服务能力培训。2020年，18个贫困区县卫生技术人员高级职称人数达4200人，全科医生注册人数达4095人，每万名居民拥有全科医生3.4名，超过全市3.15名/万人的平均水平；村医中执业（助理）医师比重由2019年的20.6%上升到2020年的25.7%。医疗技术人员"三合格"目标实现，做到贫困人口有医生看病。

（四）政策保障实现"看得起病"

建立"三保险""两救助""两基金"多重医疗保障体系，落实资助参保政策，实行"两升两降一取消"倾斜报销办法，贫困人口医疗保障水平提高。通过精准救助，大病专项救治病种从早期的9种扩大到33种，累计大病专项救治7.16万人，重病兜底保障37.53万人。落实家庭医生签约服务，148.5万在家且有签约意愿的建档立卡贫困人口实现签约服务全覆盖，4类重点慢病患者签约服务管理累计16.33万人。大病集中救治进度、慢病签约服务率、重病兜底保障率均达100%。对基本医疗有保障突出问题和存在致贫返贫风险人员实行动态监测、跟踪预警，逐户建立台账，"一对一"帮助解决实际困难和问题，防止因疫因病影响脱贫或致贫返贫。

（五）便民举措实现"方便看病"

一是落实"先诊疗后付费"和"一站式结算"，累计156万人次享受

"先诊疗后付费"。二是深入推进分级诊疗，贫困人口县域内就诊率97.20%。三是推进"互联网+健康扶贫"。在25个区县开展紧密型县域医共体试点，依托医联体、医共体开展远程医疗服务对口支援，贫困区县乡镇卫生院实现远程诊疗服务全覆盖。

（六）对口帮扶实现"医疗协作"

市和区县二级以上56家医院1105名医务人员对口帮扶贫困区县医院和乡镇卫生院，重点开展肿瘤、儿科、精神、麻醉等紧缺专科帮扶，累计诊疗患者13.5万人次，开展手术1.2万台次，增加新技术和新项目727项，"传帮带"培养各级医务人员4.1万余人。10家市级三甲医院"以院包科"帮扶城口县人民医院成功创建"二甲"医院。累计投入1.9亿元，实施并完成鲁渝协作项目93个，山东各级医疗单位与14个贫困区县"院院结对"98个，1000余名山东专家来渝支医，累计培训乡镇卫生院院长、优秀乡村医生、中医临床骨干、远程诊疗系统骨干、卫生管理人员2170人。"站立行动——髋膝关节置换项目"惠及贫困患者780名。

三、典型案例

案例一："组团式"帮扶贫困区县医院，提升县域医疗服务能力

为保障贫困人口基本医疗的可及性，组织市和区县二级以上56家医院1105名医务人员对口帮扶贫困区县医院和乡镇卫生院，将被帮扶医院纳入帮扶医院医联体成员单位。一是经费帮扶，对于基础设施设备条件较差的贫困县县级医院，争取中央财政资金补助。二是学科建设帮扶，对重点专科、弱势专科进行区别性政策帮扶，设立市级贫困县临床重点专科培育项目，促进贫困县县医院优势专科发展。三是队伍建设帮扶，结合贫困区县区域外转较多的肿瘤、心血管、麻醉、神经等专科病种，调整、细化帮扶关系和帮扶目标，优化调整帮扶人员职称（专业）结构，增加帮扶人员数量。四是医院管理帮扶，向贫困县县医院派驻院级和医务、护理管理干部，优化帮扶医院管理制度与流程，提高医院管理能力。五是学科结对帮扶，加强感染、呼吸、重症、检验、院感等重点科室的人才培养和规范化建设，

市内10家三级甲等医院对城口县人民医院职能、临床和医技等25个科室开展"以院包科"指导帮扶，为帮助医院成功创立二级甲等综合医院提供了支撑。

案例二：重庆"三点着力"推进尘肺病康复站试点建设助力健康扶贫

重庆市是全国首个尘肺病康复站试点建设省市，全市共有尘肺病患者4.09万人，其中33个贫困县有4.04万人，14个国家级贫困县有患者2.08万人。针对全市尘肺病患者存量较大，因病致贫、返贫风险较高的实际，重庆市先行先试，突出"三点着力"，加快推进尘肺病康复站建设，助力打赢健康扶贫攻坚战。一是着力推进七个一标准。按照"一块康复站标牌、一名合格康复员、一名配套护理员、一处康复场所、一组康复器材、一套康复档案、一系列职责制度"的精简标准，做到康复站能为尘肺病患者提供有效服务。二是保障上做到四个到位。组织领导到位。成立工作领导小组，建立联席会议制度，落实区县责任，横纵联动，精准施策，稳步推进职业病防治工作。政策支持到位。先后印发《重庆市尘肺病防治攻坚行动实施方案》《重庆市尘肺病康复站建设工作方案》等文件，明确要求2020年实现尘肺病患者100人以上的乡镇（街道）推进尘肺病康复站建设，符合建站条件的区县至少建成1个康复站，在常住尘肺病患者达到10人的村居，探索依托村卫生室建立尘肺病康复点。经费保障到位。市财政局安排尘肺病救治专项资金，按照建设标准和"三个一点"（即市级投入一点、区县配套一点、社会筹集一点）要求，落实尘肺病康复站试点建设。人员能力到位。成立重庆市尘肺病救治临床诊疗专家组，负责技术培训和业务指导。开展定期巡诊指导，提高基层医疗救治能力和康复站的康复技术水平。三是管理上突出三点联动。建立市—区县—康复站三级管理责任机制，建立服务—管理—信息三通业务共享机制。利用远程会诊、大数据分析及大数据辅助决策，打造尘肺病康复管理信息平台和大数据可视化系统，联通市职业病防治院、区县定点医院、康复站和患者，开展数据互联互通、上下联动、实时共享，实现了尘肺病患者治疗康复过程的数据化、标准化和全程跟踪。同时还提供康复预约、康复记录、会诊记录、健康教育等服务项目，尘肺病患者可以随时随地掌握身体健康信息。全市尘肺病康复取得了"三减一增一满意"的初步效果。"三减"即：减轻患者住院负担、减少患者住院次数、减短患者到康复场所的距离；"一增"即：尘肺病患者生活信心增强；"一满意"即：尘肺病患者对康复站就近集中康复的模式满意，为减少尘肺病患者因病致贫返贫，决战决胜脱贫攻坚作出了贡献。

重庆市审计局脱贫攻坚工作情况

一、职责与任务

重庆市审计局紧紧围绕脱贫攻坚目标任务，牢固树立和贯彻落实新发展理念，将审计工作融入全市脱贫攻坚工作大局，加大扶贫审计监督力度，着力推动扶贫审计全覆盖，准确把握扶贫审计方向、重点，把持续推动扶贫政策落实、规范扶贫资金管理、维护扶贫资金安全、提高扶贫资金绩效作为审计工作的着力点，加大扶贫审计力度，为促进精准扶贫、精准脱贫政策措施落地生根，保障财政涉农扶贫专项资金安全绩效，推动高质量打赢脱贫攻坚战发挥了重要作用。

脱贫攻坚期间，统筹组织全市审计机关审计人员2000余人次完成了对33个有扶贫开发工作任务区县4轮全覆盖扶贫审计，累计审计扶贫资金140余亿元，抽查产业项目1.1万个，入户调查7000余户。累计推动政策落实1000多项，问题整改落实1638个，督促举一反三自查自纠问题14000多个，促进整改问题金额72.18亿元，其中：收回或上缴国库6.48亿元、节约或挽回损失1.75亿元、盘活资金19.76亿元、其他方式整改44.19亿元。向市政府报送各类专题报告、信息30余份，向各级纪检监察、司法机关移送问题线索200余件涉及400余人。承担扶贫审计牵头工作的农业农村审计处2017年被表彰为"市级扶贫开发工作先进集体"；2018年扶贫资金审计项目被审计署表彰为"全国优秀审计项目"；2019年荣获"全国工人先锋号"称号。

二、主要做法

（一）提高政治站位，强化集中统一领导

重庆市各级审计机关和全体审计干部结合本职工作，深入学习贯彻习

近平总书记关于扶贫工作的重要论述，不断增强"四个意识"，以贯彻党中央决策部署和市委市政府、审计署工作要求为前提，摆正审计在扶贫工作全局中的位置，将扶贫审计作为一项重大政治任务，摆在突出位置，紧抓不放，落实到审计工作的全过程和各环节。提高政治站位、统一思想认识，坚持和加强对扶贫审计工作的集中统一领导，结合工作实际牢牢把握脱贫攻坚的基本方略、目标任务、主体对象、责任要求，研究部署全市审计机关贯彻推进措施，印发《关于进一步强化扶贫审计统筹工作的通知》，凝聚共识，实现各项任务的精准落实。

（二）加强队伍建设，提升履职尽责能力

重庆市审计局从扶贫审计人才培养入手，通过请进来讲、送出去学、交流挂职、帮扶锻炼等多种形式，着力培养一支懂政策、业务精、能担当、守纪律的审计骨干队伍，有效提升了全市审计机关履行扶贫审计监督工作的能力。工作中，调整优化扶贫审计干部队伍结构，强化党员干部示范带动作用，配齐配强扶贫审计力量，注重在审计一线考察识别干部。坚持依法审计、文明审计，落实中央八项规定及其实施细则精神、审计"四严禁"工作要求和审计"八不准"工作纪律。在扶贫审计工作中，全市审计人员无一人违纪，实现了零违纪、零投诉，展现了重庆市审计良好形象。

（三）拧紧责任链条，着力推进扶贫审计

重庆市审计局及时出台并多次修订完善《重庆市扶贫资金审计工作方案》，强化组织领导和统筹管理，制定了指导全市审计机关开展扶贫审计的长期计划。按照"统一组织指挥、统一实施方案、统一调配力量、统一评判标准、统一报告格式、统一对外公布"的"六统一"原则，加大审计资源统筹力度，推动扶贫审计计划统筹、资源整合、项目融合、成果共享。通过将扶贫审计纳入财政审计、经济责任审计、重大政策落实跟踪审计等项目中同部署、同落实，采取专项审计、跟踪审计为主，其他审计为补充的上下联动扶贫审计格局，实现了有重点、有深度、有成效的多轮次全覆盖扶贫审计。"十三五"期间，重庆市审计局与审计署重庆特派办共同全力推进扶贫审计工作，共组织专项扶贫审计项目141个，实现了对万州区等14个国贫区县5次全覆盖审计、对涪陵区等4个市贫区县4次全覆盖审计、

对北碚区等15个非重点区县3次全覆盖审计。

（四）坚持问题导向，精准把脉靶向发力

保持对"六个精准""五个一批"等重大政策措施贯彻落实情况跟踪审计力度，定期深入分析梳理各地区、各部门在政策落实、脱贫规划、产业发展、资金管理等方面存在的苗头性倾向性问题，有计划、有步骤、有重点地部署扶贫审计工作。将质量和绩效理念贯穿扶贫审计工作全过程，注意发现个性问题、找准要害问题、深挖根源问题，焦点不散、靶心不变。严肃揭示影响和制约深度贫困地区脱贫攻坚的关键问题和"短板"，查处了一批扶贫资金管理和使用中虚报冒领、骗取套取、贪污挪用、损失浪费、优亲厚友以及侵害贫困群众利益等违纪违法问题，为扶贫资金织密"安全网"，促进提升脱贫攻坚质量成色，发挥了审计监督防风险作用。

（五）强化成果运用，做到问题整改实效

工作中认真落实"三个区分开来"重要要求，将审计发现的情况和问题放到贫困地区经济社会发展现状中加以分析研判，坚持"审帮促"相结合的原则，深入剖析脱贫攻坚中反复出现、持续存在共性问题背后的体制障碍、机制缺陷、制度漏洞，从扶贫政策措施落实、扶贫资金使用精准度与成效等方面提出建设性意见30余份。联合审计署重庆特派办分类整理扶贫审计发现的影响脱贫攻坚目标实现的突出问题，形成《重庆市扶贫工作风险提示单》。重庆市委审计委员会出台了《关于进一步加强审计整改工作的意见》，建立"挂号建账、对号结账、销号下账"的动态管理模式，定期派出审计整改督查组，持续跟踪检查问题整改推进情况，核实整改措施和效果。印发了《关于进一步深化扶贫资金审计及整改工作方案的通知》，推动审计整改工作制度化、规范化、常态化，实现审计反映问题整改事事有着落、件件有回音。

三、典型案例

精准审计助推精准脱贫

重庆市审计局坚持依法审计,强化责任担当,精准有效履职,不断完善、创新工作方法,扎实做好脱贫攻坚审计工作。

一是"大兵团作战"实现扶贫审计全覆盖。重庆市审计局通过加强对扶贫审计工作的有效部署和统筹安排,采取"上审下、同级审、交叉审"等方式,实现"横向到边、纵向到底"对扶贫资金管理使用绩效的全覆盖监督。工作中,结合审计署提出的"两统筹"要求,立足现有审计资源,探索"大兵团作战"的审计方式,在综合研判贫困区县或深度贫困乡镇贫困程度、扶贫资金分配、扶贫产业发展等因素的基础上,科学调度全市审计力量,合理安排审计项目,精准确定扶贫审计重点,以卓有成效的工作扎实推进扶贫审计全覆盖,实现了脱贫攻坚各项政策落实和扶贫资金安全。

二是数据分析模型化助力扶贫精准性。重庆市审计局依托审计数据中心,建立完善全市扶贫资金综合数据分析平台,形成"总体分析、筛查疑点、分散核实、系统研究、提出建议"的工作思路。通过推进大数据审计和扶贫现场审计深度融合的方式,向大数据要效率、要成果。通过整合梳理比对扶贫、财政、农业、人力社保、民政、教育、卫生等行业部门业务数据,建立"扶贫对象不精准""扶贫政策落实不到位""扶贫资金管理不规范"和"扶贫工程建设项目管理不规范"等问题数据分析模型,筛查并下发扶贫对象不精准疑点约20万条,扶贫政策落实不到位疑点约43万条,扶贫资金管理使用不规范疑点约1万余条。通过相关数据的叠加分析,拓展审计思路,大幅提升了扶贫审计工作效率和质量。

重庆市国资委脱贫攻坚工作情况

一、职责与任务

脱贫攻坚期间,重庆市国资委以强烈的政治担当、使命担当,自觉扛起脱贫攻坚责任,汇聚市国资系统人力、物力、财力、智力等各方力量,全力助推全市打赢打好脱贫攻坚战,彰显了国有企业的政治责任、社会责任。

二、主要做法

(一)资金帮扶显担当

重庆市国资委每年采取从国有资本经营预算中拿出一部分、各企业捐赠一部分的方式,筹集4亿元国资扶贫资金支持帮扶城口、巫溪、彭水、酉阳4个县打赢打好脱贫攻坚战。截至2020年,市国资委累计为城口、巫溪、彭水、酉阳4个县提供国资扶贫资金达24亿余元。36户市属国有企业结合帮扶对象实际情况,自主捐赠帮扶资金达1亿余元。市属国企帮助贫困地区解决生产生活用水、打通断头路、增设交通枢纽站点等基础设施建设。如市水务资产公司投入5.25亿元,在酉阳、彭水等地修建村民饮水池、水库和饮水管网。重庆高速集团投资200余亿元建设城开高速公路。重庆交运集团在城口、巫溪、彭水等乡镇增设交通枢纽站(点)。重庆渝富集团、重庆交通开投集团、重庆三峡担保集团、重庆兴农担保集团、重庆化医集团等企业出资修建硬化对口帮扶村公路50余公里。

(二)产业帮扶显实效

市国资委监管的重庆银行、重庆农商行、三峡银行、重庆兴农担保集团、重庆进口公司、重庆三峡集团、西南证券公司等金融企业按照"一县一产品、一村一策"的发展思路，为全市18个贫困区县投放扶贫贷款6000亿余元，提供担保增信1000亿余元，发行专项债券30亿余元。市属国有企业结合主业，大胆探索，先行先试，在贫困地区布局了一批农产品加工、旅游开发、矿产资源开发等带贫致富项目。如：重庆旅游集团投资10亿余元，开发城口县大巴山生态旅游，打造乌江画廊、阿依河生态文旅项目。重庆兴农担保集团提供担保10亿元打造酉阳县龚滩古镇项目。市农投集团投资4亿余元，在石柱、城口、巫溪、奉节等县发展中蜂、藏香猪、三峡脐橙等特色农产品项目。重庆对外经贸集团在潼南区建立"汇达柠檬"产业项目。

（三）智志双扶增动力

市国资委机关选派了36名政治坚定、勤奋务实、作风硬朗、懂农业农村的国资干部担任贫困村驻村"第一书记"。市国资委机关选派驻奉节县平安乡林口村"第一书记"高紫阳，没有因6岁儿子被查出患罕见脊索瘤而放下销售农产品工作。重庆药交所选派驻巫溪县尖山镇太坪村"第一书记"龚顺军，妻子也是扶贫干部，一个在渝东北、一个在渝东南，克服了家有上高中的儿子和80多岁的父母需要照顾的困难。重庆建工集团选派驻巫溪长桂乡金桂村的"第一书记"陈波，被评为2020年度重庆市脱贫攻坚工作先进个人贡献奖。市城投集团选派驻綦江区中坝村的"第一书记"龙俊才，被评为2020年度重庆市脱贫攻坚工作先进个人奉献奖。市国资系统每年为贫困毕业大学生（含高职）提供1500个招聘岗位，帮助解决就业难的问题。同时，各企业加大力度帮助贫困家庭学生入学、改善贫困地区办学条件。截至2020年，市属国有企业投入修缮校舍、厨房、操场的经费达500万余元，赠送衣物、棉被、学习用具和教学器材等物品2万余件，为贫困学生提供上学经费达300万余元。

三、典型案例

全行业多渠道参与消费扶贫显成效

重庆市国资委相继印发《深入开展消费扶贫助力打赢脱贫攻坚战工作方案》等5个工作文件。发出购买城口县民营企业"九重山"矿泉水和奉节"三峡之巅橄榄油"扶贫产品倡议，国资企业购买"九重山"矿泉水、"三峡之巅橄榄油"分别已达600万余元、500万余元。重庆高速集团、重庆交运集团、重庆交通开投集团、重庆兴农担保集团等企业以实体商超、农产品交易市场、企业电商等平台每年帮助贫困区县销售农特产品高达6亿余元。企业以食堂认购、购买职工慰问品，每年采购贫困地区农特产品达5000万余元。庆铃集团每年将200万元的工作服订单交由彭水县保家镇龙河村集体入股的服饰公司作为定点供应商。

重庆市统计局脱贫攻坚工作情况

一、职责与任务

重庆市统计局按照党中央、国务院关于脱贫攻坚的系列部署，深入贯彻落实市委、市政府关于脱贫攻坚的工作要求，扛起脱贫攻坚政治责任，认真履行市扶贫开发领导小组成员单位职责，提升统计服务保障能力，部署完成了"实施贫困监测""会同做好脱贫攻坚普查工作""为实施精准脱贫攻坚战提供统计服务"等工作任务。

配合国家统计局重庆调查总队收集、整理相关统计数据，建立数据台账，及时向市扶贫办提供数据资料，协助编印《重庆扶贫工作统计手册》。2019年11月，协助市扶贫办核对、整理区县行政区划代码，为脱贫攻坚普查做好基础准备。2020年7月至8月，配合市扶贫办做好脱贫普查登记数据审核工作，并提供数据差异分析报告，提高脱贫攻坚普查数据质量提供统计支持。按照《国家农村贫困监测调查方案》要求，围绕人口、经济、工业、投资、商贸、财政、金融、收入以及农村贫困人口、农村贫困发生率等统计指标，开展贫困监测统计研究，建立了重庆市14个国家级贫困区县和4个市级贫困区县的主要统计指标监测体系。加强与市级相关部门的信息共享，特别是定期提供诸如"农村常住居民人均可支配收入""贫困区县GDP"等方面的统计数据，为全市脱贫攻坚工作顺利推进提供良好的统计保障。同时，开展统计分析研究，参与市扶贫办《历年重庆市建档立卡户收入结构分析》《2019年底重庆市未脱贫人口专题情况分析》等多篇分析报告的撰写。配合国家统计局重庆调查总队完成脱贫普查工作，撰写完成《2018年上半年重庆扶贫开发工作重点区县农民收支稳步增长》《易地扶贫搬迁须搬得出和稳得住并重》《武隆区实施扶贫小额信用贷款成效明显》等多篇统计分析报告,为脱贫攻坚工作的深入开展贡献统计智慧和力量。

二、主要做法

(一)加强组织领导,压实主体责任

重庆市统计局成立了脱贫攻坚工作领导小组,由局主要领导担任领导小组组长,分管局领导担任副组长,局综合处、机关党办、办公室、人事处、财务处等处室负责人为成员,并明确以上处室在脱贫攻坚工作中的职能职责。领导小组定期研判全局脱贫攻坚工作开展情况,及时分解、布置各项工作,有助于脱贫攻坚工作扎实推进。

(二)深入学习领会,凝聚思想共识

通过组织系统学习,凝聚了为打赢脱贫攻坚战提供坚强统计保障的思想共识。各处室把配合市扶贫办相关工作作为重要政治任务和业务工作来抓,形成了人人有责、个个有份,有力出力、有智献智的良好氛围。

(三)注重调查研究,实施精准帮扶

统计局在对口帮扶调查研究上持续用力,认真落实市发改委扶贫集团成员单位联席会议精神,完成计划安排对口帮扶资金24万元。先后投入近400万元用于对口帮扶乡村建设。2016年,帮助银木村修建1.7公里村社通达公路建设,修建5组人饮工程50立方米的蓄水池,建设村级公共服务中心、文化活动场所等;帮扶东方村三户贫困家庭,改善居住环境,帮扶种植养殖项目,资助学生学习等;支持东方村和银木村建立教育专项资金;开展调研慰问活动,春节期间赴岩东乡为30个困难群众购买生活用品、发放慰问金。2017年,帮助焦家村修建2处断头路2.3公里,维修公路6公里,修建两座水池250立方米,修建3组种植养殖合作社沼气池150立方米;帮扶三户贫困家庭,改善居住环境,帮扶种植养殖项目,修建化粪池,资助学生学习等;开展节日慰问,春节期间为3个困难群众购买生活用品、发放慰问金。2018年,帮助龙合村新建人饮工程500立方米,硬化路面1200米,修建排洪设施4处;帮扶两户贫困家庭修建人饮水池和牛圈等;加强龙合村党建阵地建设,添置办公设备。2019年,帮扶龙合村建设"小康路"和排洪设施;提升龙合村乡风文明,开展"两村"同创、"庆端午感党

恩"、卫生文明户评比等活动。2020年,帮扶龙合村修建三个群众文化基础设施;开展节日走访慰问,为5户困难老党员、困难老人购买生活用品、发放慰问金;加强乡风文明建设,开展卫生文明户评比等活动。

印发《关于积极支持消费扶贫有关活动的倡议书》,传播爱心消费扶贫理念,宣传消费扶贫有关活动。并通过以购代捐、以买代帮等方式购买贫困区县和深度贫困乡镇的鸡、鸡蛋、猪、蜂蜜、土豆等农产品,累计完成消费扶贫超过20万元,完成市发展改革委扶贫集团每年下达的消费扶贫指导计划。

三、典型案例

精准帮扶成就脱贫典型

龙合村村民宿祖兵,因工伤失去双手,家中劳动力仅他一个。在乡政府和驻村工作队的帮扶和支持下,他通过扩大烤烟种植面积和牛养殖规模,不仅自己脱贫,还带领村民走上了脱贫致富的道路。通过对身残志坚奋力脱贫户宿祖兵的宣传,他的事迹被华龙网等多家媒体报道,展现了龙合村脱贫攻坚的良好形象,也鼓舞了当地村民实现脱贫攻坚目标的信心。

重庆市供销合作总社脱贫攻坚工作情况

一、职责与任务

市供销合作社是市扶贫开发领导小组成员单位，是为农服务的合作经济组织，主要职责是按照中央、国务院重要决策部署和市委、市政府工作要求，发挥供销合作社基层组织覆盖面大、与农民利益联结紧密，经营服务网络健全、产销对接便捷等优势，秉持为农服务宗旨，加快推进农业社会化服务，促进农业产业化发展，打通工业品下乡"最后一公里"，农产品进城"最先一公里"。

重庆市供销合作社在贫困区县按照有资产、有能人、有产业、有制度的"四有"标准累计改造新建基层社516家，实现贫困区县涉农乡镇服务全覆盖。农民专业合作社发展质量明显提高，全市1919个贫困村100%有农民专业合作社带动产业发展，有意愿的贫困户入社入会率达到100%。农村综合服务社惠农功能不断完善，采取"村社共建"的方式，新发展农村综合服务社2870家，培育农村综合服务社星级社297家。组建农合联乡镇分会289个，会员单位6742个。在贫困区县建立再生资源回收站点130个。牵头成立全市农业社会化服务联盟，吸收成员单位333家，到2020年已在贫困区县成立农业生产性服务组织157个。组建重庆供销电商公司，打造全市农村电商"一张网"，成功上线运营"村村旺"市级农村电商综合服务平台。已在14个国家级贫困区县建设农村电商服务站点621个，平台上线上行农产品2047个、下行消费品3238个，实现大宗农产品交易19万吨，成交总额达50亿元。全国"扶贫832"平台在全国率先完成对14个贫困区县的全覆盖，上线企业719家，扶贫产品3361种，累计销售总额1.76亿元。

脱贫攻坚五年期间，市供销合作社坚持重点帮扶，坚持资金向贫困区县倾斜，安排贫困区县资金2.579亿元，占全系统安排资金总量的72%。社有企业累计自筹资金1450万元，专项用于帮扶全市18个深度贫困乡镇基层组织体系建设和产业发展。推进"三社"融合发展与重庆农商行等金融机构共建合作，重庆市农商行为1.44万家农民专业合作社建立金融服务信息档案，向1093家农民专业合作社提供贷款5.57亿元，向其他118个农业经营主体融资3.9亿元。市供销合作社直属企业农信集团与各区县供销合作社共同设立农村合作金融服务网点387个，累计向15个区县、239家农民专业合作社发放贷款467笔，总额4.58亿元，覆盖农村养殖、农产品种植、农业观光旅游等多个行业，带动6412户建档立卡贫困户增收。

脱贫攻坚五年期间，共安排培训经费800万元，举办各类培训40期，培训农民专业合作社理事长、基层组织负责人、建卡贫困户1.1万人。市供销合作社直属重庆经贸中专校为贫困地区培育实用型、技术型人才，在乡镇供销社设立招生站，累计接受建档立卡贫困学生2655人，减免贫困学生费用3370.75万元，资助贫困学生费用2734.65万元。

二、主要做法

（一）统筹谋划，聚力脱贫攻坚

重庆市供销合作社成立了脱贫攻坚工作领导小组、中央脱贫攻坚专项巡视反馈意见整改落实工作领导小组、国家脱贫攻坚考核反馈问题整改工作领导小组。贫困区县供销社、各直属企事业单位相应成立领导机构，明确专（兼）职人员具体负责脱贫攻坚工作。结合实际，相继制定出台了《参与全市脱贫攻坚战三年行动实施意见》《重庆市贫困区县基层供销社建设实施方案》《市供销合作社参与深度贫困乡镇脱贫攻坚指导意见》《市供销合作社参与酉阳县浪坪乡脱贫攻坚工作实施方案》等一系列指导性文件。与重庆市农业农村委、重庆市扶贫办等相关部门联合下发《关于在贫困区县涉农乡镇发展农业生产服务型企业助推脱贫攻坚的意见》，指导帮扶贫困区县产业发展和农业社会化服务。发挥好考核指挥棒作用，坚持把脱贫攻坚作为重要工作内容纳入对区县供销社综合业绩考核，并实行"一票否决"，有效调动了全市供销合作社干部职工助力脱贫攻坚的主动性、积极性，凝聚了打赢脱贫攻坚战的信心和决心。

（二）聚焦行业优势，全力带动帮扶

重庆市供销合作全系统夯实为农服务主业，积极参与脱贫攻坚工作。市农资集团在涪陵区龙潭镇带动贫困户发展辣椒产业3000余亩，指导城口县实施连翘、独活等中药材测土配肥1800余亩，与云阳、涪陵、奉节等8个区县联合推进测土配方标准化建设。发挥供销合作社流通优势，农产品集团开展万吨奉节脐橙购销行动，城口腊肉、石柱三星米等土特产团购活动，与奉节县天台村，酉阳县浪坪乡、官楠村等6个贫困村签订产销对接协议，打捆包销农民滞销的农产品。日用品集团与五粮液、金健、湘粮、川粮等集团业务合作，实现粮食统一收购10万余吨，惠及7万余农户。重庆重棉集团实施"城乡放心睡眠工程"，在黔江区、彭水县、酉阳县等贫困区县建立网点30个，为城乡居民提供厂家直供、质优价廉的棉絮等家纺用品，同时为贫困户提供就业岗位30个。农信集团向重庆市儿童医疗救助基金会捐赠50万元，专项用于农村经济困难家庭的先天性心脏病儿童医疗救助。形成了关心扶贫、支持扶贫、参与扶贫的良好氛围。

重庆市供销合作社先后对口帮扶南川区铁村乡锅厂村、酉阳县浪坪乡和南腰界镇龙溪村。五年来，先后向浪坪乡浪水坝村选派2名优秀干部任驻村第一书记，累计为南川区铁村乡锅厂村、酉阳县浪水坝村和南腰界镇龙溪村安排扶持资金630万元。在浪水坝村发展龙头企业1个，成立农民专业合作社6个，培养致富带头人10名，围绕当地特色农业，培育大竹园产业基地，发展辣椒基地600亩，茶叶基地400亩，青花椒基地800亩，肉牛养殖基地200头，吸纳贫困户农户入股。建立供销救助资金10万元，动员系统捐资捐物18万余元，直接购买或帮助销售农副产品75.6万元。

三、典型案例

案例一："三社"融合"融"出脱贫致富路

重庆市奉节县以"三社"融合为抓手，助推脱贫攻坚。以产销融合、服务融合、金融服务为核心，以助农增收为重点，着力打造供销社流通服务、农民专业合作社生产服务和信用社金融服务"三社"融合示范点，发展壮大村集体经济，促进"三变"改革，发挥供销社为农服务主力军的作用。

重庆市奉节县出台了《奉节县委、县政府关于推进"三社"融合发展的实施意见》《奉节县"三社"融合发展试点实施方案》《奉节县"三社"融合试点奖扶实施方案》等文件，明确县供销社牵头，做好市场行情、技术培训、贷款担保、政策支持等服务；农民专业合作社为有需求的种植农户提供农资垫资、统防统治、全程化管理等服务；农商行、市农信集团负责为资金困难的农民专业合作社提供金融支持。

采取"基层社+农民专业合作社+村集体经济+农户"模式，建立"三社"融合示范社，对接"老干妈"、四川郫县豆瓣酱厂、武汉蔬菜批发市场、贵州国际辣椒城等大品牌和大市场。101个"三社"融合示范社种植3300亩，通过示范社带动11280户村民发展2.8万亩，累计销售红辣椒3.43万吨，实现产值1.13亿元，示范社平均增收159万元，建卡贫困户1730户平均增收7810元、人均增收1948元。

案例二：电商农产品搭上销售"快速路"

重庆市供销社推动电商与脱贫攻坚深度融合，让贫困户农产品搭上电商"快速路"，走出了独具特色的"电商+扶贫（产业）"路子。

重庆市万盛供销社构建"万盛村村旺电商公共服务中心+村级电商服务站+农户"的网销模式。建设了万盛村村旺电商公共服务中心，设置了村级电商服务站。通过村级电商服务站收集贫困户农产品信息，反馈至万盛村村旺农村电商公共服务中心，由公共服务中心组织电商协会会员单位对贫困户农产品进行宣传售卖。使贫困户通过村级电商服务站与电商公共服务中心建立长期、稳定的利益联结机制。

社属企业重庆牧同电子商务有限公司以"电商企业+合作社+政府扶持"模式，助推扶贫产业发展。通过与7个贫困村合作，公司免费向有养殖意愿的贫困户发放鸡苗、鸭苗、鹅苗、鸽子苗，由电商企业安排农业技术人员指导合作社、贫困户按照"零饲料"标准喂养。合作社（贫困户）

与村委会、电商公司签订三方回购协议，保证了产品销路，极大地激发了贫困户发展养殖业的热情。

基层干部"社群电商"助力农产品销售。金桥镇金堰村驻村第一书记曾靓走访贫困户时主动收集贫困户农产品信息，通过微信群、微信朋友圈、金桥山货电商平台发布产品消息，累计帮助20余户贫困户销售蔬菜、禽蛋，帮助贫困户增收1.8万元；五和村村干部张庭府通过电商培训后注册"五盛果品"微信公众号，将五和梨园施肥、蔬果、修枝的视频通过微信公众号进行展示，帮助宣传售卖五和梨。

共青团重庆市委脱贫攻坚工作情况

一、职责与任务

共青团重庆市委坚持习近平新时代中国特色社会主义思想，深入学习贯彻习近平总书记关于扶贫工作的重要论述，秉承"瞄准贫困地区青少年健康成长、体现共青团工作特色、纳入当地党政扶贫开发工作总体布局、长流水、不断线、可持续、求实效"的工作理念，组织动员广大青年投身"精准扶贫、精准脱贫"攻坚战，取得良好成效。

研究出台了《共青团重庆市委关于印发重庆共青团助力深化脱贫攻坚实施方案的通知》《共青团重庆市委办公室关于印发重庆共青团助力打赢打好脱贫攻坚战的实施意见的通知》《共青团重庆市委办公室关于印发开展"建功百日大会战·助力决战脱贫攻坚"专项行动的具体措施的通知》等6个文件，明确指出，聚焦14个国家扶贫开发重点区县和18个深度贫困乡（镇），兼顾其他有脱贫任务的区县，实施脱贫攻坚青年志愿服务行动、贫困青少年帮扶关爱行动、贫困区县青年就业创业行动、贫困区县产业发展支持行动。五年来，累计选派8名直属机关干部和1300名"山茶花"脱贫攻坚青年志愿者参与驻村扶贫；援建希望小学及配套设施219个，资助贫困家庭大中小学生14000余名；培训创业青年3.5万人；定向支持18个贫困乡镇发展特色产业取得阶段性成效；持续举办"脱贫攻坚·青春榜样"系列活动，成功发掘了一批青年典型、感人事迹和典型做法。

二、主要做法

（一）实施脱贫攻坚青年志愿服务行动

选派了"山茶花"脱贫攻坚青年志愿者赴14个国家级贫困区县和4个

市级贫困区县开展志愿服务。组建2270支大学生"服务脱贫攻坚和乡村振兴战略"暑期"三下乡"社会实践团队。推动14个国家扶贫开发重点区县和18个深度贫困乡镇普遍建成"青少年之家"志愿服务阵地，常态化开展青少年课外教育、学业辅导、文体培训、实用技能培训等公益活动。

（二）实施贫困青少年帮扶关爱行动

1.做实公益助学项目。持续深化"精准扶贫·圆梦行动""聚焦扶贫·徒步三峡""冬日阳光·温暖你我"、共青团"10万+"资助建档立卡家庭学生计划等公益助学项目，援建希望小学及配套设施219个，资助贫困家庭大中小学生14000余名，"点对点"帮助146515名贫困地区青少年实现个性化新年心愿。

2.探索中国平安"村教""幸福大讲堂"等助教项目，选派47名师范类大学生志愿者赴47所乡村小学开展支教服务，组织11名心理健康专家走进326所中小学开展"成长大课堂"心理健康咨询课程。

3.丰富贫困地区青少年校外教育。举办"不忘初心·亮剑""国学经典·薪火传承""不忘初心·梦想之旅""七彩假期""流动少年宫"等公益夏（冬）令营活动，组织3550余名贫困家庭青少年走出大山，开阔视野，激发学习动力。

（三）实施贫困区县青年就业创业行动

1.提升技能水平

常态化举办新型职业农民免费培训"新芽计划"、农村青年致富带头人和创业青年培训等公益活动，围绕农业科技、农村电商、企业经营管理等内容，培训贫困区县创业青年9600余人次。

2.培育创业项目

实施"未来企业家培养青锋计划"，举办"青锋面对面"、创业工作坊、项目巡诊等创业活动260场，覆盖创业青年7180人次，为313名扶贫开发重点区县创业青年提供3166万元资金支持。

3.服务青年就业

深化"千校万岗""扬帆计划"行动和线上就业服务季活动，成功帮助13756名建档立卡贫困家庭大学生就业。依托全国大学生"返家乡"社会实践活动，累计征集实践岗位300余个，吸引全国200余名在校大学生回乡参与社会实践。举办"我为家乡代言"团团直播带货、"青力扶贫·联接爱心"扶贫农产品助销和"山茶花"脱贫攻坚志愿者"网络带货"大赛、2020川渝携手·"青"力扶贫青年志愿者"网络带货"大赛，拓宽贫困户销售渠道，切实帮助贫困户增收，共计2300余名青年志愿者参与，累计开展直播带货活动130场次，成交订单176274个，销售金额超过609万元。

三、典型案例

案例一："志愿者+贫困户+示范户+专业指导+网络共享"的"山茶花"模式

"山茶花"是由重庆市扶贫办、团重庆市委联合实施的扶贫开发青年志愿服务项目。该行动以渝东南、渝东北为重点，以建档立卡、政策宣传、产业帮扶、电商培训、个案帮扶等为主要任务，从应届大学毕业生中选派志愿者组建"山茶花"脱贫攻坚青年志愿者突击队，到贫困地区开展为期1~3年的脱贫攻坚志愿服务，助推贫困地区限时打赢脱贫攻坚战。青年志愿者一是做村情民意的"调查员"，建立完善扶贫工作基础台账；二是做思想引领的"宣传员"，提高困难群众的发展意识。三是做创业兴业的"指导员"，立足地区实际，发挥自己的所学、所知、所思，参与服务和指导当地群众发展特色产业。四是做资源链接的"接线员"，为贫困家庭解决资金短缺、产业知识和技能培训需求问题。五是做资金项目的"监督员"，协助做好项目推进和资金监督管理相关工作，助推惠农政策精准落地。探索出"志愿者+贫困户+示范户+专业指导+网络共享"的"产业扶贫"模式。

案例二：青年电商农产品销售助推消费扶贫

重庆团市委、重庆市商务委、重庆市扶贫办、农行重庆分行、秀山县政府共同主办青年电商创新创业大赛，同时实施了"农村青年电商带头人"等培育计划，举办了青年网店创业扶贫培训班等10余期，着力培养青年电商带头人。探索建立了"电商+贫困户"利益联结机制,引导电商选手与贫困地区签订包销订单,形成了"贫困户管产、电商选手管卖"的扶贫模式,带动贫困群众直接增收。

重庆市妇女联合会脱贫攻坚工作情况

一、职责与任务

重庆市妇女联合会深入学习贯彻习近平总书记关于扶贫工作的重要论述和对重庆提出的系列重要指示要求，对标中央脱贫攻坚决策部署，认真落实市委市政府脱贫攻坚工作要求，围绕脱贫攻坚中"引领贫困妇女增强脱贫意识，助力提升贫困妇女脱贫能力，关爱服务贫困妇女、儿童，完成市扶贫开发领导小组交办的相关工作任务"的职责定位，强化学习、深入调研、建章立制、整合资源，做深做细做实"脱贫攻坚巴渝巾帼行动"。此项工作获全国妇联及重庆市领导批示22条次，在民政部、全国妇联等大会交流发言7次。在全国科技特派员制度推行20周年总结会上，重庆市妇联作为全国唯一一家妇联组织实施单位被通报表扬。形成《关于如何发挥妇女在脱贫攻坚中作用》等调研报告11个，《重庆市"三抓三促"开展脱贫攻坚巴渝巾帼行动》等6篇经验材料刊发《重庆扶贫》并上报国扶办。牵头部室曾获国务院扶贫开发领导小组"全国社会扶贫先进集体"，2名干部获重庆市"扶贫工作先进个人"。《新闻联播》《焦点访谈》等中央媒体及市级主流媒体刊发稿件4240余条（次），全国妇联"大V走基层赞成就""小康路上她力量"等主题采访活动，深度报道亮点工作。重庆市妇联以妇女儿童的脱贫工作为己任，深耕细作，树品牌求实效，多举措并举，借机遇谋发展，高质量完成这一伟大历史使命。

二、主要做法

（一）履行牵头职责，重点任务求真务实

认真落实重庆市委交办的"支持农村贫困家庭妇女发展家庭手工旅游

产品"和"创新完善农村留守儿童、留守妇女、留守老人'三留守'群体特殊关爱帮扶体系"两项牵头任务,及时与市教委、市商务委、市文化旅游委、市扶贫办、团市委等有关责任单位建立联系制度,制定工作方案,编制目标规划,精准工作举措,利于两项重点任务扎实推进。

因地制宜,助力妇女"巧手脱贫"。一是健全政策制度。出台《关于支持妇女从事手工编织实现就业创业的实施意见》《发展手工制作促进贫困残疾妇女就业脱贫行动实施方案》等政策文件,联合市人力社保局、市旅游局等七部门签订"共同促进手工编织产业发展协议",整合政策25条,从税收优惠、贷款倾斜、资金补贴等方面,助推手工编织规模化、产业化发展。二是搭建服务平台。成立重庆市手工编织协会、重庆市手工编织交流展示中心,开设"巧手脱贫"专题展区。将重庆市手工编织交流展示中心纳入重庆市文化旅游名录,并将协会会员特色产品作为旅游产品在市旅游局网站推介。在贫困村创设"妈妈制造合作社",开展"巧手脱贫"技能培训,建立手工编织"巾帼扶贫车间"148个,推介手工产品进商超、进景点,拓宽销售渠道。三是开展主题活动。举办"巴渝巧姐"手工作品展示、川渝手工作品展销、"指尖话语"手工编织创业就业等主题活动,展出手工制品1.85万件,现场销售100万余元。举办重庆市"巾帼杯"旗袍服饰制作大赛、"巧手编织幸福梦"创业成果展,组织优秀手工企业参加全国妇联手工大赛、东盟博览会、中国艺术节等,助推手工企业发展壮大,带动贫困妇女依托手工旅游产品脱贫增收。

真心实意,为"三留守"人员送关爱。一是进行精准关爱。深入实施《重庆市家庭教育促进条例》《重庆市家庭教育指导大纲》,连续4年开展家庭教育日公益服务周活动,实施"百场讲座进万家"项目,每年授课2万余场,服务百万家庭。推行"1+1+N"帮扶模式,实施困境儿童"六个一"关爱,投放资金1972.48万元,实施困境儿童心理团辅个辅、困境儿童生涯规划个案辅导、快乐成长营体验之旅等项目11个,全覆盖帮助困境儿童健康成长。发放价值200万元"快乐健康包",惠及困境留守儿童7260名;实施"爱心体彩·贫困农村留守儿童重大疾病救助金"230万元,救助重疾儿童230人;建设"儿童之家"1.1万个,开展"爱心童享·筑梦行动",精准服务农村留守儿童。二是建立互助体系。重庆市妇联联合市民政局等单位共同制定《关于加强农村留守妇女关爱服务工作的实施意见》，构建关爱服务体系。投放资金210.6万元，连续四年实施农村留守妇女关爱服务项目，受益留守妇女1.5万人。开展农村留守妇女互助组组长市级示范培训5期，培训互助组组长700名。联合人力社保局为25190名留守妇女开展就业技能培训。三是志愿服务解难题。配合市委宣传部、市扶贫办等部门开展"我们一起奔小康"扶贫志愿服务行动，实施"巾帼爱心呼唤服务站"项目，开展"敬老月"关爱活动，以巾帼志愿服务为抓手，为农村留守老人提供亲情聊天、农耕助力、节日关爱等服务，帮助解决劳力缺乏、亲情空落等难题。

（二）聚焦深度贫困，帮扶服务精准精细

以需求为导向，引导贫困妇女树立脱贫志向，增强脱贫能力，激发脱贫积极性、主动性，助力全市打赢脱贫攻坚战。

1. 重引导，扶志扶智励志向

一是宣讲励志常态化。开展"百千万巾帼大宣讲""巾帼心向党　喜迎十九大""巾帼心向党　礼赞新中国""小康路上巴渝姐妹心连心"等主题宣传活动14.56万场次，发放脱贫资料13.1万份，宣讲解读扶贫政策。二是技能培训全面化。开展巴渝巾帼培训进乡村、巾帼脱贫技能大培训，"送教上门"2000余场次，实现深度贫困乡镇全覆盖。开办贫困地区巾帼致富带头人、新型职业女农民、基层妇联领头雁等培训121场次，培育脱贫带头人1.3万人。依托红岩网远程教育平台、"妇女之家"等阵地，线上线下全覆盖培训有参训意愿和从业能力的贫困妇女。三是典型示范榜样化。举办"巾帼脱贫进行时""决战脱贫　奋斗有她""姐妹携手　同奔小康""决战决胜脱贫攻坚　巴渝巾帼尽展风采"等展示展播、先进事迹巡讲主题报告会100余期，举办开展"一路芬芳巴渝行"主题宣传，培育脱贫带贫典型960人，榜样引领贫困妇女"我要脱贫"。四是日常生活文明化。有效衔接乡村振兴，开展移风易俗、孝善立德、绿色家庭创建、美丽家园建设、爱国卫生运动活动3800余场次，引领贫困妇女将脱贫摘帽作为奋斗新起点，树立向上向善理念，增强脱贫内生动力，用双手创造美好新生活。

2.重"造血",产业助推筑根基

一是发展特色产业,打造手工制作、农村电商、家政服务巾帼产业品牌,实施农村电商网姐育苗项目,成立巾帼家政服务指导中心,组建巾帼家政服务联盟,开展十佳百优评选,有效培育"巴渝巧姐""巴渝网姐""巴渝大姐"10.6万名。围绕乡村旅游创评"最美巾帼农家乐",开展"院美、菜香、质优"农家乐展示展演活动,联合市文化旅游委开展"渝你乡遇 有你最美"巾帼乡村旅游助力活动,支持贫困妇女家庭依靠旅游增收。二是创建基地,在重点扶贫工作区县、深度贫困乡镇、贫困妇女家中,建立巾帼扶贫车间、巾帼家庭工坊,发动产业带头人,通过现场培训、计件合作、产品回购等方式,为贫困妇女送岗到家。创建各级各类巾帼示范基地4762个,发挥辐射带动作用,以培训指导、股份分红、产品代销等方式,吸纳贫困户就业脱贫。

3.重投入,对口帮扶显成效

一是开州区对口帮扶有效落实。重点帮助郭家、镇安等乡镇建成"母亲水窖"7个,受益群众1.4万人。参与大进镇定点攻坚,选派1名驻村扶贫书记,消费扶贫大进镇产品56.22万元,投放防疫专项资金等62.67万元,扎实开展支部联建。坚持每年向开州区倾斜资金、项目,到2020年已累计投入资金、物资1905.56万元,每年均超额完成对口帮扶任务。二是东西部扶贫协作扎实推进。成立鲁渝巾帼扶贫协作重庆市妇联领导小组,签署鲁渝巾帼扶贫协作框架协议,培训现代农业、家政服务巾帼致富带头人80余人,落实希望厨房项目73万元,区县妇联结对落实防疫物资、直播带货等资金221万余元,女企业家项目对接帮助十余种重庆农特产品落地山东,其中忠县忠橙销售达3万多吨。三是以成渝地区双城经济圈建设协同推进脱贫攻坚工作,重庆市妇联及27个区县妇联与四川省实现签约合作,重点开展技能培训、互推巾帼产品,帮助贫困妇女产业增收。

三、典型案例

培育"巴渝三姐"产业品牌

重庆市妇联实施"脱贫攻坚巴渝巾帼行动",立足适宜妇女发展的优势特色产业,培育手工制作"巴渝巧姐"、农村电商"巴渝网姐"、家政服务"巴渝大姐"产业品牌,以"巴渝三姐"带动妇女脱贫增收。开展"巾帼脱贫技能大培训、巴渝巾帼进乡村培训、十百千巾帼家政示范培训"2000余场次,实现深度贫困乡镇全覆盖。在重点扶贫工作区县、深度贫困乡镇,实施"'巴渝网姐'育苗计划"等帮扶项目23个,创建全国及市级巾帼示范基地、扶贫车间、家庭工坊172个,投放帮扶资金714万元。成立市手工编织协会、手工编织交流展示中心、巾帼家政服务指导中心,组建巾帼家政服务联盟、巾帼电商联盟,带动培育"巴渝三姐"10.6万名,促进提质扩容。活动增效。川渝手工作品展销等活动展出销售作品1.85万件。"巴渝网姐邀你购"代销巾帼产品998.89万元。15次国家及市级手工、家政技能大赛推动水平提升。

重庆市残疾人联合会脱贫攻坚工作情况

一、职责与任务

脱贫攻坚期间，重庆市残联深学笃用习近平总书记关于扶贫工作重要论述和关于残疾人事业发展的重要指示批示精神，认真履行"代表、服务、管理"职能，紧紧围绕"全面建成小康社会，残疾人一个也不能少"的目标，分类施策，优先帮扶，推进残疾人教育扶贫、就业扶贫、康复扶贫、社会扶贫等工作，实施贫困地区专项帮扶、"一户多残"家庭帮扶、贫困残疾人家庭危房改造、"关注残疾·冬送温暖"、鲁渝残疾人扶贫协作等帮扶行动。

2016年至2020年底，有效落实残疾人"两项补贴"制度，惠及残疾人50.2万人（次）；残疾人城乡居民基本养老保险参保率达84.28%、城乡居民基本医疗保险参保率达98.09%、有辅助器具需求残疾人基本型辅助器具适配率达97.06%、有康复需求残疾人基本康复服务覆盖率达97.3%、残疾儿童少年接受义务教育比例达97.5%；救助贫困大学生4136人（次），实施农村残疾人家庭危房改造18074户、家庭无障碍改造36567户、农村残疾人实用技术培训80989人（次）、残疾人职业技能培训71151人（次）和新增残疾人就业29938人（次），扶持市级农村残疾人阳光扶贫基地111个和种养业大户553户，并为19127辆（次）残疾人三轮代步车发放燃油补贴497万余元，为1152名残疾人发放C5驾照补贴115.2万元，帮助3598人（次）下肢残疾人车主办理重庆绕城高速及以内六条射线高速套餐通行费免缴手续，残疾人基本民生进一步改善。

截至2020年12月底，全市90.3万持证残疾人中，建档立卡残疾人88988户98360人（均为已脱贫仍享受政策），贫困边缘户残疾人2992户3400人，脱贫监测户残疾人2979户3454人。贫困残疾人家庭收入稳步提高、生活状况明显改善,"两不愁三保障"全面实现,全部如期脱贫,获得感、幸福感、安全感持续提升。

二、主要做法

(一)坚持目标导向,精准解决"两不愁三保障"突出问题

一是推动完善和落实惠残政策。立足残联职能职责,出台《关于打赢打好残疾人脱贫攻坚战三年行动的工作方案》《重庆市深度贫困乡镇残疾人脱贫攻坚帮扶方案》《重庆市农村贫困残疾人危房改造阳光安居工程项目实施方案(2016年至2020年)》《重庆市农村残疾人阳光扶贫基地扶持办法》《重庆市农村残疾人种养业大户创业就业扶持办法》《重庆市扶持残疾人自主就业创业的实施意见》《重庆市残疾儿童康复救助制度实施办法》等多项惠残政策。二是推进贫困失能残疾人集中照护工作。联合重庆市民政局等4部门建立贫困重度残疾人集中照护机制。投入市级资金8800万元,支持黔江、涪陵、沙坪坝等8个区县建设贫困失能残疾人集中供养区域性中心,促进贫困失能残疾人家庭释放劳动力,着力实现"供养一人、解困一家"目标。三是强化为民服务解难题。开展"两走一贴近""关注残疾·冬送温暖"活动,组织各级残疾人工作者到贫困、边远的残疾人家庭走访慰问,面对面宣传党和政府各项惠残政策,并结合残疾人家庭的实际情况和发展意愿,推动落实扶持政策,协调解决具体问题。

(二)聚焦重点难点,着力补齐脱贫攻坚短板弱项

一是支持贫困地区脱贫攻坚。为18个深度贫困乡镇安排资金1800万元、为2018—2019年脱贫摘帽区县安排资金1400万元,专项用于助推贫困残疾人脱贫攻坚。在市委办公厅扶贫集团带头引领下,投入180万元支持石柱县中益乡脱贫攻坚。采取"以购代捐""以买代帮"等方式,定向采购石柱县中益乡、北碚区金刀峡镇小华蓥村农畜牧产品,累计消费16.5万元。二是抓紧抓实驻村帮扶。按照"尽锐出战"要求,选派1名优秀党员干部到北碚区金刀峡镇小华蓥村担任驻村第一书记。累计投入310万元,实施基础设施建设、环境无障碍改造、扶贫基地扶持等帮扶项目,推动贫困村如期实现了脱贫摘帽。三是开展"一户多残"家庭帮扶。2018年至2020年,先后印发《"一户多残"贫困残疾人家庭脱贫攻坚帮扶方案》《关于进

一步推进未脱贫残疾人家庭和"一户多残"贫困家庭帮扶工作的通知》等文件，并投入市级专项资金1653万元，对全市"一户3残"建档立卡和"一户4残"及以上的残疾人家庭实行全覆盖帮扶；带动区县投入6000余万元，开展"一户一策"精准帮扶行动，推动建立稳定脱贫长效机制，共惠及"一户多残"家庭1.2万余户。

（三）全力推动鲁渝扶残协作

重庆市残联主动与山东省残联签订协作协议、建立协作机制，共同推进资金援助、人才交流、学习培训等工作，落实各项扶贫协作举措。2018年底至2020年，全市残联系统累计争取山东省财政援助资金、社会捐赠资金和捐物折款2300余万元，实施了"先天性唇腭裂患者手术救助""残疾人假肢适配""电动轮椅配发""鲁渝助听关爱行动"等40余个助残项目，共惠及贫困残疾人近2万名。

三、典型案例

探索"一户多残"贫困户脱贫解困新模式

"一户多残"贫困户受家庭成员身体条件限制，是决胜全面小康、决战脱贫攻坚中的短板弱项。重庆市残联紧全力助推"一户多残"家庭脱贫解困。一是上下联动，全覆盖帮扶。2018年至2020年，市残联推动"一户多残"家庭帮扶试点工作，累计投入1653万元，对全市"一户3残"建档立卡和"一户4残"及以上的残疾人家庭实行全覆盖帮扶。各区县主动响应，累计落实6000余万元帮扶资金，惠及1.2万余户"一户多残"家庭。二是因户施策，精准对接"一户多残"新需求。深入开展遍访活动，掌握"一户多残"家庭"两不愁三保障"突出问题和"两扩面"（精准康复和家庭无障碍改造）特殊需求。按照"一户一案"原则，开展精准帮扶行动。三是着眼长远，推动建立扶残惠残新机制。残联系统加强对残疾人户的监测和帮扶，及时掌握支出骤增和收入骤减等困难情况，着力通过补偿身体功能、改善生活生产条件等方式，提高残疾人参与社会能力。广泛采取产业扶持、资产收益、开发公益性岗位等方式，引导残疾人投身到生产发展中来，逐步建立稳定增收机制，实现高质量脱贫。

国家统计局重庆调查总队扶贫情况

一、职责与任务

国家统计局重庆调查总队（以下简称重庆总队）全面落实党中央、国务院和市委、市政府脱贫攻坚战略总体部署，切实履行政府统计调查部门的职责职能，把参与和服务脱贫攻坚工作作为一项重大的政治任务来抓，扎实做好农村贫困监测调查，高质量完成全市脱贫攻坚普查和专项调查工作，加强脱贫攻坚专题调研分析，为市委市政府决策提供有力的统计数据支持和优质统计服务。

脱贫攻坚期间，重庆总队认真开展全市农村贫困监测调查，及时提供各年度和各季度农村贫困监测主要数据；完成全市33个有扶贫开发工作任务区县的脱贫攻坚普查和专项调查工作，普查（调查）对象占全市贫困户的86.9%、贫困人口的88.8%；推进农村贫困监测电子记账，全市14个扶贫工作重点区县已全部启动住户调查电子记账工作，电子记账率达63.2%。完成50余篇涉及贫困监测的分析信息，开展4次较大的脱贫攻坚专题调研，全面反映全市脱贫攻坚工作成效，为全市脱贫攻坚工作开展提供了有力支持。

二、主要做法

（一）做好农村贫困监测，为脱贫攻坚工作提供基础性统计资料

根据《国家统计质量保证框架》《国家调查队统计流程规范》和国家农村贫困监测调查方案及有关规定，逐步制定完善农村贫困监测调查业务工作规程、样本管理、基础工作检查、数据质量评估、电子记账管理等方面多项业务工作制度，有效规范基层基础工作。

推动党建引领农村贫困监测调查工作，深入开展"发挥党员辅调员示范引领作用进一步提升住户调查数据质量"党建主题活动试点工作。加强业务培训，提高基层业务工作水平。重庆总队坚持每年举办2次全市性农村贫困监测业务工作集中培训，以区县统计人员和基层辅助调查员为重点，以实际工作需要为导向，着力抓好业务技能培训，为做好农村贫困监测调查工作奠定基础。针对贫困监测网点与居民收支调查网点重合的实际情况，着力加强网点日常维护管理，在对相应网点一致性进行核实的基础上，对相应网点的代码、名称和调查户的变动情况进行逐级核实，做到样本真实有效。结合历次样本轮换工作，进一步梳理农村贫困监测调查样本情况，提出具体优化意见，提升样本代表性。强化农村贫困监测调查工作过程、数据质量的管理与控制，按照调查业务标准化流程操作，建立健全数据审核机制，做实源头数据质量，客观及时反映农村贫困发展变化、评价扶贫工作和脱贫成效。

（二）抓好贫困问题调研，为脱贫攻坚战略推进提供优质统计服务

根据脱贫攻坚工作需求，重庆总队以贫困地区居民收支为重点，每季度定期发布全市农村贫困监测调查报告，每年发布全市贫困地区居民收支与生活状况调研报告。重庆市调查总队共完成各类涉及贫困监测的信息和分析资料50余篇。

2018年3月，重庆市调查总队组织实施了脱贫攻坚大调研，采取现场实地查看、院坝座谈交流、上门入户访问、发放调查问卷、市场调研走访等形式，对当地脱贫攻坚工作进行了深入调查研究。2019年初，总队结合"不忘初心、牢记使命"主题教育，将"访深贫、促整改、督攻坚"作为主题教育调研的专题之一，深入涪陵、江津、垫江、忠县、巫山、奉节、彭水等7个区县开展调研。2019年5月至6月在14个国家扶贫开发工作重点区县，开展了贫困地区脱贫成果巩固现状及难点调研，形成《贫困地区脱贫成果巩固现状及难点》调研报告。重庆市调查总队加强与市级部门的沟通协调，共享脱贫攻坚数据资源。

（三）高质量完成全市脱贫攻坚普查、调查工作，为脱贫攻坚提供支撑性参考依据

作为脱贫攻坚普查和专项调查牵头负责部门之一，重庆总队举系统之力尽锐出战，高质量组织完成16个区县36.2万户的建档立卡贫困户普查和17个区县5.2万户贫困户市级专项调查工作任务，实现普查调查工作"零差错"、数据质量"零问题"。执行国家脱贫攻坚普查标准，吸收前期普查的经验，精心制定《重庆市脱贫攻坚专项调查实施方案》《重庆市脱贫攻坚专项调查实施细则》，科学调配调查人员，2020年9月30日，圆满完成全市脱贫攻坚专项调查。

三、典型案例

高质量完成脱贫攻坚普查工作

脱贫攻坚普查是党中央、国务院作出的重大决策部署，是一项严肃的政治任务。普查过程中，重庆市脱贫普查办建立了普查工作领导机制、普查工作周调度机制和普查工作责任落实机制，选优配强一支讲政治、懂业务、能吃苦、肯钻研的普查队伍。普查实施阶段，重庆总队发挥直管优势，在每个关键节点及时向国家脱贫普查办沟通、请示、汇报。在国家普查办的悉心指导下，重庆脱贫普查办对各环节工作都能做到入格就位、心中有数，全市普查工作方向明确、重点突出、举措严实，高质量完成了脱贫攻坚普查工作。

中国人民银行重庆营业管理部扶贫工作情况

一、职责与任务

脱贫攻坚期间，人行重庆营管部深学笃用习近平总书记关于扶贫工作的重要论述，按照总行和重庆市委市政府各项部署，加强统筹，主动作为，为全市打赢打好脱贫攻坚战提供了有力的金融支撑，取得了明显成效。2016年至2020年，全市金融机构累计发放金融精准扶贫贷款2140亿元，其中产业扶贫贷款620亿元，基础设施建设等项目贷款1151亿元，累计惠及建档立卡贫困人口超过400万人。重庆市金融精准扶贫工作获总行《金融扶贫专刊》4次编发全国金融系统并上报中办国办。

二、主要做法

（一）强化统筹联动，推进金融精准扶贫工作

坚持人民银行主导统筹的金融精准扶贫工作机制，多次牵头组织召开全市金融精准扶贫工作会议，在脱贫攻坚不同阶段，陆续印发《关于深化金融精准扶贫支持深度贫困地区脱贫攻坚的实施意见》《关于金融助推打赢脱贫攻坚战三年行动的实施意见》《关于进一步做好金融精准扶贫相关工作的通知》《关于金融支持产业扶贫的指导意见》等系列政策文件，建立金融扶贫主办行制度，实施"万户百村行长扶贫行动"，明确不同阶段工作重点，压实金融机构责任。加强与财政、发改、农业、扶贫办等政府部门之间的协调联动，不定期组织开展专题会议，在扶贫小额信贷、易地扶贫搬迁、产业扶贫等领域推动金融政策与地方扶贫政策、财政政策、产业政策联动性增强。

（二）聚焦产业发展，探索金融扶贫长效机制

创新构建银企精准对接机制，累计建立产业扶贫白名单企业1249个，组织金融机构主动对接，一企一策解决融资难题。创新差异化信贷支持机制，鼓励企业多带贫。引导金融机构对带贫多、带贫效果好的企业在贷款利率、贷款额度等方面给予优惠支持。结合"两权"抵押、宅基地改革、农村"三变改革""三社融合"加大金融产品创新，实施金融扶贫"一行一品"创新行动，创新推出"烟叶贷""榨菜贷""花椒贷""牛肉贷"等基于订单和应收账款的弱担保金融产品，实现生猪活体抵押贷、圈舍贷零突破。此外，组织金融机构围绕扶贫产业发展加大金融扶贫示范点创建，到2020年已成功创建145个市级示范点。截至2020年末，全市产业扶贫贷款余额达351亿元，同比增速达68.7%。

（三）加大工具运用，引导金融机构加大对县域贫困地区的倾斜支持力度

2016年至2020年，人行重庆营管部通过定向降准、运用扶贫再贷款、支农支小再贷款再贴现等货币政策工具为相关金融机构累计提供资金达2603亿元，扶贫小额信贷累计投放97.8亿元，惠及27万建档立卡贫困户，扶贫小额信贷获贷率达56.7%，高于全国平均水平。2016年初至2020年12月末，18个贫困区县贷款累计增速达208%，高于全市平均增速25个百分点，截至2020年12月末，18个贫困区县各项贷款余额达5897亿元，同比增长16.9%，高于全市平均增速3.7个百分点，金融倾斜支持效果显著。

（四）优化基础服务，提升农村金融生态环境

在全国首创银行卡助农取款服务，累计布放助农取款服务点1.1万个，实现全市7000多个行政村基础金融服务全覆盖。按照"一镇一策"为18个深度贫困乡镇当地扶贫产业定制支付结算服务。推动农村数据库数据采集及推广运用，已采集152.5万农户、1752个农村经济组织的600万余条信息，数据涵盖农户、农村经济组织生产经营等各类信息。探索"信用乡镇+信用贷款"模式，已评定信用村705个、信用乡镇40个、信用户167.4万余户。组织金融机构在深度贫困乡镇组建贫困村金融扶贫服务站，做好深度贫困地区信用档案建设、金融服务需求调查、贷款管理等工作，共打造金

融扶贫服务站99个,实现深度贫困乡镇全覆盖。

三、典型案例

案例一:生猪活体、生猪圈舍抵押贷款促进产业发展

为进一步拓宽贫困地区金融服务融资渠道,盘活农村资产,人行重庆营管部将生猪活体抵押贷款作为破解生猪养殖行业贷款难堵点难点的抓手,取得明显成效。一是银行试点向基础好、有发展前景、讲诚信的重点企业"一对一对接",政府部门为对接提供"多对一服务"。研究解决生猪价值评估、抵押登记确权、贷后管理等方面的问题。二是数据赋能,提升金融扶贫实效。通过人民银行征信中心的"动产融资统一登记公示系统",成功实现了生猪活体资产的抵押登记并出具有效证明文件;发挥畜牧管理部门"畜牧业直联直报系统"大数据作用,对生猪抵押资产存出栏数、防疫检验、市场价格等情况进行监管并定期、不定期向贷款银行反馈,帮助承贷银行控制抵押生猪资产风险;发挥保险公司作用,引入物联网大数据技术,通过银保数据共享,同时解决保险风险和银行贷后管理难题。截至2020年12月末,重庆市累计授信"生猪活体抵押贷款"145笔,累计发放金额1.8亿元,有效拓宽农村金融服务边界,助推贫困人口发展生产。

案例二:金融合作的"共林模式"

人民银行黔江中心支行联合基层政府部门出台《黔江区黄溪镇共林村建档扶贫户产业扶贫风险补偿基金管理办法》,与黄溪镇政府、村委会等部门共同签署建档贫困户产业扶贫风险补偿基金管理合作协议,共同出资在共林村设立100万元的重庆市首支贫困村产业扶贫风险补偿基金,对共林村与建档贫困户相关产业扶贫风险实行100%补偿。在该扶贫风险补偿基金的撬动下,成功引进黔江区农业龙头企业——重庆三东科技有限公司作为产业扶贫项目合作企业,签署产业扶贫项目合作协议,发展肉牛养殖产业。形成了"基层政府(乡镇、村委会)+银行+产业扶贫风险补偿基金+保险+龙头企业+专业合作社+贫困户"的金融扶贫"共林模式",推动肉牛养殖逐渐成为共林村主导产业,有效覆盖全村96户贫困户脱贫增收。

农发行重庆市分行脱贫攻坚工作情况

一、职责与任务

中国农业发展银行重庆市分行坚持以促进脱贫为目标、以政策为基础、以市场为导向、以客户为中心、以合规为底线，按照"政府主导、龙头带动、联合经营、一县一品"的原则，在深入调查研究的基础上，创新推出"1+6产业化联合体模式"，助力贫困区县特色产业发展。

二、主要做法

（一）搭建农业产业化联合体

按照"龙头企业+合作社+农户和贫困户"的形式，打造扶贫产业联合体，实现优势互补、风险共担、利益共享。一是政府主导。发挥政府和政府有关部门在组织协调、资源调配方面的重要作用，凝聚各方合力。二是龙头带动。根据当地资源禀赋，因地制宜选择涉农企业中有影响力、财务管理规范、抗风险能力强的优质龙头企业，发挥其在农业产业化联合体中的带动作用。三是联合经营。龙头企业提供先进的管理经验、庞大的技术力量和市场销售渠道；合作社发挥在产前、产中、产后环节的组织优势和规模优势，指导农户发展专业化生产；农户负责农业种植、养殖生产经营和服务。各成员保持产权关系不变、开展独立经营，通过签订合同、协议或制定章程，形成紧密联盟，实现一体化发展。龙头企业、合作社与农户通过资金、技术、品牌、信息等要素融合渗透，开展产品对接、要素联结和服务衔接，形成长期稳定的合作关系，降低交易成本，提高资源配置效率。四是一县一品。培育符合区域发展政策、适应当地产业优势、带贫效益突出的核心产业，把具备一定发展基础的产业做大做强，带动区域经济发展。

（二）合理测算资金需求

根据银保监会和农发行有关信贷政策要求，综合考虑农业产业化联合体的财务状况、信用风险、资金实力等因素，合理确定联合体内各经营主体授信额度，以满足新型农业经营主体差异化资金需求。项目贷款重点从项目技术可行性、财务可行性和还款来源可靠性等方面进行评估，考虑政策变化、市场波动等不确定性因素对项目的影响，审慎预测项目未来收益和现金流。流动资金贷款考虑生产经营的规模和周期特点，合理设定流动资金贷款的业务品种和期限，以满足产业化联合体的流动性资金需求，实现对贷款资金回笼的有效控制。

（三）构建产业扶贫利益分配体系

一是农业产业化联合体通过吸纳农户和贫困户就业、收购农副产品、委托种养等方式，引导农民以土地经营权、林权、设施设备等入股家庭农场、农民合作社或龙头企业，直接或间接带动农户和贫困户增收。二是通过构建上下游长期合作的全产业链，推动订单农业等经营模式创新，促进多元经营主体以市场为导向，加大要素投入，开展专业化、品牌化经营，加快农业提质增效。通过地方政府、承贷企业、农发行、合作社、贫困户等多方联动，实现扶贫产业化、基地规模化、产品标准化、销售市场化、质效最大化。

三、典型案例

风险共担贷款模式助力酉阳油茶"产业化联合体"

酉阳县政府部门选择把发展油茶产业作为全县脱贫攻坚和农民致富的第一支柱产业，在一系列政策措施的支持下，全县油茶种植企业、专业合作社、种植大户如"雨后春笋"快速发展，油茶种植面积很快突破15万亩，覆盖28个乡镇（街道）。

油茶产业大好的发展形势背后，制约产业发展新的问题也不断涌现。比如，有种植企业但无龙头牵引，有专业合作社但无整体协同，有种植大户但无散户市场。针对酉阳县油茶产业发展现状和合作社融资难问题,农发行重庆市分行创新推出油茶"产业化联合体"扶贫新模式的构想,即采取"公司+合作社+农户(贫困户)"的组织模式,形成农业产业化联合体,以参与产业链经营管理的实体公司带动油茶产业发展。

农发行重庆市分行创新推出"农发行+政府+龙头企业+合作社+风险补偿基金+保证担保+保险"(1+6)风险共担贷款模式,解决合作社融资难问题。由酉阳县政府负责制定《产业扶贫贷款风险补偿基金实施方案(试行)》,将农业专业合作社贷款纳入风险补偿基金项目库和风险补偿基金方案补偿范围,并建立2000万元风险保证基金,如合作社贷款出现不良时,由风险补偿基金按照贷款总额的70%代偿;酉州生态农业公司对合作社贷款总额的30%和贷款利息提供保证担保;合作社办理保险且保额覆盖农发行授信额度,保险费用由农发行承担。农发行重庆市分行向总行争取申请开展合作社"统授信分用信限额贷款"业务试点,获得采取"整体测算、统一授信、集中管控、分别用信"先行先试的政策支持。在准入方面,取消对小微企业所有者权益的准入要求;在授信方面,整体核定农业产业化联合体(龙头企业+合作社)的授信额度。

农发行重庆市分行开启绿色办贷通道,采取市分行机关、二级分行、酉阳县支行三级行联动,到2020年已累计向酉阳县油茶农业产业化联合体中19个专业合作社贷款5453万元。同时,继合作社贷款落地后,向龙头企业审批中长期贷款5.3亿元,投放3.5亿元,用于油茶基地建设。在信贷资金的撬动下,龙头企业已流转土地15.2万亩;建成380亩的苗圃生产基地,实现年产油茶苗1500万株;完成油茶基地建设10.65万亩,惠及28个乡镇,60余个村。龙头公司建立"公司60%+村集体经济组织8%+农户32%(贫困户)"的发展模式,带动建档立卡贫困户3450户,12900人通过土地入股、土地流转、务工、就业等方式增收致富,实现建档立卡贫困户每年实现增收4000元。

农行重庆市分行脱贫攻坚工作情况

一、职责与任务

农行重庆市分行按照习近平总书记对脱贫攻坚坚持专项扶贫、行业扶贫和社会扶贫"三位一体"大扶贫格局战略部署，聚焦党的组织、国家的银行、中华民族儿女"三大定位"，实施红色基因、红色基金、扶贫干部、服务网络、产品创新、信贷投放、定点扶贫、消费扶贫、东西部行业扶贫协作"九大工程"，进行整体谋划、系统推进，助推重庆市高质量打赢脱贫攻坚战。辖内石柱支行、秀山支行分别与中益乡、隘口镇所辖18个村党支部结成"一对一"党建扶贫"对子"，党员干部进村入户宣传党的好政策、金融扶贫好举措，开展防疫培训、诚信教育、技能指导，带动3860名贫困人口脱贫增收、共同富裕。

二、主要做法

（一）建立多层次立体化扶贫体系

农行重庆市分行主动扛起金融服务脱贫攻坚政治责任，创造性探索"党建+扶贫"模式，引领专项扶贫达到新高度。一是传承"红色基因"，探索基层党支部"十必请、十必到"共建机制，帮助人民群众解决大事要事和困难问题。通过开展党建活动、专项活动两大类"十必请"活动和党组织活动必到、生活扶贫必到、生产和产业扶贫必到三大类"十必到"活动，建立多层次立体化党建扶贫体系。二是利用国有资本种子基金创建"红色基金"，探索使用捐赠资金建立"三变"改革资金、产业发展基金，运用党员干部特殊党费支持农村"三变"改革。三是创新帮扶方式，发挥党员干部"四员"作用。坚持尽锐出战、精锐出战，在全行处、科级干部中优选

36名定点扶贫干部到深度贫困乡（镇）驻点帮扶。36名定点扶贫干部利用自身专业优势在宣传扶贫政策、帮助村集体产业发展、招商引资、消费扶贫、疫情防控、春耕备耕等方面加油助力。

（二）提升金融扶贫效能

农行重庆市分行落实党中央国务院对农业银行作出的"延伸服务网络、创新金融产品、增加贫困地区信贷投放"工作要求，在利率政策、信贷审批等方面全力保障金融扶贫需要。一是贫困乡镇服务网络完善。聚焦全市18个深度贫困乡（镇）分步骤实现人工服务网点精准布局，分阶段制定县域网点建设规划，加快推进深度贫困乡（镇）人工服务网点全覆盖，将人工网点、惠农服务点、微信公众号（金穗"慧生活"）打造成深度贫困地区金融服务特色阵地，解决贫困地区金融服务"最后一公里"难题。二是扶贫带贫金融产品丰富。聚焦贫困地区金融服务的需求特点，加快扶贫信贷产品线建设，指导鼓励分支行开展产品创新。与贫困区县政府合作成立风险补偿基金，创新"政府增信产业贷"，专项支持符合国家产业、环保等相关政策要求的农村新型经营主体。三是贫困地区信贷投放加大。实施差异化信贷政策，优先满足扶贫重点县信贷规模，逐年提高扶贫重点县贷存比例，提高深度贫困地区精准扶贫贷款不良容忍度。

（三）探索扶贫新模式

围绕党建共建、资金帮扶、消费扶贫、队伍建设、东西部扶贫协作等重点工作，统筹推进，力度不断加大，资源持续增加，形成了"行业扶贫""社会扶贫""专项扶贫""六项规定动作巩固定点扶贫成效""建立专项基金巩固'两不愁三保障'成效""'一中心''一学堂'巩固乡村振兴基础"的"三扶三固"定点扶贫模式，中央单位定点扶贫责任书六项任务有效完成。农行重庆分行创造性探索"党建+扶贫"新模式。发挥"一个带动""帮"，聚焦"一个群体""扶"，筑牢"一个阵地""便"，延伸服务网络，运用互联网思维，借助金融科技的力量让贫困地区群众享受方便快捷的金融服务。

三、典型案例

创新金融助力扶贫产业发展

农行重庆分行坚持"扶产业就是扶根本、扶长远",发挥产业对扶贫的带动作用,开展"造血式扶贫",主动担当金融助力产业发展的"急先锋"。一是聚焦建档立卡贫困人口发展产业的精准支持。围绕建档立卡贫困户,创新"金穗精准脱贫致富贷",累计向10.07万贫困户发放41.27亿元,发放额、余额居全市金融同业第一。深入推进农户信息建档,总结推出"十步法",完成27个乡镇街道、208个行政村、11511户农户建档,综合授信金额3.9亿元。二是聚焦利益联结机制的精准建立。落实总行"十大扶贫模式",通过信贷政策,鼓励龙头企业和专业大户发挥带贫作用,采取"公司+合作社+农户""专业大户+农户"等多种模式,带动贫困农户增收,实现稳定脱贫、长效脱贫。三是推动特色产业壮大。以惠农e贷进行精准对接,打造了茶叶、油茶、中药材、果蔬、"畜禽+乡村振兴带头人贷"、农家乐贷、电商贷的"5+3"惠农e贷产品体系,累计发放贷款105.17亿元,覆盖全市有农户的所有区县、10大山地特色高效农业、12种"巴味渝珍"品牌。为支持农产品稳产保供,创新并成功发放全市最大一笔"生猪活体抵押"贷款3000万元;创新并成功发放全国首笔"生猪圈舍抵押"贷款1500万元。四是聚焦长效机制的持续巩固。围绕助力农村"三变"改革,创新捐赠资金使用方式,建立"三变"改革资金。建立乡村振兴产业发展、电商产业发展、大病救助等专项基金,助力涉农企业及新型经营主体发展优势产业,通过利益联结带动贫困户脱贫增收,巩固脱贫成果。

重庆市林业局脱贫攻坚工作情况

一、职责与任务

"十三五"期间,根据重庆市委市政府关于打赢脱贫攻坚战的有关意见和方案,市林业局发挥林业在脱贫攻坚中的生力军作用,印发《深化林业脱贫攻坚实施意见》《关于建设"四好农村路"使用林地有关事宜的通知》,联合市级相关部门印发实施《重庆市推进生态扶贫工作实施意见》《统筹解决生态保护和脱贫双赢的指导意见》,牵头推进全市生态扶贫专项行动,努力推进林业各项扶贫措施落地见效。

二、主要做法

聚焦林业生态工程建设、林业产业发展、森林生态效益补偿、生态护林岗位开发、支持解决脱贫攻坚"两不愁三保障"突出问题、使用林地政策、林业改革、林业科技、深度贫困乡镇林业扶持等8方面共23项扶持政策落实,收到实实在在的扶贫带贫效果:

一是开发生态护林岗位,在建档立卡贫困户中选聘生态护林员26037人、选聘天保工程护林员2646名,人均年收入5000元以上。

二是发展林业产业,支持33个有扶贫任务区县建成特色经济林1706万亩、笋竹林459万亩,建成林业产业基地6924个(其中带动10户贫困户以上的林业产业基地2947个)。

三是支持创建全国森林旅游示范县6个,建成森林康养基地31处、森林乡村(绿色示范村)1449个、森林人家3751家。稳妥解决了受禁食野生动物影响的贫困农户调整转产。

四是推进林业科技扶贫,在33个有扶贫任务区县落实了1000余名林业科技人员对接乡村，组建了7个林业科技扶贫专家组，累计实施林业科技扶贫示范项目67项。

五是在解决脱贫攻坚"两不愁三保障"突出问题中落实涉林审批服务，有效解决涉自然保护区脱贫攻坚民生项目落地181项，依法办结支持"四好农村路"和其他扶贫项目等建设使用林地手续7万亩。

六是支持深度贫困乡镇扶贫，落实林业项目356项次、累计补助4.72亿元，选派2名具有高级专业技术职称的党员同志担任驻村第一书记和工作队长，科学推进驻村帮扶。

"十三五"期间，安排市级以上补助资金支持33个有扶贫任务区县约190亿元，惠及建档立卡贫困户45.86万户，占全市建卡贫困户数96%以上，带动超过135万贫困人员参与林业生态建设，超额完成市委、市政府确定的林业扶贫目标任务。

三、典型案例

林业产业脱贫攻坚显实效

奉节县林业局以精准帮扶为目标，聚焦中药材、油橄榄、蚕桑三大产业，完成产业扶贫项目123个，到位补助资金1.66亿元，实现户户有产业项目、户户有增收门路。

一是中药材壮优强特。奉节县中药材种植基地总规模达到16万亩，产量9.6万吨，综合产值12亿元，覆盖23个乡镇110个村，其中贫困村63个，带动4500余户贫困户、1.2万贫困人口脱贫增收；布局建设小规模中药材粗加工厂18家、切片厂2家、颗粒加工厂1家，引进豆腐柴精粉低温加工设备并试验生产获得成功，增加中药材产品附加值，奉节县获得"中国绿色生态中药材之乡"称号。

二是油橄榄增量提质。油橄榄种植基地总规模达到13.2万亩，为全国第二大种植基地，覆盖20个乡镇93个村，其中贫困村45个，带动3600余户贫困户、9000余贫困人口增收。主动参加重庆、山东等地推介会、博览会，获得"中国橄榄之乡"称号。

三是智能蚕桑助农增收。奉节县蚕桑产业达到10.5万亩,建成11个智能养蚕基地,蚕桑产业综合产值突破1亿元。

专题篇

中国脱贫攻坚报告·重庆卷

ZHONGGUO TUOPIN GONGJIAN BAOGAO · CHONGQING JUAN

ZHUANTI PIAN

市级扶贫集团帮扶

一、基本情况

（一）组建扶贫集团的历史背景

1997年，重庆市43个区县（自治县、市）中，有12个国定贫困县和9个省定贫困县；2400多万农村人口中，有贫困人口366万，占农村人口总数的15.4%，比全国高出9.35个百分点。贫困，成为摆在新兴直辖市面前的一大难题。尽快解决贫困地区群众的温饱问题，打好扶贫攻坚战，是党和政府十分紧迫的政治任务，是重庆市国民经济社会发展中关系全局的重大战略问题。同时，扶贫开发也是中央交给重庆直辖市的"四件大事"之一。

面对大巴山区和武陵山区大面积的贫困问题，面对城乡二元经济结构的巨大差距和大城市、大农村、大工业、大农业的复杂经济格局，面对艰巨的扶贫开发任务，必须打破常规，对扶贫资源进行整合组装，集中优势"兵力"开展扶贫攻坚。1997年2月，市委、市政府制定出台了《关于组织力量开展对口扶贫工作的通知》（渝委办发〔1997〕6号），要求组建扶贫集团，对口帮扶扶贫工作重点区县。

（二）扶贫集团发展历程

1997年至2001年，直辖之初，市委、市政府作出决策，制定出台了《关于组织力量开展对口扶贫工作的通知》（渝委办发〔1997〕6号），将市级部门、驻渝部队、人民团体、科研单位、大专院校、工商企业组成21个扶贫集团，对口帮扶21个扶贫工作重点区县。

2001年至2015年，根据编制体制调整，市委办公厅、市政府办公厅下发《关于调整部分市级领导联系贫困区县和对口扶贫集团及成员单位的通知》(渝委办〔2001〕39号），将21个市级扶贫集团优化整合为18个市级扶贫集团。

2015年至2017年，根据市委决策，撤销重庆警备区扶贫集团，组建了市旅游局扶贫集团承担对口帮扶奉节县工作，充实了帮扶力量，减轻了驻军的负担，以实际行动支援军队建设。2015年8月，按照市委第135次常委会的要求，将38家市属国有企业单独组建4个扶贫集团，对口帮扶城口、巫溪、酉阳、彭水4个深度贫困县，每年为各县直接投入帮扶资金1亿元，进一步加大了对口帮扶力度。

2017年7月开始，为进一步加大市级集团精准帮扶力度，将18个市级扶贫集团从对口帮扶18个扶贫开发重点区县调整为定点帮扶18个深度贫困乡镇，采取市领导定点包干、集团定点到乡镇、成员单位结对帮扶到村到户和18个经济实力强区结对帮扶15个贫困区县的方式，进一步增强脱贫攻坚针对性和有效性。共有21位市领导负责牵头联系18个市级扶贫集团，375个（含36个市属国有企业）成员单位和18个经济实力较强区县结对帮扶15个贫困区县。

截至2020年，18个市级扶贫集团坚持以习近平新时代中国特色社会主义思想为指导，深学笃用习近平总书记关于扶贫工作的系列重要论述，尤其是习近平总书记在决战决胜脱贫攻坚座谈会上的重要讲话精神和视察重庆重要指示精神，全面贯彻党中央、国务院决策部署，认真落实市委、市政府工作要求，紧盯时间节点、抓住重点任务、聚焦薄弱环节、细化措施方法、压实帮扶责任，不停顿、不放松，持续发力、久久为功，发挥部门优势、行业优势和专业优势，为重庆市高质量打赢脱贫攻坚收官战，确保全面建成小康社会圆满收官作出了重大贡献。市级扶贫集团对口帮扶工作在领导干部蹲点调研方面，厅局级及以上领导达2330人次，处级及以下干部3394人次；召开对口帮扶工作联席会共计166次；市级扶贫集团向对口帮扶的18个深度贫困乡镇选派帮扶干部共计228人，其中厅级干部17人；投入帮扶资金8.57亿元，其中直接投入资金2.09亿元，帮助引进资金6.48亿元，实施项目605个。

二、主要做法

（一）2017年至2019年的主要举措

1. 领导重视，高位推进

开展脱贫攻坚工作开始，市委、市政府贯彻中央要求，结合实际，重新对市级扶贫集团对口帮扶工作进行了调整部署。结合贯彻落实《中共中央国务院关于打赢脱贫攻坚战三年行动的指导意见》（中发〔2018〕16号），2018年，市委、市政府出台了《关于打赢打好脱贫攻坚战三年行动的实施意见》（渝委发〔2018〕51号），市委办公厅、市政府办公厅印发了《关于调整市领导联系市级扶贫集团切实加强对口帮扶深度贫困乡镇脱贫攻坚工作的通知》（渝委办〔2018〕91号），将市级扶贫集团从帮扶贫困区县调整为帮扶深度贫困乡镇，按照"三高一低三差三重"识别标准，从全市甄选了18个深度贫困乡镇，作为脱贫攻坚的重中之重开展对口帮扶，落实"定点包干"和"指挥长"帮扶制度。市委确定了21位市领导定点包干18个深度贫困乡镇，组建了18个深度贫困乡镇脱贫攻坚工作指挥部，构建"市领导+市责任单位主要负责人+区县党政主要负责人+深度贫困乡镇党政主要负责人"的指挥体系，明确了18名副厅局级领导干部作为驻乡工作队队长，从市级部门新选派了65名干部驻深度贫困乡镇帮扶，选派了443名干部到贫困村担任驻村第一书记和驻村干部，深入到第一线进行蹲点督战。2019年，按照"适应机构改革、保持总体稳定、局部调整优化、推动精准脱贫"的原则，以市扶贫开发领导小组名义下发了《关于调整市领导联系市级扶贫集团和深度贫困乡镇脱贫攻坚工作的通知》（渝扶组发〔2019〕4号），进一步加强市级扶贫集团对口帮扶工作，从根本上促进了市级扶贫集团对口帮扶深度贫困乡镇脱贫攻坚工作有力推动。

2. 突出重点，精准帮扶

18个市级扶贫集团375家成员单位按照精准扶贫、精准脱贫的要求，瞄准贫困村和贫困户这个重点，紧紧围绕脱贫攻坚的难点、热点问题，统筹安排、精心组织、深入调研、有序推进，紧抓各项扶贫工作落实。在教育扶贫方面，建立教育扶贫基金，要求各有关区县每年安排部分资金用于解决贫困大学生实际困难问题，对建档立卡贫困家庭子女就学资助实行全覆盖，从根本上阻断贫困的代际传递问题。在医疗扶贫方面，建立贫困医疗救助基金，要求各有关区县每年安排部分资金用于实施医疗扶贫救助，给建档立卡贫困户购买医疗保险，加大对因病致贫特别是重大疾病的救助力度，并实现贫困户医疗救助全覆盖。在金融扶贫方面，发挥金融机构的优势，开展金融扶贫工作，成立或向担保机构注入资金，扩大扶贫贴息贷款规模，解决贫困户贷款难的问题。在产业扶贫方面，要求各有关区县每年安排部分资金用于产业扶贫，建立农业龙头企业、农民合作社、专业大户与贫困户的利益联结机制，支持贫困户发展产业，推动持续稳定脱贫，使市级扶贫集团对口帮扶深度贫困乡镇脱贫攻坚工作真正落到了实处、取得了实效。

3.方法灵活，措施有力

2017年，各市级扶贫集团紧紧围绕着力补齐教育扶贫、医疗扶贫、金融扶贫、产业扶贫、村级集体经济建设等方面的"短板"，做到重点突破，全面加强，整体提高，帮助贫困群众持续增收、稳定脱贫。2018年，各市级扶贫集团采取各种有力措施，有效地开展对口帮扶深度贫困乡镇脱贫攻坚工作。市人大常委会办公厅扶贫集团、市政协办公厅扶贫集团各自利用人大和政协的职能优势，邀请有关职能部门到市级扶贫集团专题研究、现场解答，使对口帮扶深度贫困乡镇脱贫攻坚的实际困难问题得到了当场解决。其余各市级扶贫集团组织各成员单位深入深度贫困乡镇村社调研，研究制订对口帮扶深度贫困乡镇脱贫攻坚工作实施方案，选派优秀领导干部到深度贫困乡镇村社驻地帮扶，采取召开联席会议、定期不定期检查指导、短信邮件微信QQ反馈问题、工作情况通报等多种形式督促落实，提高了对口帮扶深度贫困乡镇脱贫攻坚工作成效。2019年，18个市级扶贫集团紧紧围绕解决"两不愁三保障"突出问题，紧盯对口帮扶乡镇，加大对口帮扶力度，围绕深度改善生产生活生态条件、深度调整农业产业结构、深度推进农村集体产权制度改革、深度落实各项扶贫惠民政策"四个深度"发力。

4. 压实责任，强化调度

在市委、市政府的统一部署下，结合各市级扶贫集团对口帮扶区县和各成员单位的实际，每年都认真研究制订对口帮扶工作规划，细化对口帮扶工作的目标任务，扎实推进对口帮扶工作。对已帮扶脱贫摘帽区县的市级扶贫集团，继续做好帮扶工作，做到思想不松，责任不卸，力度不减，"扶上马"再"送一程"。特别是针对薄弱环节，在着力查漏补缺、固强补弱、强基固本上下功夫求实效。对帮扶还未脱贫摘帽区县的市级扶贫集团，按照区县脱贫既定时间节点，坚持资金到村、项目到村、帮扶到户、惠及到人的原则，统筹规划，科学安排，精心组织，全面启动，相互协调，有序推进。贯彻落实国家和市委、市政府关于市级扶贫集团成员单位与对口帮扶区县捆绑考核、一票否决制度，明确对口帮扶工作的考核内容、考核指标、考核办法、考核程序、考核结果处理办法，采取普查与抽查、明察与暗访等方式进行定期与不定期督促检查，每半年对对口帮扶工作情况进行一次情况通报，每年对对口帮扶工作进行一次总结评比，全市对口帮扶工作扎实有效推进，高标准、高质量地圆满完成市委、市政府关于脱贫攻坚工作目标任务。

（二）2020年的主要举措

1. 领导牵头，凝心聚力抓落实

一是领导重视，高位推动。市委办公厅扶贫集团等18个市级扶贫集团所联系的21个市领导亲自指挥、亲自部署、深入一线、以上率下，为18个深度贫困乡镇及所在区县把脉问诊、定向导航。二是党建引领，凝心聚力。市政协办公厅扶贫集团坚持把党建资源转化为扶贫资源、把党建优势转化为脱贫优势、把党建活力转化为攻坚动力，整顿软弱涣散的村党支部，轮换3名驻镇工作人员，发挥基层支部的战斗堡垒作用。市人大常委会办公厅扶贫集团按照"五化"标准抓实基层党组织建设，调整充实村组干部16名、增配产业专干8名、回引本土人才8名、储备村级后备干部18名，发展预备党员20名，基层队伍战斗力有效提升。三是发挥驻乡（镇）工作队作用。市经济信息委扶贫集团和市农业农村委扶贫集团坚持"参与不添乱，建议不越权"的原则，认真履行工作队职责，与所在乡镇党委政府并肩战斗、合力攻坚，协调集团成员单位各项帮扶工作，成效明显。

2.统筹推进，逆行而上解难题

面对突如其来的新冠肺炎疫情和罕见的洪涝灾害，各集团单位临危不乱、众志成城，排除各种困难，紧抓工作落实，统筹推进"战贫""战疫""战灾"，各项工作落地见效，各条战线取得重大战略成果，答好了"加试题"，啃下了"硬骨头"。市政府办公厅扶贫集团落实疫情防控各项要求，奋力消除疫情影响，驻乡工作队全员及时返岗，全力筹措防疫物资3.9万件，有序推进奉节县平安乡26家新型农业经营主体复工复产，引导做好春耕备耕工作，带动农户种植8300亩，取得"两场硬仗"的双胜利。市住房城乡建委扶贫集团在疫情期间，千方百计协调防护物资，驻乡工作队协同彭水县大垭乡党委政府进行风险排查；疫情缓解后，协调成员单位集中力量攻克51户贫中之贫的最后贫困堡垒。市教委扶贫集团凝心聚力，2月7日，工作队便主动返岗"战疫"，各成员单位为巫溪县天元乡捐助口罩1万余只。面对极端暴雨天气，驻乡工作队坚守抗洪救灾一线，组织46名群众避险撤离，排除隐患6处，导引洪水4处，灾后组织群众重建家园、恢复生产。

3.发挥优势，因地制宜搞帮扶

扶贫集团结合实际，发挥集团效应，利用本部门、本行业的特殊优势开展对口帮扶工作。市委宣传部扶贫集团持续开展精神扶贫，激发贫困群众内生动力。策划推出系列重磅报道，人民日报、新华社、中央电视台头版头条刊播《重庆："两不愁"真不愁"三保障"有保障》《重庆攻坚"两不愁三保障"，城带乡拔穷根》等。市属媒体统一开设"决胜全面小康""决战决胜脱贫攻坚""走向我们的小康生活"专题，推出系列重点报道3.3万篇（条），阅读量达9.6亿人次，全方位多角度做好脱贫攻坚宣传。市教委扶贫集团用心做好教育扶贫，成立乡村振兴学院天元分院，录取43名天元村民接受高等职业教育；组织20余名高校学生赴天元乡开展暑期社会实践活动，助推乡风文明建设；送教上门，开设同步课堂，推动教学质量提升；派遣近10名教师顶岗实习、开展教师培训，提升天元乡教师队伍整体素质；成立心理咨询工作站，为留守儿童进行心理健康辅导。市委政法委扶贫集团利用政法部门帮扶优势，首创"法治扶贫"新模式。建立并实化武隆区后坪乡法治扶贫工作室，设立人民调解工作室、维权工作室，出台法治扶贫《实施方案》，制定民主法治示范乡村创建标准，推进民主法治示范乡村建设，其"法治扶贫"典型做法被新华社、《重庆日报》头版等刊登报道。市卫生健康委扶贫集团扎实推进健康扶贫，筑牢黔江区金溪镇健康防护体系。筹资3000余万元对镇卫生院和7个村卫生室进行迁建改建，捐赠价值300余万元药品、医疗器械等，着力提升基层医疗服务能力；累计完成40人次市级疑难重症救治工作，560人次区级大病重病患者救治，切实做好医疗救治帮扶工作；成立医疗小分队，对全镇的贫困户患病情况、病情种类进行摸底排查，建立健康档案。市总工会扶贫集团用好工会资源，安排550万专项资金对有脱贫攻坚任务的区县总工会进行差异化资金补助；调动社会各方力量，动员各级工会开展消费扶贫。

4.抓住重点，精准施策斩穷根

对口帮扶中，扶贫集团抓住工作重点，找准主要矛盾，聚焦产业发展、紧盯项目建设、瞄准消费扶贫、紧抓稳岗就业，帮扶工作取得显著成效。市委组织部扶贫集团聚焦"扶贫产业发展"和"基础设施建设"两个重点，按照茶旅融合要求高标准建设巴渠生态茶园，2020年新栽植茶苗4000亩，茶园景区规模达15000亩；因地制宜发展中药材6000余亩，初见成效；中药材加工厂房同步启动建设，中药材产业链进一步延伸；新发展1200亩金荞麦、1200亩连翘，长势良好；发展珍珠枣、油桃、青脆李等水果1000亩；引导周边农户种植高山有机蔬菜1000亩、魔芋1200亩，推动开州区大进镇产业基础进一步巩固。市商务委扶贫集团紧盯项目建设，为秀山县隘口镇规划项目147个，规划总投资4.02亿元。明确责任人和完成时限，打表推进、挂图作战，争取帮扶资金，解决扶贫项目资金缺口。截至2020年底，完成项目147个。市政府办公厅扶贫集团，瞄准消费扶贫，在拓展扶贫产品销售渠道上下功夫，主动作为助销、创新模式带销、积极推广促销，助推山东省滨州市采购奉节县扶贫产品8000万元。发挥电商优势，培育电商平台，开发线上模式，拓展农产品销售渠道，帮助销售扶贫产品1000余万元。市卫生健康委扶贫集团紧抓稳岗就业，全力推动就业扶贫。开发公益性岗位253个，其中非全日制公益性岗位65个，全日制公益性岗位17个，生态护林员144人，渝鲁劳务协作公益性岗位10个，临时公益性岗位17个。此外，依托卫生健康行业优势，邀请市内护理专家到黔江开展护工培训，已培训9期401人，上岗202人。通过对口帮扶，做实金溪护工、金溪被服和金溪农场的"三金"品牌，实现造血式扶贫。

5. 保持态势，持续加力固根本

2020年是决战脱贫攻坚，决胜全面小康的收官之年，各扶贫集团坚定信心、铆足干劲、克难攻坚、加速冲刺，举全力打赢打好脱贫攻坚收官战，补短强弱、固本强基，脱贫成果持续巩固，脱贫成色不断提高。市发改委扶贫集团强化统筹调度，帮助争取资金项目，为彭水县争取和协调到位资金1.86亿元；规划实施项目246个，累计完成投资5.21亿元；发展和壮大小种植园、小养殖园、小餐饮、小加工等"五小"经济，帮助600余户建档立卡贫困户实现了"家家有产业、户户能增收"；着力加强食用菌基地、中蜂养殖基地、中药材基地等产业管护，产业发展成效得到巩固。市纪委监委扶贫集团聚焦全面收官，坚持真金白银强投入，因地制宜抓项目，进一步加大对城口县特别是沿河乡的帮扶力度。截至2020年底，帮扶项目已全部落地，援助资金到位1.33亿元，消费扶贫完成1614万元，超额完成任务。市商务委扶贫集团帮助秀山县隘口镇持续完善基础设施，全镇通组公路硬化率、安全饮水率、安全用电率、宽带进村率、公共服务率均达到100%；基本建成电商扶贫示范镇、金融扶贫示范镇、产业扶贫示范镇、美丽乡村示范镇等"四个示范镇"；全镇建卡贫困户由722户3240人下降至17户69人，贫困发生率由10.6%降至0.29%，"两不愁三保障"问题得到全面解决。市科技局扶贫集团在人员力量上进行强化，增派了10名干部充实到龙驹镇驻镇工作队中，驻镇驻村扶贫干部总数达到115名，为收官之战提供人力保障。

三、主要成效

市级扶贫集团在对口帮扶工作中，广泛动员和组织所属成员单位与广大干部职工主动参与扶贫，开展对口帮扶工作，共计直接投入帮扶资金

78.52亿元，安排和协调引进扶贫项目3092个，共结对帮扶291个贫困村并全部脱贫销号，推动了全市贫困地区经济社会的快速发展。特别是2017年以后，18个市级扶贫集团对口帮扶14个国家扶贫开发工作重点区县，共计直接投入帮扶资金29.31亿元，安排帮扶项目1792个，有效地助推了全市脱贫攻坚工作开展。重庆市的集团扶贫是全国社会扶贫工作的一大创举，受到国务院扶贫开发领导小组的肯定，多次在全国性扶贫工作会议上介绍经验，并在全国推广，已有20多个省市参照推行了这一扶贫模式。

（一）扶贫集团打破了城乡分割体制，改善了城乡关系

重庆市实行"市带县"的管理体制，对打破城乡分割的旧格局作了探索。组建扶贫集团，极大地促进了新型城乡关系的建立，畅通了"上情下达、下情上达"的渠道，打破了城乡分割的壁垒，提高了城乡双方的工作效率，推动了行政管理体制改革，为市县经济社会协调发展作出了应有贡献。

（二）扶贫集团推动了城乡资源的重新组合，形成了新的生产力

改革的过程，就是对各种资源进行重新组合配置的过程。直辖市的建立，使贫困问题成为一个比较突出的现实问题。市委、市政府决定大幅度向贫困地区实行政策倾斜，扶贫集团集中了市里大量的行政、经济、社会资源，并经过合理分工、科学配置，集中投入到贫困区县，落实到具体项目，对促进贫困区县改变落后面貌、发展生产力产生了巨大影响。

（三）扶贫集团带去了先进思想和管理理念，推动了贫困地区的社会进步

贫困的形成，固然有经济、社会、历史原因，但人的基本素质不高、思想理念落后，是制约贫困地区发展的重要因素。扶贫集团的领导和干部经常深入贫困区县，带去大量的信息、政策和新的观念。各扶贫集团发挥各自优势，采取各种形式举办了各种培训班，对提高贫困地区干部群众思想素质，提高劳动技能发挥了重要作用。据不完全统计，1997年至2020年来，18个扶贫集团共计培训各类技术26026人（次）。

（四）扶贫集团密切了市级机关和基层的关系，促进了干部思想作风的转变

建立扶贫集团后，每年各集团都要派2~3名干部到区县挂职锻炼。市

委组织部从2004年开始把市管干部与扶贫集团干部下派结合起来,把对口帮扶县作为培养干部的基地,使下派干部的思想作风、工作作风有了很大转变,思想素质、业务素质、工作能力明显提高;基层干部也定期到市级部门挂职锻炼,这使他们拓宽了视野,得到了锻炼。

(五)扶贫集团改善了农村生产生活条件,推进了社会主义新农村建设

从扶贫集团抓"整村推进"示范来看,集中力量帮助村民解决乡村道路、人畜饮水、办卫生所、推广沼气、改善居住条件、发展支柱产业、帮助劳动力转移等工作,深得民心,促进了农村安居乐业和社会安定,促进了农村的物质文明、精神文明和社会文明的建设,有力地推动了和谐家庭、和谐农村、和谐社会建设。

(六)扶贫集团发挥了行业、部门、区域等综合优势,创新了扶贫开发模式

集团扶贫,可以将政府部门的组织和管理优势、较发达地区的经济优势、科研单位和大专院校的科技信息优势、工商企业的市场优势整合起来,克服了单兵作战、独立帮扶的缺陷,既能发挥各定点扶贫单位的积极性和主动性,更能从整体上发挥扶贫集团的综合优势,有利于解决贫困地区的"综合症",特别是在资金筹集、项目实施方面更能体现出整体效益和规模效益。

鲁渝扶贫协作

一、基本情况

1996年7月6日，国务院办公厅转发《关于组织经济比较发达地区与经济欠发达地区开展扶贫协作的报告》，确定了对口帮扶关系。这标志着东西部扶贫协作制度的正式启动。

1997年重庆直辖后，为加快重庆扶贫攻坚进程，2002年国务院扶贫开发领导小组印发《关于厦门市、珠海市与重庆市建立扶贫协作的通知》（国开发〔2002〕1号），安排厦门市、珠海市与重庆开展扶贫协作。其中，珠海市与奉节、巫山、巫溪建立扶贫协作，厦门市与万州、黔江、武隆建立扶贫协作。

2010年，国务院对部分省区市扶贫协作关系进行调整，确定了新的东西部扶贫协作关系。其中，山东省与重庆市建立扶贫协作。山东省安排了14个地市分别帮扶重庆市的14个国家级扶贫重点区县。

2016年，为贯彻落实《中共中央 国务院关于打赢脱贫攻坚战的决定》和2016年7月东西部扶贫协作座谈会精神，国务院进一步调整了东西部扶贫协作结对关系。其中，山东省与重庆市扶贫协作关系保持不变。山东省在安排14个地市分别帮扶重庆市的14个国家级扶贫重点区县的基础上，又增加了14个经济强县开展结对帮扶（具体结对关系请见下表）。

表1 鲁渝扶贫协作结对关系表

山东省		重庆市
市	县(市、区)	结对区县
济南市	历下区	武隆区
淄博市	沂源县	石柱县
枣庄市	滕州市	丰都县
东营市	广饶县	酉阳县
烟台市	龙口市	巫山县
潍坊市	寿光市	开州区
济宁市	邹城市	万州区
泰安市	肥城市	巫溪县
威海市	荣成市	云阳县
日照市	东港区	黔江区
临沂市	兰山区	城口县
德州市	齐河县	秀山县
聊城市	茌平县	彭水县
滨州市	邹平市	奉节县

市委办公厅、市政府办公厅关于印发《关于进一步加强鲁渝扶贫协作工作的意见》的通知（渝委办发〔2017〕5号），建立健全精准对接机制，包括县县对接机制、镇村对接机制、部门对接机制、企业对接机制；深化拓展协作重点领域，包括产业扶贫、就业扶贫、教育扶贫、医疗扶贫、搬迁扶贫、金融扶贫、人才支援和政府无偿援助8个方面。市政府办公厅关于印发《重庆市鲁渝扶贫协作三年行动计划》的通知（渝府办〔2018〕23号），明确了深入推进"产业合作、劳务协作、人才交流、消费扶贫、教育卫生事业合作、项目资金管理、社会帮扶、携手奔小康行动、不断拓展合作领域"9项重点工作任务。

二、主要做法

（一）推动高层协作，完善帮扶机制

1. 持续开展高频度高规格对接机制

2017年开始，山东省和重庆市建立时限化、责任化的工作对接格局，至2020年底共召开14次山东·重庆扶贫协作联席会议。山东14市和重庆14区县主要负责同志实现常态化互访对接，有效促进了重大事项有序推进、重大情况及时沟通、重点任务顺利完成。

2. 持续完善规划政策保障机制

突出问题导向、强化顶层设计，先后协调出台《山东省重庆市深化扶贫协作战略合作协议》《山东省东西部扶贫协作三年行动方案》《重庆市鲁渝扶贫协作三年行动方案》《重庆市关于支持鲁渝扶贫协作若干政策》《重庆市关于完善鲁渝扶贫协作对接机制实施意见》等一系列政策意见，形成了一整套扎实有序推进帮扶工作的政策体系。对标对表国家综合评价指标体系，深化"组团式"帮扶，提升合作水平，用心、用情、用力书写鲁渝扶贫协作大文章。

3. 持续推进挂职干部协调推进机制

东西扶贫协作是一项极具专业性、复杂性、艰巨性的工作，如何又好又快地推动多方竞相参与、合作落地生根，考验着帮扶干部的智慧、定力与韧劲。57名山东挂职干部，发挥在两省市间沟通衔接中的纽带作用和在协调资源、集成政策等方面突出优势，在一线调研论证、谋划推进援建项目和帮扶活动中，成为重庆脱贫攻坚战线上的一支重要力量。

（二）推进多层次结对，实现系统帮扶

1. 开展部门结对，统筹各行业领域深化协作

山东省和重庆市教育、科技、人力资源、社会保障、农业农村、商务、文化旅游、卫生健康、残联、工商联、妇联等部门分别签署合作协议，利用行业主管部门牵头抓总的优势和力量，统筹推进各行业领域深化协作，先后组织开展了"十万山东人游重庆""十万吨渝货进山东""非遗扶贫培训"等品牌扶贫协作活动，先后开通东营—重庆、济南—万州、青岛—黔

江、日照—黔江、烟台—巫山、潍坊—重庆6条航线。鲁渝消费扶贫案例入选全国消费扶贫市长论坛获奖案例。

2.开展区域结对，整体助推贫困地区脱贫攻坚

在山东14市+14强县结对帮扶重庆14区县基础上，拓展"携手奔小康行动"领域，开展县县结对、县乡结对、镇村结对。脱贫攻坚期间，已有山东103个镇结对重庆130个乡镇、山东89个村结对重庆106个村，构建了全方位、网格化结对帮扶关系。山东各级加大人力、财力、物力支持力度，落实结对共建、合作帮扶相关事项，履行承诺协议，有效助力重庆结对完成脱贫攻坚任务。

3.开展院校结对，有效提升贫困地区公共服务水平

脱贫攻坚期间，累计有160所山东学校与142所重庆学校结对，46家山东省市级医院与重庆14个贫困区县医院结对，14家市辖县级医院与重庆14个贫困区县54个乡镇卫生院结对。通过结对帮扶，输出理念、人才、技术，帮扶改善设施设备，实现了援建14个贫困区县远程诊疗系统全覆盖、结对学段全覆盖、中小学教师培训全覆盖、硬件建设+软件提升+人才服务全覆盖，整体提升了重庆贫困区县教育医疗等领域公共服务水平。

4.开展村企结对，精准助力贫困地区致富增收

结合"万企帮万村"活动，广泛动员山东企业到重庆结对帮扶。脱贫攻坚期间，累计有141家山东企业与135个贫困村建立结对关系。通过项目合作、订单采购、扶贫捐赠等方式，促进当地贫困群众增收致富，深化政府引导、社会支持、企业参与的帮扶大格局。

（三）细化帮扶领域，保障精准对接

1.党建引领，持之以恒夯基础

习近平总书记指出，抓好党建促脱贫攻坚，是贫困地区脱贫致富的重要经验。2017年开始，山东综合运用临沂沂蒙党性教育基地等培训平台，组织重庆贫困区县党政干部赴鲁培训，培育打赢脱贫攻坚战的骨干带头力量。在14区县建设了扶贫协作党建图书馆，为"不忘初心、牢记使命"主题教育搭建新平台，助力提升贫困区县党员干部队伍整体素质和基层党组织建设水平。

2. 精准聚焦，持之以恒抓投入

2017年至2019年，山东累计拨付重庆财政援助资金20.5亿元，针对脱贫攻坚重点领域和薄弱环节，实施援建项目1331个。2020年拨付财政资金7亿元，平均每个区县达到5000万元，用于解决"两不愁三保障"突出问题和产业扶贫项目的比例达86%，用于深度贫困地区比例达43%。截至2020年底，一大批基础设施、公共服务、产业发展项目建成投用，在巴渝大地上留下了深刻的山东印记和动人的帮扶故事。

3. 志智双扶，持之以恒育人才

两省市持续促进干部人才观念互通、思路互动、技术互学、作风互鉴。2017年至2020年，山东累计选派2000余名教师、医生和农技人员赴重庆开展帮扶，培训重庆专业技术人员23000余人，为贫困地区打造了一支留得住、能战斗、带不走的人才队伍。在巫山、开州建设了博士工作站，向重庆转移22项农业实用技术，成功攻克高山蔬菜"根肿病"，为贫困区县重点产业发展注入科技动力。

4. 互补共赢，持之以恒强产业

长久脱贫，产业发展是根本。2017年至2020年，累计有120余家山东企业赴贫困区县投资兴业，完成投资16亿元，建设产业园区和现代农业、文旅产业示范基地69个，先后在丰都、酉阳、万州等地实施脱毒马铃薯、黄河口大闸蟹、芦花鸡养殖等产业化项目，促进贫困群众增收致富在"输血"的同时，增强了贫困地区的"造血"功能和发展内生动力。扎实推进消费扶贫行动，采购和帮助销售重庆扶贫产品8亿元。

5. 倾情倾力，持之以恒惠民生

2017年至2020年，山东财政援助资金中用于教育、医疗、住房和饮水安全等项目的比例超过20%，助力重庆贫困群众不愁吃不愁穿全面实现，贫困家庭子女义务教育保障全面实现，基本医疗保险实现"应保尽保"，医疗保障扶贫政策积极落实。利用山东援助资金，重庆实施了贫困群众髋膝关节免费置换手术和白内障免费手术，受益贫困家庭500余个。疫情期间，山东捐赠价值1200万元的口罩等防疫物资，助力重庆打赢疫情防控阻击战。

6. 劳务协作，持之以恒促增收

2017年至2020年，新建、改扩建鲁渝就业扶贫车间86个，通过点对点包机包车转移就业、扶贫车间吸纳就业、公益性岗位安置等方式，累计帮助重庆贫困人口赴山东就业和就近就业2万余人，实现了"一人就业，全家脱贫"。

三、主要成效

打赢脱贫攻坚战的冲锋期间，重庆市深入学习贯彻习近平总书记关于扶贫工作重要论述和视察重庆重要讲话精神，按照党中央、国务院关于东西部扶贫协作战略部署，加强组织领导，聚焦目标任务，紧抓协议落实，开拓创新，鲁渝扶贫协作各项工作取得显著成效。

（一）五年间，山东与重庆持续开展互访对接，顶层设计不断完善

先后印发《建立鲁渝扶贫协作对接机制的实施意见》《完善鲁渝扶贫协作对接机制的实施意见》，两地党政领导同志进行了14次互访并召开9次高层联席会议，14个区县党委、政府和15个市级相关部门主要负责同志每年均带队赴山东调研对接，合力推动鲁渝全方位合作。市委常委会会议、市政府常务会议、市扶贫开发领导小组会议等42次专题研究鲁渝扶贫协作，安排布置重点工作。制定了《鲁渝扶贫协作三年行动计划》《支持鲁渝扶贫协作若干政策》等文件，每年签订扶贫协作协议，制定年度工作要点，累计确定100余项重点工作任务，逐项逐条分解到市级相关部门和区县，推动每项协作事项落地落实。

（二）五年间，山东与重庆推动人才交流提质增效，促进扶贫更扶智

鲁渝两地互派挂职和交流党政干部225名。重庆组织14个国家级贫困区县累计选派168名党政干部到结对地市挂职锻炼，2020年探索选派18名优秀年轻干部到山东烟台、威海、潍坊的市级经济部门、开发区跟班学习。创新选派14个国家级贫困区县的240名贫困村党组织书记，到山东省结对市县综合实力较强的村社开展为期3个月的挂职学习、跟班锻炼。累计相互选派教师、医生、农技人员等专业技术人员3761名，培训各类专业技术人员15万余人次，为重庆打造了一支留得住、能战斗、带不走的人才队伍。

（三）五年间，山东与重庆加强产业深度合作，巩固提升脱贫攻坚成果

两地将产业发展作为长久脱贫的根本之计。山东省累计向重庆投入财政援助帮扶资金21.9亿元，实施援建项目1281个，动员社会力量捐款（捐物折款）近4亿元。成立山东·重庆扶贫协作产业合作联盟，设立鲁渝协作企业合作投资基金，投入产业协作投资基金1亿元，累计引导106家山东企业赴贫困区县投资兴业，完成投资14.23亿元，帮助建设产业园区和现代农业、文旅产业示范基地69个，先后在丰都、酉阳、万州等地实施脱毒马铃薯、黄河口大闸蟹、芦花鸡养殖等产业化项目，有力推动了重庆产业转型升级，增强了贫困地区的"造血"功能和发展内生动力。

（四）五年间，山东与重庆实施消费扶贫行动，夯实贫困群众增收基础

鲁渝扶贫协作将消费扶贫行动作为战疫战灾战贫、推动产业升级、巩固脱贫成果的重要抓手。重庆认定巫山脆李、奉节脐橙、涪陵榨菜等扶贫产品7095个，价值170亿元以上，覆盖带动贫困人口30万余人。鲁渝两地开展携手战"疫"、合力战"贫"消费扶贫行动，组织"十万吨渝货进山东"促进季活动，开展山东百店联展、产销对接大会等系列专题推介活动，实施"十进十销"计划，在山东省设立重庆扶贫产品专区、专柜、专馆162家，扩大扶贫产品在山东市场覆盖面，山东累计采购、销售重庆扶贫产品和贫困地区农副产品8.5亿元。

（五）五年间，山东与重庆多方开辟工作岗位，架起劳务协作稳岗就业的"民心桥"

两地在职业技能培训、扶贫车间建设、就业信息动态互通、家庭服务业对接等方面开展"靶向式"合作，探索"行政+市场"的工作机制，在济南成立重庆农民工驻山东办事处，依托驻鲁川渝商会等优势资源，引导更多社会资源参与鲁渝劳务扶贫协作工作。组织线上线下联动的精准招聘，开设鲁渝劳务协作扶贫协作"线上"招聘专区，举办"线下"联合招聘会100余场，山东帮助重庆1.1万余名贫困人口实现转移就业或就近就地就业。

中央单位定点帮扶

一、基本情况

重庆市深入贯彻落实习近平总书记关于扶贫工作的重要论述和关于中央单位定点扶贫工作重要指示要求,脱贫攻坚期间,对标对表,主动对接,强化保障,聚焦重点,不断创新,争取水利部、致公党中央、中央外办、中国农业银行、中国核工业集团公司、中国长江三峡集团公司、中国法学会、中国进出口银行、中信集团等9家中央单位从资金、项目、人才等方面给予倾力帮扶、倾情支持,有力地推动14个区县脱贫攻坚工作。高质量实现了14个贫困区县脱贫摘帽,1919个贫困村脱贫出列,累计动态识别(含贫困家庭人口增加)的190.6万建档立卡贫困人口全部脱贫,所有贫困群众实现"两不愁"真不愁、"三保障"全保障,贫困发生率从2014年的7.1%降至0。2019年4月15日至17日,习近平总书记亲临重庆视察,主持召开解决"两不愁三保障"突出问题座谈会。总书记指出,"党的十九大以来,重庆聚焦深度贫困地区脱贫攻坚,脱贫成效是显著的","重庆的脱贫攻坚工作,我心里是托底的"。总书记对重庆的密切关注和亲切关怀,激发了全市广大干部群众打赢脱贫攻坚战的信心和动力。

二、主要做法

(一)强化组织领导,推进定点扶贫

水利部等9个中央单位开展对重庆市的定点扶贫工作,分别成立了定点扶贫工作领导小组,落实由主要领导亲自抓,分管领导具体抓的工作机制。市委、市政府紧抓中央单位定点扶贫工作。把定点扶贫工作纳入市级脱贫攻坚成效考核内容,市政府每年听取一次中央单位定点扶贫工作汇报。

每年召开中央单位定点扶贫重庆工作座谈会、中组部赴渝挂职干部座谈会、中央单位定点扶贫挂职干部座谈会。主要工作均由市领导亲自批示，统筹协调。市级各部门、相关区县按照工作要求，及时对接，争取在资金、项目、人才等方面支持，全市14个区县领导同志已多次赴中央对口帮扶单位汇报工作情况、存在困难、请求支援等具体事项，并得到中央定点单位领导及同志大力支持。

（二）实行多措并举，帮扶成效更加显著

1.精准使用资金

精准扶贫期间，9家中央单位立足区县所需、单位所能，落实定点扶贫责任。致公党中央在酉阳县投入帮扶资金1468.47万元，开展全方位帮扶。中核集团投入帮扶资金5445.67万元，累计实施帮扶项目92个，在产业扶贫、基础设施、智志双扶、消费扶贫、医疗帮扶和人才支持等方面实施了精准帮扶，为石柱县打赢脱贫攻坚战注入了坚强"核动力"。中国长江三峡集团有限公司聚焦精准扶贫，逐年加大帮扶力度，创新帮扶方式，探索扶贫新路子，在共抓长江大保护、新能源开发、生态旅游等项目上实现对接与合作，拓宽企地合作路径，助力巫山县建成小康社会，共援助帮扶资金19731.68万元。三峡集团累计向奉节县投入扶贫资金1.9亿元，引进帮扶资金1738万元，实施帮扶项目53个，在助推基础设施建设、助力住房安全保障、帮助特色产业发展等方面发挥了明显作用。中国农业银行总行累计向秀山县投入帮扶资金8736.35万元。中国进出口银行累计为云阳县捐赠资金3491.2万元，援助项目47个。中信集团累计向黔江区落实帮扶资金4010万元，在产业发展、教育资助、易地扶贫搬迁、基层组织建设、基础设施建设等方面给予支持，助推黔江区成功摘掉国家贫困区县"帽子"，加快高质量发展步伐。

2.加大培训力度

脱贫攻坚期间，中央外办帮助彭水县累计培训基层干部808人，技术人员450人。中信集团投入80万元帮助黔江区开展了致富带头人、农业实用技术、劳务就业、镇村两级干部综合能力提升、新型职业农民实用技术等各类培训班20期，惠及镇村干部、群众1200余人。中核集团帮助石柱县

累计培训基层干部878人、技术人员3383人。中国法学会帮助开州区累计培训基层干部1838人,同时注重培育产业人才,组织举办魔芋种植、黄豆种植、农村电商人才等技术培训,累计培训技术人员1081名。三峡集团帮助巫山县培训基层党政干部1800余人,培训技术人员5000余人;帮助奉节县培训基层干部1754人次,培训技术人员7324人次。中国农业银行累计培训秀山县基层干部5761人、技术人员12945人。致公党中央为酉阳县培训基层干部2588人、技术人员4973人。中国进出口银行帮助云阳县培训基层干部、技术人员、创业致富带头人、贫困劳动力等830人次。全方位、大面积的培训助推扶贫干部和技术人才的能力、视野和思维得到提升,为脱贫攻坚注入了持久动力。

3. 深化消费扶贫

各区县配合中央国家机关、国有企事业单位、金融机构等单位,参与形成多极对接、多方参与的消费扶贫格局,带动贫困地区产业发展和贫困人口增收脱贫。脱贫攻坚期间,中央外办已购买彭水县农产品6.46万元,已帮助销售彭水县农产品215.7万元(含直播带货84.14万元)。三峡集团购买和帮助销售奉节县脐橙等农产品1951.194万元,采购和帮助销售巫山脆李等农特产品7432.45万元。中国法学会购买开州区农副产品31.56万元,帮助销售农产品28.4万元。中信集团将黔江区农副产品纳入中信银行、中信信用卡部客户权益消费产品,纳入集团和中信银行重庆分行员工福利采购产品,购买和帮助销售黔江区农副产品1154.12万元。中核集团采取扶贫产品系统内集中采购、定向采购及将石柱农产品纳入员工消费网等政策和方式,推进消费扶贫,通过内部采购和市场化渠道,已购买和帮助销售石柱县农产品2577万元。中国农业银行系统直接购买秀山农副产品909.1万元,帮助销售秀山农副产品43640.1万元。致公党中央购买酉阳县农产品464.9万元、帮助销售酉阳县农产品1278.93万元。中国进出口银行购买云阳农产品405.39万元,帮助云阳销售农产品2748.83万元。

4. 强化工作创新

水利部为万州等5区县量身定制水利行业倾斜支持、贫困户产业帮扶、技能培训、贫困学生勤工俭学帮扶、水利建设技术帮扶、专业技术人才培训、贫困村党建促脱贫帮扶和内引外联帮扶等"八大工程"帮扶计划。致公党中央发挥智力密集、联系广泛、位置超脱、时间充裕等优势，聚焦脱贫攻坚重点难点开展民主监督，有力地推动了酉阳县脱贫攻坚主体责任落地落实。中央外办立足彭水县国家旅游经济百强县实际，挖掘"民族、生态、文化"等资源潜力，成功创建阿依河5A级景区；开拓思路、精心谋划、创造性地开展工作，坚持以大数据智能化为引领，推动彭水与腾讯科技（深圳）有限公司开展深度合作，创新"互联网+扶贫"模式，帮助更多贫困群众稳定增收。中国法学会为开州区推进以法治区、以法治村提供咨政建议和法理支撑，助力法治开州建设。中核集团实施"五提工程"和"一转"模式，助力石柱黄连产业完善产业体系；实施"源头扩展+农旅融合+深加工+专业电商"发展模式，助力增强莼菜产业竞争力；按照"产业化组织、科技化支撑、市场化运作"的思路，推动三星香米产业发展实现历史性提升。三峡集团2019年至2020年为奉节县先后共投入7000万元实施三峡健康扶贫医疗救助基金项目，2019年使近3.5万贫困人口医疗自付比例控制在10%以内，贫困群众基本医疗得到有效保障，降低贫困患者看病就医负担；三峡集团发展电商平台，支持巫山县贫困乡镇发展"电商+龙头企业+农户"等直采直销模式，在三峡集团公司长江电力分公司建立服务游客APP，推介巫山旅游产品，切实帮助农民脱贫致富。在中国进出口银行的倡议下，云阳县创立了农村建档立卡贫困患者大病临时医疗救助专项资金，从2016年至2020年，每年通过政府财政、对口支援、定点帮扶、社会各界捐助等渠道筹集资金约3000万元，用于农村建档立卡贫困患者大病临时医疗救助，切实解决农村建档立卡贫困人口"因病致贫、因病返贫"问题。中国农业银行脱贫攻坚期间累计在秀山县投放各项贷款112亿元，居重庆东南片区国有银行首位；围绕秀山县中药材、茶叶、油茶、特色水果、生态养殖五大特色产业，创新推出了5大系列惠农e贷，破解了农户贷款难问题，累计发放2.6亿元。中信正业与黔江区政府签约三塘盖国际旅游康养度假区项目，总投资120亿元，标志着中信集团定点帮扶黔江区向更深层次、更广领域、更高阶段迈进，为推动央企与地方合作有良好的典范作用。

（三）强化巡视整改，做到问题真改实改

针对中央脱贫攻坚专项巡视反馈指出的"市委对中央单位定点帮扶有关工作重视不够，项目落地难、推进慢，中央单位定点帮扶16个项目未开工"问题，重庆分别向9家中央单位呈送了《重庆市委关于落实中央第四巡视组对重庆市脱贫攻坚专项巡视反馈意见整改工作的函》。按照《中央第四巡视组脱贫攻坚专项巡视反馈中央单位定点帮扶有关问题整改工作实施方案》的要求，2019年2月22日，市扶贫办在重庆召开了8个市级对口部门、14个区县中央单位定点扶贫责任部门、区县扶贫办参加的中央单位定点扶贫巡视整改暨工作推进会，进一步安排部署中央单位定点扶贫巡视整改工作，督导相关区县抓好巡视整改工作。市级组建16支由扶贫开发领导小组成员单位厅级干部任组长的常规化督查巡查组，将中央定点扶贫巡视整改纳入脱贫攻坚督查巡查重要内容，推动定点扶贫巡视真改实改。2019年，9家中央单位签订定点扶贫责任书，14个区县与9家中央单位签订了协议书，中央巡视反馈指出的16个项目均已完工并发挥效益，精准提出2019年至2020年帮扶项目175个，建立完备的工作台账。

（四）倾力倾情支援，凝聚战疫强大合力

面对突如其来的新冠肺炎疫情，各中央单位心系重庆市贫困地区人民生命安全和身体健康，主动作为，发挥定点帮扶优势，克服自身防控压力大、医疗物资紧缺、物流运输不畅等诸多困难，筹措善款，捐赠和帮助采购防疫物资，第一时间统筹支持定点扶贫区县打赢疫情防控阻击战。截至2020年底，水利部直属机关党委分别向万州区、武隆区、城口县、丰都县、巫溪县等5区县捐赠69.22万元，用于支持新型冠状病毒感染的肺炎疫情防控工作。致公党中央为酉阳县捐赠46万元，用于支持酉阳县疫情防控。中央外办协调重庆友好城市斯洛文尼亚马里博尔市政府、北京百仁慈爱公益基金会、深圳迈瑞生物医疗电子股份有限公司和深圳海能达公司等单位向彭水县捐赠各类医疗物资共计76.17余万元。中国法学会通过各种渠道向开州区筹措了急需的口罩、酒精等防护物资和食品，折合人民币0.6万元。中核集团为石柱县捐赠117万元，专项用于防疫工作。三峡集团分别向奉节、巫山两县各捐赠100万元，用于购买防护医疗物资和医疗人员补助。中国

进出口银行向云阳县捐赠17万元防疫物资。中信集团向黔江捐赠防疫物资、资金24.99万元。中国农业银行为秀山县捐赠11万元，用于疫情防控。中央单位帮扶，为各区县打赢新冠肺炎疫情阻击战提供了有力帮助。

三、主要成效

2016年至2020年，在中央定点帮扶单位和重庆市委市政府的统筹合作下，帮扶工作从组织力量上、资金上、产业上、人才上和基础设施建设上，都取得了良好的成绩。中央定点帮扶单位累计赴定点扶贫县调研考察1283人次，其中副国级领导4人次，部级领导95人次，司局级干部500人次，处级及以下684人次；调查贫困村1253个，入户调查5002户，走访慰问贫困户4838户；定点扶贫重庆市中央单位累计派出挂职扶贫干部53人，其中第一书记10名。各单位主要领导、分管领导多次深入重庆贫困区县实地调研、现场办公、悉心指导，提高了定点扶贫的针对性、有效性。截至2020年底，9家中央单位投入帮扶资金23.47亿元，引进帮扶资金45.14亿元，精准实施各类项目1277个，为重庆14个贫困县区解决急难问题，促进帮扶地区人们生产生活水平得到显著提升，为打赢脱贫攻坚战发挥了重大作用。

"万企帮万村"精准扶贫行动

一、基本情况

"万企帮万村"精准扶贫行动是由全国工商联、国务院扶贫办、中国光彩会发起,以民营企业为帮扶方,以建档立卡的贫困村、贫困户为帮扶对象,以签约结对、村企共建为主要形式,动员全国1万家以上民营企业参与,帮助1万个以上贫困村加快脱贫进程,为促进非公有制经济健康发展和非公有制经济人士健康成长,打好脱贫攻坚战、全面建成小康社会贡献力量。

自"万企帮万村"行动开展伊始,广大民营企业以较好的责任担当,扛起社会责任,发挥民营企业优势,多方面参与扶贫帮困,成为脱贫攻坚不可或缺的重要力量,成为社会力量参与脱贫攻坚的"突出样板"。

二、主要做法

(一)有力推动

市委、市政府将"万企帮万村"精准扶贫行动纳入全市脱贫攻坚工作大局一体部署、一体推动。市委、市政府分管负责同志常态督导调研,市工商联会同市扶贫办、市光彩会、中国农业发展银行重庆市分行等领导小组成员单位,分别在武隆召开启动会,在酉阳召开经验交流会,在石柱召开现场会,在忠县召开台账管理工作会,按照"三个一批""四个精准"的要求,推进行动走深走实,强力推进"万企帮万村"精准扶贫行动。

(二)多方联动

市扶贫办、市工商联、市光彩会和农发行重庆市分行联合组建"万企帮万村"精准扶贫行动领导小组,成立工作专班,每季度至少召开1次联席会、每年至少召开1次推进会。市委统战部发挥统一战线独特优势，支持"万企帮万村"精准扶贫行动。市工商联把"万企帮万村"精准扶贫行动作为首要任务，加强工作指导，抓好台账管理。农发行重庆市分行对帮扶效果突出的民营企业累计提供1.5亿元金融支持。市扶贫办及时做好协调服务，市光彩会多方位参与。全市广大民营企业响应号召，倾力参与"万企帮万村"精准扶贫行动，全面助力脱贫攻坚。如，重庆三峡云海药业公司在云阳县26个村发展天麻、淫羊藿等中药材种植项目，带动3.5万户农户发展道地中药材，其中贫困户2398户，户均增收3500元以上。金科集团捐赠超过2亿元用于深度贫困乡镇基础设施建设、人居环境改善及解决贫困群众"三保障"问题。

（三）内外互动

坚持把"万企帮万村"精准扶贫行动作为东西部扶贫协作的重要抓手。山东重庆两地工商联系统加强互动，山东省工商联每年组织数十家优秀民企到重庆开展协作对接。把产业协作作为重点，坚持政府搭台、企业唱戏，发挥山东现代农业技术优势，在重庆5个区县打造鲁渝扶贫协作现代农业产业园。山东省174家民营企业结对帮扶重庆市163个贫困村，投入帮扶资金4.3亿多元。

（四）典型带动

重庆市通过大会表彰、交流发言、实地参观、媒体宣传等方式，宣传先进典型，鼓励民营企业参与"万企帮万村"精准扶贫行动。2020年扶贫日期间，召开了重庆市民营企业履行社会责任表彰大会，授予11名民营经济人士重庆市"光彩事业贡献奖"；表扬了一批"万企帮万村"精准扶贫行动先进民营企业和"万企帮万村"精准扶贫行动组织工作先进单位，并通过线上、线下联动开展"万企帮万村"成果展，如江北区以"万企帮万村·江北在行动"为抓手，组织辖区133家企业帮扶酉阳县130个贫困村。金科集团等12家民营企业荣获全国"万企帮万村"精准扶贫行动先进民营企业表彰。金科集团董事长蒋思海同志荣获2020年"全国脱贫攻坚奖奉献奖"。

三、主要成效

"万企帮万村"精准扶贫行动是实现企村双赢、共同发展的创新之举。广大民营企业精准对接贫困地区实际需求，发挥资金、技术、管理、市场营销等优势，利用贫困地区资源禀赋，兴产业、建基地、办车间、搞旅游，带动贫困地区整体发展。在帮助贫困村脱贫致富的同时，帮扶企业也不断发展壮大，实现企村双赢。截至2020年9月30日，全市有2299家民营企业参与"万企帮万村"精准扶贫行动，结对帮扶1975个村，投入资金31.97亿元，帮助1161个贫困村整村脱贫，带动6.8万贫困户稳定脱贫。

（一）产业带动促发展

758家民营企业采取"公司+基地+专业合作社+农户"等方式，投入资金19.34亿元，实施项目1068个，带动贫困村、贫困户发展产业。

（二）就业扶贫促增收

1042家民营企业通过定向招收贫困劳动力、兴办扶贫车间、开展技能培训等方式，帮助2.5万名贫困劳动力就近就业。

（三）消费扶贫拓市场

广大民营企业通过"以购代捐""以买代帮"等方式采购和销售贫困地区扶贫产品4亿多元。依托"联成e家"消费扶贫平台，建立6个扶贫馆。2129家企业参与重庆消费扶贫月活动，销售扶贫产品8.5亿元。金科集团等民营企业支持重庆市消费扶贫馆建设和运营，建成面积1.5万平方米，拥有11个西部省区馆+33个区县馆，全力打造中国西部消费扶贫中心。

（四）公益帮扶促民生

881家民营企业参与"光彩事业"和慈善捐赠，为贫困户提供捐资助学、医疗救助、生活救助。

社会组织帮扶

一、基本情况

重庆市注重社会组织在脱贫攻坚工作中的作用发挥，动员和引导社会组织听党话、跟党走，汇聚扶贫力量，共赴攻坚战场，重点围绕专项扶贫、产业扶贫、精准帮扶等方面做了大量工作。2018年至2020年，全市社会组织累积开展重点扶贫项目1423个，组织各类活动4987次，直接参与脱贫攻坚人员近40万人次，筹集扶贫款物22.51亿元，惠及困难群众达251.36万人次。

二、主要做法

（一）以党建为引领，引导社会组织参与脱贫攻坚

全市有各级各类社会组织1.8万多家，从业人员达22万多人，是脱贫攻坚工作的重要力量。重庆市在工作中深入贯彻落实习近平总书记扶贫工作重要论述和中央脱贫攻坚重大决策部署，将社会组织参与脱贫攻坚作为对社会组织党组织工作开展情况的评价依据之一，要求社会组织党组织发挥好战斗堡垒和党员先锋模范作用，动员和引导社会组织为高质量如期打赢打好脱贫攻坚战贡献力量。联合扶贫开发部门、社会组织党建工作部门，以召开动员会和现场推进会的方式，广泛引导和动员社会组织参与脱贫攻坚工作。同时，在年度检查和工作抽查中，在社会组织等级评估中，都把社会组织参与脱贫攻坚情况作为重要内容，进行检查和评价。在社会组织工作会、社会组织负责人培训等重要活动中，都将以党建为引领，参与脱贫攻坚纳入活动内容进行安排，全市上下形成了社会组织参与脱贫攻坚浓厚的工作氛围，使社会组织自觉参与脱贫攻坚。

（二）建立联动机制，加强职能部门之间的协调沟通

重庆市加强部署与市委非公经济和社会组织工作办公室、扶贫工作部门及业务主管单位的沟通协调和联动，牵头建立社会组织业务主管单位扶贫工作联动机制，打造工作合力。共同扶持相关领域社会组织发展，广泛发动相关行业和领域社会组织参与脱贫攻坚。强化社会组织参与脱贫攻坚的信息服务和业务指导，为社会组织参与脱贫攻坚搭建平台、创造条件。为社会组织参与脱贫攻坚擂鼓助威、"输送弹药"，对于在脱贫攻坚工作中表现突出的先进社会组织及其负责人，进行表彰和鼓励，激发社会组织参与脱贫攻坚的积极性。支持引导枢纽型社会组织在脱贫攻坚工作中发挥示范带动作用。

为如期打赢脱贫攻坚战，登记管理机关、扶贫开发部门、党建工作机构联合发出号召，要求全市社会组织重点开展好八个扶贫行动：

1. 开展专项扶贫行动

鼓励社会组织结合行业优势和专业特长，帮助贫困地区、贫困群众因地制宜发展高山蔬菜、中药材、林果、乡村旅游等扶贫特色产业，开展一批有针对性的扶贫项目，进行有针对性的扶贫活动。鼓励行业协会商会引导具备条件的会员单位，加大对贫困地区产业转型升级的支持力度，在贫困地区建立产业发展基地，助推打造贫困地区特色主导产业。

2. 开展定点扶贫行动

鼓励社会组织结合自身实际，将帮扶重心聚焦到贫困村、贫困户，帮扶对象瞄准到贫困人口，选择确定一个或几个贫困村（贫困户）为联系点，手拉手、一对一实施结对帮扶，为贫困户明确一个爱心帮扶人士、一个社会帮扶项目、一条精准帮扶措施，增强帮扶工作的针对性和实效性。

3. 开展智力扶贫行动

鼓励科技类、学术类社会组织，以传授培训实用技术为重点，对贫困地区进行智力和技术支持，推进学以致用和培训结果的及时转化。鼓励学术性社会团体、科技类民办非企业单位等社会组织会员单位中的高校院所科技人才、青年大学生、高层次人才、商界精英等在贫困地区创新创业。指导贫困地区把科技工作者、技术能人和能工巧匠组织起来，发展专业科

技组织和技术服务机构，向贫困户提供技术承包、技术咨询、技术培训等服务。

4.开展教育扶贫行动

鼓励社会组织根据自身业务范围，开展扶贫助学助困项目，帮助贫困地区家庭经济困难学生完成学业和实现就业。鼓励教育领域基金会等社会组织，帮助贫困地区改善教育基础设施，开展扶贫支教活动，支持贫困地区教育发展。

5.开展医疗扶贫行动

鼓励医疗卫生类社会组织，在贫困地区开展义诊、免费体检等扶贫公益活动，支持贫困地区医疗服务设施改造，重点对贫困村标准化卫生室改善提供物质技术帮助和紧缺医疗设备。鼓励加强对贫困地区医疗技术人员组织业务技能培训，组织医疗卫生专业技术人才到贫困地区开展挂职、巡诊等支医活动，支持贫困地区医疗卫生人才到协会会员单位开展技术进修等培养计划。发挥"大病救助"等医疗扶贫品牌效应，鼓励各类救助基金会对贫困地区进行点对点医疗救助，鼓励社会组织对因病致贫、因病返贫家庭予以重点帮扶。

6.开展捐助扶贫行动

鼓励支持社会组织和慈善力量，以农村特殊贫困人群为主要对象，动员党政机关、企事业单位和社会公众，通过捐款捐物、慈善消费和慈善义演、义拍、义展、义卖、义诊、义赛等方式，为特殊贫困群众开展定点定向爱心捐赠，帮助解决贫困群众生活生产问题。鼓励选择资助惠及民生的文化、教育、卫生、交通、水利和危房改建，敬老院、福利院建设等项目进行重点帮扶，为扶贫济困作出更大贡献。

7.开展志愿扶贫行动

发挥各类志愿服务组织作用，鼓励支持青年学生、专业技术人才、退休人员和社会各界人士到贫困地区开展扶贫志愿者行动，动员各类志愿者参与贫困识别、扶贫调研、助教支医、文化下乡、科技推广、创业引领等扶贫活动。发挥社会工作增能赋权、助人自助的专业优势，通过政府购买社会工作服务，支持社会工作服务机构深入城乡社区，以贫困家庭为重点，为儿童提供生活、学习、心理和安全等方面服务，为老人提供生活照料、代际沟通、精神慰藉、文化娱乐等服务，为青壮年提供技能培训、能力提升、就业援助、生计发展等服务，帮助贫困家庭和个人摆脱困境。

8. 开展鲁渝扶贫行动

每年由山东枢纽性社会组织设置专门扶贫资源募集渠道，将定期募得的资金、物资交付给相关枢纽性社会组织具体实施，用于贫困地区脱贫攻坚。

（三）出台工作指引，引导社会组织参与

通过近年的宣传引导，社会组织有参与脱贫攻坚工作热情，但都不知道怎么做，做的过程中不知道找哪里，在哪里着力。为了解决这个问题，2020年5月，重庆出台了《社会组织参与脱贫攻坚工作指引》，从"要"社会组织做，转为"教"社会组织怎么做。出台文件，号召动员社会组织广大员工注册成为"中国社会扶贫网"爱心人士，点对点帮助建卡贫困户解决生产生活中的困难，实现"互联网+"精准帮扶。2018年，全市713家社会组织投入资金5.23亿元，对78万贫困群众实施了帮扶，2019年，全市919家社会组织投入资金8.28亿元，对85万贫困群众实施了帮扶。2020年，各类扶贫成效得到显现，自发自觉投入扶贫工作，其中：产业扶贫1834.57万元，健康扶贫1170.97万元，基础设施扶贫5085.63万元，教育扶贫643.83万元，药品援助2405万元。电商扶贫实现网络零售额65.8亿元，全市社会组织直销农产品达1.33亿元，实现旅游消费495万元，解决劳务就业18.26万人次，带动消费6.2亿元。

1. 引导慈善组织公开募捐助力脱贫攻坚

2018年，"99公益日"活动期间，65个公益慈善项目募集资金3000万，近65万人次参加募集活动；2019年，156个公益慈善项目募集资金1.31亿元。2020年99公益日期间，1186万人次参与捐赠，共募得善款3.28亿元。募捐总额和捐赠人次均居全国第1位，募捐总额是2019年的2倍，捐赠人次是2019年的3倍。推出"巴渝社会组织扶贫"项目，吸引了81家社会组织参与，各社会组织设计包装扶贫公益子项目80个，筹集扶贫专项资金1066万元（其中互联网平台配捐就达305万元），有力促进了脱贫攻坚工作

开展。

2. 党委政府发出号召，社会组织主动参与

重庆市中医药行业协会组织专家赴酉阳实施扶贫创业致富带头人培训，举办中药材及产地加工应用型技术人才培训，提升了当地中药材产业发展能力。重庆市残疾人福利基金会，争取龙湖捐赠1000万元，对巫溪天元乡400多名残疾人开展就业帮扶，收到很好效果。重庆市扶贫开发协会等社会组织将422家市级以上龙头企业纳入慈善主体培育范围，引导其发挥产业带动扶贫优势，建立特色产业基地规模达1200万亩，综合产值达1040亿元，其中70%以上集中在贫困区县，带领大量贫困群众脱贫致富。重庆市社会救助基金会在深度贫困乡镇开展扶贫安居温馨家园援建行动，帮助无房或危房深度贫困对象进行危旧房重建，建房面积16875平方米，支出救助金520万元，1200余贫困对象实现居有其所。重庆市青年创新创业基金会，连续多年实施"未来企业家培养青锋计划"，累计为1100余名贫困创业青年提供"资金+导师"服务，发放创业服务资金1.18亿元，为1800余名贫困创业青年开展创业辅导。重庆前进公益基金会发起，重庆市慈善总会、重庆社会救助基金会、重庆儿童救助基金会、民办教育协会等20多家社会组织参与的"社会组织参与脱贫攻坚扶智公益行动村漫书香项目"，在酉阳启动，最后一批脱贫摘帽的彭水、巫溪、城口及石柱、云阳等贫困县实施。重庆市房地产开发协会，组织会员单位参与脱贫攻坚，通过消费扶贫支持巫山县双龙镇龙王村脱贫攻坚工作，购买该村贫困群众滞销板栗22000多斤，有效解决了贫困群众农副土特产品销路问题，以消费扶贫方式，促进了贫困户增收。重庆市女企业家协会，组织扶贫资金达1759万元，物资折款达387万元，参与消费扶贫597万元，就业帮扶103万元。

（四）东西部协作，推动渝鲁社会组织持续联动

1.秉承"三个到位"（安排部署到位、交流互访到位、工作对接到位），高位构建东西部扶贫协作机制

2018年至2020年，由重庆市相关部门主要领导带队，组织社会组织管理相关处室、枢纽型社会组织负责人，专程前往山东省进行了东西部社会组织扶贫协作工作交流和对接，逐年签订《东西部社会组织扶贫协作框架协议》。重庆市慈善总会、重庆市社会救助基金会分别与山东省慈善总会、山东社会组织联合会签署了东西部社会组织扶贫协作合作协议，从而建立起了鲁渝社会组织扶贫协作工作对接协调机制。重庆市主管部门领导也带领相关人员专程赴鲁，对东西部社会组织扶贫协作工作进行对接。2018年至2020年，渝鲁社会组织扶贫协作累积筹集资金2576.08万元，物资411.67万元，开展合作项目56个，培训社会组织骨干500余人。

2. 突出"三个领域"（突出志愿者队伍培训、突出对重庆贫困区县社会组织尤其是产业类社会组织负责人的培训、突出养老服务领域工作交流），推进急需人才培训

重庆社会救助基金会举办全市各区县在社会扶贫一线的200余名社会救助志愿者培训，山东省社会组织总会会长盛振文，专程前来进行授课；为推进养老服务业制度、标准、设施、人才队伍建设，提升养老服务质量，山东协和学院为市儿童爱心庄园打造养老护理人员培训基地提供软硬件设施建设指导、护理人员专业培训支持；山东省社会组织总会会长盛振文，赴重庆市儿童爱心庄园，对其养老项目进行专门考察，就山东省支持重庆培训养老专门人才工作进行交流，达成初步合作意向。因受疫情影响，将原定在山东举办的产业类社会组织负责人培训班，改在重庆举办，山东派出了精干的师资，为重庆培训产业类社会组织负责人近100人。

3. 搭建"传输管道"，精准输送慈善扶贫资源

通过双方深入交流，2019年，重庆市慈善总会、重庆社会救助基金会分别与山东省慈善总会、山东社会组织联合会签署东西部社会组织扶贫协作框架合作协议，建立鲁渝社会组织扶贫协作工作帮扶机制（2020年将重庆市社会救助基金会调整为重庆市社会组织发展促进会）。双方分别以各自的枢纽型社会组织——山东慈善总会、山东社会组织总会、重庆慈善总会、重庆市社会组织发展促进会（重庆社会救助基金会）为公益慈善资源传输管道，将山东省民政厅面向山东省社会组织筹集的社会扶贫捐赠资源，通过这个管道按照山东社会组织捐赠人的捐赠意愿，落实到重庆市重点贫困区县的受助贫困对象手中，建立起"扶贫资源传输管道"，精准传输东部地区慈善扶贫资源。2020年，重庆枢纽型社会组织共接受了山东社会组织总会、山东省慈善总会转过来的物资电脑10台、生活物资6万多元、抗疫物资5万多元、抗洪物资22万余元，现金30多万元。这些款物均在不到一个月的时间内，从山东汇集捐赠，交由枢纽型社会组织运输、经办，最后发放到重庆市贫困群众手中。截至2020年底，山东省共有39家社会组织向重庆14个扶贫开发重点区县进行捐赠，捐赠款物达858.48万元，实施脱贫攻坚项目达37个。

渝鲁两地社会组织主管部门协力聚焦民生重点领域，动员社会组织参与帮扶。山东省面向所登记社会组织公开招募参加东西部社会组织扶贫协作社会组织，2019年山东省有21家全省性社会组织报名参与重庆对口扶贫帮扶工作，2020年山东省参与重庆对口协作任务社会组织达39家，实施脱贫攻坚项目37个。2020年洪涝灾害期间，山东动员社会力量，为重庆捐赠价值22万余元的物资（其中包括上衣1050件、裤子950件、T恤720件、卫衣161件、残疾人助行器100套，共计2981件），用于石柱自治县灾后困难群众的救助帮扶。疫情期间，山东省引导山东社会组织与重庆社会组织进行了交流互动，重庆市社会组织发展促进会与山东省社会组织总会代表双方社会组织进行了慰问，山东省慈善总会向重庆万州区慈善会捐赠资金5万元。万州区慈善会用此项捐赠购买了5500个医用一次性口罩、620瓶75酒精免洗消毒洗手液、600斤二氧化氯消毒原液、995斤75消毒酒精第一时间下发到低保、特困和乡镇敬老院人员手中，使他们感受到了山东人民的浓浓情谊，为全区贫困群体阻击疫情、保障基本生活和人员身体健康起到了重要作用。2020年4月，山东省慈善总会、山东省扶贫协作重庆干部管理组捐赠16.1万元专项用于云阳县泥溪社区柑橘和花椒产业示范园区生产便道、排水沟等配套设施建设，巩固脱贫成效，助力贫困群众脱贫致富。滨州市博兴县金属板材商会到奉节进行了产业考察，向奉节县岩湾乡板仓村捐款5万元。威海市浙江商会向云阳县泥溪镇5个村，捐赠5万元，用于发展壮大村集体经济组织。济宁市兖州区和梁山县慈善总会向万州区捐赠110万元，用于孙家镇和白土镇产业发展。威海市青年作家协会捐赠5万元，用于云阳县南溪镇塔棚村羊肚菌产业发展。山东省扶贫开发基金会捐赠120万元，用于贫困区县建档立卡残疾贫困人口。山东省慈善总会捐赠

40万元用于万州区社会组织助力脱贫攻坚孵化中心项目建设，开展"助力东西部扶贫协作、鲁渝携手奔小康"募捐活动，共收到捐款73万余元，全部用于重庆贫困区县脱贫攻坚。淄博市慈善总会捐赠价值22万元的轮椅等物资，用于石柱县贫困群众救助。德州市青年义工协会组织发起秀山县农特产品以购代捐公益活动。山东商会向石柱县中益乡华溪村捐赠价值80万元监控设备。日照市莒南商会深入结对村黔江区太极乡新鹿村帮扶慰问。临沂市兰山区向城口县妇联捐赠10万元用于农村留守妇女和儿童关爱服务，围绕留守人员基本生活保障、教育、就业、卫生健康、思想情感等实施有效服务。

三、主要成效

（一）对扶弱济困发挥了独特的作用

社会组织扶贫的主要阵地和最熟悉的关注点在于紧紧围绕民生的发展，在大扶贫格局中发挥着自身独特的作用，对扶弱济困，关注老幼起到重要作用。市慈善总会在18个扶贫开发重点区县设立"社区阳光基金"，面向2266名低保户、2245名残疾人设立帮扶基金，帮助其解决经营发展和临时生活困难问题；市社会救助基金会设立"困难群众急难众筹"项目，共筹集资金340.65万，帮助184名困难群众解决就医等急难问题。市儿童救助基金会设立"儿童助学扶贫众筹项目"，筹集资金136.7万元，资助贫困儿童1054人。

（二）激发了社会爱心公益帮扶力量

深化"万企帮万村"精准扶贫行动，开展"我们一起奔小康"扶贫志愿服务，开展各类公益扶贫，极大地增加了社会力量对脱贫攻坚的价值发挥空间。仅2019年，重庆组织了2299家民营企业参与，投入资金30.97亿元帮扶1975个村；发布扶贫志愿服务项目1.5万余个，发动1.4万多个志愿服务组织和爱心企业参与，开展志愿服务活动9.15万场次，受益贫困群众570万人次。引导社会组织捐赠资金26.77亿元，其中2020年捐赠超9亿元，开展各类公益扶贫项目及活动4700多个，惠及困难群众274万人次。截至2020年11月底，重庆在中国社会扶贫网注册爱心人士285.8万人，其中贫困户49.3万人、管理员1.44万人，贫困户发布需求38728个、需求资金2568.6万元，落实爱心捐赠860.2万元。金科集团主动投入5.38亿元，开展产业扶贫、消费扶贫、就业扶贫、教育扶贫、公益慈善扶贫、医疗扶贫等，辐射带动11个区县近3万名群众脱贫增收，荣获全国脱贫攻坚先进集体荣誉称号。

区县对口帮扶

一、基本情况

区县对口帮扶工作是重庆促进区域协调发展、全面打赢脱贫攻坚战和全面建成小康社会的重要措施。从"十二五"开始，为全市脱贫攻坚事业以及相对落后地区社会经济发展作出了巨大贡献，取得了明显成效。区县对口帮扶机制于2007年启动实施，截至2020年底累计到位帮扶资金实物量58亿元。

2018年4月25日，为发挥区县对口帮扶在全市大扶贫格局中的作用，按照深化脱贫攻坚的安排部署，为科学、深入推进区县对口帮扶工作，使其在新时期发挥更大的作用，市委、市政府印发《关于深化脱贫攻坚的意见》（渝委发〔2017〕27号）、《关于优化区县对口帮扶机制的实施意见》（渝府办发〔2018〕46号，以下简称《实施意见》）。按照"政府推动、市场运作、互惠互利、共同发展"的原则，重新优化了结对区县，安排了加强产业链帮扶协作、协同引导劳动力转移就业、推动优质教育资源协同共建、推进医疗卫生服务协同共享、加强干部互派培训合作、对口帮扶资金援助力度不减以及深化完善精准脱贫对接机制等重点任务。《实施意见》确定对口帮扶工作涉及区县33个，其中受助区县15个，包含渝东北三峡库区城镇群区县9个，渝东南武陵山区城镇群区县6个；帮扶区县18个，主要从经济相对较发达的主城都市区中挑选。《实施意见》设置了帮扶区对口帮扶的年度资金实物量最低额度，全市最低额度总额为41870万元。进一步强化沟通衔接，聚焦脱贫攻坚领域，精准实施了一批优质项目，精准兴办了一批民生实事，助推贫困区县打赢打好脱贫攻坚战。

二、主要做法

（一）强化组织领导，加强协作力度

坚持把区县对口帮扶作为重要政治任务，切实强化政治担当和行动自觉，健全帮扶工作机制、加大帮扶工作力度、压实帮扶工作责任，力争抓紧抓实、抓出成效。

1. 组织领导有力，工作高位推动

城口县委成立对口帮扶领导小组，县委常委会、县政府常务会多次专题听取研究对口帮扶工作。江北区成立区"四大家"主要领导任组长，区发改委、区财政局等部门为成员的"万企帮万村·江北在行动"工作领导小组，统筹推进精准帮扶行动。各结对区县深化多层次对接机制，广泛开展镇村结对、村企结对、医院结对、学校结对，形成强大合力。

2. 密切党政互访，提高协作层次

各结对区县党政主要负责人亲力亲为，高层互动已成常态。如2019年，九龙坡区党政主要领导3次带队深入城口调研对接帮扶工作，商定并落实了一大批帮扶合作事项。江北区与酉阳县开展高层互访3次，双方友谊进一步升温、关系进一步密切。巴南区党政代表团赴万州区开展对口帮扶座谈，长寿区党政代表团到丰都县对接对口帮扶工作。南岸区政府赴石柱县对接对口帮扶工作并到中益、悦崃等乡镇慰问贫困户。奉节县委书记主动到沙坪坝区参加第30次对口帮扶对接会。酉阳县委书记率队到江北区主动对接，江北党政一把手亲率江北党政代表团以及辖区130家企业代表赶酉阳对接帮扶工作。

（二）加强市场协作，拓展区县联动合作空间

1. 开展招商推荐

结对区县坚持"区县差异化发展、产业链集群发展"原则，探索建立互荐引资机制。大渡口区引荐的重庆铁坤实业有限公司红豆杉山泉水厂项目与忠县签约，实现年产值约4亿元，引荐的遵义金巨仁贸易有限公司的"种植连片有机高粱集观光旅游一体"项目已正式落户忠县。铜梁区协助引进的湖北国梁旅游开发有限公司巫山摩天岭森林小镇何家堡康养旅游度假

区基础设施及森林公园投资项目落户巫山县。沙坪坝区助推智能化安全玻璃生产线项目签约落地奉节县。合川区协助秀山县成功引进福建闽康源食品有限公司，协议引资5000万元。璧山区与江津区共同为开州区介绍、引入了规上企业东莞市威盛食品科技有限公司。九龙坡区帮助城口县引进中国西部"智慧医养健康中心"标杆项目和电商创新园。长寿区、大足区分别帮助丰都县引进柠檬产业项目和"全球肉牛电子商务平台"项目。北碚区帮助巫山县引进浙江天厨食品有限公司花椒深加工项目、北京硕茵斯建筑装饰工程有限公司巫山新型建材加工项目、北京菲硕科技有限公司双龙镇"花竹人家"生态农旅项目。巴南区帮助万州区引进山东烟台金山重工机械设备有限公司年产700万套工程机械前段装置产品项目。

2.推动产业合作

各级对区县强化农产品产加销、旅游景区线路开发、零部件配套产品加工、外包生产服务、产业基地共建等方面产业协作，帮扶合作示范效应明显。如酉阳县与江北区签订了"横向生态补偿提高森林覆盖率协议"，这是重庆在全国首创横向生态补偿机制后，签订的首个横向生态补偿提高森林覆盖率协议，江北区向酉阳县支付7.5万亩森林面积指标价款1.875亿元，按照3∶3∶4的比例分三年支付，2019年已支付5625万元。合川区与秀山县签订《产业合作框架协议》，共同推进中医药和食品加工业提档升级。希尔安药业与万物春生制药公司开展药材产业帮扶合作；梅香园食品与合升源农业公司开展椿芽产业帮扶合作。渝北区嘉士德食品公司与云阳县宏霖食品公司建立产业协作关系，宏霖食品产品也开始配送永辉、重百、新世纪等大型连锁超市。铜梁区引导重庆和平制药公司与巫山县优质企业——重庆市神女药业股份有限公司建立合作关系。合川希尔安与秀山万物春生、梅香园与合升源、宏宇农产与友军食品开展了包括技术指导、资源支持、扩能升级、管理交流等全方位帮扶合作。重庆白市驿板鸭食品有限责任公司与重庆市城口赵孝春野生食品开发有限公司达成初步合作意向协议。两江新区引导彭水县与重庆乐湃德生物科技有限公司签订了协议，彭水特色产品已上线乐湃德商城。

3.推动旅游产品营销协作

江北区引导辖区旅行社开辟特色酉阳旅游路线，助推重庆嗨皮游国际旅行社有限公司与酉阳县木叶乡大板营村结对合作，通过"嗨皮游垫资采买，客栈以房源租金分期付款"的模式，垫支300万元对该村37家客栈1172张床位进行改造升级，提升了旅游整体质量。铜梁区在奇彩梦园、龙景区等收费景区对巫山县籍游客实施门票平价优。丰都县与长寿区、大足区达成协议，市民凭有效身份证件、互游景区，享受首道门票价50%优惠。大足区雅美水生花卉有限公司通过考察，拟在丰都县包鸾镇、虎威镇投资打造"农业+旅游"综合体。铜梁区发布巫山县居民凭有效证件享受铜梁旅游景点门票折扣优惠的相关政策。两江新区组织中国饭店采购协会、帕格森蒂酒店与度假村集团到彭水考察、指导，帮助酒店产业发展。彭水县和两江新区分别出台了旅游消费鼓励政策，双方市民到对方旅游可享受景区门票、酒店打折优惠活动，极大拉动了双方旅游产业发展。

（三）完善劳务协作机制，实现培训就业双向对接

依托定向招收中高职学生、定向订单培训、企业定向招聘（培训）补助等方式加快新生代劳动力就业转移。

1.创新共享劳务基础数据

依托各受助区县建立的贫困人口就业需求实名登记机制，采集建卡贫困劳动力的就业情况或就业需求信息，精准掌握贫困人员就业需求。江北区与酉阳县人社部门建立了劳动力供应双向互动调配协作机制，酉阳建立了农业转移人口信息数据库，江北建立了人力资源需求数据库，双方定期交流需求与供给信息。

2.推进劳动力转移

两江新区组织开展就业扶贫专场招聘会，通过彭水县发布两江新区企业用工信息。酉阳县衔接江北区通过定向招收中高职学生、定向订单培训、企业定向招聘（培训）补助等方式转移就业新生代劳动力。

（四）持续开展智力援助，帮带共建效果明显

结合同步建成小康社会目标要求，有针对性开展教育、医疗、干部交流等协作，帮助提升基本公共服务。

1. 开展教育帮扶合作

帮扶区县引导属地高校、重点中小学、职业技术学校，从合作办学、师资培训、经验交流和资助贫困生等方面入手，帮扶受助区县提高办学水平。渝北区与云阳县成功搭建两地职业教育领域合作共建平台，重点加强渝北区职教中心与云阳职业教育中心在大数据方向的专业共建、人才培养、就业升学等；组织开展主题讲座、业务培训、教研交流、实岗学习等多种形式交流活动，受益教师近千人。铜梁巴中、实验幼儿园、铜梁中学分别与巫山初中、新会幼儿园、巫山中学结对共建。沙坪坝区大学城一中与奉节县幸福中学、竹园镇初级中学开展三校联合教研活动；重庆七中与奉节县龙泉初级中学组建"重庆七中—龙泉初中初中英语教研工作坊"，龙泉初中青年教师刘丹脱产接受赛课训练，获"重庆市第三期农村中小学领雁工程优质课竞赛"一等奖。长寿中学与丰都第二中学结对、大足中学与丰都实验中学结对并开展对接活动。合川区育才职业教育中心、合川中学、高阳小学、银翔实验中学分别与秀山职业教育中心、第一初级中学、官庄街道中心校、秀三中建立了结对帮扶关系。巴南区引导城口县职业教育中心与东方鑫源控股有限公司的子公司华晨鑫源重庆汽车有限公司签订了合作办学协议。

2. 扎实推进卫生援助

帮扶区县立足自身卫生资源优势，从资金、人员、设备等方面加大对口帮扶力度，尤其推行医院"一对一"定向帮扶机制，帮助受助区县提高医疗水平。如渝北区组织区人民医院、区中医院业务骨干到云阳县开展支医帮扶工作，举行义诊、送医送药送设备等活动。铜梁区人民医院、区中医院分别与巫山县人民医院、巫山县中医院结对共建。巩固长寿区人民医院与丰都县人民医院结对关系，确定长寿区妇幼保健计生中心与仙女湖镇卫生院、长寿区第三人民医院与三建乡卫生院结对关系。巩固大足区人民医院与丰都县中医院结对关系，确定大足区中医院与南天湖镇卫生院、区妇幼保健院与青龙乡卫生院结对关系。合川区人民医院、中医院与秀山平凯街道卫生服务中心、石堤镇中心卫生院结成院院结对帮扶关系，建立了双向转诊、疑难疾病联合攻关、重大疾病联合会诊机制。两江新区第一人民医院接受彭水县三义乡、大垭乡卫生院技术骨干进修学习；两江新区出资新建三义乡卫生院项目。巴南区帮助武陵镇卫生院、郭村镇卫生院、普子乡卫生院、五桥社区卫生中心加强病房改造、手术室建设和购置DR机、彩超、心电监护仪等。

3. 加强干部人才交流

鼓励和支持年轻干部到15个受助区县乡镇和特困村挂职锻炼和扶贫帮困。2018年至2020年，累计帮助受助区县培训教师近1万人次，培训医务人员超过9000人次，培训基层干部超过4000人次。

（五）社会帮扶主动发力，精准提升扶贫效益

1. 消费扶贫发力

市商委草拟相关方案，指导区县加大消费帮扶力度。如沙坪坝区和奉节县人民政府签订《奉节县消费扶贫合作框架协议》，2020年，沙坪坝区企业与奉节县火红水果销售有限公司、星马古典家具有限公司、佰荣果业公司3家公司签订产业协作合作协议。九龙坡采取食堂采购、工会慰问采购、职工个人采购、提供展示展销等在城口县实现消费扶贫。

2. 结对帮扶贫困村

如江北区动员辖区平伟集团、登康公司等133家企业与酉阳车田村、高桥村等130个贫困村进行结对帮扶、认领扶贫任务，"一对一"制定清单和台账，实现贫困村帮扶全覆盖。2019年累计投入帮扶资金1794万元（含实物量折资额），在全市"万企帮万村"帮扶活动中树立了江北品牌。长寿区五个街道、五个企业与丰都县五个贫困村结对，捐助帮扶资金达553万元。沙坪坝区覃家岗街道辖区4个企业共计捐助5万元，一对一帮扶专项用于朱衣镇狮子村人行便道项目建设。

3. 组织爱心捐助

江北区专场举办"山货进主城·扶贫献爱心"购物节等活动，带动销售酉阳农产品价值680万元，助推酉阳红花村与重钓网达成垂钓基地建设合作协议，解决当地100余人就业。九龙坡区引导社会各界累计开展爱心捐赠、免费诊疗、消费扶贫、公益慈善等活动31场（次），帮扶贫困学生达1000余人次，技能培训470余人次，累计实物帮扶资金达1900余万元。

璧山区、江津区扶贫办与开州区扶贫办多次沟通，主动承担2019年中国社会扶贫网开州区贫困户资金需求的20%，助力开州脱贫攻坚。

三、主要成效

脱贫攻坚期间，各结对区县深学笃用习近平总书记关于扶贫工作的重要论述，深入贯彻落实重庆市对口帮扶战略部署，坚持"输血"与"造血"并重、扶智与扶志并举，依据《实施意见》精神深入推进对口帮扶工作。帮扶区县利用其资金、技术资源优势，立足受助区县发展现状，通过实物帮扶、招商引资、智力援助等措施，实施了一系列援建工程，开展了一系列帮扶活动，极大地改善了受助区县特别是贫困地区居民的生产生活条件，撬动了受助区县经济社会发展，取得了较好的效益。

（一）结对区县对接频繁，两地关系日趋紧密

相关区县均成立了对口帮扶领导小组，党政主要领导任小组长，亲力亲为抓帮扶对接，并将对口帮扶工作纳入重要议事日程，两地党政坚持每年高层互访、召开联席会议，扎实有序推进区县对口帮扶各项工作。

（二）资金投入不断加大，受助区县居民生活条件得到显著改善

2018年至2020年，帮扶资金用于受助区县教育、医疗、交通、市政等基础设施建设项目超过500个，使用帮扶资金总额近11亿元，占帮扶资金总额的55%以上。这些项目的投入，使得城市交通条件持续改善，群众出行更加便捷，污水、垃圾收集率不断提高，城市形象显著提高，学校医院规模不断扩大，居民公共需求极大改善。超过60%的资金用于贫困村道路、学校、医院等项目的建设，极大地提高了当地居民的生产生活条件，为贫困地区社会经济发展输入了强劲能量。同时，按照撬动比例1∶5计算，11亿投资可带动投资超过55亿元，这些项目的建设还能带动上下游产业链发展，提供就业岗位，促进区域经济繁荣。

（三）注重"志""智"双扶，受助区县人才素质得到显著提升

三年来，帮扶区县通过职业技能培训、教学医疗交流、技术指导等"软"活动，累计为受助区县培训教师、医务人员、专业技术人员超过两万人。通过培训与交流，提升了受助区县人才素质，提高了公共事业发展水平。

（四）招商引资和产业协作共同发力，受助区县就业渠道有效拓展

2018年至2020年，帮扶区县帮助受助区县引进项目74个，为受助区县贡献税收的同时，直接提供就业岗位超过3000个。帮扶区县通过产业协作、定向招聘等方式为受助区县贫困家庭大学生提供就业岗位超过4.5万个，就业培训近2.8万人次，直接转移新生代劳动力超过6500人次，极大地缓解了受助区县的就业压力。

驻村帮扶

一、基本情况

重庆市深入学习贯彻习近平总书记关于扶贫工作重要论述和在决战决胜脱贫攻坚座谈会上重要讲话精神,按照党中央、国务院部署决策部署和国务院扶贫办工作要求,加强驻村干部选派管理,发挥驻村干部生力军作用,推动18个贫困区县全部脱贫摘帽、1919个贫困村全部出列、190.6万贫困人口全部脱贫。截至2020年底,全市有驻乡驻村工作队5800个,驻村干部2.27万人,其中市级选派驻乡驻村干部455人。全市累计选派驻乡驻村干部5.71万人。

2019年8月19日,全国驻村帮扶工作培训班在重庆市黔江区成功举办,会上,国务院扶贫办副主任夏更生指出,"重庆市在推进驻村帮扶工作中,坚持尽锐出战,把因村选人、制度管人、培训育人、实绩用人、保障留人作为重要抓手,在驻村帮扶提质增效、做实做细方面成效显著"。

二、主要做法

(一)建立健全制度机制

先后制发《深化抓党建促脱贫攻坚行动方案》(渝委办〔2017〕120号)、《重庆市深度贫困乡(镇)驻乡驻村干部管理试行办法》(渝委组〔2017〕292号)、《关于加强贫困村驻村工作队选派管理工作的实施意见》(渝委办发〔2018〕23号)、《关于进一步加强扶贫干部队伍建设的通知》(渝委组〔2019〕115号)、《关于贯彻落实全国驻村帮扶工作培训班会议精神进一步做实做好驻村帮扶工作的通知》(渝扶组办发〔2019〕83号)、《关于关心基层扶贫干部保障安全工作的通知》(渝扶组办发〔2019〕124号)、

《关于充分发挥驻乡驻村干部作用助力打赢疫情防控阻击战和脱贫攻坚战的通知》等文件，从选、育、管、用等方面建立起一套较为完备的制度。

（二）选好派强驻村干部

落实"尽锐出战"要求，着力把"最能打的人"选派到脱贫攻坚一线。

1. 加大市级选派力度

2019年1月17日，中央脱贫攻坚专项巡视反馈意见指出"市属单位选派驻村工作人员少"。按照市委部署要求，市委组织部、市扶贫办把做好整改作为重大政治任务，认真研究制定增派方案，从178个市级机关、国企、事业单位增派了第一书记290名。全市共从226个市属单位选派驻乡驻村扶贫干部455名，做到市级选派第一书记对33个有扶贫开发任务区县全覆盖。2019年12月24日至2020年1月15日，中央第四巡视组对重庆市开展了脱贫攻坚专项巡视"回头看"，整改得到中央巡视组认可。

2. 保持人员总体稳定

坚持"摘帽不摘帮扶"，在2019年9月制发的进一步做实做好驻村帮扶工作《通知》中明确规定，"要保持驻村干部相对稳定，原则上不作大调整、大轮换。对履职尽责不好、落实驻村工作要求不到位的干部，要严肃处理、及时调整召回。对确因身体、家庭等原因不宜驻村的，可个别轮换"。2020年3月28日起，对全部贫困村第一书记和驻村工作队员实行市委组织部、市扶贫办"提级管理"，确有特殊情况需个别调整的，各区县各相关单位必须报市委组织部、市扶贫办审批，共审批同意市级部门和有关区县调整召回第一书记或驻村工作队员100名、新增派驻村工作队员6名，因不符合条件不同意调整15名。对调整后的空缺岗位，均明确条件补充到位。全市1919个贫困村共有第一书记和驻村工作队员6542名，保持了一村一队、每队3人以上，做到了驻村干部总体稳定、帮扶力量只增不减。

（三）扎实开展全员培训

制定落实《关于聚焦打好精准脱贫攻坚战加强干部教育培训的实施意见》（渝委组〔2018〕70号），围绕深学笃用习近平总书记关于扶贫工作重要论述、掌握脱贫攻坚政策举措、运用精准帮扶方式方法等，分级分类开展驻村干部等全覆盖培训，提高实际工作能力。2017年7月到2020年，市级层面先后4次举办市属单位选派驻乡驻村干部培训班，同时举办贫困村第一书记及驻乡工作队员市级培训班25期、培训2169人次。特别是2020年，根据疫情防控实际，采取灵活多样措施加强培训，做到新选派的驻村干部和新上任的乡村干部全部轮训一遍。一是于3月26日，利用全市党员远程教育系统，组织有扶贫开发任务区县的3.1万名驻村干部、涉贫村"两委"成员等开展了专题培训。二是于5月25日至27日，采取"市委党校主课堂+视频系统远程连线"方式，对全市未参加相关培训的1809名新选派驻村干部和新任乡镇领导班子成员、村"两委"成员等进行了培训。三是于5月至11月，先后举办了贫困村第一书记示范培训班、有脱贫任务村"两委"班子成员培训班35期、培训2190人。

（四）切实加强管理检查

市县两级组织、扶贫部门对本级选派第一书记和驻村工作队员建立专门台账，切实抓到人头。33个有扶贫开发任务区县建立驻村工作领导小组，定期召开驻村工作队队长会议，了解工作进展，交流工作经验，协调解决问题。驻村工作队定期向驻村工作领导小组报告思想、工作、学习情况。派出单位对选派干部进行跟踪管理，定期听取汇报，经常到村指导，解决具体问题。为推动驻村帮扶工作落细落实，切实加大监督检查力度，市级层面统筹开展的监督检查主要有：一是2018年，经请示市委、市政府有关领导同意，市委组织部、市扶贫办抽调人员组成25个督查组，开展了驻乡驻村工作队和第一书记履职专项督查。二是2019年、2020年，根据中央办公厅关于为基层减负通知的有关要求，市扶贫开发领导小组先后制发《开展脱贫攻坚专项督查巡查工作方案》《全市脱贫攻坚"百日大会战"方案》《全市脱贫攻坚"收官大决战"方案》《全市决战决胜脱贫攻坚专项督查工作方案》，将驻村帮扶工作纳入专项督查和"百日大会战""收官大决战"，抽调厅局级领导干部担任组长，带队深入市级相关部门和有关区县开展督促检查。三是市委组织部制发《抓党建促脱贫攻坚工作督查重点》（渝委组〔2018〕69号），将派强用好第一书记和驻村工作队情况纳入基层党建调研督查，每年2次左右派出工作组，采取"不打招呼、一竿子到底"方式，直接到村督查检查。

(五）突出加强激励保障

一是落实经费保障。市扶贫办每年为18个深度贫困乡镇安排项目管理费各20万元，区县每年为每个驻村工作队统筹安排不少于2万元工作经费，保障驻乡驻村工作队做好脱贫攻坚工作。派出单位为第一书记每人每年安排不低于1万元的工作经费，实行驻村干部与派出单位项目、资金、责任"三捆绑"，做到"一个干部派下去，整个单位帮起来"。二是突出关心关怀。干部驻村期间，在原单位的待遇与同类同级人员一致，同时发放生活补助，根据派驻地区同类同级人员的地区性津贴标准给予适当补助，安排定期体检，办理任职期间人身意外伤害保险，对患病或有困难的及时进行帮扶。建立因公牺牲党员干部家属帮扶长效机制，为因公牺牲扶贫党员干部的家属、患大病或家庭有特殊困难的第一书记各发放慰问金5000元。单列驻乡驻村扶贫干部年度考核指标，并将优秀等次比例提高至30%。三是注重培养使用。对在脱贫攻坚一线经受磨练、实绩突出的驻乡驻村干部进行跟踪培养、注重选拔使用，激励他们奋发有为。4100多名包括驻村干部在内的优秀扶贫干部得到提拔重用，长期投身脱贫攻坚且年度考核称职以上的企事业专技人员在职称评审上纳入"绿色通道"特殊人才申报范围。市委组织部机关专门面向全市贫困村在岗第一书记遴选3名干部，脱贫攻坚任务完成前继续驻村工作，收到良好反响。

三、主要成效

重庆市深入学习领会习近平总书记关于驻村帮扶工作重要指示精神，以在重庆市黔江区召开的全国驻村帮扶工作培训班为契机，进一步强化尽锐出战，推动驻村帮扶提质增效，凝聚起决战决胜脱贫攻坚的"总攻力量"。广大驻村帮扶干部扎根脱贫攻坚第一线，在疫情防控、基层党建、扶贫产业发展、激发贫困群众内生动力等方面发挥了重要作用。

（一）在建强基层组织上发挥了"引领"作用

驻村工作队以加强基层党组织建设为核心，协助村支"两委"，优化基层骨干队伍，规范党支部组织生活，村级党组织战斗堡垒作用明显提升。推动乡村人才振兴，培育新型农村经营主体，吸引各类人才到村创新创业，打造"不走的工作队"。集中开展软弱涣散村党组织整顿；协同村"两委"打好"乡情牌""政策牌"，点对点回引本乡本土大中专毕业生、外出务工经商人员回村挂职、创业，2020年全市在村挂职本土人才15694人。

（二）在培育长效扶贫产业上发挥了"桥梁"作用

广大驻村干部当先锋、选派单位当后盾、社会力量当外援，联动培育长效扶贫产业，建立产业发展与贫困群众利益联结机制，实现了扶贫产业得发展、集体经济得壮大、贫困群众得实惠。2020年，全市每个贫困村至少有1个增收主导产业，覆盖90余万建卡贫困人口；每个贫困村至少有1名电商服务人才，实现贫困村电商全覆盖。全市建成扶贫车间271个，培育致富带头人6881人。

（三）在扶志扶智上发挥了"示范带动"作用

广大驻村干部坚持把激发贫困群众内生动力作为驻村工作的重点任务，带头举办乡村讲坛、院坝会、政策宣讲会，设立"红黑榜"，开办"爱心超市"等，让贫困群众感恩党的政策好、自己努力往前跑。组织2016年至2020年全市脱贫攻坚奖评选表彰，选出58名脱贫户作为奋进奖获得者，有效激发了贫困群众的内生动力。

（四）在疫情防控上发挥了"主力军"作用

面对突如其来的新冠肺炎疫情，广大驻村帮扶干部加强行动，将思想和行动统一到党中央及市委关于统筹疫情防控和脱贫攻坚的决策部署上来，一手抓疫情防控，一手抓脱贫攻坚，统筹抓好"战疫""战贫"工作。创新帮扶方式，摸清疫情防控期间贫困人口生活状况、春耕生产、心理状态、就业意愿和需求，做到底数清、情况明、数据准。多方式组织贫困劳动力务工，加快扶贫项目、扶贫车间的开工复工，抓好春耕生产、销售农特产品、做实扶贫小额信贷支持，利用公益性岗位、扶贫车间、扶贫培训、返岗复工服务及产业发展等措施，想方设法帮助贫困户稳定增收。

深度贫困乡镇帮扶

一、基本情况

为贯彻落实《关于支持深度贫困地区脱贫攻坚的实施意见》文件要求，重庆市结合辖区内部分乡镇发展薄弱的特点，于2017年8月研究出台《重庆市深度贫困乡镇定点包干脱贫攻坚行动方案》，精准识别深度贫困乡镇，启动深度贫困乡镇脱贫攻坚工作，明确重点实施稳定脱贫提升行动、基础设施提升行动、产业扶贫提升行动、生态保护提升行动、人口素质提升行动、公共服务提升行动、村"两委"提升行动等7大攻坚行动，有针对性地开展脱贫攻坚工作，发挥示范带动作用，解决区域性整体贫困问题，确保重庆全面打赢脱贫攻坚战。

二、主要做法

（一）建立组织领导体系

由市委、市政府领导和市人大、市政协主要领导逐一定点包干，担任指挥长，实行市领导包县、县领导包乡、乡领导包村，构建"市领导挂帅+市级责任单位主要负责人+区县党政主要负责人+深度贫困乡镇党政主要负责人"的指挥体系，明确市级总体责任，区县主体责任、乡村两级直接责任，层层压实责任、传导压力。

（二）精准识别深度贫困乡镇

深度贫困乡镇识别采取"三高、一低、三差、三重"的标准（"三高"，即贫困发生率高、贫困人口占比高、贫困村占比高；"一低"，即人均可支配收入低；"三差"，即基础设施差、生存环境差、主导产业带动能力差；"三重"，即低保五保残疾等贫困人口脱贫任务重、因病致贫人口脱贫任务重、贫困老人脱贫任务重)。重庆全市14个国家重点区县按照以上标准进行倒排普查、综合排序。同时,适当考虑区域平衡和发挥示范带动作用的要求,在14个国家重点区县中,巫溪县、城口县、彭水县、酉阳县等4个贫困程度较深的县分别确定2个综合排序最后的乡镇作为深度贫困乡镇,其他区县分别确定1个综合排序最后的乡镇,最终精准识别18个深度贫困乡镇。18个深度贫困乡镇总人口31.3万,其中建档立卡贫困户14638户56031人;行政村173个,其中建档立卡贫困村91个。

(三)科学编制脱贫攻坚规划

2017年8月,18个深度贫困乡镇脱贫攻坚指挥部启动乡镇脱贫攻坚规划编制,各乡镇通过广泛听取群众意见建议,召开专题会议研究审议,向市扶贫办上报规划编制情况。2017年10月,市扶贫办组织召开专家咨询评估会,对18个深度贫困乡镇规划项目逐一进行评审,后经报各指挥长确定18个深度贫困乡镇规划脱贫项目2372个,规划总投资162亿元。在工作推进中,为解决深度贫困乡镇规划项目与生态保护区和财政涉农资金"负面清单"冲突问题、新冠肺炎疫情以及其他因素,深度贫困乡镇脱贫攻坚规划经过多次调整,最终明确规划项目总数为2151个,规划总投资86.86亿元。

(四)加强驻村帮扶工作

18个市级扶贫集团定点联系深度贫困乡镇,选派18个由市级扶贫集团牵头单位副厅级领导为队长的驻乡工作队伍,从市级责任部门选派70名驻乡工作队员和88名驻村第一书记,构建"市领导挂帅+市级责任单位主要负责人+区县党政主要负责人+深度贫困乡镇党政主要负责人"的指挥体系,形成市级总体责任、区县主体责任、乡村两级直接责任的责任体系,高位推动深度贫困乡镇脱贫攻坚工作。2017年至2020年,市委书记陈敏尔先后6次深入石柱县中益乡调研指导工作,市长唐良智3次赴奉节县平安乡、4次赴巫溪县红池坝镇开展实地调研,市领导累计赴深度贫困乡镇调研指导和安排部署工作232次,为兴旺产业、宜居生态、稳定脱贫找"病灶"、挖"穷根"、开"药方"。3000余名帮扶干部对13437户贫困家庭进行精准结对帮扶;1000余名乡镇干部、1200余名村支两委干部夜以继日奋战在深度贫困乡镇脱贫攻坚一线，回引180名本土人才到深度贫困乡镇所辖村挂职、创业。14个国重县先后调整不胜任的深度贫困乡镇党委书记6名、乡镇长3名、其他班子成员21名，调整补充村党组织书记23名，发展农村年轻党员116名。深度贫困乡镇脱贫攻坚工作得到社会各界人士关注和支持，全市各企事业单位、社会团体累计深入18个深度贫困乡镇开展慈善捐赠、义诊、就业招聘、文化下乡、赶年节等活动800余场次，投入3000余人次。中央外事工作委员会办公室主任杨洁篪、山东省委书记刘家义分别代表中央国家机关定点扶贫干部和东西扶贫协作干部深入石柱县、彭水县深度贫困乡镇实地视察指导工作。

（五）加大倾斜力度

为贯彻落实《关于支持深度贫困地区脱贫攻坚的实施意见》要求，明确重点实施稳定脱贫提升行动、基础设施提升行动、产业扶贫提升行动、生态保护提升行动、人口素质提升行动、公共服务提升行动、村"两委"提升行动等7大攻坚行动。各级各部门加大对深度贫困乡镇政策、资金倾斜力度，全力推进深度贫困乡镇脱贫攻坚工作。2年来各类财政资金、帮扶资金、金融资金、社会资金近100亿元，集中用到18个深度贫困乡镇，推进经济社会发展。市交委下达深度贫困乡镇"四好农村路"建设补助资金5.5亿元，支持每个深度贫困乡镇300万元前期工作经费，优先开展交通项目设计审批，指导区县对设计深度贫困乡镇的普通国省干线公路建设项目纳入行动计划，优先给予资金支持。市财政每年对每个深度贫困乡镇分别新增安排2000万元财政专项资金，14个国家扶贫开发工作重点区县每年对每个深度贫困乡镇分别新增安排1000万元财政专项资金。累计投入就业创业培训、教育资助、医保资助参保、危房改造、易地扶贫搬迁等到人到户资金达到5亿多元。新增支农再贷款（扶贫再贷款）优先满足深度贫困地区，鼓励和引导金融机构将新增金融资金优先满足深度贫困地区，新增金融服务优先布局深度贫困地区。保障深度贫困乡镇产业发展、农村基础设施建设、易地扶贫搬迁、民生发展等用地。深度贫困乡镇开展城乡建设用地增减挂钩可不受指标规模限制，城乡建设用地涉及农用地转用和土地征收的，依法加快审批。

三、主要成效

截至2019年底,18个深度贫困乡镇累计减少贫困人口22810人,实现85个贫困村整村销号,贫困发生率从2015年的18.24%下降到2019年的0.33%,人均可支配收入达到9952元,实施贫困人口易地扶贫搬迁9991人,实施危房改造5000户,打造集中安置市级示范点7个,安全饮水保障率达到100%,义务教育阶段无失学辍学现象,所有贫困人口均参加了基本医疗保险,所有贫困村均有标准化卫生室和合格村医,贫困人口住院自付比例控制在10%以内,粮经比从2017年初的9∶1到调整为2020年的2∶8。有效应对贫困人口产业发展风险;农业扶贫保险承保贫困户9803户,累计支付赔款24.17万元。2020年实现全部贫困人口脱贫。

(一)基础设施和人居环境发生明显变化

2017年8月开始,18个深度贫困乡镇将突破基础设施瓶颈作为脱贫攻坚的重中之重,集中力量开展基础设施建设。深度贫困乡镇基础设施条件得到根本改善,社会事业水平得到有效提升,为脱贫攻坚工作奠定了坚实的基础。截至2019年底,新建改建农村公路1215公里,实施对外交通项目建设25个,开工里程达446公里,下达乡镇客运站建设计划18个,建成8个,投入使用3个,172个行政村中已通客车153个。统筹整合各类水利项目资金6.45亿元,实施农村饮水、水土保持、小水电扶贫等水利工程项目489个,新修人畜饮水池1141口,5.8万贫困人口受益。实施农网改造升级,新建及改造配变301台,10千伏线路413公里,低压线路681公里。建成4G基站293个,实现4G网络信号全覆盖,87个行政村人口聚集区光纤覆盖。

(二)农村产业结构发生明显变化

18个深度贫困乡镇探索资源变资产、资金变股金、农民变股民"三变"改革,特色产业发展初见成效。调整优化粮经结构,发展特色高效农林经济作物,所有深度贫困乡镇经济作物占比均超过50%。组建新型农村集体经济组织21个,成立农民专业合作社297个,引进龙头企业118家,建立"龙头企业+村集体经济组织+合作社+农户"的发展模式和利益联结机制,带动农户7000余户。实施财政扶贫资金"改补为投",落实财政资金股权化改革近1.8亿元,受益贫困户达6000余户。量身定制"产业脱贫保",有效应对贫困人口产业发展风险,承保贫困户9803户,已支付赔款24.17万元。

(三)扶贫政策和扶贫机制的减贫效益明显

18个深度贫困乡镇坚持把脱贫质量放在第一位,有效落实"两不愁三保障"政策。截至2020年底,18个深度贫困乡镇"两不愁"问题得到较好解决,人均可支配收入达到9952元,安全饮水保障率达到100%。创建就业扶贫车间27个,吸纳贫困人员就业541人;开发农村保洁、保绿、护林、护路等公益性岗位,托底安置贫困人员就业1736人。"三保障"政策落实到位,引导主城30所优质中职学校对口帮扶18个深度贫困乡镇中职学校,贫困家庭适龄学生控辍保学工作成效显著,没有因缺资金失学辍学现象;所有贫困人口均参加了基本医疗保险,所有贫困村均有标准化卫生室和合格村医,贫困人口住院自付比例控制在10%以内;易地扶贫搬迁和危房改造有序推进,打造集中安置市级示范点7个,累计实施贫困人口易地扶贫搬迁9991人,实施危房改造5000户。

(四)干部群众精神面貌发生明显变化

18个深度贫困乡镇认真贯彻落实《关于深入开展扶志扶智工作激发贫困群众内生动力的意见》,将扶贫工作与扶志扶智紧密结合,通过加大宣传动员力度,开展就业创业培训,贫困群众内生动力显著提升。通过健全村规民约,设立乡贤讲理堂、成立道德评议会、组建村民议事会,着力打造共建共治共享的社会治理格局。开展脱贫攻坚"红黑榜""五好家庭"等评议活动,推荐市级道德模范候选人18名,开展"身边的脱贫故事",开展"身边的脱贫故事"微访谈活动200余场次,建设乡村学校少年宫21所,组织贫困人口创业就业培训1200余人次。引进和培育扶贫龙头企业发展生态友好型劳动密集型产业,通过岗位补贴、场租补贴、贷款支持等方式,扶持企业在贫困乡村发展扶贫车间20个,吸纳近200个贫困家庭劳动力就近就业。通过市级主流媒体集中宣传18个深度贫困乡镇脱贫攻坚工作,累计报道931篇次。开展驻乡驻村工作队和第一书记履职情况专项督查,倒排确定深度贫困乡镇所辖村后进党组织25个,将贫困村全部纳入后进台账管理,实行挂单整改。分级分类组织区县领导、扶贫干部、驻乡驻村工作队、第一书记、村党组织书记等3.6万余人参加专题培训。

数据篇

中国脱贫攻坚报告·重庆卷

ZHONGGUO TUOPIN GONGJIAN BAOGAO · CHONGQING JUAN

SHUJU PIAN

一、贫困规模和贫困发生率及其变化[①]

表1 重庆市当年农村贫困标准衡量的农村贫困状况

年份	农村贫困人口规模(万人)	农村贫困发生率(%)
2012	162	6.8
2013	139	6.0
2014	119	5.3
2015	88	3.9
2016	45	2.0
2017	21	0.9
2018	13	0.6
2019	1.56	0.12
2020	0	0

表2 重点县贫困人口与农村地区贫困发生率

年份	贫困地区农村贫困人口(万人)	贫困地区农村贫困发生率(%)
2012	103	12.3
2014	83	9.7
2016	35	4.0
2018	11	1.3
2020	0	0

---

① 本篇数据来自重庆统计年鉴、重庆统计公报、重庆调查年鉴、中国农村贫困监测报告等公开资料。

表3 全市33个有扶贫开发工作任务区县的2014年和2019年末贫困状况

序号	区县名称	2014年建档立卡贫困村（个）	2014年建档立卡贫困人口（人）	2014年贫困发生率（%）	2019年末建档立卡贫困人口（人）	2019年末贫困发生率（%）
	全市	1919	1659201	7.1	24395	0.12
1	城口县	90	37567	15.6	769	0.42
2	巫溪县	150	86083	18	2633	0.65
3	酉阳县	130	130286	18	3097	0.50
4	彭水县	115	99123	15.1	2442	0.49
5	奉节县	135	124425	13.8	3046	0.36
6	石柱县	85	54908	12.7	851	0.23
7	开州区	135	119212	8.5	2408	0.21
8	云阳县	145	125733	12.9	2942	0.30
9	巫山县	120	66569	12.5	662	0.14
10	万州区	140	106044	8.4	2006	0.21
11	黔江区	65	40641	8.5	161	0.05
12	武隆区	75	55449	13.1	102	0.03
13	丰都县	95	71917	11	105	0.02
14	秀山县	85	61728	14.2	1374	0.32
15	涪陵区	63	52514	6.5	51	0.01
16	南川区	40	42535	6.9	213	0.04
17	潼南区	50	50272	6.1	478	0.06
18	忠　县	72	68004	8.7	313	0.04
19	北碚区	3	4331	1.6	0	0.00
20	渝北区	0	3893	1.7	0	0.00
21	巴南区	5	12075	2.2	31	0.01
22	长寿区	10	17614	2.7	17	0.00
23	江津区	15	24268	2.9	81	0.01
24	合川区	10	27554	2.3	47	0.00

续表

序号	区县名称	2014年建档立卡贫困村（个）	2014年建档立卡贫困人口（人）	2014年贫困发生率（%）	2019年末建档立卡贫困人口（人）	2019年末贫困发生率（%）
25	永川区	5	16738	2.3	44	0.01
26	綦江区	25	22908	2.9	38	0.01
27	大足区	9	26888	3.4	47	0.01
28	璧山区	3	5014	1.3	79	0.02
29	铜梁区	5	14498	2.2	15	0.00
30	荣昌区	12	27053	4.2	315	0.07
31	梁平区	10	28675	3.5	24	0.00
32	垫江县	10	27572	3.7	3	0.00
33	万盛经开区	7	7110	5.5	1	0.00

注：2020年，贫困人口和贫困发生率为0。

表4　33个有扶贫开发任务的区县行政区划情况表

单位：个

序号	地区	镇	乡	街道	村委会	社区居委会	有建档立卡贫困户的乡镇、街道	有建档立卡贫困户的村、社区
	全市	629	172	228	8015	3169	897	8688
1	城口县	10	13	2	173	31	25	194
2	巫溪县	19	11	2	289	41	32	314
3	酉阳县	19	18	2	270	8	39	274
4	彭水县	18	18	3	237	59	39	290
5	奉节县	18	11	3	314	76	31	376
6	石柱县	17	13	3	204	38	33	230
7	开州区	28	5	7	426	109	40	465
8	云阳县	31	7	4	380	98	42	448
9	巫山县	11	13	2	305	35	25	310
10	万州区	29	12	11	437	197	49	505

续表

序号	地区	镇	乡	街道	村委会	社区居委会	有建档立卡贫困户的乡镇、街道	有建档立卡贫困户的村、社区
11	黔江区	15	9	6	138	81	30	215
12	武隆区	12	13	2	186	24	27	186
13	丰都县	23	5	2	262	71	30	312
14	秀山县	17	6	4	202	66	27	265
15	涪陵区	12	6	9	303	117	25	360
16	南川区	29	2	3	184	60	34	231
17	潼南区	20	0	2	208	96	22	284
18	忠县	19	6	4	280	92	29	348
19	北碚区	8	0	9	107	79	10	70
20	渝北区	11	0	11	181	175	11	136
21	巴南区	14	0	8	198	102	20	172
22	长寿区	12	0	7	221	47	19	222
23	江津区	25	0	5	173	109	30	218
24	合川区	23	0	7	322	97	30	327
25	永川区	16	0	7	206	55	23	199
26	綦江区	16	0	5	302	79	20	305
27	大足区	21	0	6	207	102	24	248
28	璧山区	9	0	6	133	56	15	136
29	铜梁区	23	0	5	266	67	28	274
30	荣昌区	15	0	6	92	71	21	135
31	梁平区	29	2	2	269	74	33	302
32	垫江县	22	2	2	222	79	26	280
33	万盛经开区	8	0	2	57	42	8	57

注：(1) 乡、镇、街道、村、社区数量均为建制数；(2) 统计时间截至2019年12月31日。2020年全部实现脱贫。

表5 2014年重庆市18个深度贫困乡镇基本情况表

序号	乡镇名称	2014年行政村/居/社区(个)	2014年建档立卡贫困村(个)	2014年末户籍农业人口(人)	2014年建档立卡		
					户	人	贫困发生率(%)
	合计	174	91	268309	13437	49567	18.24
1	石柱县中益乡	7	4	7043	433	1395	19.8
2	奉节县平安乡	12	6	20859	702	2620	14.35
3	丰都县三建乡	8	6	12254	704	2622	21.4
4	云阳县泥溪镇	10	5	14893	440	1739	12
5	巫溪县中岗乡（红池坝镇）	13	9	18199	957	3716	20.5
6	城口县鸡鸣乡	6	3	4411	212	838	15.4
7	巫山县双龙镇	21	10	28260	1203	4082	14.44
8	开州区大进镇	19	7	33584	1754	6482	18.7
9	城口县沿河乡	6	3	7501	435	1768	20.9
10	彭水县三义乡	6	3	6454	536	1924	30.7
11	武隆区后坪乡	6	4	6900	379	1512	21.9
12	彭水县大垭乡	4	2	5496	503	2022	34.8
13	巫溪县天元乡	9	6	7198	612	2212	29.22
14	万州区龙驹镇	21	7	41460	2216	7374	19.39
15	酉阳县浪坪乡	3	2	10980	525	2293	20.9
16	酉阳县车田乡	4	3	8111	622	2784	24.13
17	秀山县隘口镇	11	5	19826	676	2590	9.49
18	黔江区金溪镇	8	6	14880	528	1594	10.8

表6 2019年底重庆市18个深度贫困乡镇未脱贫基本情况表

序号	区县	乡镇	2017年确定为深度贫困乡镇时贫困人口			2019年底未脱贫		
			户	人	贫困发生率(%)	户	人	贫困发生率(%)
	合计	18	10259	39608	14.57	322	958	0.36
1	石柱县	中益乡	465	1590	5.4	12	30	0.43
2	奉节县	平安乡	830	3199	4.1	33	100	0.48
3	丰都县	三建乡	96	297	2.42	5	11	0.09
4	云阳县	泥溪镇	481	1873	3.66	10	20	0.13
5	巫溪县	红池坝镇	333	1170	6.6	29	74	0.41
6	城口县	鸡鸣乡	332	1292	23.2	11	35	0.79
7	巫山县	双龙镇	1695	6156	7.68	15	32	0.11
8	开州区	大进镇	1727	6549	18.9	38	85	0.25
9	城口县	沿河乡	578	2365	13.1	18	68	0.91
10	彭水县	三义乡	225	778	11.2	5	18	0.28
11	武隆区	后坪乡	59	196	2.56	1	4	0.06
12	彭水县	大垭乡	531	2207	38.04	2	10	0.18
13	巫溪县	天元乡	793	2931	12.67	21	50	0.69
14	万州区	龙驹镇	240	680	1.79	52	139	0.34
15	酉阳县	浪坪乡	543	2476	3.87	23	111	1.01
16	酉阳县	车田乡	553	2484	29.5	27	97	1.2
17	秀山县	隘口镇	707	3143	0.74	17	69	0.35
18	黔江区	金溪镇	71	222	2.2	3	5	0.03

注：2020年，全部贫困人口脱贫，贫困发生率为0。

表7 全市2014年至2019年建档立卡贫困村脱贫退出进展情况表

单位：个

序号	区县名称	2014年建档立卡	2015年脱贫	2016年脱贫	2017年脱贫	2018年脱贫	2019年脱贫
	全市	1919	808	885	128	65	33
1	城口县	90	11	55	4	10	10
2	巫溪县	150	18	100	11	13	8
3	酉阳县	130	38	65	4	14	9
4	彭水县	115	60	40	3	6	6
5	奉节县	135	38	65	25	7	0
6	石柱县	85	30	35	5	15	0
7	开州区	135	15	90	30	0	0
8	云阳县	145	36	84	25	0	0
9	巫山县	120	39	60	21	0	0
10	万州区	140	67	73	0	0	0
11	黔江区	65	30	35	0	0	0
12	武隆区	75	48	27	0	0	0
13	丰都县	95	44	51	0	0	0
14	秀山县	85	50	35	0	0	0
15	涪陵区	63	63	0	0	0	0
16	南川区	40	20	20	0	0	0
17	潼南区	50	50	0	0	0	0
18	忠县	72	22	50	0	0	0
19	北碚区	3	3	0	0	0	0
20	渝北区	0	0	0	0	0	0
21	巴南区	5	5	0	0	0	0
22	长寿区	10	10	0	0	0	0
23	江津区	15	15	0	0	0	0

续表

序号	区县名称	2014年建档立卡	2015年脱贫	2016年脱贫	2017年脱贫	2018年脱贫	2019年脱贫
24	合川区	10	10	0	0	0	0
25	永川区	5	5	0	0	0	0
26	綦江区	25	25	0	0	0	0
27	大足区	9	9	0	0	0	0
28	璧山区	3	3	0	0	0	0
29	铜梁区	5	5	0	0	0	0
30	荣昌区	12	12	0	0	0	0
31	梁平区	10	10	0	0	0	0
32	垫江县	10	10	0	0	0	0
33	万盛经开区	7	7	0	0	0	0

注：2020年，全部贫困村脱贫。

表8　2019年全市边缘户与脱贫监测户认定情况表

序号	地区	2014年新一轮建档立卡		2019年脱贫监测户		2019年边缘户		2019年监测户、边缘户占比
		户	人	户	人	户	人	%
	全市	482036	1659201	8082	26140	10418	30493	3.41
1	城口县	10994	37567	159	664	149	587	3.33
2	巫溪县	25148	86083	349	1207	468	1409	3.04
3	酉阳县	32377	130286	434	1831	748	2531	3.35
4	彭水县	27640	99123	509	1978	604	2106	4.12
5	奉节县	34185	124425	604	2205	567	1715	3.15
6	石柱县	15758	54908	277	825	276	685	2.75
7	开州区	33649	119212	568	1785	1081	3244	4.22
8	云阳县	33598	125733	556	1842	651	2114	3.15
9	巫山县	20592	66569	314	1027	396	1068	3.15

续表

序号	地区	2014年新一轮建档立卡		2019年脱贫监测户		2019年边缘户		2019年监测户、边缘户占比
		户	人	户	人	户	人	%
10	万州区	34515	106044	505	1330	554	1348	2.53
11	黔江区	11430	40641	111	438	237	862	3.20
12	武隆区	15909	55449	243	730	369	1243	3.56
13	丰都县	19396	71917	288	910	939	2438	4.66
14	秀山县	16153	61728	210	836	259	985	2.95
15	涪陵区	16354	52514	480	1349	160	366	3.27
16	南川区	12823	42535	276	911	198	602	3.56
17	潼南区	15353	50272	354	1012	528	1336	4.67
18	忠县	20240	68004	454	1238	318	882	3.12
19	北碚区	1471	4331	4	14	9	23	0.85
20	渝北区	1367	3893	7	20	32	86	2.72
21	巴南区	3761	12075	99	273	77	165	3.63
22	长寿区	6105	17614	91	231	94	210	2.50
23	江津区	7354	24268	44	149	278	637	3.24
24	合川区	9015	27554	212	607	187	445	3.82
25	永川区	6659	16738	43	147	138	417	3.37
26	綦江区	6950	22908	177	511	89	229	3.23
27	大足区	8015	26888	130	381	211	618	3.72
28	璧山区	1891	5014	27	75	60	173	4.95
29	铜梁区	4606	14498	125	324	96	234	3.85
30	荣昌区	8064	27053	44	134	243	720	3.16
31	梁平区	9728	28675	132	377	233	549	3.23
32	垫江县	9066	27572	193	575	111	277	3.09
33	万盛经开区	1870	7110	63	204	58	189	5.53

注：监测户、边缘户占比为监测户与边缘户的人数之和与2014年新一轮建档立卡人数的百分比。2020年实现全部农村人口脱贫。

二、农村居民收入、消费状况及其变化

表1 重庆市农村居民收入、消费变化

单位：元

年份	农村常住居民人均可支配收入	农村常住居民人均消费支出
2014	9490	7983
2015	10505	8938
2016	11549	9954
2017	12638	10936
2018	13781	11977
2019	15133	13112
2020	16361	14140

表2 重点县农村居民收入及消费

单位：元

年份	重点县农村常住居民人均可支配收入	名义增速（%）	重点县农村常住居民人均消费支出	名义增速（%）
2014	8044	12.8	7345	14.0
2015	9120	13.4	8170	11.2
2016	10244	12.3	9119	11.6
2017	11273	10.0	10098	10.7
2018	12470	10.6	11058	9.5
2019	13832	10.9	12145	9.8
2020	15019	8.6	13158	8.3

表3　重点县农村常住居民人均收入及收入结构

单位：元

年份	人均可支配收入	1.工资性收入	2.经营性收入	3.财产净收入	4.转移净收入
2014	8044	2154	3493	146	2250
2015	9120	2493	3820	164	2644
2016	10244	2916	4120	183	3026
2017	11273	3325	4450	203	3295
2018	12470	3752	4807	196	3715
2019	13832	4228	5298	218	4088
2020	15019	4564	5686	244	4525

表4　重点县农村常住居民人均消费支出及结构

单位：元

年份	消费支出	1.食品烟酒	2.衣着	3.居住	4.生活用品及服务	5.交通通信	6.教育文化娱乐	7.医疗保健	8.其他用品及服务
2014	7345	2901	428	1432	585	649	783	479	89
2015	8170	3144	491	1538	617	772	885	613	110
2016	9119	3457	570	1781	679	906	971	638	118
2017	10098	3589	577	1882	732	1238	1155	795	130
2018	11058	3843	624	2162	718	1317	1306	930	158
2019	12145	4119	673	2388	765	1451	1480	1073	196
2020	13158	4622	743	2473	839	1505	1387	1409	180

三、经济发展及产业结构变化

表1　重庆市生产总值及三产产值

单位：亿元

年份	生产总值	第一产业	第二产业	第三产业
2014	14623	990	6774	6858
2015	16040	1067	7208	7764
2016	18023.04	1236.98	7765.38	9020.68
2017	20066.29	1276.09	8455.02	10335.18
2018	21588.80	1378.68	8842.34	11367.89
2019	23605.77	1551.59	9391.96	12662.22
2020	25002.79	1803.33	9992.21	13207.25

表2　重庆市产业结构

单位：%

年份	第一产业（比重）	第二产业（比重）	第三产业（比重）	人均生产总值（元）
2014	6.8	46.3	46.9	48307
2015	6.7	44.9	48.4	52476
2016	6.9	43.1	50	58327
2017	6.4	42.1	51.5	64176
2018	6.4	41.0	52.6	68464
2019	6.6	39.8	53.6	74337
2020	7.2	40.0	52.8	78173

表3 重点区县生产总值变化（部分年份）

单位：万元

区县	2012	2014	2016	2018	2020
万州区	6628618	7712188	8973885	9825753	9706843
黔江区	1479490	1863052	2188411	2472935	2451627
开 县	2295507	3001665	3606216	4731265	5358125
武隆区	984028	1199849	1456130	1816270	2242104
城口县	407526	460039	451155	557772	552025
丰都县	1110773	1353717	1705626	2349576	3354218
云阳县	1266274	1701867	2131093	2750474	4625856
奉节县	1445675	1814112	2225699	3006814	3231391
巫山县	703497	812686	1017946	1426379	1887691
巫溪县	531140	667201	823691	1037264	1101708
石柱县	931033	1199517	1454176	1759712	1710536
秀山县	1060816	1265021	1506166	1856382	3012682
酉阳县	892879	1104184	1294808	1579641	2011515
彭水县	857804	1087992	1286858	1701095	2450974

四、城镇化

表1　重庆市常住人口及城镇化率

年份	常住人口(万人)			城镇化率(%)
	汇总	城镇	乡村	
2014	3043.48	1820.00	1223.48	59.80
2015	3070.02	1889.01	1181.01	61.50
2016	3109.96	1969.84	1140.12	63.30
2017	3143.51	2042.34	1101.17	65.00
2018	3163.14	2104.45	1058.69	66.50
2019	3187.84	2172.52	1015.32	68.20
2020	3208.93	2229.08	979.85	69.46

表2　重庆市农村人口就业基本情况

年份	乡村人口(万人)	乡村从业人员(万人)	乡村就业人员(万人)
2014	2003.08	1312.96	729.77
2015	1980.82	1309.23	711.91
2016	1776.60	1302.54	682.19
2017	1753.01	1281.69	654.81
2018	1747.92	1258.41	630.77
2019	1738.50	1232.75	599.58
2020	1731.44	1216.47	575.89

五、教育

表1　各级各类学校数

单位：所

年份	普通高等学校	普通中学	小学	特殊教育学校	幼儿园
2014	63	1179	4586	36	4669
2015	64	1167	4170	36	4816
2016	65	1120	2979	36	5109
2017	65	1118	2954	36	5210
2018	65	1122	2893	38	5607
2019	65	1127	2860	39	5660
2020	68	1132	2754	39	5704

表2　各级各类学校专任教师数

单位：人

年份	普通高等学校	普通中学	小学	特殊教育学校	幼儿园
2014	38944	114076	116360	878	32921
2015	39891	114709	118897	889	36979
2016	40583	115217	123066	926	41009
2017	41708	115645	125270	965	44327
2018	42946	117159	126513	995	47880
2019	45537	121078	128777	1050	50522
2020	49174	124305	130610	1072	52482

六、医疗卫生

表1　重庆市卫生事业情况

年份	机构数（个）	医院、卫生院（个）	床位数（张）	卫生技术人员（人）	执业（助理）医师（人）	注册护士（人）
2014	18766	1510	160446	154091	58007	62662
2015	19805	1568	176674	166812	61013	69996
2016	19933	1606	190850	179346	64700	77463
2017	19615	1640	206080	191254	68419	84768
2018	20524	1684	220104	209237	76361	95104
2019	21058	1693	231895	224687	83307	103167
2020	20922	1685	235560	237726	88728	109428

表2　重点区县卫生院数量

单位：个

类别	2016	2017	2018	2019	2020
有卫生厕所的乡镇医院卫生院	458	438	439	436	434
有污水处理系统的乡镇医院卫生院	378	346	390	404	425

表3　各区县卫生机构数

单位：个

县（区）	2014	2015	2016	2017	2018	2019	2020
万州区	1344	1302	1335	1276	1270	1257	1301
黔江区	255	277	275	278	295	297	295
开州区	660	683	689	699	706	722	709

续表

县（区）	2014	2015	2016	2017	2018	2019	2020
武隆区	304	312	333	340	340	324	332
城口县	258	256	198	203	187	174	172
丰都县	464	456	459	465	461	470	475
云阳县	570	615	608	597	684	804	760
奉节县	481	489	500	500	513	536	551
巫山县	376	388	382	383	381	393	404
巫溪县	345	369	345	343	361	359	361
石柱县	271	270	277	272	265	347	343
秀山县	299	333	333	336	341	355	347
酉阳县	320	326	321	317	324	336	343
彭水县	423	422	386	377	420	443	452

七、社会保障

表1 民政事业情况

指标	2014	2015	2016	2017	2018	2019	2020
民政经费支出(万元)	1027740	1146518	1299702	1563301	1091804	1074723	1166173.6
城市居民最低生活保障人数(万人)	40.98	37.52	34.78	33.97	31.14	28.1	26.47
农村居民最低生活保障人数(万人)	50.24	50.26	58.98	60.22	58.09	57.89	62.26
农村特困供养人数(万人)	16.36	16.71	16.88	11.15	9.71	9.87	9.9
享受城市居民最低生活保障人数占非农业人口比重(%)	3.0	2.7	1.8	1.7	1.5	1.3	1.2
提供住宿的社会服务机构床位数(张)	164353	90500	92649	89068	93561	105181	110173

八、重庆市财政及公共预算

表1　重庆市财政收入及支出

单位：亿元

年份	地方一般公共预算收入	国有资本经营预算收入	地方一般公共预算支出	政府性基金预算支出
2014	192.2	68.01	330.44	186
2015	215.48	90.57	379.2	175.32
2016	222.79	90.49	400.18	173.82
2017	225.24	126.73	433.63	218.23
2018	226.55	105.22	454.09	267.78
2019	213.49	131.8	484.77	241.93
2020	209.49	104.54	489.39	313.26

表2　重点县一般预算收入

单位：亿元

县（区）	2014	2015	2016	2017	2018	2019	2020
万州区	540554	628568	665857	690045	555160	533599	671253
黔江区	200871	212255	214601	229872	252074	225876	260593
开州区	187381	215563	194663	246819	232599	252617	252766
武隆区	116077	136195	170006	149691	128219	118726	133610
城口县	26332	28500	172014	38518	42081	43483	44083
丰都县	128096	145486	147799	190400	196036	223572	229827
云阳县	104140	126850	150292	168514	160214	160270	168394
奉节县	125267	138949	167331	171985	157050	147630	154958

续表

县(区)	2014	2015	2016	2017	2018	2019	2020
巫山县	80008	92089	103166	113483	104158	105168	111596
巫溪县	60436	67511	74631	78096	76112	76780	73245
石柱县	111033	125737	135380	133690	104959	100158	102265
秀山县	141527	107330	120269	125972	125920	103736	110372
酉阳县	105540	120422	136055	120636	112935	101927	91215
彭水县	102702	124697	139358	140381	132548	135237	141461

表3　各区县一般预算支出

单位：亿元

县(区)	2014	2015	2016	2017	2018	2019	2020
万州区	1112547	1271460	1377795	1481253	1276697	1329518	1613357
黔江区	489208	543154	586167	573739	650378	641440	685330
开州区	656373	754117	567662	919589	970033	966582	972363
武隆区	346469	369656	544068	510778	487231	489662	528322
城口县	236900	270756	508816	342194	403779	446296	461137
丰都县	444659	518896	447342	670617	686315	706151	703937
云阳县	531750	649452	729868	795054	840171	842743	900083
奉节县	512899	635028	665375	802318	834107	856336	808204
巫山县	360062	425186	454976	535087	624833	671700	590197
巫溪县	340488	403992	468320	481638	509321	578949	598446
石柱县	373074	429687	454936	506358	511678	524655	544719
秀山县	417486	407447	469052	490508	564569	573042	599720
酉阳县	447626	511916	581435	607826	653679	721040	692553
彭水县	409890	455028	519981	550302	622070	728504	729850

九、生产生活条件

重点县生产生活条件

单位：%

年份	1.居住竹草土坯房的农户比重	2.使用管道供水的农户比重	3.使用经过净化处理自来水的农户比重	4.饮水无困难的农户比重	5.独用厕所的农户比重	6.使用柴草的农户比重	7.所在自然村通公路的农户比重	8.所在自然村通电话的农户比重	9.自然村能接收有线电视信号比例	10.进自然村主干道路硬化比例	11.自然村通宽带比例	12.自然村垃圾能集中处理比例	13.自然村有卫生站比例
2014	4.3	50.6	28.9	74.5	98.7	62.8	100.0	96.5	96.3	39.7	39.3	—	97.6
2015	4.2	56.8	34.3	78.6	98.7	61.0	100.0	99.4	100.0	55.0	47.4	—	98.4
2016	3.8	65.7	36.3	81.4	98.8	58.5	100.0	100.0	100.0	94.2	81.4	35.7	93.4
2017	3.1	69.0	43.1	83.0	98.8	59.8	100.0	100.0	99.5	97.9	84.8	51.7	94.3
2018	0.3	87.9	60.3	91.8	99.7	45.7	100.0	100.0	99.0	100.0	95.6	85.2	98.6
2019	0.1	88.2	68.4	96.9	99.7	41.9	100.0	100.0	100.0	100.0	99.2	94.4	99.9
2020	0	93.0	89.4	100.0	100.0	24.8	100.0	100.0	100.0	100.0	100.0	100.0	100.0

后　记

《中国脱贫攻坚报告·重庆卷》是全面记录重庆市脱贫攻坚恢弘历程和伟大成就的史志性报告，是全国第一部以省级视角，系统、客观、完整地呈现脱贫攻坚巨幅画卷的史实性著述。

《中国脱贫攻坚报告·重庆卷》分为总论、区县篇、部门篇、专题篇、数据篇，对重庆市脱贫攻坚历史进程进行了全景式呈现。报告编撰工作汇集重庆市扶贫办等多个市级政府机构和华中师范大学乡村振兴研究院、民生智库、华大智库等专业智库的力量，历经设计论证、实地调研、研讨交流等环节完成初稿。初稿完成后，经两轮专家评审和编写组反复修改完善，最终由重庆市扶贫开发办公室审核形成定稿。

《中国脱贫攻坚报告·重庆卷》是在中国扶贫发展中心的全程指导和支持下完成的，中心主任黄承伟研究员倾注了大量心血。

借书稿出版之机，谨向参与和支持本书编撰工作的所有机构和个人致以诚挚谢意。

全书存在的不足之处，敬请读者批评指正！

本书编写组

2021年11月